국가에 대항하는 마르크스

KOKKANI KOUSURU MARX
© 2023 Soichiro Sumida
Original Japanese edition published by Horinouchi Publishing
Korean translation rights arranged with Horinouchi Publishing
through Imprima Korea Agency

이 책의 한국어판 저작권은
Imprima Korea Agency를 통해
Horinouchi Publishing과의 독점계약으로 산지니에 있습니다.
저작권법에 의해 한국 내에서 보호를 받는 저작물이므로 무단전재와 무단복제를 금합니다.

국가에 대항하는 마르크스

'정치의 타율성'에
대하여

스미다 소이치로 지음 | 정성진 서성광 옮김

산지니

국가 자체가 가지는 외관상 최고의 자립적 존재는 외관상의 것에 불과하며, 모든 국가 형태는 사회의 군더더기다. 국가라는 현상 자체가 사회적 발전의 어떤 단계에서 처음으로 발생하듯이, 사회가 지금까지 도달하지 못한 단계에 도달하자마자, 국가라는 현상은 다시 사라질 것이다.

−카를 마르크스(1881년)

사회주의적 유토피아주의자로서의 마르크스

마르크스주의는 본래 사회혁명의 '수단'이어야 할 정치권력 획득을 자기목적화했다. 그러나 '현존 사회주의'의 경험을 감안한다면, 마르크스와 엥겔스가 비판하고 과학화한 것으로 이야기되는 유토피아적 사회주의를 다시 생각해볼 필요가 있다. '과학적 사회주의'에서 유토피아적 사고모델이 망각된 이유는 미래사회에 대한 사유와 사회주의·공산주의 사회로의 이행(이를 위한 방법과 가능성)이라는 두 가지 문제가 혼동되어왔기 때문이다(Levitas 199). 마르크스와 엥겔스, 그리고 그 이전의 유토피아 사회주의자들은 모두 다가올 유토피아 사회를 꿈꿨다. 사회주의 혹은 공산주의의 최종 목표는 분업의 지양과 화폐의 폐지, 그리고 가족의 소멸과 사적 소유의 폐지, 나아가 국가의 사멸이라는 기본적인 내용에서 일치했다. 양자의 큰 차이는 미래사회로의 이행 과정에서 노동계급의 정치적 조직화가 어느 정도 성숙되어 있었는지에 대한 역사적 조건에 있었다. 마르크스 등이 '유토피아 사회주의'를 전적으로 부정적으로 언급했다는 것은 20세기 이후 마르크스주의가 만들어낸 '신화'에 불과하다.

이 책이 반복해서 비판하고 있듯이, 전통적 마르크스주의는 미래사회로의 이행 과정에서 건설된 사회주의 국가가 언젠가는 사멸할 것이라고 근거 없이 생각했다. 전통적 마르크스주의의 국가론은 포스트자본주의 사회로의 이행이 아니라 오히려

---

1 이 글은 나의 근간 예정 논문인 Sumida(2024)의 내용과 일부 중복된다.

'국가자본주의'로의 이행을 정당화하는 이데올로기가 되었다. 사회혁명이 아닌 정치혁명을 목적으로 했다는 의미에서는 포스트-마르크스주의도 전통적 마르크스주의와 유사했다. 계급투쟁의 중요성을 강조하면서도 국가와 정당의 '정치의 자율성'이라는 사고모델에 입각해 있었기 때문이다. 그러나 네그리나 홀로웨이와 같은 아우토노미아Autonomia 마르크스주의자들이 강조하듯이, 국가나 정치적 제도가 자본에 포섭된 '총체성으로서의 사회'(Adorno 1968)에서는 '정치의 자율성'이 아니라 오히려 '자율성의 정치'를 지향해야 한다. 이 책이 시도한 것은 마르크스의 국가 비판을 '현존 사회주의'의 권력 작용과 분리하여, 경합하는 19세기 사회주의자들의 담론 공간에 다시 위치 짓는 것이었다. '사회에 의한 국가의 재흡수'라는 말하자면 '사회의 자율성', 즉 이 책의 부제인 '정치의 타율성'이라는 사고 모델은 마르크스에게 독창적인 것은 아니다.

최근 좌파 포퓰리즘이나 그린뉴딜파는 사파티스타나 오큐파이 운동에서 보여지는 '소박한 정치folk politics'를 부정하고, 좌파가 국가주권을 되찾아야 할 필요성을 강조해왔다(Mitchell and Fazi 2017). 그들이 비난하는 바에 따르면, 이러한 현대의 어셈블리 코뮤니즘은 자본주의 시스템의 전면적 변혁에 이르지 못했고, 마르크스주의적이지 않다(즉, 아나키즘에 불과하다)고 한다. 그러나 21세기의 우리는 이러한 주권적 사고모델이 아니라 사회혁명이라는 최종 목적을 강조한 유토피아 사회주의 사고모델에 입각해야 한다. 마르크스를 비롯한 19세기 '사회혁명가'들은 무국가 사회라는 유토피아를 구체화하기 위해 협동조합이나 노동화폐 등 다양한 사회개혁 프로그램을 실천했다. 이 책이 현대의 좌파에게 호소하는 것은 21세기의 코뮤니즘을 국가권력에 대항하는 한복판에서 국가권력과는 다른 코뮌을 선취하는 운동으로 이해하는 것이다. 코뮤니즘은 사회적 유토피아를 구체화해나간다는 의미에서 현실적인 운동이며, 그 기초 위에서만 자본=국가 시스템에 '대항하는 동시에 초월'할 수 있는 것이다.

일본 자본주의와 계급투쟁–'불균등한 정체'?

그러나 이러한 현대의 사회혁명론은 일본 사회의 현실에 비추어 볼 때 지극히 비현실적이라는 것을 이 책은 자각하고 있다. 세계 금융위기 이후 자본주의 체제는 장기침체기에 돌입하여 산업적 자본 축적에 의한 이윤이 아닌 금융 수익과 천연자원의 채굴·채취를 주축으로 하는 '지대Rent 자본주의'로 이행하고 있다. 1990년대에 들어서면서 버블 경제가 붕괴된 일본에서는 현재까지 약 30년이 넘는 기간 동안 장기 정체를 경험했다. 이는 세계 금융위기 이후 선진 자본주의 국가들의 선구적인 사례였다. 일본은행의 저금리 정책과 아베노믹스로 대표되는 양적완화 정책은 2008년 이후 각국에 확산된 정부 부채를 화폐화하는 '중앙은행 자본주의'의 모델이 되었다. 그러나 이러한 중앙은행 자본주의의 선구성은 포스트 포디즘 시대에도 강도 높은 착취 체제를 가능케 한 일본 특유의 자본축적 체제에 유래한 것이다. 아베노믹스의 전성기에는 신자유주의적 구조개혁에 대한 기대감을 통해 행복감euphoria이 사회 전반에 걸쳐 유지되었다. 그러나 아베노믹스의 '출구전략'이 시도되고 있는 최근에는 저출산 고령화, 산업구조 전환의 지연, 그리고 엔저와 인플레이션을 이유로 일본 경제의 '몰락'(GDP 순위의 추가 하락)에 대한 위기감이 크게 대두되고 있다. 그러나 국가 담당자들은 '총자본가로서의 이념'을 실행할 이해관계 등을 가지고 있지 않으며, 지대 자본주의에서 부패의 정도가 점점 더 심해지고 있다. 일본의 현상분석에서 중요한 것은 선진 자본주의 국가들 사이의 이른바 '불균등한 정체'를 설명하는 것이다. 일본 자본주의의 장기 정체는 일본 국내 계급투쟁과 사회운동의 약체화를 빼놓고는 이야기할 수 없다.

　　전후 일본 자본주의 체제는 '자본 독재'를 가능케 한 일본 특유의 조정양식(기업주의 통합과 개발주의 정책)으로 인해 서유럽형 '사회국가'를 형성하지 못했다. 1950년대 말 탄광·철강, 자동차 산업 등 대기업의 파업이 대패한 이후 독특한 연공서열형 임금체계와 '생산성 향상' 운동 등을 통해 노동조합의 기업화(이른바 기업별 노조)가 진행되었기 때문에 산업을 횡단하는 노동조합 운동이 형성되지 못했다. 그 때문에 일본의 노동운동은 서유럽처럼 강력한 노동자정당을 형성하지 못했고, 대기업과 보수 세력의 지지를 받는 자민당에 결정적으로 대항할 수 있는 야당 반대파를 만들어내지 못했다. 실제로 1970년대 중반까지 공공부문을 중심으로 여전히 전투적이었던 노동운동은 석유위기 이후 '기업주의적 사회 편성화'가 확립되면서 급속히 약체화되었다. 1990년대 이후 '장기 정체기'에는 사실상 보수 양대 정당제에 의한 신자유주의 정책이 단행되었지만, '마르크스-레닌주의'에 의거해왔던 일본사회당이나 일본공산당 등 정치적 좌파도 거의 영향력을 상실했다. 물론 전후 일본에서는 학계, 특히 철학, 경제학, 역사학, 법학에서 '마르크스주의'가 큰 영향력을 갖고 있었다. 그러나 냉전 종결 후 일부 마르크스경제학을 제외하고 각 분

야에서 마르크스주의는 퇴조했다. 다만, 세계 금융위기 직후에
는 급증한 파견노동자 해고 문제를 중심으로 새로운 노동운동이
대두되고, 기업화한 노동조합 시스템 외부에서 새로운 사회운
동(프레카리아트의 '반빈곤 운동')이 전개되었다. 2009년에는 이러한
계급투쟁의 힘을 배경으로 중도좌파가 된 민주당이 정권교체를
실현했다. 그러나 유로코뮤니즘 같은 세력이나 '사회국가'를 확
립할 만한 노동정치가 형성되기까지는 이르지 못했다.

현대 일본에서는 강력한 노동운동을 배경으로 한 노동정치
가 취약한 상황에서 공산당 내외의 좌파들 사이에서 '급진적 개
량주의'를 주장하는 정책 집단이 형성되었다. 이들은 우선 기본
적인 노동조합 운동을 '기업주의적 사회 편성화'를 극복하는 형
태로 구축하고, 나아가 정치적 좌파의 연합을 통해 '새로운 복지
국가'의 실현을 목표로 한다고 주장했다.[2] 그러나 선거 운동이
나 정치적 연합을 둘러싼 헤게모니 다툼으로 시종하는 정치중심
주의는 21세기 반자본주의 운동에서 오히려 걸림돌이 되고 있
다. 일본의 진보파에게 요구되는 것은 의회 외부 직접민주주의
를 통해 정치중심주의를 실천적으로 극복하고, 자본=국가에 '대
항하는 동시에 초월'할 수 있는 계급투쟁을 양성하는 것이다. 물
론 현대에는 페미니스트 투쟁, 반인종주의 투쟁, 생태운동 등 다
양하고 상호 자율적인 해방투쟁 없이는 계급투쟁이 전개될 수
없다(Hardt 2023). 의회 외부 정치적 자기조직화를 통해 일본의

---

2   탈상품화에서 나타난 '급진적 개량주의'의 의의를 강조한 이 책(특히 6장)은
    2010년대 박사학위 논문을 집필했던 저자 자신의 '일본' 변혁론에 크게 규정되
    어 있다. 2020년대에 이 책을 재구성하는 과정에서 새롭게 8장을 추가하기로
    결심했는데, 그 목적은 의회 외부 운동이나 혁명적 생디칼리즘 같은 반란을
    사회혁명의 모멘텀으로 강조하는 것이다.

새로운 계급투쟁의 수단을 발견하기 위해서는 무엇보다도 먼저 의회 중심의 항의 형태와 그 내셔널한 형태로부터 자유로울 필요가 있다.

동아시아에서 트랜스내셔널한 사회혁명을 위해

일본의 마르크스주의 철학자 히로마츠 와타루는 죽기 직전인 1994년 일본과 중국을 축으로 한 동아시아의 새로운 체제를 구상하는 것이 일본 좌파의 포스트자본주의 슬로건이 되어야 한다고 주장했다(廣松涉 1994). 이후에도 진보파 정치학자와 역사학자들을 중심으로 '일본군 성노예제' 등에 대한 일본의 '전후보상'을 통해 '동아시아 냉전 구조'를 해소할 필요성이 강조되었다. 이러한 동아시아 공동체론은 정치인과 경제계 엘리트 일부도 동참하는 것으로, EU와 같이 세계화에 대응하는 새로운 지정학적 질서를 구상한 것이었다. 그러나 약 8년간 지속된 아베의 장기집권 아래 신우파 연합의 '전후체제로부터의 탈피'(경제적 배상에 의한 전후 책임의 부정이나 미일 군사 일체화 등)가 추진되면서 일본의 진보 세력은 크게 퇴조했다. 또한 동아시아에서도 국가자본주의로 발전한 중국이 '일대일로'를 보완하는 형태로 군사력을 강화하며 남중국해 등에서 지정학적 확장을 해왔다. 그 결과 일본에서는 자본=국가의 담당자들은 물론 진보파들 사이에서도 중국 위협론이 높아지면서 동아시아 공동체 구상은 꿈같은 이야기로 전락하고 말았다. 앞으로 미국이 헤게모니 국가로서의 힘이 점점 약화되는 가운데, 냉전 구조가 잔존하는 동아시아는 러시아의 우크라이나 침공, 그리고 최근 이스라엘의 가자지구 대량학살에 이어 전 세계적인 규모의 끝없는 '전쟁체제'의 희생양이 될 가능성이 높다(Cedillo 2023).

아쉽게도 이 책(특히 7장)에서 다 논할 수는 없었지만, 우리는 트랜스내셔널한 자본주의적 세계시스템을 기점으로 하면서도 동아시아에 고유한 지정학을 구체적으로 분석할 필요가 있을 것이다. 그러나 최근 일본에서는 일본공산당과 진보파를 중심으로 '대미 종속론'이 계속 재생산되고 있다. 미국에 대한 일본의 '주권' 회복을 주장하는 반미 제국주의는 주권국가 시스템을 주어진 전제로 하는 사고모델에 불과하다. 애초에 포스트식민주의적 관점에서 보면, 진보파가 의거하는 '일본국' 헌법, 그리고 '전후 민주주의' 체제는 1972년까지 미국의 점령하에 있던 오키나와를 제외하고 성립된 것이었다. 그리고 전후 일본(본토)의 자본 축적 체제는 아시아 태평양 지역에서의 미국 자본주의 헤게모니 아래 오키나와를 군사식민지화함으로써 확립되었다. 그러나 본토의 '평화와 민주주의'를 내건 운동은 오키나와에 대한 정착형 식민주의settler colonialism를 과제의 중심에 두기는커녕 오히려 그것을 토대로 전개되어왔을 뿐이다. 일본의 진보파는 여전히 '일국평화주의'라는 이념을 고집하고 있지만, 동아시아에서 트랜스내셔널한 사회혁명을 실천하기 위해서는 보다 현실적인 발판을 마련할 필요가 있다.

마지막으로 일본의 이민 운동을 언급해두자. 현재의 글로벌화한 세계에서는 국가 간(경계)의 출입국 관리정책에 대한 트랜스내셔널한 시민권 투쟁이 전면에 대두하고 있다. 2015년 이후 유럽에서 이른바 '난민 문제'가 심각해지는 가운데, Frontex와 같은 EU 기관은 셴겐 지역Schengen Area의 대외 국경에서 경비

경찰 권력을 강화해왔다. 2017년 미국 트럼프 정권이 계획했던 멕시코 국경장벽은 바이든 정권에서도 계속 건설이 승인되고 있다. 애초에 현대의 출입국 관리 시스템은 근대 국가가 이동 수단(여권)을 독점함으로써 확립된 것이다. 최근 들어 이러한 국경 관리 자체에 저항하는 필요성이 자본주의 국가의 중심 장치인 감옥과 교도소의 폐지(어보리셔니즘abolitionism)와 맞물려 제기되고 있다. 일본이라는 '특이한 인종주의 국가'에 대항하는 반인종주의 운동은 이러한 트랜스내셔널한 어보리셔니즘 운동에 시급히 합류할 필요가 있다.

2010년 이후 일본에서는 출입국관리청의 이민자 추방과 수용에 의한 송환 압력이 높아지는 가운데, 비정규 체류자들의 단식농성 등 직접행동이 전개되고 있다. 이 의회 외부 이민 운동은 일본 사회에서 '이민의 자율성'(Mezzadra 2006)이 부상한 것이며, 시민운동의 항의 형태에 변화를 촉구한 것이다. 그러나 2020년대 초 법무부의 '입국관리법' 개정을 둘러싸고 3.11 이후 반원전 운동처럼 가두시위가 확대되었음에도 불구하고, 재판투쟁이나 의회 내 항의 형태로 시종하고 말았다. 현대 동아시아 국가들의 '불균등 정체' 자본주의 시스템에 대항하는 계급투쟁은 국내의 노동·반빈곤 운동이 아니라 노동력의 이동을 지배·관리하는 국경과 출입국 관리를 둘러싸고 그 폐지를 내건 이민 운동으로 나타날 수밖에 없을 것이다. 물론 의회 외부 반대파 운동이 취약하기 때문에 동아시아의 진보진영은 의회 내 반대파와 그 정치적 좌파의 연합에 주력할 수밖에 없는 상황이다. 그러나 우리가 나아가야 할 길은 포스트식민지적으로 트랜스내셔널한 관점에서, 그리고 국가와 정당으로부터 더 자율적인 형태로 민중

연대를 양성하는 것 밖에는 달리 없다.

　　이 책의 한국어판 기획이 시작된 것은 2023년 8월 서강대에서 열린 경상국립대 SSK 학술대회 직후였다. 공역자 정성진 교수와는 내가 박사 논문을 작성하던 2010년대 후반부터 일본과 한국에서 열리는 연구 모임에서 자주 교류해왔으며, 정 교수의 활발한 국제적 연구활동과 깊은 인품에 언제나 경탄할 뿐이다. 공역자 서성광 씨는 일본에서 박사학위 논문 집필에 매진하고 있는 와중에도 번역 작업에 애를 써주셔서 감사한 마음을 금할 수 없다. 일본에서 출판된 지 1년도 채 지나지 않아 한국어판을 간행할 수 있었는데, 관련하여 산지니 출판사에도 이 자리를 빌려 감사의 말씀을 전하고 싶다. 이 책의 출간이 한국의 급진적 사회운동 전통과 동아시아에서 마르크스주의의 쇄신에 기여한다면 저자로서 더할 나위 없는 기쁨이 될 것이다.

　　　　　　　　　　　　　　2024년 3월 스미다 소이치로

Contents

2부 '자본의 국가'를 넘어서

일러두기

1. 마르크스, 엥겔스의 인용에는 다음의 약어를 사용한다.
   • *Marx/Engels Gesamtausgabe*에 대해서는 MEGA로 약어를 사용하며, 권수와 페이지 수를 기재한다. 각 권의 집필 시기나 내용에 대해서는 저자의 논문(隅田 2018)의 전권 일람도를 참조하기 바란다. 웹상에서 열람 가능하다(https://researchmap.jp/soichirosumida/published_papers/8277274).
   • *Marx/Engels Werke*에 대해서는 MEW로 약어를 사용하며, 권수와 페이지 수를 기재한다.

2. 마르크스의 저작에 대해서는 다음의 약어를 사용한다.
   「헤겔 국법론 비판」=「국법론 비판」
   『경제학–철학 수고』=『경철수고』
   『공산당 선언』=『선언』
   『루이 보나파르트의 브뤼메르 18일』=『브뤼메르』
   『정치경제학 비판 요강』=『요강』
   「직접적 생산 과정의 제결과」=「제결과」

3. 『자본론』 제1권으로부터의 인용은 원칙적으로 '상품과 화폐' 편부터 '임금' 편까지는 제2판에서, '자본의 축적 과정' 편에 대해서는 프랑스어판에서 인용한다.

4. 인용 중의 [ ]는 저자에 의한 보충이다. 또한, 본문 내 밑줄에 의한 강조는 원문의 것이며, **굵은 글씨**에 의한 강조는 모두 저자에 의한 것이다.

서장: 푸코로부터 마르크스로?

"마르크스에게는 권력 분석이 없고, 국가론이 불충분하며, 이제 그러한 이론을 만들 때가 되었다는 말을 자주 듣습니다. 그러나 정말로 스스로에게 국가론을 부여하는 것이 그렇게 중요한 것일까요?"(Foucault 2004b, 일어판 110쪽). 마르크스에게 국가론은 있는가? 마르크스의 주요 저작인 『자본론』에는 체계적인 국가론이 존재하지 않기 때문에, 프랑스의 철학자 미셸 푸코가 활약했던 1970년대에는 '마르크스주의 국가론'을 둘러싼 격렬한 논쟁이 있었다. 이러한 배경에는 저성장 시대에 진입한 서구 국가들에서 사회-경제적 영역에 대한 국가의 개입이 큰 쟁점이 되었던 것이 자리 잡고 있다. 기업 활동에 대한 재정 지출, 실업자나 보건 의료에 대한 사회 보장, 그리고 오늘날에는 중앙은행에 의한 금융 정책을 포함하여, 우리는 국가를 참조 축으로 생각하는 것에서 아직 벗어날 수 없다. 오히려 우리는 푸코나 신좌파의 마르크스주의자들이 활약했던 시대보다도, 더욱 국가를 문제화해야 하는 필요성에 직면하고 있다.

이 책은 '마르크스의 국가론'이란 제목을 달고 있지 않다. 이를 통해 알 수 있듯, 마르크스에게 국가론이 있는지 없는지를 판단하는 것이 이 책의 목적이 아니다. 과거 마르크스주의자들이 그랬듯이, 마르크스 국가론을 재구성하려는 의도도 아니다 (이는 1장에서 자세히 설명하겠지만, 마르크스의 '경제이론'이라는 것도 사실은 존재하지 않는다고 할 수 있다). 오히려 푸코가 도발적으로 지적했듯이, 우리는 리버럴로부터 마르크스주의자에 이르기까지 좌파가 공유하는 '국가 문제에 대한 과대평가', 즉 그 특유의 '국가 혐오'로부터 거리를 둘 필요가 있다. "국가는 그 자체로 권력의 자율적인 원천이 아니다"(Foucault 2004b, 일어판 94쪽). 베버M. Weber의 유명한 정의에 따르면, 근대의 국가는 확실히 '합법적인 폭력 행사를 독점하며', 중앙집권적인 형태를 취하고 있다. 하지만 국가는 권력관계의 한 지점에 불과하다. "국가의 역사는 인간들의 실천 자체를 출발점으로 삼고, 인간들의 행동이나 사고방식을 기반으로 만들어져야 한다"(Foucault 2004a, 일어판 441쪽). 1장에서 다루듯, 마르크스는 처음에 헤겔 법철학 비판을 출발점으로 삼아, 법이나 법률 그리고 국가와 같은 정치적 영역을 고찰하려 했다. 하지만 곧 경제학 연구에 착수하면서 국가 문제로부터 한 발짝 물러나면서, 개인들의 특정한 행동에 의해 생성되는 '물질적인 생활 관계'의 총체를 비판하려 시도했다. 마르크스나 푸코가 그랬듯이, 우리도 국가의 자율성·중심성에 대항할 필요가 있다.

하지만 당장 국가 문제에 거리를 둔다고 해서 국가 비판을 포기하는 것은 전혀 아니다. 여기에 '국가에 대항하는 마르크스'라는 제목에 담긴 두 번째 의미가 있다. 마르크스가 '국가에 대항했다'는 것은 문자 그대로 받아들여야 한다. 즉, 마르크스는 단지 '자본주의'만이 아니라, 오히려 '자본주의'와 **동시에** 국가를 극복하고 폐지하려 했다는 것이다. 따라서 마르크스(주의)의 '국가 소멸' 테제를 동시대의 프루동이나 바쿠닌과 같은 아나키즘 사상과 특별히 구별해야 할 필요는 없다(Basso 2015, 176). 마르크스의 사상은 국가 폐지를 주장했다는 의미에서 오히려 아나키즘의 흐름에 위치할 수도 있다. 이렇듯 단순해 보이는 점을 강조하는 데에는 큰 의미가 있다. 이 책에서 자세히 살펴보듯, 마르크스의 자본주의 비판에는 국가 비판이 필수적이다. 오히려 국가 비판 없이는 자본주의 시스템 자체를 비판할 수 없다고 할 수 있다. 이것은 국가 개입이 '증가한' 케인스주의 시대나 최근의 신자유주의 시대의 자본주의에만 한정된 것이 아니다. 다시 말해 아도르노가 "총체성으로서의 사회"(Adorno 1968, 60)라는 개념을 사용하면서 간결하게 보여준 것처럼, 마르크스의 폴리티칼 이코노미 비판은 단지 경제적 영역만이 아니라 자본주의 사회시스템을 전체적으로 비판한 것이었다. 이 사회시스템에는 상품이나 화폐, 자본에 의해 구성된 시장 시스템이라는 권력관계뿐만 아니라, 법이나 법률, 국가와 같은 권력관계도 포함된다.

푸코도 이렇게 말했다. "국가 문제가 중요하지 않다고 말하고 싶은 건 아닙니다. 오히려 권력관계 문제, 즉 권력관계를 분석할 때 분석 대상은 국가의 틀을 넘어서야 한다는 것을 말하고 싶은 겁니다"(Foucault 1994, 일어판 351쪽). 다시 말하지만 국가 문제로부터 거리를 두는 것은 국가 비판을 보류하는 것이 아니다. 즉, 마르크스주의의 핵심 개념인 자본이나 계급은 중시하면서 국가는 경시하는 것을 의미하지 않는다. 오히려 국가 문제를 단순히 회피하는 것은 과거 마르크스주의가 그랬듯이, 국가를 계급 환원주의적이거나 도구주의적으로 보는 함정에 빠지는 것이다. "권력의 역할은 기본적으로 생산관계를 유지하는 데 있으며, 생산력의 발전 및 소유 형태가 가능하게 한 계급 지배를 지속시키기 위한 것으로 간주된다"(Foucault 1997, 일어판 17쪽). 이러한 '경제주의' 모델에 기초하여, 좌파는 종종 국가권력을 통한 생산관계의 변혁이나 지배계급의 타도를 추구해왔다. 하지만, 국가 권력을 장악하고 관리하려 해도, 그리고 그 주체가 노동자계급이나 좌파 세력이었다 해도, 권력관계 자체를 소멸시킬 수는 없다. 따라서 우리는 '국가의 자율성'이라는 외관에 저항하면서, 국가를 포함한 권력관계의 총체, 즉 국가를 필수적 구성 요소로 하는 자본주의 사회시스템을 더 세밀하게 분석할 필요가 있다.

그러나 독자들은 어째서 마르크스의 자본주의 및 국가 비판으로 돌아가야 하는지 의문을 가질 수 있다. 푸코가『말과 사물』에서 언급했듯이, "마르크스주의는 19세기 사고에서 물속의 물고기와 같은 것이었으며, 그것은 다른 어떤 곳에서도 숨을 쉴 수 없었다"(Foucault 1996). 푸코는 리카도와 같은 고전파 경제학과 함께 마르크스주의의 담론을 근대 서구의 '인식론적 배열' 내부에 위치시키며 '사적 유물론'의 패러다임을 거부했다. 사실 미하엘 하인리히가 언급한 바와 같이, '사적 유물론'의 "역사적 결정론은 자본주의의 종말과 프롤레타리아트 혁명을 필연적으로 발생하는 사건으로 간주했다"(Heinrich 2004, 23). 이 책 역시 그러한 전통적인 '마르크스주의'를 비판의 대상으로 삼는다. 모이쉬 포스톤은 이렇게 정의한다. "전통적 마르크스주의는 자본주의를 노동의 관점에서 분석하고, 자본주의 사회를 계급 관계, 즉 생산수단의 사적 소유와 시장 경제에 의해 구조화된 계급 관계의 관점에서 본질적으로 특징짓는 이론적 접근"이다(Postone 1993, 7). 이러한 관점은 종종 마르크스주의 비판자들도 공유하는 것이긴 하지만 그에 대해 마르크스의 '진정한 해석'을 대비시키기만 해서는 충분하지 않다. 전통적 마르크스주의는 단순한 이론적 오류가 아니다. "마르크스주의란 말하자면 권력관계의 총체이거나 권력의 메커니즘과 권력의 역학의 총체입니다"(Foucault 1994, 일어판 74쪽). 즉, 그것은 20세기 자본주의 사회에서 사회주의자나 좌파의 '세계관'을 제공하고, 독자적인 권력 메커니즘을 만들어냈다. 사실 전통적 마르크스주의는 고양되는 노동운동에 대해서 "세계에 대한 포괄적인 지침"을 제공하고, 노동자계급의 정체성을 구축할 필요성에서 체계화되어 왔다(Heinrich 2004, 22f). 우리는 푸코에 따라 전통적 마르크스주의가 수행해온 권력을 상대화하고, '정치적 상상력의 빈곤화'에 제동을 걸어야 한다.

사실 마르크스와 푸코 사이의 거리는 생각하는 것만큼 멀지 않다. 좌파로부터 마르크스를 언급하지 않는 것에 대해 비난을 받은 푸코가 "마르크스는 결정적인 진리의 소유자로 여겨져서는 안 된다"고 경종을 울렸지만 말이다(Foucault 1994, 일어판 78쪽). 우리가 보기에 푸코의 권력관계 분석은 기본적으로 마르크스의 자본주의적 생산관계 분석과 같은 차원에 있다. 푸코 스스로 다음과 같이 말했다. "마르크스는 자본에 대한 분석에서 노동자의 빈곤이라는 문제에 직면했을 때, 그는 무엇을 했습니까? 그러한 빈곤을 자연적 결핍이나 의도된 착취의 결과로 보려는 일반적인 설명을 그는 거부했습니다. […] 마르크스는 착취의 고발 대신 생산의 분석을 시작했습니다. 몇 가지 차이를 제외하고, 내가 하고 싶었던 것은 대체로 그와 유사한 것이었습니다"(Foucault 1994, 일어판 38쪽).

물론 3장과 4장에서 보듯이, 법이나 법률, 그리고 국가와 같은 정치적 영역의 이해관계에서 푸코와 마르크스 사이에는 무시할 수 없는 큰 차이가 존재한다. 또한 전통적 마르크스주의와 크게 다른 마르크스 자신의 폴리티칼 이코노미 비판 방법을 기반으로 할 때, 『자본론』 관련 초고에서 전개된 '사적 유물론'을 재구성하는 것도 가능하다. 그러나 마르크스의 폴리티칼 이코노미 비판과 푸코의 권력 분석에는 그동안 크게 주목받지 못했던 공통점이 존재한다. 이 책이 주목하는 것은 바로 두 사람이 '정치의 비판'에서 채택한 접근법의 독자성이다. 이와 관련하여, 에티엔 발리바르는 자신의 저서 『대중의 공포: 마르크스 이전과 이후의 정치와 철학』에서 다음과 같이 언급한다.

> 그러므로 푸코가 정치를 구성하는 방식은 그의 방법론적 개인주의가 환기할 수 있는 몇몇 외형에도 불구하고, **정치의 자율성을 재구성하는 것과는 무관하다**. 물론 그는 어느 정도 안정된 사회적 형태나 행동 규범들이 <u>구성되는</u> 것과는 대조적으로, 권력관계는 진정으로 <u>구성하는</u> 것으로서 이해한다. 하지만 그는 권력관계를 의식적인 것이든, 무의식적인 것이든, 하나의 의지로서, 또는 여러 의지의 충돌로서는 결코 생각하지 않는다. […] 따라서 이것은 권력관계나 복종화가 지배와 예속(정당한 것이든 부당한 것이든, 법률을 강요하는 것)과의 관계에서가 아니라, 물질적이고 정신적인 여러 테크놀로지로 해석되는 방식과 연결되어 있다.(Balibar 1997, 34)

마르크스 이후의 정치철학에서는 전통적 마르크스주의의 '경제주의' 모델에 대해 종종 '정치의 자율성'이 대비되어왔다. 예를 들어 포스트-마르크스주의의 대표자인 라클라우와 무페는 전통적 마르크스주의의 '경제결정론'을 비판하는 맥락에서, 임금노동-자본 관계를 단순한 계급투쟁이 아니라, 오히려 생산관계나 계급관계에 대해 외재적인 '투쟁의 장'으로 파악한다

(Laclau & Mouffe 1985, 79). 최근 포퓰리즘론에서도 라클라우는 철저하게 "정치적인 것 자체의 존재론적 구성"을 탐구한다. "인민의 구축이라는 뛰어난 정치적 행위"는 이질성을 전제로 한 적대성의 경계를 구성하지만, 적대 관계 자체는 생산관계에 내재된 것이 아니다. 오히려 "정치적인 것"은 생산관계와 생산관계에 외재적인 정체성 사이에서 구성된다고 한다(Laclau 2007, 5장). 이리하여 라클라우는 상품이나 화폐, 자본과 같은 '경제적 영역'으로부터 '정치적 영역'을 존재론적으로 분리함으로써 '정치의 자율성'을 재구성한다.

　　전통적 마르크스주의의 권력 작용을 상대화하려는 점에서, 우리는 포스트-마르크스주의의 문제의식을 공유한다. 하지만 이 책이 옹호하려는 것은 '정치의 자율성'이 아니라, 오히려 '정치의 타율성'이라는 테제다. 다만 '정치의 타율성'이란 단지 법률이나 이데올로기와 같은 정치적 상부구조가 '제1심급' (홀)이나 '최종 심급'(알튀세르)으로서의 경제적 토대에 의해 규정된다는 의미가 아니다. 즉, 궁극적인 '경제의 자율성'을 주장하는 것도 국가의 강제력이나 물리적 폭력, 그 밖의 지배·종속 관계를 과소평가하는 것도 아니다. 오히려 포스트-마르크스주의와는 다른 의미에서, 마르크스에서 '정치적인 것'의 차원을 적극적으로 고찰하기 위한 개념 장치로서이다. 엘렌 우드가 제시한 "정치적 마르크스주의"도 이 맥락에서 이해할 수 있을 것이다. 우드에 따르면, 자본주의에서 정치적 영역과 경제적 영역의 분리는 단순한 영역의 구분을 의미하는 것이 아니라, 영역의 결합 혹은 얽힘으로서, 즉 일련의 권력관계로서 이해되어야 한다 (Wood 1995, 1장). 전통적 마르크스주의는 생산관계를 유지하고 재생산하는 '기능'으로서 '정치적 영역'을 이해하지만, 이러한 경제주의 모델은 단호히 거부되어야 한다. 하지만 니코스 풀란차스가 그랬듯이, 푸코에 반대하여 계급적 힘관계나 국가의 중심적 역할을 강조할 수는 없다(Poulantzas 1978). 마르크스 국가론을 체계화하거나, 적대성이나 정체성의 구축과 같은 형태로 '정치의 자율성'을 재구성하는 것은 이 책에서 자제된다. 푸코의 권력 분석이 그랬던 것처럼, 우리는 '타율성'이라는 일종의 소극적이고 수동적인 형태로 '정치적 영역'을 재구성하고, 마르크스의 정치 비판에 이어 미완의 국가 비판을 수행할 필요가 있다. 자본주의**에서** '정치의 타율성'을 무시하는 형태로 '정치의 자율성'을 찬양하는 것은 그 자체가 정치적인 것에 대한 상상력의 빈곤 상태인 것이다.

　푸코는 강의록 『안전, 영토, 인구』와 『생명관리정치의 탄생』에서 『감시와 처벌』 이후의 "권력의 미시물리학"을 더 포괄적인 형태인 "통치성" 연구라는 "거시물리학"으로 발전시켰다. "문제는 국가로부터 그 비밀을 끌어내는 것이 아니라, 외부로 이동하여 통치성의 문제에서 출발해서 국가의 문제에 질문을 던지고, 국가의 문제를 조사하는 것입니다"(Foucault 2004b, 일어판 94쪽). 마르크스의 국가 비판을 재구성하려는 우리에게 푸코의 통치성 연구는 바로 그의 국가 비판에 해당하는 것이다. 푸코는 전통적 마르크스주의처럼 국가의 문제에서 출발하지 않는다. 오히려 근대 국가를 일반적인 권력 테크놀로지 속에 재배치하고, 국가의 통치화 과정, 국가의 통치성화를 분석하려 한다. 그리고 푸코의 통치성 연구에 있어 핵심 개념은 바로 18세기 이후에 탄생한 폴리티칼 이코노미에 다름 아니다.

   마르크스의 『자본론』의 부제인 '경제학 비판'이 그러했듯이, 일본에서 political economy라는 용어는 지금까지 (고전파) 경제학으로 번역되어왔다. 최근에는 알프레드 마셜 이후의 경제학economics과 구별하기 위해 사회경제학으로 번역되기도 한다. 하지만 사회경제학이라는 번역어는 스튜어트나 스미스 등의 political economy를 비판한 시스몽디 이후의 '사회적 경제학l'économie sociale'과 구분하기 어렵다. 그럼에도 불구하고, political economy는 단순히 '정치'와 관련된 '경제학'을 의미하는 것이 아니기 때문에 정치경제학으로 번역하는 것도 안 된다. 따라서 이 책에서는 아리스토텔레스의 『정치학』에서 유래한 폴리스-오이코스의 이항 대립 도식의 연장선에서 political economy를 폴리스적 오이코스로 이해한다. 그러나 타이라코 토모나가(平子友長)가 강조하듯이, political economy라는 단어에는 고전고대 폴리스-오이코스라는 틀로부터의 단절도 발견된다(平子 2007). 5장에서 살펴보듯이, 근세 유럽에서는 자본주의에 앞서 국가state가 성립되어 있었다. 폴리티칼 이코노미는 '앙시앙 레짐' 아래에서 형성된 중앙집권적인 행정국가를 배경으로 18세기에 새롭게 성립된 경제사회(상업적 사회commercial society, 문명화된 사회civilized society)를 대상으로 하는 학문이다.

   단 폴리티칼 이코노미는 푸코에게 단순한 학문 체계를 의미하는 것이 아니었다. 폴리티칼 이코노미란 '통치'에 관한 학문 체계로서 근세 유럽에서 성립된 주권국가에 대해 그 이전과는 다른 통치술을 제공했다. 푸코에 따르면, 통치술이란 "(오이코스의 통치로서의) 가정 경영, 즉 마치 아내나 자녀, 하인들의 지도에 능한 좋은 가장이 가정 내에서 하듯이, 개인, 재산, 부의 적절한 관리 방법"(Foucault 2004a, 일어판 117쪽)을 의미한다. 오이코스의 외부에 경제사회가 탄생하는 18세기 초까지는 주권이나 국력(국가의 부) 강화가 주요 문제였고, 통치술이 필요한 경우가 적어 정체 상태였다. 그러나 18세기 이후가 되면, 경제사회의 '인구'라는 대상에 대해 폴리티칼 이코노미라는 새로운 통치술이 도입된다. 17세기 이후의 중상주의 시대에 있어서 '통치성'은 주권국가의 국가 이성에 기반한 것이며, 내정Polizei에서 주권의 무제한성을 원칙으로 했다. 하지만 18세기 이후는 경제, 즉 '인구-부'가 통치 대상이 되면서, 시장의 동학이라는 내재적인 원리에 기반해 가능한 한 적게 통치하는 것을 목표로 한다. 즉, 주권국가에 의한 통치의 과잉이 문제가 되고, 대신 통치의 내적 제한으로서 폴리티칼 이코노미가 등장한 것이다. 이러한 점을 고려하면, 마르크스가 『경제학 비판』 '서문'에서 언급한 유명한 문장을 '전통적 마르크스주의'의 권력 작용을 무효화하는 형태로 이해할 수 있을 것이다.

나를 괴롭힌 의문의 해결을 위해 착수한 첫 번째 작업은 헤겔의 법철학에 대한 비판적 검토였으며, 그 작업의 서문은 1844년 파리에서 발행된 『독불연보』에 게재되었다. 내 연구가 도달한 결과는 다음과 같다. 즉, 법적 관계 및 국가 형태들은 그 자체로 또는 소위 인간 정신의 일반적 발전으로부터 이해될 수 있는 것이 아니라, 오히려 물질적인 여러 생활 관계에 뿌리를 두고 있으며, 이러한 여러 생활 관계의 총체를 헤겔은 18세기 잉글랜드인 및 프랑스인의 선례를 따라 '부르주아 사회 bürgerliche Gesellschaft'라는 이름으로 총괄하고 있지만, 그러나 이 부르주아 사회의 해부학은 폴리티칼 이코노미 안에서 찾아야 한다(MEGA II.2, 100).

　"시민사회[마르크스에게는 부르주아 사회]란 통치 사상(18세기에 탄생한 새로운 형태의 통치성)이 국가가 필요로 하는 상관물로서 출현시킨 것입니다"(Foucault 2004a, 일어판 433쪽). 푸코에게 근대의 "시민사회"는 "근대적 통치술의 일부를 이루는 것이었다"(Foucault 2004b, 일어판 365쪽). 고전고대 이래의 정치적 사회로서의 시민사회societas civilis는 근대 서구에서 정치적 국가state와 경제적 사회로서의 시민(부르주아)사회로 분열된다(平子 1984, 224). 마르크스가 이후에 자본주의적 생산양식으로 정식화하게 될 '부르주아 사회'는(重田 1992, 72) 푸코를 따라 권력 테크놀로지의 총체로 이해되어야 한다. 이 권력관계를 해부하기 위해, 마르크스는 폴리티칼 이코노미 비판을 기획한 것이다. 다시 말해 고전파 경제학을 대신하는 새로운 사회주의적 경제학(간단히 말해 마르크스경제학이라는 것)을 세운 것이 아니다. 그 내용에 대해서는 3장에서 자세히 살펴볼 것이다. 하지만 동시에 주의해야 할 것은 마르크스가 생애에 걸쳐서 '폴리티칼 이코노미' 비판을 완성한 것은 아니라는 점이다. 즉, 현대 국가와 부르주아 사회에 의해 구성되는 자본주의 사회시스템의 총체적 분석은 미완으로 남아 있다.

　마르크스가 보기에 좁은 의미에서의 경제학 비판은 『자본론』 제1권을 토대로 한다면 "다른 이들도 쉽게 전개할 수 있는" 것이었다(MEW 30, S. 639). 이에 대해 정치의 비판 특히 국가 비판은 마르크스가 자부했듯이, 자신이 완성해야만 하는 과제였다. 그런데 마르크스 이후의 '마르크스경제학자들'은 '전통적 마르크스주의'의 권력 메커니즘에 의해 '마르크스경제학'을 체계화해야 했다. 또한 이것은 '정치의 자율성'을 재구성한 마르크스주의 정치이론에도 해당한다. 국가의 문제는 결국 폴리티칼 이코노미 비판의 관점에서, 즉 '정치의 타율성'을 재구성하는 형태로 분석될 필요가 있었다. 하지만 마르크스주의 정치이론은 폴리티칼 이코노미를 제쳐둔 채, 마르크스 국가론의 공백을 메우려 했다. 따라서 마르크스 자신이 완성하지 못한 국가 비판은 거의 진전되지 않았다.

그중에서도 예외적으로 1970년대 구서독에서 전개된 '국가 도출논쟁'은 오히려 마르크스의 폴리티칼 이코노미 비판으로 돌아가 『자본론』의 경제적 범주로부터 국가 범주를 논리적으로 도출하려 시도했다. 이 희귀한 접근법은 1920년대 구소련에서 활약한 파슈카니스의 법학 비판에서 유래한 것이다. 이 책이 1970년대 유럽과 미국에서 전개된 마르크스주의 국가론 논쟁 속에서 오히려 변방에 있었던 '도출논쟁'을 다루는 것은 그 성과들이 마르크스 자신의 폴리티칼 이코노미 비판에 근접한 국가론을 제시하고 있기 때문이다. 그뿐만 아니라 '도출논쟁'의 당사자들은 정치시스템이나 정치체제, 국가의 여러 제도 등의 분석에 그치는 근대 정치학(마르크스주의 정치이론을 포함)의 비판, 즉 '정치의 타율성'이라는 문제의식을 공유했다.

'도출논쟁'은 그 전문적인 연구 스타일 때문에 논쟁 당시부터 스콜라적이라고 비난받았다. 하지만 1970년대 서독의 정치적 및 경제적 위기(네오파시즘의 등장, '사회적 시장 경제'의 동요, 세계 통화 위기 등)를 고려하면, 국가 비판을 전개하는 데 풍부한 소재를 제공했다고 할 수 있다. 예를 들어 3장에서 다루겠지만, 케인스주의 복지국가의 재정 위기에서 보듯이, 재정 정책을 통한 시장이나 재생산 과정에 대한 국가 개입이 논쟁의 초점이 되었다 (O'Connor 1973). 따라서 반복해서 강조했듯이, 이 책은 초기부터 후기에 이르는 마르크스의 텍스트를 재구성하고 '마르크스의 국가론'을 체계화하려는 의도가 아니다. 오히려 『자본론』을 비롯한 폴리티칼 이코노미 비판을 중시한 '도출논쟁'을 돌아보면서, 마르크스 특유의 국가 비판, 즉 폴리티칼 이코노미를 매개로 한 '정치의 타율성'에 대해 고찰한다.

반면 '도출논쟁'은 일본 독자들에게는 대체로 낯선 조류일 것이다. 자세한 것은 1장에서 읽어보길 바라지만, 프랑크푸르트 학파나 알튀세르파 같은 '서구 마르크스주의'(Anderson 1976)와 가까우면서도 '도출논쟁'은 독자적인 발전을 이어갔다. 특히 서독에서는 엥겔스 이후 체계화된 마르크스주의 국가론이 아닌, 1970년대 당시 이미 진전되고 있던 『자본론』 관련 초고 연구를 기반으로 논쟁이 이루어졌다. 처음 보면 '도출논쟁'의 접근법은 『자본론』제1권에서 전개된 상품이나 화폐, 자본 같은 경제적 범주의 비판에 대한 일정한 이해가 없다면, 난해한 문헌학적 고증처럼 보일 수도 있다. 하지만 1980년대 이후에 잊혔던 '도출논쟁'은 1990년대 이후 '현존사회주의' 체제가 붕괴하고, 21세기에 들어서 신자유주의의 헤게모니가 약화되고, 해체되고 있던 '사회국가'의 재구축이 계급투쟁의 초점이 되는 가운데, 독일어권과 중남미에서 다시 부활하고 있다(Piva 2018).

영어권에 '도출논쟁'을 소개하고 그 후 독자적인 국가 비판을 전개한 존 홀로웨이는 당시의 논쟁을 돌아보면서, 그 고도로 추상적인 '국가의 도출'이라는 접근법이 오히려 현대의 자본주의 분석에서 점점 더 중요해지고 있다고 지적한다(Holloway 2018). 현대의 자본주의 사회는 논쟁이 일어난 1970년대와 비교해 자본의 권력이 매우 강화되었음에도 불구하고, 좌파는 마르크스의 폴리티칼 이코노미 비판과 '정치의 타율성'을 점점 더 경시했다. 즉, 신자유주의는 단순한 시장 방임주의나 '작은 정부'의 문제가 아니라, 권위주의적 국가의 등장과 함께 진행되어온 것이다. 신자유주의는 단지 경제정책의 문제가 아니라 '자본주의의 새로운 정신'이며, 1968년 혁명의 패배 후에 찾아온 '반혁명'(노동운동이나 사회민주주의 세력의 해체를 그 목적으로 하는)이다. 그러므로 신우파의 신자유주의적 헤게모니에 대항하기 위해서는 포퓰리즘을 통해 새로운 좌파의 헤게모니를 정치적으로 재구축할 필요가 있다 등등.

서르닉과 윌리엄스가 주장하는 좌파 가속주의는 21세기 좌파에서 '포퓰리즘적 전회'를 상징하는 것이었다. 지금으로부터 20년 이상 전인 신자유주의와 글로벌화가 진행되던 바로 그 당시에, 네그리와 하트는 주권 국가 체제를 초월한 새로운 〈제국〉 아래에서 계급이나 인민 같은 범주의 타당성이 상실되었다면서, 그 대안으로 새로운 변혁 주체로서 멀티튜드를 제안했다. 이에 대해 서르닉 등은 네그리 등이 칭송하는 스페인 15M 운동이나 월가 점령 시위를 정치적 조직이나 헤게모니 요소를 결여한 '소박한 정치folk politics'에 불과하다고 비판했다. 그들은 하이에크나 오르테가가 전후 초기에 설립한 '몽페를랭회Mont Pelerin Society'를 예로 들며, 21세기 좌파는 포퓰리즘과 헤게모니 투쟁을 통해 신자유주의의 대안이 될 중장기적인 정치적 프로젝트를 고안해야 한다고 주장한다. 중남미 각국에서도 21세기 들어 좌파 정권(소위 '핑크 타이드')이 성립했고, 남유럽이나 유럽, 미국에서도 좌파 포퓰리즘(시리자, 포데모스, 샌더스, 코빈, 멜랑숑)의 정치 운동이 부상했다. 이에 대해 홀로웨이는 21세기 좌파가 여전히 국가권력에 의한 정치적 사회 변혁에 대한 기대와 환상에 사로잡혀 있다고 철저히 비판한다. 홀로웨이에게 국가권력은 자본주의적 권력관계의 일부이기 때문에, 국가권력에 의한 자본주의 사회의 변혁은 근본적으로 불가능하다. 오히려 20세기 '현존사회주의'와 복지국가의 실패가 보여준 것처럼, "권력을 잡지 않고 세상을 바꿔야 한다"(Holloway 2002)는 것이다.

'도출논쟁'의 당사자 중에서 마르크스의 국가 비판을 가장 비약적으로 발전시킨 요아힘 히르쉬는 이미 1990년대에 다음과 같이 말했다. "사회구조의 근본적 변혁은 정당이라는 형태를 취하고 국가장치에 집중된 정치의 도움을 빌려서는 불가능하며, 자율적인 정치적 조직 네트워크에 의해 지지받는 사회의 자기 변혁의 새로운 형태와 실천을 필요로 한다"(Hirsch 1995, 일어판 서문). 이 책에서 자세히 살펴보듯이, 자본주의 국가의 권력 메커니즘은 우선 의회 시스템이나 행정 기구와 같은 일련의 국가장치(제도)와는 구분된다. 국가는 임의의 목적을 위해 활용할 수 있는 도구가 아니라, 자본주의적 권력관계를 구성하는 개인들의 적극적인 관여에 의해 필연적으로 재생산될 뿐이다. 따라서 '도출논쟁'을 이어받은 홀로웨이나 히르쉬는 국가권력에 의한 사회 변혁이 아니라, "국가의 내부에서, 그리고 동시에 국가에 대항하는" 전략의 중요성을 강조한다(London Edinburgh Weekend Return Group 1979). 즉, 노동과정이나 재생산 과정에서 화폐와 자본에 대항하는 '경제 투쟁'**과 동시에**, 국가권력과 직접 대치하는 '정치 투쟁', 그리고 사회 생활에서 국가의 여러 제도에 대해 관여하는 일상적 투쟁 그 자체가 '계급투쟁'의 장인 것이다.

특히 히르쉬는 전통적 마르크스주의와는 다른 관점에서 급진적 개량주의Radikaler Reformismus라는 변혁 구상을 제시하고 있다. 정치적 좌파에서 자주 제기되었던 혁명이냐 개량이냐 하는 이분법은 부정된다. 그의 급진적이면서도 개량적인 사회 변혁 비전은 상품이나 화폐, 자본과 같은 경제적 권력관계뿐만 아니라 법이나 법률, 국가와 같은 정치적 권력관계를 점진적으로 수정하는 것을 목표로 하는 점을 6장에서 살펴볼 것이다. 히르쉬의 '급진적 개량주의'는 국가를 포함한 권력관계 전체를 바꾸기 위해 '국가의 내부에서 그리고 동시에 국가에 대항하는' 방식으로 국가제도를 개량하는 여러 실천을 의미한다. 역설적이지만 이런 의미에서 볼 때 이러한 개량 투쟁은 전통적 마르크스주의가 제시한 정치중심주의적인 '계급투쟁'보다 더 급진적이다.

또한 현대 독일에서는 '도출논쟁'을 계승하는 연구자들이 히르쉬와 홀로웨이의 접근 방식과 풀란차스의 국가론을 결합하여 IMF나 EU 등의 국제적 제도(소위 '국가의 국제화')를 적극적으로 분석하고 있다. 7장에서 자세히 살펴보겠지만, 자본주의 세계화가 진행된 오늘날 개별 국가는 국제 자본 시장과 금융시장에 점점 더 의존하게 되었고, 트랜스내셔널한 자본의 '입지점'을 확보하는 '경쟁국가'로 전환되고 있다(Hirsch 2005, 141ff). 포디즘형 '안전보장 국가'에서 포스트 포디즘형 '국민적 경쟁 국가'로의 이행에서는 국가의 제도적 개입이 시장의 권력 자체에 의해 정당화되며, 사회적 생활 영역에서의 '관통적 국가화'(아놀리)가 진행된다. 자본주의적 축적 체제의 전반적인 확대에 따라 다양한 사회적 생활 영역에서 높은 수준의 중앙집권적 규격화가 더욱 진전된다는 것이다. 실제로 2008년 금융 위기 이후의 '장기 정체기'(성장 둔화, 격차 확대, 채무 증대)로부터 서구의 자유민주주의 체제는 '권위주의적 국가주의'(풀란차스)로 전환되고 있다. 자본주의 사회에서 의회제 민주주의의 한계가 학계 내외에서 주장되며(Streeck 2016, 서문), 소위 제3세계의 '개발 독재' 체제나 포스트식민주의 국가에서 볼 수 있는 '국가자본주의' 체제가 보편적 현상이 되고 있다.

우리는 이러한 국가의 권위주의화라는 사태 또한 어디까지나 '정치의 타율성'을 재구성하는 형태로 극복해나가야 한다. 알렉스 데미로비치가 말하듯이, "변혁적인 사회 실천은 정치라는 형태, 즉 **정치의 폐지를 위한 정치**라는 형태를 취한다"(Demirović 1999)는 것이다. 현대의 자본주의 경제가 사실상 '정상상태(定常狀態)'로 이행하고 있는 상황에서 계급투쟁이 요구해야 할 구체적인 제도 개량으로는 "노동을 강제하지 않으면서 모든 사람에게 충분한 생활을 보장하는 사회적 인프라"의 구축이 점점 더 중요해지고 있다(Hirsch 2005, 236). 즉, 코로나 위기로 드러난 것처럼 사회시스템에 필수적인 노동(농업, 물류, 의료, 청소 등)을 시장과 국가에 의존하지 않는 형태로 재구축해야 한다. 따라서 최근에는 뮤니시팔리즘Municipalism이나 '재공영화'에서 볼 수 있는 것처럼(岸本 2020), 급진적이면서도 개량적인 사회정책은 탈상품화된 생활과 소비 영역을 확대하는 것으로 노동에 대한 강제력을 완화하면서 동시에 거주, 요양, 교육에서 공공 서비스의 공급을 강화하는 것을 목적으로 하고 있다. 그러나 이 '급진적 개량주의' 전략에서 국가나 현존하는 제도에 대한 정치 투쟁의 중요성은 부정할 수 없지만, 그것만으로는 권력관계를 전체적으로 변혁할 수 없다. 즉, 자본주의 국가의 권력 메커니즘에 동화되지 않으면서, 자본주의 국가에 대항하는 새로운 정치적 자기조직을 만들어나가야 한다(Hirsch 1990, 118ff). 따라서 포스트 자본주의를 향한 계급투쟁은 일단 '사회국가'의 재편을 둘러싸고 제기될 수밖에 없지만, 국가나 현존하는 제도에 대한 정치투쟁에만 머물러서는 안 된다. 오히려 8장에서 살펴보듯이, 경제적 권력관계 및 정치적 권력관계를 전체적으로 변혁하는 의미에서의 '민주주의'를 새롭게 발명해나가야 한다.

1부

마르크스의
국가 비판

1장
미완의 국가 비판
'국가 도출논쟁' 재고

마르크스의 '국가론'은 존재하는가?

1970년대 서유럽에서는 선진 자본주의 국가들의 구조적 불황과 1960년대 후반부터 고조되었던 신좌파 운동을 배경으로 마르크스주의 국가론을 둘러싼 격렬한 논쟁이 전개되었다. 영국의 정치학자 랄프 밀리밴드와 그리스의 정치학자 풀란차스의 이름을 딴 '밀리밴드-풀란차스' 논쟁이 바로 그것이다. 이 논쟁은 마르크스주의 외의 정치학 및 사회학을 끌어들여, 국가 개입이 증가하는 자본주의 경제의 실증 분석에도 크게 활용되었다. 장기 정체 상태에 있는 현대 자본주의 경제에서도 환경 위기나 코로나 위기에 대응하는 새로운 '뉴딜' 정책에서 볼 수 있듯이, 국가 개입 방식이 다시 정책 논쟁의 중심 주제가 되고 있다. 당시의 국가 논쟁에 어떤 의미가 있었는지 돌아보는 것은 마르크스의 국가 비판을 재구성하는 데 도움이 될 것이다.

먼저 마르크스 이후의 마르크스주의 국가론의 계보를 간단히 살펴보겠다. 이미 살펴보았듯이 본래 마르크스의 국가론이라는 체계는 존재하지 않는다. 존재한다고 한다면, 자본주의 비판, 즉 경제학 비판으로서의 자본론과 마찬가지로 국가 비판, 다시 말해 정치(학) 비판으로서의 국가론일 것이다. 분명히 젊은 마르크스는 엥겔스와의 공동 작업을 시작하고『독일 이데올로기』초고들을 집필하기 이전에『정치(학) 및 국민경제학의 비판』이라는 두 권의 책을 출판사와 계약했었다. 그러나 이 구상은 이후 폴리티칼 이코노미 비판, 즉『자본론』의 집필로 대체되었다. 다시 말해 마르크스 자신은 결국 정치(학) 비판을 수행하지 않은 셈이다. 다만 2장에서 자세히 검토하듯이,「헤겔의 국법론 비판」

이나 「유대인 문제에 관하여」 등에서 전개된 정치(학) 비판에서 마르크스의 정치 비판을 엿볼 수 있다. 사실 같은 시기의 「크로이츠나흐 노트」(MEGA IV/2)에서는 프랑스, 잉글랜드, 프로이센, 미국, 스웨덴 등의 근대 국가 형성사와 루소의 『사회계약론』, 몽테스키외의 『법의 정신』, 마키아벨리의 『로마사 논고』와 같은 정치 사상이 검토되고 있는 것이 주목할 만하다.

　마르크스는 『경제학 비판』 서문에서 당시까지의 폴리티칼 이코노미 연구의 발전을 돌아보며 최초의 정치(학) 비판을 다음과 같이 총괄했다. "법학적 관계 및 국가 형태는 그 자체로" 이해될 수 있는 것이 아니라 "오히려 물질적인 생활 관계에 뿌리를 둔 것"이기 때문에, 그 "생활 관계 전체"의 해부학을 폴리티칼 이코노미 안에서 찾아야 한다(MEGA II/2, 100). 다만 여기서 주의해야 할 것은 '전통적 마르크스주의'의 '토대-상부구조론'처럼, 법률이나 국가와 같은 정치적 상부구조가 단지 경제적 토대에 의해 규정되거나 환원되는 것이 아니라는 점이다. 하인리히가 지적했듯이, 전통적 마르크스주의는 폴리티칼 이코노미 비판보다 세계관으로서의 '사적 유물론'을 중시했다. 따라서 우리는 먼저 마르크스의 폴리티칼 이코노미 비판 체계 안에서 국가 비판이 어떻게 위치해 있는지에 주목할 필요가 있다. '서문'의 첫머리에서 마르크스는 소위 '폴리티칼 이코노미 비판의 플랜'에 대해 다음과 같이 언급하고 있다.

　　나는 부르주아 경제 시스템을 다음 순서, 즉 자본, 토지 소유, 임금노동 그리고 국가, 대외 무역, 세계시장이라는 순서로 고찰할 것이다. 처음 세 항목에서는 근대 부르주아 사회를 구

성하고 있는 세 개의 커다란 계급이 가지는 경제적 생활 조
건을 연구할 것이다. 나머지 세 항목 사이의 관계는 자명하
다. 제1부는 자본을 논하는데, 그 첫 번째 편은 다음의 장들로
구성되어 있다. (1) 상품, (2) 화폐 또는 단순유통, (3) 자본 일
반.(ibid., 99)

마르크스 자신은 생애 동안 이 플랜의 여섯 항목 중에서도
첫 번째 '자본'조차 제1부를 제외하고는 완성할 수 없었다. 물
론 엥겔스가 완성한 『자본론』 전 3권에서도 임금노동이나 국
가, 세계시장 등의 주제에 대해 많은 기술이 보인다. 여기서 중
요한 것은 '자본의 일반적 분석'이라는 폴리티칼 이코노미 비판
의 방법이다. 일본에서 『신 마르크스-엥겔스 전집』(MEGA) 연구
의 선구자인 오타니 데이노스케는 마르크스경제학에서 큰 논쟁
을 일으킨 '플랜논쟁'에 결론을 내기 위해, 마르크스가 『요강』에
서 『1861-1863년 초고』를 거쳐 『자본론』을 집필하는 과정에서
'자본 일반'이라는 용어가 사용되지 않게 된 것에 주목했다. "즉,
'자본 일반'이 고찰·분석·연구·서술의 대상을 한정한 것에 반해,
'자본의 일반적 분석' 등은 고찰·분석·연구·서술 자체의 한정이
며, 특징이다"(오타니 2016a, 375). 마르크스는 『자본론』에서 국가
를 논하지 않은 것이 아니라, '자본의 일반적 분석'의 한계 내에
서 국가를 고찰했다. 그러나 이전의 마르크스주의 국가론은 이
'자본의 일반적 분석'이라는 관점을 간과함으로써 『자본론』을
단지 경제적 저술로 이해했던 것이다.

그럼에도 불구하고 자본주의 세계시스템을 전체로서 분석
하는 마르크스의 폴리티칼 이코노미 비판은 '국가'나 '세계시장'

에 대한 체계적 전개를 결여하고 있다는 의미에서 미완의 프로젝트에 머물러 있다. 우리가 이 사실을 과도하게, 그리고 적극적으로 강조해야 하는 이유가 있다. 바로 지금까지의 마르크스주의 국가론이 국가론의 공백을 인식하면서도 마르크스의 국가 비판을 폴리티칼 이코노미 비판의 연장선에서 구축해온 것이 아니기 때문이다. 실제로 마르크스의 국가론을 재구성할 때 참조되어온 것은 엥겔스와의 공저인 『독일 이데올로기』 초고들이나 『공산당 선언』, 그리고 마르크스 자신이 정치 상황을 분석했다고 여겨지는 '프랑스 3부작'(『프랑스에서의 계급투쟁』, 『브뤼메르』, 『프랑스 내전』)에서의 단편적인 기술이었다.[1]

엥겔스의 국가론

마르크스 자신의 단편적 기술을 보완하는 형태로 마르크스주의 국가론을 처음으로 정립한 것은 엥겔스였다. 그러나 엥겔스는 마르크스의 폴리티칼 이코노미 비판과는 무관하게 전통적 마르크스주의의 국가론을 체계화한 것에 불과했다. 이 책에서 그 내용 전부에 언급할 수는 없지만,[2] 가장 특징적인 것은 『선언』에서 파생된 '계급국가론'일 것이다. 이 '도구주의' 모델에 따르면, 국가는 지배계급이 임의의 목적을 위해 활용할 수 있는 도구로 파악된다. 분명히 마르크스도 『선언』에서는 이러

---

1 예를 들어 마르크스주의 정치이론의 대표적인 작품으로는 Miliband(1977; 1983)가 있으며, 일본의 마르크스주의 국가론에 대해서는 타구치(田口 1971)를 참조하라.
2 엥겔스 국가론의 발전에 대해서는 시바타(柴田 1974, 3장), 쿠마노(熊野 1976, 1부)를 참조하라.

한 국가관을 공유했다. 하지만 마르크스 자신이 이후의 폴리티
칼 이코노미 비판에서 어디까지나 자본주의 사회시스템을 구
성하는 국가를 문제삼은 것과 달리, 엥겔스는 자본주의 사회에
한정하지 않고 계급 대립이 발생한 '문명사회' 이후의 국가 일
반을 이론화했다. 카버가 지적하듯이, 엥겔스에게는 근대의 특
수성이 아니라 '역사적 전진'이 중요했다(Carver 1983, 139-140).
『경제학 비판』의 서평에서 정식화된 엥겔스의 '유물사관'은 마
르크스의 폴리티칼 이코노미 비판이 자본주의 사회시스템에 고
유한 이론적 분석임을 모호하게 했다. 실제로 『반뒤링론』(1878
년)에서도 엥겔스는 다음과 같이 말했다.

> 그러나 분배에서 차이가 나타나면서 <u>계급의 구분</u>도 나타나기
> 시작한다. 사회는 특권적인 계급과 불우한 계급, 착취하는 계
> 급과 착취당하는 계급, 지배하는 계급과 지배당하는 계급으
> 로 나뉜다. 그리고 국가라는 것은 같은 부족에 속하는 여러 공
> 동체의 자연적인 집단들이 처음에는 단지 공동의 이해관계(예
> 를 들어 동양에서 관개)를 도모하고 외적을 방어하는 것만을 목
> 적으로 발전해왔으나, 또한 이때 이후로 국가는 그러한 목적
> 과 함께 지배하는 계급의 생활 및 지배의 조건을 지배당하는
> 계급에 대항하여 폭력으로 유지하는 것을 목적으로 하게 된
> 다.(MEGA I/27, 341f)

여기에서 강조되고 있는 것은 "한 계급이 다른 계급을 억압
하기 위해 조직된 폭력"(MEW 4, 482)이라는 『선언』에서 정식화
한 국가론이다. 이것은 자본주의에 특수한 국가가 아니라, 계급

사회 이후에 성립된 것이라는 의미에서 '계급 역사 관통'적인 국가이다. 엥겔스에 따르면, 계급 사회가 성립한 이후, 그때그때의 착취 계급은 사회의 경제적 구조에서 피착취 계급에 대한 지배를 폭력적으로 관철할 필요가 있다. 국가는 계급 사회 이전의 원시 공동체처럼 단지 사회의 공동적 이익을 유지하는 것뿐만 아니라, 사회의 '상부구조'로서 경제적 토대에서의 지배계급의 착취를 보장해야 한다. 이것이 '토대-상부구조'론에 기초한 경제주의·계급 환원주의 모델이다. 이러한 계급국가론은 이후의 마르크스주의 비판자들에 의해 마르크스 자신의 국가 비판과 구별 없이 종종 비난의 대상이 되어왔다. 더 나아가 엥겔스는 이러한 국가론의 실천적 함의로서 '프롤레타리아트 독재'와 그 이후의 '국가 소멸'에 대해 체계화를 시도했다. 엥겔스는 마르크스 추도문인 「칼 마르크스의 죽음에 부쳐」(『사회민주주의자』, 1883년)에서 다음과 같이 썼다.

> 마르크스와 나는 1845년 이래로, 미래의 프롤레타리아 혁명의 최종 결과 중 하나가 국가라는 이름의 **정치적 조직의 점진적 해소일 것**이라는 견해를 계속 가지고 있었습니다. 옛날부터 이 조직의 주요 목적은 부를 독점하는 소수자가 일하는 다수자를 경제적으로 억압할 수 있도록 무력으로 보장하는 것이었습니다. 부를 독점하는 소수자의 소멸과 함께 무장한 억압폭력, 즉 국가 폭력의 필요성도 사라집니다. 그러나 동시에 우리는 항상 다음과 같은 견해를 가지고 왔습니다. 다시 말해 이 목적을 달성하기 위해서라도, 미래의 사회혁명 외에 훨씬 더 중요한 목표를 달성하기 위해서라도, 노동자계급은 **먼저 국가**

라는 조직된 정치적 폭력을 획득하고, 그 도움을 빌려 자본가 계급의 저항을 탄압하고, 사회를 새롭게 조직해야 한다고. 이 사실은 이미 1848년 『공산당 선언』의 제2장 끝에 써놓았습니다.(MEGA I/25, 419)

미래 사회에서의 국가 해소에 대한 명확한 테제는 엥겔스 사후에 체계화된 전통적 마르크스주의의 공통적인 이해가 되었으며, 카우츠키나 베른슈타인의 '프롤레타리아트 독재' 해석에 반대한 레닌의 『국가와 혁명』에도 큰 영향을 주었다. 그러나 다음 장에서 검토할 것처럼, 마르크스 자신이 『선언』 이후 엥겔스와 완전히 같은 견해를 계속 가지고 있었는지에 대해서는 매우 의문이 든다. 그 이유는 마르크스의 폴리티칼 이코노미 비판에 따르면, 미래 사회에서의 '국가 소멸'을 논하기 전에 자본주의 사회시스템의 국가를 분석할 필요가 있었기 때문이다. 그럼에도 불구하고 여기에서 우리가 검토하고 싶은 문제는 '도구주의' 모델의 실천적 귀결이다. 한스 켈젠이 강조했듯이, 마르크스주의자는 아나키스트와 마찬가지로 국가 폭력의 소멸을 지향한다(Kelsen 1920, 일어판 70쪽). 반면에 마르크스주의자는 미래의 공산주의 사회에서 국가가 소멸한다고 주장하는 한편, 당장 자본가계급의 국가가 노동자계급의 국가로 대체되어야 할 필요성을 강조한다. 왜냐하면 노동자계급에 의해 장악된 국가는 경제적 토대에서 생산수단을 공적으로 소유한 상태에서 정치적 상부구조로서 피지배계급인 자본가계급 등을 억압할 필요가 있기 때문이다. 켈젠이 적절하게 비판했듯이, 여기에 전통적 마르크스주의의 한계가 있다. "국가가 부르주아의 강제 질서 장치에서 프롤레타리아의 그것으로 바뀌면서, 비교할 수 없이 그 권력과 권한이 확대되고, 그것이 극대에 달한 곳에서 갑자기 수수께끼처럼 사라진다는 것은 그야말로 역설 아닌가"(Kelsen 1929, 일어판 39-40쪽). 전통적 마르크스주의의 국가론은 공산주의 사회로의 이행(과도기로서의 사회주의)을 고찰할 때, 자신의 경제 환원주의를 반전시키고 갑자기 '정치의 자율성'을 강조한다. 우선 정치적 권력에 의해 새로운 사회를 개량·조직해야 한다는 것이다. 이에 따라 지배계급이 된 프롤레타리아트에 의한 '독재'라는 의미에서 정치 중심주의에 빠지게 된다. 그러나 소위 '현존사회주의' 체제를 언급할 필요도 없이, 공산주의 사회로의 이행을 정치적 상부구조로서의 국가를 통해 실현하려는 시도에는 본질적인 한계가 있다.

그람시의 '시민사회'론

전통적 마르크스주의 국가론의 결함은 '토대-상부구조'론의 기계론적 이해에 있었다. 이 문제에 초점을 맞추어, 실천적으로도 파시즘과 코민테른의 스탈린주의에 대항할 필요성에서 '토대-상부구조'론을 재고한 이는 이탈리아의 마르크스주의자 그람시였다. 전통적 마르크스주의는 부르주아 사회와 국가의 이원주의 혹은 경제와 정치의 분리를 파악했지만, 이러한 위상 분리topological separation를 실체화하고, 둘의 결합 양식을 경제에 대한 정치의 작용으로서 기계론적으로 파악해버렸다. 그러나 본래 '토대-상부구조'라는 사회 구성체의 도식은 마르크스의 폴리티칼 이코노미 비판에서 "인도하는 실마리"(MEGA II/2, 100)에 불과했으며, 그 최종적인 결론이 아니었다. 3장에서 검토하겠지만, 전통적 마르크스주의의 '토대–상부구조론'처럼 둘을 분리된 영역으로 고정적으로 파악하는 것은 불가능하다.

그람시의 공적은 바로 경제적 영역과 정치적 영역, 즉 토대와 상부구조의 **연속성**을 파악하려 한 데에 있다. 이를 위한 개념은 전통적 마르크스주의가 정태적으로 파악한 부르주아 사회와 국가라는 단순한 이원주의가 아니라, 오히려 두 영역을 횡단하는 '시민사회societas civilis'에 다름 아니다. 타이라코 토모나가는 그람시가 주제로 다룬 'societas civilis'라는 개념을 고전 고대로 거슬러 올라가 사상사적으로 고찰하고 있는데, 이 개념은 다음 두 가지 의미로 정리된다. "시민사회는 (1) 그것이 경제 사회의 이해관계에 기초한 논리와는 다른 지평에서 독자적인 정치적 공동체의 구축을 지향하는 이념 및 운동을 의미한다(정치적 사회로서의 시민사회). 이와 함께 시민사회는 (2) 정치적 사회 내에서는 국가의 등장 이후 지배적이 된 기구 혹은 장치에 의한 통치에 대항하여, 시민 스스로에 의한 수평적이고 자치적인 정치적 관계의 영역을 확보하고, 정착시키며, 확장해나가려는 이념 및 운동을 의미한다(국가에 대항하는 시민사회)"(平子 2007, 55). 그람시는 전통적 마르크스주의에서 상실된 '시민사회' 개념을 복권시키고, 마르크스주의자로서 처음으로 헤겔 이후 경제 사회로서 순화된 '부르주아 사회'와 '정치적 영역'인 시민사회를 명확하게 구분했다.

그람시가 『옥중수고』에서 언급했듯이 근대 국가는 좁은 의미의 통치 기구(관료 기구나 군대, 경찰 등)가 아니라, 사적인 헤게모니 장치(미디어나 가족 등)를 포함하는 정치적 사회로 이해된다.

이에 따라 '계급 지배를 위한 폭력 장치'라는 도구주의 모델은 상대화되며, 국가는 오히려 '정치적 공동성'을 체현한 권력관계로 이해된다. 즉, 정치적 사회로서의 국가는 지배계급이 피지배계급에 대해 정치적·문화적 지도 및 동의를 얻어내는 헤게모니 관계를 포괄하는 것이다. 마르크스 자신도『독일 이데올로기』초고들에서 그람시와 유사하게 '정치적 공동성'을 체현한 국가를 언급하고 있지만, 여기에서는 '정치의 자율성'이 근대 국가의 '일반적 환상적 성격'으로 정식화되어 있는 것처럼 보인다.[3]

> 바로 특수한 이해관계와 공동의 이해관계의 이러한 모순으로부터 <u>국가</u>로서 공동의 이해관계는 현실의 개별적 이해관계와 전체적 이해관계로부터 분리된 독립된 형태를 취하며, 동시에 환상적 공동체로서 독립된 형태를 취한다. […] 개인들이 그들의 특수한—그들에게 공동의 이해관계와 일치하지 않는 것<u>만</u>을 추구하기 때문에—이것은 그들에게 '소원한', 그들로부터 '독립된', 그 자체로 다시 특수하고 독특한 '일반적' 이해관계로서 관철되거나, 혹은 그들 스스로가 민주정에서와 같이, 이 분열 속에서 움직이지 않을 수 없다. 그러므로 다른 한편으로는 끊임없이 공동의 이해관계와 환상적인 공동의 이해관계에 <u>현실적</u>으로 대립하는 이러한 특수 이해관계들의 <u>실천적</u> 투쟁 또한, **국가로서 환상적인 '일반적인' 이해관계에 의한 실천적**

---

3 아카시(明石 2009)는 그람시의 헤게모니론을 마르크스의 이데올로기론에서 찾을 때,『독일 이데올로기』초고들에서 '보편성Universität'(세계 교류에서의 프롤레타리아트의 입장)과 '일반성Allgemeinheit'(지배계급에 의한 자신들의 특수한 이익의 정당화)의 구분을 단서로 삼고 있다. 이 책에서도 두 개념의 구분과 번역을 따른다.

인 개입과 제어를 필요로 한다.(MEGA I/5, 33-37)

여기서 마르크스는 근대 국가의 상대적 자율성을 논하는 것이 아니라, 부르주아 사회에서의 이해관계의 대립과 근대 국가의 '환상적 공동성'이 밀접하게 연관되어 있음을 강조하고 있다. 이러한 국가관의 이론적 기초에는 다음 장 이후에서 살펴볼 것처럼, 『독일 이데올로기』 초고들에서 확립된 물상화론적 문제설정이 존재한다. 히르쉬 역시 자본주의 사회에서 개인들 공동의 이해관계가 "그들에게 물상의 형태를 취하면서 소원하고 '물신화된' 방식으로 대립한다"는 점에 주목하고 있다(Hirsch 2005, 21). 즉, 국가는 단순한 물리적 폭력 장치가 아니라, 개인들의 특수한 이해관계로부터 '자립하고' 개인들에게 대립하는 '사회적 관계'이며, 특정한 권력관계인 것이다. 그러나 여기서 마르크스는 엥겔스가 이후에 체계화한 '계급 역사 관통'적인 국가를 고찰하고 있는 것이 아니다. 다시 말해 부르주아 사회에 대응하는 근대 국가에 대해서 독자적으로 규정하고 있는 것이다. "국가는 부르주아 사회와 나란히, 그리고 그 외부에 있는 특수한 존재"이며, 부르주아가 "자신들의 소유와 이해관계의 상호 보장을 위해 필연적으로 자신들에게 부여하는 조직 형태에 다름없다"(MEGA I/5, 116f). 이 "사적 소유를 보장하는" 정치적 권력은 크로포드 맥퍼슨도 주목했듯이, 홉스나 로크에게 전형적으로 나타나는 국가 규정이었다(Macpherson 1962, 1장).

따라서 위 인용문에서는 '도구주의' 모델의 계급국가론과는 다른 국가 이해관계가 발견된다. 즉, 그람시의 '시민사회'론과 마찬가지로 근대 국가를 '정치적 사회'로서 파악하는 관점이다. 근대 국가는 부르주아 사회에서 공동의 이해관계를 '일반적' 이해관계로서 독립적으로 체현하고, 부르주아 사회에 대해 실천적 개입 및 통제를 수행할 수 있다. 이것이 부르주아 사회에서 근대 국가가 독자적으로 지니는 '정치적 공동성'이다. 그러나 이 '정치적 공동성'은 어디까지나 '환상적'인 형태를 취하는 것에 불과하다는 점을 주목해야 한다. 확실히 국가는 '공동의 이해관계'를 '특수한 이해관계'가 아닌 '일반적 이해관계'로서 체현할 수 있다. 다만 이 '일반적 이해관계'는 국가에 본래적으로 내재된 것이 아니라, '부르주아 사회' 내에서 특수한 이해관계 간의 대립 관계 속에서 비롯될 수밖에 없다. 국가의 정치적 공동성은 '환상적'인 형태를 취할 수밖에 없으며, 이 의미에서 그람시의 '시민사회'론을 '정치의 자율성'으로 이해할 수는 없다.

특히 그람시의 헤게모니론은 전통적 마르크스주의의 국가론을 수정하기 위해 후대의 마르크스주의자들에 의해 활용되어 왔다. 예를 들어 고토 미치오(後藤道夫)는 19세기 마지막 4분기 이후 선진 자본주의 국가에서 성립된 '대중사회'를 이해하기 위해(後藤 2001, 175), 피지배계급 더 나아가 국민 전체를 대상으로 자본주의 경제에 대한 '합의'를 얻어내는 국가 기능에 주목했다. 그러나 '정치의 타율성'을 옹호하는 우리에게 국가의 '사회 통합 기능'(사회정책)을 국가에 고유한 권력으로 정식화하는 것은 허용되지 않는다. 왜냐하면 6장에서 자세히 설명할 것처럼, 이러한 국가의 '사회 통합 기능'은 어떤 역사적 발전 단계에서든 자본주의 경제 자체에 의해 제약되기 때문이다. 그럼에도 불구하고 그람시의 헤게모니론은 종종 포스트-마르크스주의와 같은 '정치의 자율성' 관점에서 이해되어왔다. 예를 들어 라클라우는 자본

주의를 "이제는 순수하게 경제적인 현실로서가 아니라, 경제적·
정치적·군사적·기술적 등의 결정 요인이 전체 운동의 결정에 참
여하는 하나의 복합체로서" 파악하며, "그 부분적 안정화는 본
질적으로 헤게모니적이다"라고 말한다(Laclau 2007, 230). 반면
에 한때 네그리가 지적했듯이, 그람시의 헤게모니론을 폴리티칼
이코노미 비판으로부터 분리해서는 안 된다(Negri 1977). 적어도
'정치의 타율성' 관점에서 이해되어야 하는 것이다.

알튀세르의 '국가장치'론

20세기 후반의 마르크스주의 국가론 논쟁에서 그람시와
더불어 영향을 미친 것은 프랑스의 마르크스주의자 알튀세르의
'구조주의' 모델이었다. 알튀세르는 기존 마르크스주의가 자본
주의적 생산양식의 재생산이라는 관점에서 국가를 고찰하지 않
았다고 비판하며, 사회적 생산 조건의 '재생산'을 보장하는 '국
가의 이데올로기 장치'를 정식화했다. 1970년 「이데올로기와 국
가의 이데올로기 장치」(Althusser 1995)에서 알튀세르는 '국가의
억압 장치(정부, 행정 기관, 군대, 경찰, 재판소, 감옥 등)'와 '국가의 이
데올로기 장치(종교, 교육, 가족, 법률, 정치, 조합, 미디어, 문화 등)'를
구분하고 있다. 그러나 알튀세르는 그람시와 달리 국가 중심적
인 권력관을 가지고 있었다는 점을 서둘러 덧붙여야 한다. 이는
그의 사후에 공개된 미발표 원고들을 참조하면 명확해진다. "국
가라는 종별적인 현실은 실제로, 헤게모니=힘+합의, 혹은 =정치
적 사회+시민사회와 같은 정식화 안에서는 사라져버린다. 계급
투쟁의 현실을 헤게모니 효과의 형태로만 다룬다면, '특별한 기

계'로서의 국가의 본성도 그 기능도 명확히 검토되지 않고 지나
치게 될 것이다"(Althusser 1994, 일어판 480쪽). 알튀세르에 따르
면, 국가가 계급투쟁으로부터 분리되어 '일반적 이해관계'가 보
장될 수 있는 것은 오히려 국가가 계급투쟁에서 지배계급에게
'도구'가 되기 때문이다. 이리하여 알튀세르는 국가를 '정치적
공동성'을 체현한 권력관계가 아니라 '장치' 혹은 '기계'로 파악
함으로써 '도구주의' 모델을 세련되게 만든다.

반면에 푸코 연구자인 버나드 하쿠트Bernard Harcourt에 따르
면, 푸코는 강의록『처벌사회』에서 알튀세르가 제시한 국가의
억압 장치와 국가의 이데올로기 장치의 이분법을 암묵적으로 비
판했다고 한다.『광기의 역사』이전인 1950년대의 푸코는 "알
튀세르가 고발한 마르크스주의 휴머니즘에 속해 있음을 보여준
다"(慎改 2019, 42). 그러나 1970년대에 들어서 푸코가 알튀세르
의 국가 중심적인 권력관을 비판했다는 사실은 지금까지 거의
주목받지 못했다. 실제로 알튀세르의 '이데올로기 장치'론은 전
통적 마르크스주의의 계급국가론과 불가분의 것이었다. "어떤
계급도 국가의 이데올로기 장치에 대해(그리고 그 안에서) 지배력
을 행사하지 않고서는, 장기간에 걸쳐 국가권력을 장악할 수 없
다"(Althusser 1995, 284). 이미 보았듯이 푸코의 마르크스주의 비
판이 알튀세르의 국가론을 염두에 두고 있었다면, 마르크스의
국가 비판을 재구성하는 데에서도 무시할 수 없다. 푸코는『처
벌사회』에서 다음과 같이 말하고 있다.

마지막으로 권력은 완전히 일방적인 것이 될 수 없습니다. 권
력을 가진 사람들이 권력을 전혀 가지지 않은 사람들에게 그

것을 무자비하게 [일방적으로] 휘두를 수는 없는 것입니다. 권력관계는 [정치의] 억압과 같은(단조롭고 변하지 않는) 도식에 들어맞지 않습니다. 물론 권력이 행사되는 이 광범위한 전쟁 같은 것에는, 특권적인 위치를 차지하고, 자신의 전략을 강요하며, 승리를 쌓아가고, 초-권력의 효과를 자신의 이익으로 만드는, 어떤 [특권적인] 사회 계급의 사람들이 존재합니다. 그러나 그들이 얻는 이 초-권력의 효과는 초-소유[과잉 소유]로 이어지는 것이 아닙니다.(Foucault 2013, 일어판 309쪽)

푸코는 여기에서 전통적 마르크스주의에서 볼 수 있는 경제주의 모델, 특히 권력이 어떤 지배계급에 의해 '재산처럼 소유된다'는 관점을 비판하고 있다. 그 대신 푸코가 대조시키는 것은 전쟁 가설에 기반한 내전 모델이다.[4] "권력은 양도, 계약, 이전이라는 용어로 분석되기보다는, 또는 생산관계의 갱신이라는 기능으로 분석되기보다는, 무엇보다도 투쟁, 대결, 또는 전쟁이라는 용어로 분석되어야 하지 않을까?"(Foucault 1997, 일어판 17쪽). 거의 같은 시기의 『감시와 처벌』에서도 알튀세르의 국가중심주의적인 권력관은 부정되고 있다. "폭력과 이데올로기 형태와의 대비, 소유의 비유, 그리고 계약이나 정복이라는 모델을 포기해야 한다"(Foucault 1975, 일어판 32쪽). 이리하여 푸코의 권력론은

---

4 다만 『앎의 의지』(Foucault 1976) 이후로는 권력의 '억압 가설'(라이히, 마르쿠제 등의 정신분석적 마르크스주의)뿐만 아니라, 이 '전쟁 가설'(불랭빌리에)도 추가적인 비판 대상이 된다(重田 2007).
(역자 주-불랭빌리에Henri de Boulainvilliers의 전쟁 가설은 전쟁을 사회와 역사의 근본적인 동력으로 보고 권력관계와 사회구조의 형성 및 변화를 이해하는 분석 방법이며, 전쟁을 단순한 무력 충돌이 아닌, 법의 기초를 정립하고 사회 변화를 주도하는 지속적 과정으로 해석한다.)

마르크스 자신의 국가 비판을 '정치의 타율성'으로 이해하는 데에 유용하다.

확실히 알튀세르는 사회 구성체 내의 심급과 그들의 결합관계를 강조함으로써 전통적 마르크스주의의 '토대-상부구조론'을 수정했다(桑野 2010). 자세한 내용은 4장에서 살펴보겠지만, 특히 알튀세르의 이데올로기론은 그람시의 헤게모니론과 함께, 포스트식민주의와 포스트구조주의 이론에 영향을 받은 연구자들에 의해 전통적 마르크스주의의 경제 환원주의와 계급 중심주의를 비판하기 위해 크게 활용되었다. 그러나 알튀세르 자신이 '사적 유물론'을 재구성할 때 의거한 것은 마르크스의 폴리티칼 이코노미 비판이 아니라, 엥겔스가 「블로흐에게 보낸 편지」(1890년 9월 21일)에서 언급한 다음과 같은 유명한 문장이었다.

> 경제적 상태는 토대다. 그러나 상부구조의 다양한 계기들—계급투쟁의 정치적 형태와 그 결과—싸움에서 승리한 후 승리한 계급에 의해 확정되는 체제들—법의 형태, 또는 이러한 현실 투쟁 전체에 참여한 사람들의 두뇌에 반영되는 것, 즉 정치적, 법학적, 철학적 이론들, 종교적 견해와 그 교리 체계로의 발전이 역사적 투쟁의 과정에 영향을 주고, 많은 경우에 현저하게 그 형태를 규정한다. 그것은 이 모든 계기의 상호작용이며, 결국 그 속에서 모든 수많은 우연한 것들[…]을 통해, 필연적인 것으로서 경제적 운동이 관철된다.(MEGA III/30, 467)

알튀세르에 따르면, '사적 유물론'이 파악하는 사회 구성체는 "상대적으로 자율적인 수준이나 심급이 복합적 구조적 통일

속에서 공존하며, 상호 간에 분절되고, 최종심에서는 경제에 의해 결정되는 전체"이다(Althusser et al. 1965, 280-281). "한편으로는(경제적) 생산양식에 의한 최종 심급에서의 결정이 있고, 다른 한편으로는 상부구조의 상대적 자율성과 그 독자적인 유효성이 있다"(Althusser 1965, 일어판 182쪽). 이 "최종심에서의 결정"에 대해 알튀세르는 엥겔스 자신이 사적 유물론의 주요 명제로 삼은 "현실 생활의 생산과 재생산"이야말로 "최종적으로 규정적인 요인"이라는 테제를 참조하고 있다(Althusser 1995, 51). 여기서 중요한 것은 우드가 비판하듯이, 알튀세르의 구조주의 모델에서는 전통적 마르크스주의의 '토대-상부구조론'이 근본적으로 부정되지 않았다는 점이다(Wood 1995, 51ff). 분명히 토대와 상부구조 사이를 매개하는 여러 심급이나 이데올로기 장치들이 강조되며, 전통적 마르크스주의의 '토대-상부구조'론이 수정된 것처럼 보인다. 그러나 알튀세르의 '중층적 결정'론에서는 오히려 토대와 상부구조의 분리가 고정화되며, '다양한 우연의 필연'(Althusser 1965)이라는 형태로 '경제의 자율성'이 재정식화되고 있는 것이다.

마르크스주의 국가논쟁

위의 내용을 바탕으로 마르크스주의 국가론을 발전시켰다고 여겨지는 '밀리밴드-풀란차스' 논쟁을 개괄하겠다. 일반적으로 이 논쟁에서는 풀란차스가 알튀세르의 구조주의 모델에서 유래한 '국가의 상대적 자율성' 개념을 통해 밀리밴드의 도구주의 모델을 비판했다고 여겨진다. 그러나 이러한 시각은 단편적이며, 밀리밴드 역시 자본주의 국가의 "상대적 자율성"을 강조했다(田口 1982, 41). 밀리밴드의 '정치사회학'적 접근의 목적은 어떻게 경제적 지배계급(경제 엘리트)이 "국가시스템(정부, 행정, 군부 및 경찰, 사법, 지방 자치 단체, 입법 등의 제도)"과 그 인적 주체인 "국가 엘리트(정치적 지배계급)"에 영향력을 미치는지를 파악하는 것이었다(동상, 1982, 66). 다시 말해, 자본주의 사회에서는 경제적 지배계급과 정치 엘리트 간의 계급적 이해관계와 인적 결합이 "정치적 영역"을 독자적으로 구성한다는 것이다(加藤 1986, 56). 더 나아가 밀리밴드는 그람시를 따라 국가시스템(좁은 의미의 국가)뿐만 아니라, 그 "정당화 과정", 즉 "사회 통합"을 매개하는 "정치시스템"으로서 정당, 조합, 교회, 미디어, 교육 제도, 기업 조직 등을 위치시켰다(Miliband 1969, 183).

반면 풀란차스는 밀리밴드나 라클라우의 비판을 받아들여, 도구주의적인 사물, 그리고 국가중심주의적인 주체(또는 실체)로서 국가를 파악하는 것이 아니라, 사회관계로서 국가를 이해하는 모델을 개척했다(Jessop 1985, 336-337). 더 나아가 후기에는 푸코의 전통적 마르크스주의 비판(이것은 이미 보았듯 사실상 알튀세르 비판이었다)을 부분적으로 수용하고, 제도와 사회적 행위가 얽히는 권력관계로서 국가를 파악했다. 그러나 풀란차스에 따르면, 어디까지나 "국가는 권력관계에 대해 계급적 관여성을 부여하고, 이를 계급적 권력의 그물 속에 통합하기 위해 국가의 행동 및 작용을 통해 모든 권력관계에 대해 개입하는" 것이었다(Poulantzas 1978, 56).

그러므로 이 논쟁은 '계급국가론'에 의거하고 있다는 점에서 '네오마르크스주의'라는 이름과는 달리, 실제로는 전통적 마르크스주의의 연장선상에 있었다고 봐야 한다. 결국 밀리밴드와 풀란차스 양측의 논의에서는 푸코와는 대조적으로, '계급 지배'를 관철하는 상부구조로서의 '국가' 개념이 의심받지 않았다. 더욱이 마르크스의 국가 비판과 관련하여 가장 중요한 것은 폴리티칼 이코노미 비판인『자본론』에서 전개된 여러 범주(상품, 화폐, 자본 등)가 양측에게는 단지 '경제적 영역'을 분석한 것에 불과했다는 점이다. 이 논쟁의 대립점보다는 공통점에 주목한 홀로웨이와 피시오토가 총괄하듯이, "마르크스주의 정치이론가의 과제는 '정치적 차원'('헤게모니'나 '권력 블록',[5] '지배계급' 등의 개념)에 고유하고 새로운 개념을 구축하기 위해 정치적인 것을 '과학의 자율적이고 고유한 대상'으로 파악하는 것이었다"(Holloway & Picciotto 1978, 스미다역 50쪽).

따라서 '밀리밴드-풀란차스' 논쟁 역시 전통적 마르크스주의와 마찬가지로 결국 마르크스의 폴리티칼 이코노미 비판의 의미를 이해하지 못한 채 국가론을 전개한 것에 불과하다. 밀리밴드와 풀란차스는 마르크스주의 내부뿐만 아니라 당시의 정치학이나 사회학 등에 매우 큰 영향을 미쳤다. 특히 '국가의 상대적 자율성' 개념은 1970년대 정치사회학에서 '국가론의 부활'을 이끌고, 네오코포라티즘 등의 이론적 흐름으로 이어졌다. 그러나 이러한 네오마르크스주의 정치학은『자본론』을 기반으로 하는 마르크스경제학을 좁은 의미의 경제 분석이나 경제결정론으로 치부하는 경향이 있었다. 네오마르크스주의자들이 비판했듯이, 영국이나 일본의 마르크스경제학은 실제로『자본론』을 순

---

5   풀란차스가 중시하는 '권력 블록' 개념은 "정치적 지배계급이나 파벌들이 자본주의 국가라는 독특한 형태에 대한 그들의 관계 속에서 구성하는 독특한 모순적 통일을 의미한다"(Poulantzas 1968, 254).

수한 경제 분석으로, 또는 『자본론』 체계 내에서만 경제학적 국가론을 재구성하는 경향이 있었다. 반면에 마르크스의 폴리티칼 이코노미 비판은 본래적으로 국가를 포함한 자본주의 사회시스템, 그리고 세계시장을 포함한 자본주의 세계시스템을 전체로서 파악하는 것이며, 이 비판의 핵심이 간과되어서는 안 된다. 즉, 네오마르크스주의 국가론은 경제로부터 분리된 정치를 실체화하고, 정치적 영역을 고유의 연구 대상으로 삼기 때문에 '정치의 타율성' 이론을 발전시킬 수 없었다. 이 점에 대해서는 6장 이후에 다시 검토하겠다.

비판이론으로부터 '새로운 마르크스 읽기neue Marx-Lektüre'로

전통적 마르크스주의의 '토대-상부구조'론이나 계급론 모델로는 마르크스의 폴리티칼 이코노미 비판 플랜에서 그려진 '유물론적 국가 비판Materialistische Staatskritik'[6]을 전개할 수 없다. 이 점을 명확히 한 것이 '밀리밴드-풀란차스' 논쟁과 시대적으로 병행하면서도 영미에 비해 일본에서는 실질적으로 수용되지 않은 '국가 도출논쟁'이다. 도출논쟁은 구 소련의 법학자 파슈카니스를 따라 계급론 모델을 비판하고, 자본주의적 생산양식의 특징을 전통적 마르크스주의처럼 '계급 지배'나 '사적 소유'가 아닌, '가치'나 '사적 생산'에서 찾았다. 즉, 『자본론』을 기반으로 하여, 자본주의적 생산양식의 기초적 요소인 상품이나 화폐와

---

6 도출논쟁을 계승하는 형태로 마르크스주의 국가론을 개관한 최근 저작으로는 Zeiler(2017)를 참조하라.

같은 '경제적 형태규정'에 대응하는 '정치적 형태'로서의 '국가' 범주를 도출하려고 시도한 것이다.

이리하여 '형태 규정Formbestimmung'에 중점을 둔 해석은 우크라이나 출신으로 트로츠키주의자였던 로만 로스돌스키에 의한『자본론』초고 연구와 아도르노의 마르크스 강의에 영향을 받은 "새로운 마르크스 읽기"라는 조류가 서독에서 확립한 것이다(Reichelt 2008, 1장).[7] 여기서 1960년대 후반 서독에서『자본론』의 문헌학적 연구가 진전된 맥락을 개관해보고자 한다. 일반적으로 전통적 마르크스주의를 비판한 서구 마르크스주의로는 독일과 망명지인 미국에서 이론 활동을 펼친 프랑크푸르트 학파가 가장 대표적이다. 그 창시자 중 한 명인 막스 호르크하이머는 사회를 주어진 것으로 보고, 자신이 처한 사회적·역사적 전제 조건에 대해 비판적이지 않은 이론을 "전통적 이론"이라고 불렀으며, 이와 대조적으로 사회 전체를 외관상으로는 객체적인 환상으로 여긴 마르크스의 폴리티칼 이코노미 비판을 최초의 "비판적 이론"으로 위치시켰다(Horkheimer 1986, 42).

그러나 1940년대가 되면, 호르크하이머의 비판이론은 마르크스적인 자본주의 비판이 아닌, 역사 관통적인 '도구적 이성' 비판으로 전환된다. 그리고 아도르노와의 공저인『계몽의 변증법』이후, 마르크스주의와 프로이트의 정신분석을 융합한 비판

---

7 일본에서도 거의 같은 시기에,『자본론』관련 초고에서 폴리티칼 이코노미 비판에 나오는 '형태 규정'이 가지는 의의를 밝힌 것은 쿠루마 사메조(久留間 1969a, 38ff)의 선구적 연구였다. 일본의 마르크스경제학 연구에서 구루마가 주도해온『자본론』제1권 상품 장(가치형태론·교환과정론·화폐론)에 관한 선구적 연구는 서구 마르크스주의의『자본론』연구에 비해서도 뛰어나고 정밀한 해석을 자랑해왔다(久留間 1957; 1979). 그러나 이 흐름은 마르크스의 폴리티칼 이코노미 비판을 국가 비판까지 전개하지는 못했다.

이론의 과제는 파시즘 분석이나 근대적 이성 비판으로 기울어지게 된다. 마틴 제이가 지적하듯이, 그로스만과 같은 일부 경제학자를 제외하고는 경제 분석이 경시되는 경향이 있었다(Jay 1973, 1장).[8] 프랑크푸르트 학파에 의한 전통적 마르크스주의 비판의 초점은 전반적으로 그 경제주의와 계급 환원주의에 있었다고 할 수 있다.

그럼에도 불구하고 루카치가 이미 제2차 세계대전 이전부터『역사와 계급의식』에서 마르크스의『자본론』제1권 상품 장을 중시하고 독자적인 물신성론을 발전시킨 것은 주목할 만한 일이며, 이는 호르크하이머와 아도르노가 구축한 비판이론의 기반이 되었다. 같은 시기에 존-레텔도 자신만의『자본론』해석을 바탕으로 폴록의 국가자본주의론이나 노이만의 국가독점자본주의론과는 다른 시각에서 파시즘 분석을 수행하고 있었다(Sohn-Rethel 1973). 존-레텔은 칸트의 범주론과 마르크스의 폴리티칼 이코노미 비판을 결합함으로써, "교환 추상"이나 "실재적 추상" 같은 개념을 제시하며, 호르크하이머 등의 마르크스 해석에 큰 영향을 미쳤다(Sohn-Rethel 1989, 28ff). 또한, 아도르노를 포함한 여러 학자들에 의한 폴리티칼 이코노미 비판의 대상과 방법에 관한 논의는『요강』이후의 헤겔 수용(『논리학』에서의 개념론이나 변증법)에서 큰 영향을 받았으며, 이러한 방법론은 "새로운 마르크스 읽기" 흐름에도 이어졌다(Backhaus 1997, 9ff).

전후 서독에서는 프랑크푸르트 연구소를 중심으로 사회학

---

8 그로스만은 그의 저서『자본주의 시스템의 축적과 붕괴의 법칙』(Grossmann 1970)에서 오토 바우어와 로자 룩셈부르크의 재생산표식론을 비판하고, '이윤율의 경향적 저하' 법칙으로부터 독자적인 공황론을 전개했다. 그의 마르크스경제학 이해는 매틱이나 히르쉬와 같은 국가 도출 이론가들에게 큰 영향을 주었다.

분야로서 비판이론이 확립되어갔다. 그러나 자주 오해되는 것과는 달리, 학계에서의 비판이론과 사회주의학생연맹SDS을 비롯한 학생운동을 대립적인 것으로 보아서는 안 된다. 데미로비치가 지적했듯이, 오히려 "양자는 사회적 연대의 연쇄"를 형성하고 있었다. 당시 사회민주당SPD 좌파 이론가인 아벤트로트는 사회국가에 의한 민주적 사회주의의 실현을 주장했지만, SPD와 노조를 비판하는 학생운동은 의회시스템을 기반으로 하는 사회주의 전략이 과거 바이마르 체제와 마찬가지로 권위주의적 독재 국가로의 경향을 강화할 뿐이라고 비판했다(Rudel 1981, 62). 사실 대연합 정부하에서 논의된 '국가 비상사태법'은 나치 정권을 초래한 바이마르 헌법 제48조를 생생하게 연상시키는 것이었다. 이러한 상황에서 신좌파에게 네오파시즘으로 불릴 정치체제의 극복이 이론적–실천적 과제가 되었다. 마르쿠제가 지적했듯이, 파시즘 체제가 붕괴한 전후 대중사회에서도 원자화된 개인이 남아 있기 때문에, 민주주의 국가가 전체주의 국가로 전환될 가능성이 지속적으로 우려되었다(Marcuse 1964, 2장). 특히 아도르노는 마르크스 이론의 타당성을 다시 옹호하고, 대학 세미나와 강의를 통해 신좌파 운동에 큰 영향을 미쳤다(Demirović 1999). 아도르노는 이미 언급한 '총체성으로서의 사회' 개념에 대해, 『신교–국가 사전』에 기고한 「사회」라는 논문에서 다음과 같이 언급했다.

　　이 명제의 나쁜 추상성은 얕은 생각의 산물이 아니라, 사회 자체가 가지는 근본적인 나쁜 사태, 즉 근대 사회에서의 교환이라는 나쁜 사태다. 교환이 전면적으로 이루어지는 가운데에서

객관적으로 추상화가 발생하는 것이지, 학문적 성찰에서 처음
으로 추상화가 이루어지는 것이 아니다. […] [교환가치의 추
상성이 가져오는] 이 총체적 연관은 다음과 같은 구체적 형태
를 취한다. 다시 말해, 누구든지 주관적으로 소위 '이윤 동기'
에 지배되고 있든 아니든 전혀 관계없이, 몰락하고 싶지 않다
면 교환 법칙에 복종할 수밖에 없는 형태로 말이다.(Adorno
1965)

일본에서는 그다지 강조되지 않았지만, 호르크하이머와 아
도르노의 비판이론에서 마르크스의 폴리티칼 이코노미 비판은
단지 경제적 영역뿐만 아니라, 총체로서의 사회를 비판하는 것
이었다. 하지만 라클라우처럼, 이 "총체성" 개념을 "기본 형태
로서의 상품이 가지는 여러 모순에서 파생되는 운동에 의해 지
배되는 자기완결적인 총체성"으로 이해해서는 안 된다(Laclau
2007, 230). 자본주의의 '사회적 실재성'은 단지 사회적 통합을 가
져오는 것이 아니라, 오히려 사회적 모순 혹은 사회적 적대성
을 수반하는 형태로 탈통합이 증가하기 때문이다(Adorno 2008,
108). 무엇보다 비판이론의 목적은 사회적으로 구성된 강제 원
리를 상품의 교환 관계에서 명확히 함으로써, 자본주의라는 사
회적 객관성을 인간의 사회적 실천이 만들어내는 특정한 형태로
개념화하는 데 있었다(Best et. al 2018).

더욱 주목할 만한 점은 당시에 마르크스 자신이 공개하지
않았던 여러 초고가 새롭게 공개됨으로써, 서구 마르크스주의
에 의한 전통적 마르크스주의 비판, 특히 스탈린주의 비판이 활
성화되었다는 사실이다. 예를 들어 마르쿠제가 『경철수고』 연구

에 기초하여 독자적으로 소외론을 발전시켜, 소련의 전체주의와
선진 자본주의 국가의 대중 소비 사회를 비판한 것은 유명하다.
또한 마르크스가 폴리티칼 이코노미 비판을 본격적으로 전개한
『요강』은 이미 제2차 세계대전 이전에 러시아어로 공개되었으
나, 전후에 이르러서야 처음으로 동독에서 출판되었다. 프랑스
에서는 알튀세르가 『경철수고』의 소외론적 마르크스주의에 대
조시키는 형태로 『요강』 이후의 구조주의적 마르크스주의를 적
극적으로 평가했다. 이에 반해 독일에서는 로스돌스키가 전통적
마르크스주의의 경제학을 비판하고, 『자본론』 성립사 연구를 기
반으로 폴리티칼 이코노미 비판에서 '형태규정'이 가지는 의의
를 제시했다. "따라서 마르크스가 생각하기에는 생산 및 분배의
특수한 사회적 형태Form 자체가 경제적 분석의 고유한 대상이다"
(Rosdolsky 1968, 105). 실제로 루빈의 경제학 비판이나 파슈카니
스의 법학 비판은 스탈린에 의한 대숙청 이후 마르크스-레닌주
의에서 잊혔지만, 이미 2차 세계대전 전에 고도로 발전된 『자본
론』 연구를 독자적으로 발전시켰다. 로스돌스키 자신은 20년대
후반에 랴자노프의 마르크스-엥겔스 연구소에서 연구원으로 일
하면서, 마르크스의 초고 연구와 함께 소비에트의 마르크스 연
구에도 정통했다. 그 결과 전후 독일의 서구 마르크스주의에서
는 소비에트의 마르크스학을 복권시킨 로스돌스키의 영향을 받
은 '새로운 마르크스 읽기' 흐름이 독자적으로 발전하게 되었다.
　위에서 살펴본 것처럼 서독에 고유한 '새로운 마르크스 읽
기' 흐름은 일반적인 '서구 마르크스주의'와는 달리, 마르크스의
『자본론』 및 관련 초고를 중시하고, 거기에서 전개된 폴리티칼
이코노미 비판, 더 나아가 그 핵심 개념인 '형태규정'을 중시하

는 점에 특징이 있다(Elbe 2010, 29). 물론『자본론』같은 후기 저작을 중시하는 점은 알튀세르 등과 공통되지만,『자본론』해석에서는 무시할 수 없는 큰 차이가 있다.[9] 더욱이 이 책의 국가 비판에서 중요한 점이기도 하지만, 파슈카니스를 수용함으로써, 전통적 마르크스주의의 계급국가론을 비판하고,『자본론』을 중심으로 한 폴리티칼 이코노미 비판의 연장선상에서 국가 비판을 시도했다는 것도 특기할 만하다. '새로운 마르크스 읽기' 흐름은 현대에 들어서 독일이나 영미권에서 정착되었다고 할 수 있지만, 이 흐름의 기본적인 방법론인 '형태분석Formanalyse'에 대해, '도출논쟁'을 생산적으로 발전시킨 홀로웨이-피시오토는 다음과 같이 말하고 있다.

> 그렇기 때문에 마르크스는 [상품, 화폐, 자본이라는] 경제적 형태의 비판에서 단지 차례대로 형태를 분석한 것만이 아니다. 마르크스는 가치라는 기본 형태와 가치의 원천이면서 가치에 의해 표현되는 사회관계에서 출발해, 사회관계에서 다른 형태들을 '도출'한 것이다. 마르크스에게 형태분석이란 형태의(역사적 및 논리적) 기원과 발전을 분석하는 것에 다름없다.(Holloway & Picciotto 1978, 스미다역 66쪽)

3장에서 자세히 설명하겠지만, 라이헬트가 언급한 대로 경제적 형태규정의 분석은 추상적 인간노동이라는 내용(실체)이 왜

---

9 알튀세르와 마찬가지로, 일본의 마르크스 연구사에서도 히로마쓰 와타루가 '인식론적 전환'이라는 문제구성으로부터『자본론』을 해석했다. 하지만, 히로마쓰의 '물상화론'에는 폴리티칼 이코노미 비판의 '형태규정' 분석이 존재하지 않는다. 이 점에 대해서는 사사키(佐々木 2016b)를 참조하라.

어떻게 해서 상품의 가치라는 형태를 취하는가를 주제로 한 것이었다(Reichelt 1970, 16). 이 '형태분석'에 따르면, 상품이나 화폐, 자본 같은 경제적 범주뿐만 아니라 법률, 국가와 같은 정치적 범주도 사회관계의 자본주의적 형태를 표현한 것이다. 따라서 정치적 형태규정의 분석은 켈젠처럼 강제질서나 지배 자체를 국가의 본질로 파악하는 것을 의미하지 않는다(Kelsen 1929, 일어판 11쪽 이하). 그보다는 국가의 내용으로 여겨지는 계급 지배가 왜 어떻게 해서 국가라는 형태를 취하는지를 밝히려는 것이다. 이런 '형태분석'은 마르크스주의 국가론 계보에서 전혀 이해되지 않았으며, 오히려 경제결정론의 일종으로 비판받는 경향이 있었다(Urry 1981, 6장). 하지만 마르크스의 폴리티칼 이코노미 비판의 의미를 고려한다면, 오히려 경제결정론과 '정치의 자율성'론 양자를 모두 비판하는 시야를 가지고 있다고 평가해야 할 것이다. 사실 마르크스주의 국가론 논쟁을 총괄한 밥 제소프 역시 영미권의 국가주의statism와 네오마르크스주의자들이 도출논쟁의 형태분석을 무시하는 것을 비판했다(Jessop 1990, 서문).

'국가 도출논쟁'의 배경

'도출논쟁'은 위에서 본 것처럼 『자본론』의 새로운 읽기에 의해 지지받고 있는 이론적 배경뿐만 아니라, 전후 서독의 정치 상황과 사회구조를 반영한 시대적 성격을 가지고 있다.[10] 기독교민주·사회연합CDU/CSU의 에어하르트가 추진한 '사회적 시장

---

10 아래 내용은 나카이(仲井 1979), 히라시마(平島 1994, 3장)를 바탕으로 하고 있다.

경제' 아래에서 급속한 전후 재건을 이룬 서독은 1960년대에 들어 기적적인 고도 경제 성장을 실현한다. 한편 사회민주당SPD은 1959년에 '고데스베르크 강령'을 채택하며, 부르주아적 법치국가의 긍정 등 마르크스주의를 더욱 수정하여 국민정당으로 전환했고, 1966년에는 연립정부에 참여하게 되었다. 같은 시기에 서독은 전후 처음으로 구조적 불황에 빠졌지만, CDU/CSU와 SPD의 대연립정권은 경제안정성장법이나 사회보장정책의 확대와 같은 국가 개입으로 시장을 통제하며 지속 가능한 경제 성장을 실현했다. 즉, 질서자유주의와 좌파 케인스주의에 의한 '사회국가' 정책이 성공을 거두었다. 한편 1960년대 중반에는 학생운동을 중심으로 한 신좌파 운동이 고조되며, 풀뿌리 민주주의를 내건 의회 외부 저항운동APO이 세력을 확대하고 있었다. 하지만 프랑스와는 달리, 서독에서는 1968년 절정기에조차 학생운동과 노동운동의 광범위한 연대가 실현되지 않았다. 그것은 대연립정권에 참여한 SPD와 내셔널센터의 노동조합이 더욱 결속을 강화하고, 노동운동이 APO나 학생운동의 급진주의로부터 거리를 두었기 때문이었다.

　더 나아가 도출논쟁의 실천적 배경을 고려할 때 중요한 것은 SPD 내부 청년조직JUSO '좌파'의 전략 논쟁이다(芦田 1978). 도출논쟁이 그 추상적 성격으로 인해 현실의 운동 전략과 분리되어 이해되는 경향이 있었기 때문에, 이 점은 강조할 필요가 있다. 1960년대 후반, 독일 사회주의학생연맹SDS을 중심으로 한 학생운동이 고조되면서 JUSO에서는 APO의 영향력이 커지고 SPD 본체보다 빠르게 좌경화가 진행되었다. 그 후 1970년대가 되면 JUSO는 주류파(구조 개혁파), 슈타모카프(국가독점자본주

의)파, 반수정주의파 세 개의 그룹으로 나뉘어진다. 더 나아가
JUSO 외부에는 동독이나 독일공산당DKP을 지지하는 그룹과 그
중 많은 이들이 '도출논쟁'에 참여한 '사회주의 뷰로'와 같은 이
론가 집단(히르쉬도 소속)이 다수 존재했다.

그러므로 도출논쟁은 SPD 정권에 의한 '사회국가'의 성립
과 의회 밖의 항의 운동의 고조를 받아 근본적으로 국가가 사회
주의로의 구조 전환의 주체가 될 수 있는지에 대한 전략 논쟁을
반영한 것이었다. 그리고 1970년대 중반 이후 APO 활동가들은
다수 시민 이니셔티브를 결성하고 기존 정치 조직, 교육 기관,
미디어를 가로지르는 '대항 공공 공간'을 형성하기 시작했다.
APO 운동은 평화, 여성, 환경을 주제로 하는 "새로운 사회운동"
을 전개하면서 1980년대 이후 "녹색당" 활동을 통해 이러한 주
제들을 정치시스템에 통합해나갔다(井関 2016, 61).

이러한 서독의 노동 정치와 신좌파 운동의 역사는 일본에
서 '도출논쟁'이 사실상 수용되지 않았던 원인을 고찰하는 데 유
익하다. 분명 '도출논쟁'은 일본에 소개되었으나, 실천적 의의는
전혀 이해되지 않았다. 이는 일본의 마르크스주의 국가론 논쟁
이 영국이나 서독의 그것과는 대조적으로, 전후 일본의 노동정
치 및 사회운동과 분리되어 전개되었기 때문일 것이다. 신좌익
당파에 참여한 경험이 있는 오야부 류스케가 총괄하고 있듯이,
일본 대학의 학계는 '스탈린주의'의 일대 거점이기도 하며, 1968
년 이후의 학생운동에 호응하여, 일본공산당을 중심으로 한 '정
통'파에 대항하여 영향력을 확대한 것도, 대체로 좌파 스탈린주
의나 레닌주의였다(渡辺 ほか 編 1999). 반면 서독의 '도출논쟁'은
동독을 비롯한 '현존사회주의' 체제나 '마르크스-레닌주의'를 철

저히 비판하는 동시에, 사회민주당SPD의 사회국가 개량주의를
비판하는 신좌파 운동을 반영한 것이었다.

도출논쟁 자체의 계기가 된 것은 1970년 볼프강 뮐러와
크리스텔 노이쥐스가 발표한 논문「사회국가 환상과 자본-임
금노동의 모순」이었다(Müller & Neusüss 1970).[11] 그들의 문제
의식은 JUSO 내부의 구조 개혁파에 의한 사회국가 개량주의와
동독의 슈타모카프파에 의한 국가독점자본주의론(이하 국독자론)
을 모두 수정주의라고 비판하는 데 있었다. 6장에서 자세히 설
명하겠지만, 『자본론』 '노동일' 장의 공장법 분석에 의거하여
부르주아 사회에서 분리된 국가를 자본의 가치증식 과정의 본
성에서 논리적으로 도출하려고 시도한 것이다. 다시 말해 국가
의 '사회 통합 기능'을 국가가 가진 고유한 권력이 아닌 자본 자
체의 모순으로부터 밝혀내, 좌파의 정치중심주의, 즉 사회국가
환상을 비판했다.

국가독점자본주의론 비판

뮐러와 노이쥐스는 '새로운 마르크스 읽기' 흐름의 『자
본론』 해석에 입각해서 자본주의 사회를 구성하는 '국가 형태
Staatsform'를 명확히 밝히려고 했다. 도출논쟁에서 이러한 국가
의 형태분석이 공통의 토대로 자리 잡은 후 '생산의 일반적 물
질적 조건'(알트파터)이나 '법의 일반성'(블랑케 등), '자본주의적
착취 관계'(히르쉬) 등의 논점이 제시되며, '정치적 형태규정'의

---

11 그 개요에 대해서는 사이토(斉藤 1986)를 참조하라.

관점에서 국가론이 구체적으로 전개되었다(Kostede 1976). 논쟁의 개별적인 논점에 대해서는 다음 장부터 다룰 예정이며, 여기서는 논쟁의 모티브였던 국가독점자본주의론에 대한 비판을 개관하겠다.

기본적으로 도출논쟁의 형태분석은 그 비판 대상인 국독자론에 많이 의존하고 있으며, 이 문맥을 빼놓고 논쟁의 의의를 이해하는 것은 불가능하다.[12] 국독자론은 전통적인 마르크스주의 국가론의 도구주의 모델을 기초로 하고 있지만, 그뿐만 아니라, 레닌의『제국주의론』이후의 독점자본 분석을 토대로 하고 있다. 제국주의 단계의 자본주의에서는 독점자본이 정치적 지배관계와 융합한 결과, 더 이상 "가치법칙"[13]이 아니라 독점에 의한 이윤 최대화라는 "강제"가 관철된다(Katzenstein 1967, 48).[14] 이리하여 국가는 독점자본의 주체인 자본가계급에 의해 활용되어, 다양한 형태로 자본의 생산 및 유통 과정에 개입하게 된다. 또한 전후 자본주의에서는 독점자본의 지배가 국가를 매개로 하여 새로운 형태(국가독점자본주의)를 취하고, 독점자본의 개별적 이해관계에 대해 총독점자본의 일반적 이해관계가 더 우위에 서게 된다고 한다. 전후 마르크스경제학에 큰 영향을 준 바란과 스위지의『독점자본』역시, 독점자본주의 단계에서는 개별 기업의 자유경쟁이 아니라 대기업의 독점에 의해 가격기구가 성립된

---

12 이 점에 대해서는 Wirth(1973), Ebbinghausen & Winkelmann(1974), 사이토(斉藤 1980; 1984) 등을 참조하라.
13 소위 '전형문제'에서 알 수 있듯이, 마르크스의 가치론 및 생산가격은 종종 오해를 받아왔다. 마르크스의 가치론이 결여된 '전형문제' 논쟁의 문제설정에 대해서는 사사키(佐々木 2017)를 참조하라.
14 서독의 국독자론에 대한 전체 개요는 Maier et al.(1971)을 참조하라.

다고 언급했다(Baran & Sweezy 1966, 53-54). 그들에 따르면, 독점자본주의에서는 "가치법칙"이나 "이윤율의 경향적 저하" 법칙이 아닌, "경제적 잉여surplus"나 "잉여 증가" 법칙이 분석되어야 한다. 그러나 도출론 연구자들의 공통된 이해는 독점 가격의 형성이나 국가 개입이 그 자체로 가치법칙이나 자본축적의 일반적 법칙을 지양하지는 않는다는 것이다(Funken 1973). 이리하여 국독자론의 도구주의 모델은 단순한 경제 환원주의라기보다는 정치적 지배의 우위, 즉 국가의 '상대적 자율성'을 강조하는 정치 중심주의로 기울게 된다. 사실 당시 서독에서 슈타모카프파 중 가장 영향력이 있던 카첸슈타인은 다음과 같이 말하고 있다.

> 실제로 자본주의의 내적 기구로부터 발생하는 국민소득의 분배가 여러 형태로 국가에 의해 파괴되지 않는 국민경제의 영역, 그리고 자본의 가치증식 조건이 국가권력에 의해 설정되지 않는 영역은 오늘날 더 이상 존재하지 않는다. 자본관계의 관점에서 볼 때, 이윤의 영유 및 분배 기구에 새로운 요소가 유입된 것이며, 그것이 경제외적 폭력이다. 이제 국가는 착취 과정에서 직접적으로 기능하고 있다. 이 과정에 존재하는 독점이라는 경제적 권력은 국가에 의해 설정되는 독점 조건에 의해 보완된다.(Katzenstein 1973, 12)

국가독점자본주의에서는 자본주의의 내적 메커니즘인 '가치법칙' 자체가 지양되고, 독점자본과 융합된 국가의 경제외적 폭력이 경제적 영역에서 관철된다고 한다. 다만 국독자론은 독점자본주의 단계에서 자유경쟁이 독점에 의해 지양되더라도 경쟁 자체가 사라지는 것은 아니라고 유보하고 있다. 그러나 경쟁이라는 강제 법칙은 어디까지나 자본주의적 생산양식에 내재된 '가치법칙'을 외부적으로 집행하는 것에 불과하다.[15] 마르크스의 폴리티칼 이코노미 비판에서 가치법칙이라는 내재적 법칙은 바로 경쟁이라는 현상 형태를 통해 관철된다. 즉, 독점자본이 국가 개입을 요구하고, 외관상으로는 가치법칙이 수정된다 해도, 자본주의 사회시스템에서는 여전히 경쟁을 통해 가치법칙이 관철될 수밖에 없다. 반면에 국독자론에 따르면, 전후 자본주의에서는 가치법칙이 무효화되고, 그에 따라 '정치와 경제의 분리'도 이미 지양되었다고 한다. 이에 반해, 도출논쟁이 과제로 삼은 것은 오히려 '가치법칙'이 관철되는 자본주의적 생산양식에서 소위 국가독점자본주의의 여러 현상을 설명하고, '정치와 경제의 분리 **및 결합**'의 방식을 분석하는 것이었다.

한편 도출논쟁에서 알튀세르나 풀란차스가 사용한 '국가의 상대적 자율성l'autonomie relative' 대신 '국가의 특수화Besonderung'라는 개념이 사용되는 이유는 국독자론이 강조하는 '정치의 자율성'을 피하기 위해서다(Tristram 1974). 3장에서 자세히 검토하겠지만, 소위 국가독점자본주의 단계에서 국가에 의한 시장이나 재생산 과정에 대한 개입은 개발원조나 소득재분배 등의 재정정책을 중심으로 다양한 형태로 기능했다. 그러나 설령 국가의 경제적 기능이 증대하고 그것이 정치적 기능과 결합했다고 해도, 이 "국가 개입" 자체는 정치와 경제의 새로운 통합 차원을 의미

---

15 코스테데는 자신의 저서 제1부 '국가와 경쟁'에서 일본 마르크스경제학의 연구 성과인 『마르크스경제학 렉시콘』(久留間 1968b)을 참고하여 국가의 형태분석을 발전시켰다(Kostede 1980, 30).

하는 것이 아니라, 철저하게 "정치와 경제의 분리"를 전제로 한 두 영역의 **매개 양식**을 표현하는 것에 불과하다(Wirth 1972, 117). 국독자론은 자유주의 단계에서는 정치와 경제의 분리를 인정하지만, 독점 단계에서는 두 분야의 분리가 해소된다고 주장한다. 하지만 이는 가치법칙이 관철된다는 자본주의 **일반의 이념적 형태**를 자본주의의 **특정 단계**와 혼동하는 것이다(ibid., 24). 이 점에 대해 마르크스는『자본론』제1권 초판 서문에서 명확하게 다음과 같이 말하고 있다.

> 자본주의적 법칙의 자연 법칙에서 비롯된 사회적 적대성의 발전 정도가 그 자체로 문제가 되는 것은 아니다. 문제는 이러한 법칙 자체, 철의 필연성을 가지고 작용하며 자신을 관철하는 이러한 경향이다.(MEGA II/6, 66)

그러므로 소위 '단계론'적인 자본주의 이해 자체가 문제가 되는 것은 아니다. 즉, 우리는 자유주의 단계이든, 독점 단계이든, '가치법칙'이 여전히 관철되는 자본주의 사회시스템에서 '정치와 경제의 분리 및 결합'이 구체적으로 어떻게 작동하고 있는지를 파악해야 한다. 설령 국가 개입이 증가했다고 해도, '정치와 경제의 분리 및 결합' 그 자체는 가치법칙이 관철되는 자본주의 사회시스템에서 계속해서 실재적으로 기능하고 있다. 따라서 형태분석의 핵심은 정치적 영역과 경제적 영역의 구분 자체가 아니라, 특정한 사회관계하에서 둘이 어떻게 분리되고 결합되고 있는지를 파악하는 것이다.

후기자본주의론 비판

'도출논쟁'은 마르크스주의 외의 학계에도 큰 영향을 미치며, '도출논쟁' 당사자들도 여기서 다양한 접근법을 흡수하게 된다(影山 1974). 사실 1970년 독일사회학회 대회에서 하버마스 비판이라는 형태로 국가론 논쟁이 시작되며, 이후 정치학이나 법학을 포함해, 마르크스주의의 문맥을 넘어 국가 기능의 증대나 정치적 정당성 같은 문제가 논의되었다. 하버마스와 오페의 후기자본주의론을 둘러싼 논쟁은 당시 서독에서 사회국가의 확대를 어떻게 평가할 것인가 하는 정치적 대립을 반영한 것이었다. 후기자본주의론에 따르면, 전후의 자본주의는 국가 개입의 결과로 자유주의적 자본주의에서 '조직 자본주의'로 전환된다. 전통적 마르크스주의를 비판하는 프랑크푸르트 학파의 후기자본주의론이 국독자론과 마찬가지로, '정치와 경제의 분리'를 자본주의 초기에 고유한 것으로 한정적으로 파악하고 있다는 점은 주목할 만하다. 사실 하버마스는 1960년대 초반의 『공공성의 구조 전환』에서 이미 다음과 같이 말했다.

> [19세기 말 새로운 개입주의 이후] 공적 권위가 사적 영역 안으로 확장되는 과정에는 그 반대 방향의 과정인 국가권력이 사회권력에 의해 대행된다는 것도 연결되어 있다. 이렇듯 사회의 국가화가 진행됨과 동시에 국가의 사회화가 관철되는 이 변증법이야말로 **부르주아적 공공성의 토대—국가와 사회의 분리—를 점차 해체해 가는** 것이다. 이 양자 사이에서—말하자면 둘의 '중간에서'—형성되어가는 사회 영역은 재정치화

된 사회 영역이며, 이를 '공적'이라거나 '사적'이라는 구분의
관점만으로 파악하는 것은 이제 더 이상 가능하지 않게 되었
다.(Habermas 1962, 226)

국가 개입이 증가한 후기자본주의에서는 자본주의 초기에
보였던 '정치와 경제의 분리'라는 단순한 이원주의가 부정된다.
하버마스는 19세기 후반에 부르주아적 사법 및 자유주의적 헌법
해석이 무효화되고, 국가와 사회의 분리가 극복되어가는 경향을
'국가의 사회화'와 '사회의 국가화'로 개념화했다. 그가 이런 고
찰의 단서로 삼은 것은 전쟁 전 독일 국법학에서 슈미트 학파와
사회민주주의자 사이에 펼쳐진 헌법 논쟁이었다. 이는 에른스트
포르스트호프가 지적한 바와 같이, 법치국가와 사회국가가 국가
제도의 원리로서 공존할 수 있는지를 둘러싼 것이었다(Forsthoff
1968). 국독자론과 마찬가지로 하버마스는 후기자본주의 시스템
의 위기를 설명할 수 없다는 이유로『자본론』에서 전개된 가치
법칙이 더 이상 효력을 발휘하지 않는다고 강조한다. 왜냐하면
그에 따르면, 후기자본주의에서의 경제 과정은 국가 개입의 증
가로 인해 더 이상 자동 조절적인 시스템이 아니며, 자유시장에
서의 등가교환(자본-임금노동 관계를 포함해)과 같은 경제적 형태를
매개로 하지 않게 되었기 때문이다(Habermas 1973, 76). 하버마
스에 따르면, 사회국가의 여러 기능은 자본의 내재적 운동에서
도출할 수 없으며, 기업의 경제 활동도 국가에 의한 정치적 통제
와 결합된 것으로 이해되어야 한다. 물론 그 자신은 국독자론의
도구주의 모델, 즉 독점 총자본가로서의 국가 개념을 실증주의
적으로 배척한다. 하지만 '사회적 시장경제'와 '사회국가' 아래에

서는 경제시스템에서의 가치법칙이 부정되고, 그에 따라 '정치와 경제의 분리'가 지양된다는 점에서 국독자론과 견해가 일치한다.

오페도 마찬가지로, 후기자본주의에서는 사회에 대한 '포괄적인 국가 규제'가 불가피하며, 전통적 마르크스주의의 '토대-상부구조론'이 상정한 '정치와 경제의 분리'가 지양된다고 주장한다. 국가 개입이 증가한 후기자본주의에서는 정치적 영역으로부터 분리된 순수한 경제적 영역을 상정할 수 없으며, 사회적 및 경제적 과정에 대한 지속적인 국가 규제가 문제가 된다. 그리고 오페는 국가의 통제 능력이 자본주의의 경제 법칙을 어느 정도 안정화시킬 수 있다고 인정한다. 이에 더해 국가나 정치시스템의 내적 구조로 인해 후기자본주의에서는 새롭게 '정치적 정당성'의 위기가 발생한다고 주장한다(星野 1982). 이리하여 오페는 전통적 마르크스주의의 경제 환원주의를 비판하고, 정치시스템의 내적 구조를 새롭게 '선택 메커니즘'으로 정식화한다.

> 따라서 영향력 이론[전통적 마르크스주의의 도구주의적 국가론을 말함]에 의한 논의의 길잡이는 어떻게 영향력 행사의 성과가 구조적으로 보장되는지에 대한 이론적 고찰로 보충되어야 한다. [...] '자본주의 국가'나 '이상적 총자본가'에 대해 말할 수 있는 것은 정치적인 제도시스템이 가치증식 과정의 이해관계에 부합하는 고유한 계급적 선택 작용을 성공적으로 증명했을 경우에 한정된다.(Offe 1972, 73f)

여기서 오페의 전통적 마르크스주의 비판은 전적으로 옳

다. 도출논쟁의 당사자들은 이 점에 동의하면서도, 오페 자신이 '국가의 형태'라는 문제설정을 경시하고 있다고 비판한다. 왜냐하면 오페의 시스템론은 폴리티칼 이코노미 비판의 의의를 이해하지 못하기 때문에, 자본주의적 재생산 과정의 물질적인 측면('생산의 일반적 조건'에 대한 것)을 배제해버리고 있기 때문이다(Kaiser 1977, 95f). 예를 들어 오페는 인프라스트럭처와 같은 사용가치의 생산이 개별 자본이 아닌 국가기구에 의해 제공·조직되는 결과, 국가는 자신의 정치적 제어력을 유지하기 위해, 가치증식 과정을 보완하는 한에서 사용가치를 생산한다는 자신의 경향을 침해한다고 주장한다. 3장에서 자세히 설명하겠지만, 오페의 논의에는 자본의 가치증식에 의해 소재적 재생산 과정이 교란된다는 형태분석이 보이지 않는다. 즉, 후기자본주의에서는 자본을 주체로 하는 것이 아니라 국가를 주체로 하는 사회시스템 분석이 요구된다는 것이다. 오페의 이론 틀에서는 후기자본주의에서의 위기 경향은 경제시스템에서 행정시스템으로 이전되며, 자본의 가치증식 과정과 국가에 의한 사용가치 생산(인프라 공급 등)은 "공생"하지 않고 후자가 전자에 "기생하면서 자립화한다"는 것이다(Offe 1972, 56). 이리하여 국가의 제어 능력의 한계는 자본주의적 생산양식의 가치법칙에서 논리적으로 도출되는 것이 아니라, 국가 자체의 내부 구조에서 전개해야 하는 것이 된다. 여기에는 '정치의 타율성'이라는 도출논쟁의 문제설정은 존재할 수 없다.

그럼에도 오페의 탈상품화론은 '도출논쟁'과의 관계에서, 그리고 6장에서 살펴볼 '급진적 개량주의'라는 변혁 전략을 고찰하는 데 있어 중요하다. 오페에 따르면 후기자본주의에서 국가

는 자본의 생산 및 유통 과정에 개입해야 하는데, 이렇듯 자본의
요구에 따라 상품 형태를 보편화하는 개입이 오히려 탈상품화
된 영역을 만들어낸다는 것이다. 이리하여 국가의 사회정책으로
인해 많은 사회적 기능 영역이 시장에서 분리되면서 행정시스
템 내부의 비합리성이 커지고 대중으로부터 지지를 이끌어내지
못하게 되어 정치적 정당성 위기가 생긴다(星野 1992, 67). 오페는
1980년대가 되면서 폴라니의 '의제(擬制) 상품' 개념을 들어 국가
의 사회정책에 의해 탈상품화된 영역이야말로 노동력의 상품화
의 전제 조건이라고 주장하기 시작한다. 이 점에 대해서는 마르
크스의 폴리티칼 이코노미 비판의 관점에서 '사회국가'의 가능
성과 한계를 펼치는 6장에서 자세히 설명하겠다.

　　최근 슈트릭이 비판하듯이 오페의 후기자본주의론은 마르
크스의 폴리티칼 이코노미 비판을 포기함으로써, 정당성 위기를
스스로 초래할 수 있는 사회적 권력으로서의 자본을 경시했다
(Streeck 2013, 66). 게다가 1980년대 이후, 오페 자신의 정치적 위
기론은 도출논쟁 당시보다 더욱 "경제 환원주의"를 극복해간다
고 여겨진다(田村 2002, 60). 즉, 우리식으로 말하자면 '정치의 자
율성'이라는 논제를 더욱 고집하게 된 것 같다. 하지만 당시 논
쟁에서 오페의 시스템론이 브랑케나 히르쉬 같은 연구자에게
큰 영향을 줬다는 점은 주목할 만하다. 특히 국가 행동의 '시스
템 한계'라는 개념은 국가의 기능이나 활동 영역이 상대적 자율
성을 얻을 수 있다 해도, 궁극적으로는 자본의 생산 및 축적 과
정이나 계급적 힘의 관계에 제약을 받지 않을 수 없다는 것을 시
사했다. 도출논쟁의 당사자들은 이 '시스템 한계'를 전통적 마르
크스주의의 계급 환원론이나, 오페처럼 후기자본주의의 정치시

스템 내부의 모순이 아니라, 기본적으로 자본주의 사회시스템의 모순에서 도출하려고 했다.

'국가 도출논쟁'의 주제

서독의 '도출논쟁'은 영미권에서도 받아들여져, 북미에서는 오코너를 중심으로 독일, 이탈리아, 영국의 연구자들을 편집위원으로 하는 《캐피탈리스테이트Kapitalistate》라는 잡지가 발간됐다(San Francisco Bay Area Kapitalistate Group 1973). 일본에서도 타구치와 카토가 '국가론의 르네상스'라는 범주에서 '밀리밴드–풀란차스' 논쟁과 함께 '도출논쟁'을 열정적으로 소개했다. 하지만 1980년대에 들어 마르크스주의 국가론 논쟁은 급격히 쇠퇴하게 된다. 사실 냉전 붕괴 후 1990년대에 홀로웨이와 본펠트를 중심으로 하는 '열린 마르크스주의Open Marxism'가 반세계화 운동이나 반자본주의 운동과 같은 새로운 '계급투쟁'의 부각을 받아 논쟁의 부활을 주장할 때까지, 도출논쟁은 거의 고려되지 않았다. 풀란차스를 비롯한 네오마르크스주의의 '국가의 상대적 자율성'론은 이후 '국가의 역사사회학' 등으로 이어졌지만, 도출논쟁의 형태분석은 『자본론』의 추상적 범주를 뒤섞은 것에 불과한 세련된 경제결정론으로 여겨져 망각되었다. 하지만 정치학이나 사회학에서 경제주의 비판을 하는 이들은 대체로 상투적인 접근을 하며, 경제분석에 깊게 파고들지 않고, 그때그때의 자본주의 동향이나 발전 단계를 국가의 개입 정도에 따라 분류하는 것에 그치는 경향이 있다. 마르크스의 폴리티칼 이코노미 비판의 관점에서 국가를 포함한 총체로서의 자본주의 사회시스템을 분석하는 접근은 극히 일부 이론가들(히르쉬나 홀로웨이)을 제외하고 현재도 거의 이해되지 않고 있다.

일본의 마르크스주의 정치이론에서도 어느 정도 '도출논쟁'이 소개되어왔지만, 이미 봤듯이 서독처럼 실천적 맥락이 결여되어 있어 그 문제설정의 핵심이 파악되지 않았다. 사실 파슈카니스가 강조한 법=권리[16]의 형태분석은 마르크스주의 법학의 선행 연구에서 법의 계급성을 부정한 견해로 과소평가되었다(森下 2014). 즉, '형태규정'을 기축으로 국가 비판을 전개하는 형태분석의 의미가 간과된 것이다. 또한 마르크스경제학 분야에서도 국가독점자본주의론이 주류였지만, 우노학파의 일부에는 전통적 마르크스주의의 계급국가론을 비판하는 움직임도 있었다. 다시 말해 '도출논쟁'과 마찬가지로 순수자본주의로서의 '경제과정의 자율성'을 중시하며, 『자본론』에서 국가 개념을 '도출'한 것이다. 하지만 "자본주의 국가"의 본질은 형식적인 법인격을 바탕으로 한 의식형태인 순수 상부구조, 즉 "법치국가"로 규정될 뿐이다(村上 1987, 3장). 결국 전통적 마르크스주의와 마찬가지로 우노경제학의 국가론에서도 '정치'와 '경제'의 순수하고 형식적인 분리만이 문제화되고, 양자의 '결합' 양식을 포착할 수 없다.

근본적으로 도출논쟁의 과제는 『자본론』의 새로운 해석과 파슈카니스의 법학비판에 기초해 전통적 마르크스주의의 기계론적 '토대-상부구조론'과 계급론 모델을 비판하는 데 있었다. 단지 '계급 지배의 폭력장치'로서 국가를 이해하는 것만으로는 계급이 발생한 이후 문명사회의 일반적인 국가와 부르주아 사회

16 이 책에서는 파슈카니스가 강조한 Recht의 양의성, 즉 객관법(규범)과 주관법(권리)의 구별을 항상 염두에 두기 위해 법=권리라는 번역어를 사용한다.

에 대응하는 근대 국가를 구별할 수 없다. 근대 국가는 '계급 지
배의 폭력', 그리고 이 규정의 연장선에 있는 '계급적 힘관계의
물질적 응축'(풀란차스)으로서가 아니라, 무엇보다 자본주의 사회
에서 정치적 지배 관계가 취하는 독자적인 사회적 형태, 즉 '자
본주의의 정치적 형태'로 이해되어야 한다. 이탈리아 출신의 정
치이론가인 요한네스 아뇰리는 이 점을 명확히 논한 인물이다.
다시 말해 폴리티칼 이코노미 비판의 핵심인 '형태규정'에 기초
해야만 자본주의 사회에서 다양한 국가 유형이 모두 "자본의 국
가"임을 보여주고, "자본과 국가의 구조적 등가관계"가 문제화
된다는 것이다(Agnoli 1995, 16ff). 이처럼 형태분석은 마르크스의
폴리티칼 이코노미 비판의 관점에서 국가 비판을 지향함으로써
국가독점자본주의론이나 후기자본주의론의 단계론 및 정치중심
주의를 비판할 수 있다. 요컨대 단지 정치와 경제의 분리를 자본
주의 초기에 한정하지 않고, 자본주의 사회시스템 일반에서 '정
치와 경제의 분리 및 결합'의 방식을 자본주의적 생산관계에서
논리적으로 도출하려 한 것이다. 홀로웨이와 피시오토는 이러한
'도출논쟁'의 주제를 다음과 같이 요약하고 있다.

> 한편으로 국가 개입주의적 정책이 극히 의심스러워지고, 다른
> 한편으로 서유럽 여러 나라에서 공산주의 정당이 부상한 시대
> 에 국가 행동의 한계에 관한 모든 문제가 매우 중요했다. 즉, 한
> 편으로는 자본의 문제를 해결하는 국가 능력의 한계와 다른 한
> 편으로는 사회주의로의 이행에서 국가를 활용하는 가능성의
> 한계에 대한 것이다.(Holloway & Picciotto 1978, 스미다역 47쪽)

그러므로 자본의 문제를 해결할 수 있는 국가 개입의 가능성뿐만 아니라, 오히려 그 해결 능력의 한계와 변혁 전략에서의 국가 활동의 한계를 문제 삼는 것, 이것이 우리가 옹호하고 싶은 '정치의 타율성'의 의미다. 도출논쟁에 부과된 것은 마르크스가 했던 폴리티칼 이코노미 비판의 연장선상에서 국가 비판을 전개하는 이론적 시도만이 아니었다. 즉, 자본주의 사회에서 공산주의 사회로의 이행을 어떻게 파악할 것인가 하는 실천적 과제다. 사실 파슈카니스 스스로 가장 먼저 형태분석의 관점에서 법학 비판을 전개하며, 엥겔스나 레닌과는 다른 시각에서 '국가 소멸'의 테제를 새롭게 정식화하고, 혁명 후의 소비에트 사회를 이론적으로 규정했다. 파슈카니스에 따르면, "국가권력은 계급 분열이 없어진 후에도, 잠시 동안 남아 있는다"(Paschukanis 2003, 54).[17] 하지만 이는 전통적 마르크스주의의 계급국가론과는 다른 의미에 해당한다. 다시 말해 국가가 남아 있는 것은 과도기 사회에서 프롤레타리아트에 의한 '계급 지배'가 필요하기 때문이라는 이유가 아니다. 그 이유는 "법과 국가는 […] <u>등가 관계의 형태가 완전히 제거될 때 지양되기</u>" 때문이다. 이러한 '법 소멸' 테제는 라드브루흐 등에 의해 '계급 역사 관통'적인 법=권리(형태)를 무시한다고 여러 차례 비난받고 오해받는 경향이 있다(Radbruch 1930). 하지만 넥트가 지적한 바와 같이, 파슈카니스에게도 공산주의 사회로의 과도기에 법=권리 형태가 즉시 지양되는 것은 아니다. "아직 인간들의 자기관리에 의해 통치되지 않

---

17 우리는 '새로운 마르크스 읽기' 흐름에서 파슈카니스가 참조되어 온 배경을 고려하여, 아래에서는 독일어판에서 인용하기로 한다. 또한 파슈카니스의 법이론이 독일어권에서 어떻게 받아들여져 왔는지에 대해서는 Harms(2000, 2-3장)를 참조하라.

는 사회에서는 법=권리 형태 및 그에 기초한 제도나 규범이 계속 통용된다. 그것은 노동이 어떤 형태로든 노동 강제로서 존속하고, 따라서 노동이 아직 인간의 첫 번째 생활 욕구가 되지 않는 한에 있어서다"(Negt 1975, 21). 사실 파슈카니스는 스탈린 이후의 '일국사회주의론'과는 달리, 마르크스의 『고타 강령 비판』에 기초해 소비에트 사회의 자본주의적 성격을 강조했다. 즉, 과도기 사회에서는 여전히 상품 교환에 기반한 가치법칙과 이를 보완하는 법=권리·국가 형태가 남아 있음을 강조한 것이다.[18]

그러므로 파슈카니스에 따르면, 레닌의 '생산수단의 국유화'론이 상정하고 있었던 것처럼 국가에 의해 공산주의 사회로의 이행이 실현되는 것은 아니다. 어소시에이트한 생산관계에 의해 상품 교환을 폐기하지 않고서는 국가를 소멸시킬 수 없다. 그렇지만 파슈카니스의 선구적인 국가 형태론은 이미 그의 생전에도 스탈린주의에 의해 더욱 독단화된 계급국가론에 의해 전향을 강요받았고, 숙청 후에는 전통적 마르크스주의의 권력 작용에 의해 계급 대립을 은폐하는 이론으로 과소평가되었다. 그 가운데에서도 예외적으로 파슈카니스의 계급국가론 비판을 재평가한 것이 '새로운 마르크스 읽기' 흐름이다. 서독의 '도출논쟁'은 서방의 사회국가 체제뿐만 아니라, 동독을 포함하는 '현존사회주의' 체제를 비판하고, 어소시에이션이 형성되지 않은 상태에서 국가에 의해 주도되는 공산주의 사회로의 이행에는 한계가 있음을 보여주었다고 할 수 있다.

이미 보았듯이 도출논쟁의 이론적 배경에는 당시 선진 자

---

18 1920년대 마르크스주의 법이론에서 소비에트 법의 위치에 대해서는 후지타 (藤田 1979)를 참조하라.

본주의 국가에서 증대하는 국가 개입에 의해 성립된 국가독점
자본주의나 케인스주의적 복지국가를 어떻게 평가할 것인가에
대한 정치적 대립이 있었다. 하지만 도출논쟁에 공통적인 형태
분석은 뮐러와 노이쥐스의 수정주의 비판에서 볼 수 있듯이, 단
지 사회국가의 한계를 지적한 것에 그치지 않는 의의가 있다. 자
세한 것은 6장에서 논하겠지만, 최근의 홀로웨이나 히르쉬는 마
치 급진적인 수정주의로서, '형태규정'을 중시하는 관점에서 사
회국가의 탈상품화적 성격을 '국가를 사회에 종속시키는' 과정
의 일부로 규정했다. 이 점은 파슈카니스의 법학 비판의 실천
적 배경, 즉 공산주의 사회로의 이행에서 국가를 활용하지 않
고, 상품의 등가교환에 기반한 가치법칙과 그를 보완하는 법=
권리 형태를 어떻게 변혁할 것인가와 밀접하게 관련되어 있다
(Paschukanis 2003, 55). 이러한 '사회국가'의 가능성과 한계를 파
악하는 형태분석은 현대의 반긴축 운동이나 사회민주주의의 발
전 혹은 그 대안을 전망하는 데 중요하다. 실제로 홀로웨이는 이
미 1980년대 초에 '사회국가'의 가능성과 한계를 다음과 같이
정식화했다. "현대의 좌파는 국가의 복지 활동에 새겨진 노동
자계급의 이득을 유지해야 하지만, 단순히 복지국가를 옹호하
고 그 자본주의적 형태를 간과하는 것은 큰 문제임이 분명하다"
(Holloway 1980, 251).

'국가 도출논쟁'을 넘어서

한편 '도출논쟁' 자체에 많은 결점이 있었다는 것도 사실이
다. 논쟁의 당사자였던 히르쉬가 총괄하듯이, 도출논쟁은 『자

본론』의 경제적 범주에서 국가의 논리적 도출에만 치중했기 때문에, 무엇보다도 역사적 감각이 결여되어 있다(八木 1975). 즉, 역사적 투쟁과 그에 따른 실천의 결과로서가 아니라, 자본주의의 기능에 대한 필요성으로만 국가를 파악했다는 것이다(Gerstenberger 1973). 확실히 당시 논쟁에서는 전(前)자본주의 사회에 대한 '역사적 고찰'을 바탕으로 자본주의 사회에 특유한 '정치와 경제의 분리 및 결합'을 파악하기보다는 양자의 기능적 분리를 이미 전제로 하고 논의하는 경향이 있었다는 것을 부인할 수 없다(Esser 1975, 149).[19] 이 점이 마르크스의 폴리티칼 이코노미 비판이나 그 형태분석에 서툰 논자들에 의해, 자본주의의 발전단계나 동태를 무시한 경제결정론의 일종으로 비판받았다. 1980년대 이후 미국을 중심으로 발전한 '국가의 역사사회학'도 (도출논쟁을 포함한) 네오마르크스주의 국가론은 자본주의 사회를 기능시키는 한에서 국가를 논한 것에 불과하며, 국가 그 자체의 논리를 명확히 하지 않았다고 지적했다. 언뜻 보면 형태분석은 경제결정론을 비판하면서도 경제주의를 벗어나지 못하는 자가당착적인 모습으로 보일 수 있다. 하지만 실제로는 전통적 마르크스주의의 경제주의·계급 환원론 모델, 그리고 국독자론 등의 정치 중심주의를 비판하면서 동시에 마르크스의 폴리티칼 이코노미 비판의 연장선에서 국가 비판을 전개했다. 여러 번 강조해왔듯이, 폴리티칼 이코노미 비판의 핵심은 '마르크스경제학'에 나타난 좁은 의미의 경제 분석이 아니라, 국가를 구성 요소로 하는 자본주의 사회시스템 총체를 파악하는 데 있었다.

---

19 그렇지만 1970년대 말에는 정치적 국가와 부르주아 사회의 "본원적 분리"를 역사적으로 고찰한 연구가 나타났다(Kostede 1980, 2부).

이 의미에서 히르쉬가 강조했듯 '국가의 도출'은 완성된 국가론이 아니라 국가 비판의 기본적 출발점에 불과하다고 할 수 있다(Hirsch 2005, 25). 근대 국가는 단순히 가치법칙의 차원에서 추상적으로 파악되는 것이 아니라, 사회시스템에서 지배적이지 않은 생산관계를 탐구하기 위한 역사적 전개, 임금노동-자본 관계나 축적 과정에서의 계급적 지배 관계의 관철, 그리고 사회적 힘관계가 응축된 정치적 제도들을 고려한 후에 구체적으로 분석되어야 한다. 히르쉬 자신은 논쟁 후에 풀란차스의 국가론이나 조절이론 등을 흡수하면서 유물론적 국가 비판을 더욱 발전시켜 나갔다. 또한 논쟁 당시 브라운뮐Claudia von Braunmühl이 강조했던 것처럼 마르크스의 폴리티칼 이코노미 비판은 국가 비판을 매개로 하여 최종적으로는 세계시장을 분석하는 것이었다. 알트파터를 비롯한 초기 도출논쟁에서는 『자본론』 제1권의 화폐 장을 기반으로 당시의 세계 통화위기를 분석하는 드문 시도가 있었음에도(Altvater 1969), 특히 '제국주의'의 새로운 형태에 대한 분석은 뒤로 미뤄지는 경향이 있었다. 7장에서 자세히 검토하겠지만, 종속이론이나 세계시스템론과 같이 복수 국가시스템을 고려하여 국가들을 넘나드는 자본주의 세계시스템 총체를 분석하는 단계에는 도달하지 못했으며, 세계화가 진행된 현대에서 주권 국가 체제의 재편과 같은 새로운 역사적 발전의 중요성을 간과하고 있다.

다음 장에서 보다 명확히 드러나겠지만, 자본주의 국가의 경제적·정치적 기능을 구체적으로 분석하거나, 민족주의나 인종주의와 같은 정치적 현상, 그리고 자본주의 세계시스템 내에서 헤게모니 국가의 변천 등을 탐구하기 위해서는 도출논쟁에서 밝혀진 '자본주의의 정치적 형태'를 이해하는 것이 필수적이다. 소위 경제결정론을 피하면서도 장기 침체기에 있는 자본주의 경제를 분석하고, 자본주의 사회시스템을 총체로서 분석하기 위해서는 형태분석이 중심이 되어야 한다. 즉, 유물론적 국가 비판이야말로 경제결정론을 벗어나 경제시스템을 분석하는 길을 열어주며, 동시에 국가(정치)중심주의에 빠지지 않고 사회적 제도나 권력관계를 고려한 정치시스템(체제)을 파악할 수 있다.

2장

근대 국가와 부르주아 사회

국가 비판으로부터 폴리티칼 이코노미 비판으로

계급론 없는 국가 비판

마르크스는 1843년 10월 파리에서 폴리티칼 이코노미 연구를 시작한 직후, 『경철수고』 '서문'과 브뤼셀로 이주한 후 작성한 발췌 노트를 통해 정치(학)와 국민경제학이라는 두 분야를 비판하는 구상을 적어두었다(柴田 1973, 60). MEGA 제IV부에 수록된 「1844-1847년 수첩」에는 1844년 2월에 작성된 정치(학) 비판 플랜에 대한 메모가 남아 있다.

1) 근대 국가의 성립사 혹은 프랑스 혁명.
   정치 제도Wesen의 자기표현. 고전고대 국가와의 혼동.
   혁명가들의 부르주아 사회에 대한 관계. 부르주아 제도와
   국가제도로의 모든 요소의 이중화.
2) 인권 선언과 국가의 헌법. 개인적 자유와 공적 권력.
   자유, 평등 및 통일. 인민주권.
3) 국가와 부르주아 사회.
4) 대의제 국가와 헌장.
   입헌적 대의제 국가와 민주적 대의제 국가.
5) 권력의 분할. 입법 권력과 집행 권력.
6) 입법 권력과 입법 단체. 정치 클럽.
7) 집행 권력. 중앙집권화와 위계. 중앙집권화와 정치적
   문명화. 연방제도와 산업주의. 국가 행정과 자치체 행정.
8') 사법 권력과 법=권리.
8'') 국민성과 인민.
9') 정당.

9") 선거권, 즉 국가와 부르주아 사회의 지양을 위한
투쟁.(MEGA IV/3, 1)

　종종 비판받듯이 마르크스 자신의 정치이론은 19세기 말에 정착된 자유민주주의 정치시스템(대의제, 입헌주의 등)을 본격적으로 검토한 것은 아니다(大藪 1996, 258; Demirović 1997, 4장). 따라서 '헌법론'을 구상한 것 같은 이 메모에서 마르크스의 정치(학) 비판을 재구성하는 것이 의미 있어 보일 수 있다. 하지만 폴리티칼 이코노미 비판의 관점에서 '국가의 도출'을 시도하는 '형태분석'을 중요시한다면, 초기 마르크스의 정치 사상을 무비판적으로 고찰하는 것은 문제가 있다. 폴리티칼 이코노미 비판을 떼어놓고 마르크스의 정치이론을 재현하는 것은 정치시스템 그 자체의 분석, 즉 '정치의 자율성'이라는 문제설정에 빠질 수 있기 때문이다. 앞서 언급했듯이 이런 '정치의 자율성'에 대한 비판은 도출론자들 사이의 공통된 관심사였다. 하인리히는 이를 더 발전시켜, 폴리티칼 이코노미 비판과 연결되지 않았으므로 초기 마르크스의 국가 비판이 계몽주의적 규범론에 그치고 있다고 말한다(Heinrich 2004, 11장). 확실히 초기 마르크스의 국가 비판은 '유물론적 방법'[1]이나 폴리티칼 이코노미 비판을 포함하고 있지 않지만, 정말로 고려할 가치가 없을까?
　엥겔스 이후로, 전통적 마르크스주의 국가론은 『선언』이나 '프랑스 3부작'의 '계급국가론'을 중요시하고, 이것을 '계급 역사 관통'적인 국가론으로 체계화해왔다. 반면 마르크스 자신

1　폴리티칼 이코노미 비판의 전제에 있는 「포이어바흐 테제」 이후의 철학 비판, 특히 계몽주의 비판의 의미에 대해서는 사사키(佐々木 2021, Ⅰ부)를 참조하라.

은 1850년대 이후에 폴리티칼 이코노미 연구를 더욱 발전시키고, 『뉴욕 데일리 트리뷴』지에 기고한 논문 등에서 부르주아 사회가 가장 발전한 잉글랜드를 본격적으로 분석하기 시작했다. 거기에서는 산업자본주의의 발전에 따른 계급 대립의 격화를 반영한 소위 '부르주아 국가'론이 전개되었다(大藪 1978, 4장). 하지만 우리의 과제는 마르크스의 계급국가론의 형성 과정을 추적하는 것이 아니다. 오히려 초기 마르크스의 정치(학) 비판의 핵심은 계급론 없는 국가 비판에 있다고 생각된다. 즉, 초기 마르크스의 국가론은 전통적 마르크스주의가 중시하는 계급국가론이 아직 정식화되지 않았기 때문에, 마르크스의 국가 비판에 고유한 관점인 '국가의 형태분석'을 엿볼 수 있는 것이다. 사실 마르크스주의 비판자들이 생각하는 것과는 반대로, 근대 사회에서의 계급 대립 분석 자체가 마르크스에게 고유한 것은 아니었다. 1852년 바이데마이어에게 보낸 서신에서 마르크스는 다음과 같이 말했다.

그런데 나에 관해서 말하자면 근대 사회에서의 여러 계급의 존재를 발견한 것도, 계급 간의 투쟁을 발견한 것도, 딱히 내 공적이 아니다. 부르주아 역사가들이 나보다 훨씬 전에, 이 계급투쟁의 역사적 발전을 서술했고, 부르주아 경제학자들은 여러 계급의 경제적 해부학을 서술했다. 내가 기여한 새로운 부분은 (1) 계급의 존재가 특정한 역사적 생산 발전 단계와 직결되어 있다는 점, (2) 계급투쟁은 필연적으로 프롤레타리아트 독재로 몰고 간다는 점, (3) 그리고 이 독재가 결국 모든 계급을 없애고 계급이 없는 사회로 가는 과도기에 지나지 않는다

는 걸 증명한 것이다.(MEGA III/5, 76)

물론 5장에서 보듯이 계급 지배나 투쟁과 관련해 자본주의 국가를 이해하는 건 마르크스의 국가론 비판에서 결코 빼놓을 수 없는 부분이다. 하지만 이후의 폴리티칼 이코노미 비판에서 중요해진 것은 국가의 공적인 면모, 즉 여러 계급에서 외관상 분리된 국가의 '일반성'이었다. 실제로 계급국가론에 비판적인 파슈카니스도 공적 국가와 사적 부르주아 사회 사이의 대립 구도를 강조했다. "교환 행위와 관련된 관계, 특히 사적인 관계가 실질적인 권력 지배와 나란히 혹은 그와 독립적으로 등장할 때, 그 권력 지배는 공공성이라는 분명하고 법적인 특성을 얻게 된다. 권력이 이 관계들의 보증인으로 등장할 때, 그것은 사회적이고 공적인 권력, 즉 질서라는 비인격적인 이익을 추구하는 권력이 된다"(Paschukanis 2003, 114).

'도출논쟁'에서는 이런 관점에서 『선언』 이전의 초기 작품들을 중요하게 여기는 이들도 있었다. 특히 라이헬트는 「국법론 비판」에서 '형태'와 '내용'의 이원주의에 주목하며, 초기 마르크스의 국가 이론이 이후의 폴리티칼 이코노미 비판, 즉 '형태분석'과 결합될 수 있다고 주장했다(Reichelt 1974, XLVIII). 히르쉬 역시 「국법론 비판」 같은 초기 작품들로부터 "사회적으로 일반적인 것은 사회에서 분리된 것[국가의 '정치적 공동성']으로 현상한다"는 테제를 도출했다(Hirsch 2005, 26). 또한 《캐피탈리스 테이트》에 기고한 미국의 정치이론가 울프는 『경철수고』의 '소외된 노동'론에서 영감을 받아, 『독일 이데올로기』 초고들의 '환상적 공동성'론을 '소외된 정치'론으로 발전시켰다(Wolfe 1974).

그에 따르면, 자본주의 국가는 단순히 계급 지배의 도구가 아니라, 현실적인 공동성을 왜곡하는 정치시스템을 재생산하는 것이다. 일반적으로 초기 마르크스의 국가론을 중시하는 도출논쟁 당사자들은 『선언』에 나타난 전형적인 '계급국가론'보다는 그람시나 루카치의 영향을 받은 헤겔-마르크스적 시각을 선호하는 경향이 있었다(Gold et al. 1975).

  '서문'에서 봤듯이 고전고대 이래의 시민사회는 서구 근대로 넘어오면서 근대 국가state와 부르주아 사회로 갈라졌다. 헤겔은 『법철학』 제3부 '인륜'에서 이 분열을 '가족', '부르주아 사회', '국가'라는 3부 구성으로 파악하고 있다. 마르크스가 「국법론 비판」에서 다룬 제3장 '국가'에서 헤겔은 가족과 부르주아 사회를 "국가의 개념적 영역"(MEGA I/2, 7), 즉 "국가의 전제"(ibid., 8)로 재규정했다. 헤겔의 설명에 따르면, 근대 부르주아 사회에서 "자신의 이익을 목적으로 하는 사적 인격들"(Hegel 1970, 343)은 과거 시민사회의 공민(公民, citoyen)이 아니라 부르주아bourgeois였다. 초기 마르크스의 국가 비판은 헤겔 법철학에서 비롯된 근대 국가와 부르주아 사회의 "이원주의"(渡辺 1989, 34)를 바탕으로, 공적 영역과 사적 영역의 분리와 결합을 다룬 것이다. 여기서 이원주의는 공적 생활과 사적 생활의 대립, 공민과 사민(私民, bourgeois)의 분할 같은 근대 사회의 근본 문제에 다름없다. 이런 근대적 이원주의를 다룬 헤겔의 법철학은 초기의 정치(학) 비판은 물론, 후기의 폴리티칼 이코노미 비판에서도 계속 영향을 미쳤다(Arndt 2014).

헤겔 법철학 비판이란 무엇이었나

초기 마르크스의 정치(학) 비판은 실천적으로는 프로이센이 통치하던 라인주의 정치 문제들과 이론적으로는 루소의 『사회계약론』과 헤겔의 『법철학』을 다루었다. 마르크스는 1842년부터 1843년까지 『라인신문』에서 글을 쓰고 편집장으로 활동하면서 구체적인 정치 분석을 해나갔다. 예를 들어 주의회 대표제, 출판의 자유, 그리고 자신이 처음으로 경제 문제에 맞닥뜨린 '목재 절도 단속법' 같은 문제들 말이다. 『라인신문』 시대의 마르크스는 루게의 헤겔 국가론 비판에서 영감을 받고 『독일연보』에 기고하기 위해 헤겔의 입헌군주제 비판을 계획했다(MEW 27, 397). 하지만 당시 마르크스는 여전히 '국가'를 '인륜적 이념의 현실성'으로 이해하는 헤겔 법철학의 틀 안에 있었다(渡辺 1989). 이후 1843년 초 정부로부터 발행 금지를 당하고 『라인신문』 편집부를 떠난 후, 마르크스는 그해 3월부터 9월까지 본격적으로 헤겔 법철학에 대한 비판에 나선다. 이 「국법론 비판」 집필 기간 동안, 루게와 함께 『라인신문』의 대안이 될 새 잡지를 구상했고, 1844년 2월에는 『독불연보』가 출간되었다. 이는 마르크스가 '프랑스 3부작'을 제외하고 정치 비판을 체계적으로 펼친 시기였다.

초기 마르크스 연구에서 특히 「국법론 비판」이 주목을 받은 이유는 사적 유물론자·공산주의자가 되기 전 마르크스가 '민주정'에 대해 긍정적으로 언급한 작품으로 인식됐기 때문이다. 『독불연보』에 실린 마르크스의 두 편의 논문(「유대인 문제에 관하여」, 「헤겔 법철학 비판 서론」)을 통해 「국법론 비판」에서 제기된 정치적 해방론이 자기 비판의 과정을 거치면서, 부르주아 사회를 변혁시킬 주체인 '프롤레타리아트'를 발견하게 되었다. 따라서 마르크스가 단 일 년 반(1843-1844년)이라는 짧은 시간에 이론적 전환을 어떻게 이뤄냈는지가 초기 마르크스 연구의 핵심 주제였다. 이 소위 '칼 마르크스 문제'는 이후의 『경철수고』나 『독일 이데올로기』 초고들을 비롯한 각종 초고 연구를 중심으로, 브루노 바우어 등의 헤겔 좌파와의 관계나 철학적 문제설정에서 벗어나려는 노력을 둘러싼 큰 논쟁으로 이어졌다(McLellan 1970). 여기서 마르크스의 이론적 전환을 전부 다룰 순 없지만, 이후의 폴리티칼 이코노미 비판과 연결해 헤겔 법철학 비판의 주제를 검토하겠다. 마르크스의 헤겔 법철학 비판은 추후 폴리티칼 이코노미 비판의 '형태분석'과 결합될 때 그 진정한 의의를 이해할 수 있다.

'국가의 도출'에서 초기 마르크스 연구를 중요시한 라이헬트는 마르크스가 「국법론 비판」을 통해 국가가 사회로부터 분리되는 것을 단지 특정한 사회구조 때문만이 아니라, 추상적이기는 하지만 계급 국가의 관점에서도 파악하고 있었다고 주장한다(Reichelt 1974, XXXVIII). 하지만 근대 국가와 부르주아 사회 사이의 이원주의라는 문제설정은 마르크스만의 고유한 생각이 아니었다. 실제로 스튜어트와 스미스로부터 폴리티칼 이코노미 연구를 흡수하고, 고전고대부터 이어진 '시민사회'나 시민이라는 전통적 개념을 완전히 버림으로써 근대적 이원주의를 파악한 것은 헤겔의 업적이었다(Riedel 1969, 151ff). 「국법론 비판」에서 나타나는 문제설정을 제대로 이해하려면, 헤겔과 마르크스 사이의 차이보다는 그들의 공통점에 먼저 집중해야 한다.[2] 마르크스는 헤겔이 정치적 국가와 부르주아 사회 사이의 근대적 이원주의라는 근대의 전도된 사회적 관계를 잘 이해하고 있다고 높이 평가했다(Hudis 2012, 50). 마르크스는 「국법론 비판」에서 헤겔이 이해하고 있는 근대적 이원주의를 다음과 같이 요약했다.

> <u>국가로서의 국가라는</u> 추상은 근대에 속하는 것이다. 왜냐하면 사적 생활이라는 추상이 근대에 속하기 때문이다. <u>정치적 국가라는 추상은 하나의 근대적 산물이다.</u>(MEGA I/2, 33)

글 자체가 『법철학』의 축조적 해석이기 때문에, 독해하는데 있어서 헤겔의 서술을 요약하는 부분과 그에 대한 마르크스의 비판을 구분하는 것이 중요하지만, 이 인용은 전자에 해당한다. 근대의 이원주의와는 반대로, 중세에는 "개별적인 사적 영역이 정치적 성격을 갖고 있으며, 즉 그것은 정치적 영역이다. 다시 말해 정치는 또한 사적 영역의 성격이기도 하다"(ibid., 33). 그러므로 중세에는 근대처럼 사적 영역을 정치적 영역으로부터 추상화하여 분리하는 것이 불가능했다. "근대에서 국가 이념은 '단지 정치적인 국가'라는 추상에서만, 다시 말해 부르주아 사회 자체, 즉 자신의 현실적 상태로부터의 추상에서만 현상했다"(ibid., 123). 헤겔이 적절하게 파악했듯이, 근대의 이원주의에서는 정치적 영역으로부터 사적 영역이 배제되는 동시에, 사적 영역으로부터 정치적 영역이 배제된다. 다시 말해 두 영역이 실재적으로

---

2   호소미(細見 1979, 1부), 아리이(有井 1987, 2장)를 참조하라.

추상화되어 있기 때문에 헤겔은 근대의 이원주의를 추상적으로 사고할 수 있었다. 그렇다면 마르크스의 헤겔 법철학 비판의 핵심은 무엇일까?

「국법론 비판」에서 마르크스가 다룬 주제는 라이헬트가 언급한 것처럼 근대의 이원주의를 부르주아 사회의 모순에 근거해 설명하는 것이 아니라, 헤겔의 표현 방법, 즉 '이념을 주체로서 그린 신비주의'에 대한 비판이었다. 이 부분은 포이어바흐의 '주어-술어의 전도'론에 주목한 이전 연구에서는 그다지 중요시되지 않았다.[3] 하지만 마르크스가 이후의 작업을 위해 만든 색인에서는 마르크스의 비판이 주로 헤겔의 '논리학적 신비주의'나 '신비적 표현 방법'에 초점을 맞추고 있었다는 것을 확인할 수 있다.[4] 이미 살펴본 바와 같이 헤겔에게 가족과 부르주아 사회는 국가의 전제이자 국가의 현실적 부분이다. 반면 마르크스는 헤겔의 사변적 전개에서 가족과 부르주아 사회라는 '현실적 주체'가 이념의 '비현실적인 계기'로 전도되었다고 지적한다(MEGA I/2, 8). "가족과 부르주아 사회는 현실적 이념에 의해 <u>움직이며</u>, 가족과 부르주아 사회를 국가로 통합하는 것은 가족과 부르주아 사회 자체의 생활사가 아니다. 오히려, 이념의 생활사가 가족과 부르주아 사회를 자신으로부터 분리시킨 것이다"(MEGA I/2, 9). 마르크스는

---

3 마르크스는 포이어바흐의 유물론을 통해 헤겔의 관념론을 극복하려 했으나, 이 부분에 대해서는 많은 선행 연구가 존재하기 때문에 이 책에서는 생략한다. 우선적으로 와타나베(渡辺 1989)를 참조하라.

4 "<u>체계적 전개의 이중화</u>. I, 3, 4. <u>논리학적 신비주의</u>. II, 8. III, 9. 신비적 표현 방법. 동일, 예를 들어 제267절 IV 13·14. <u>주체로서의 이념</u>. VI, p.15.16.(현실적 주체야말로 단순한 명칭이 된다.) […] XXVI, 2. XXVIII. XXX, 3. XXXI, 3. XXXII, 2. XXXIV, 2, 3, 4. p. XXXVII; 2. 모순 XXXIX."(MEGA I/2, 138) 단, '체계적 전개의 이중화'로 요약된 '제 I 보겐'은 소실되었다.

헤겔이 제3부 '인륜'의 '국가' 장에서 다룬 가족과 부르주아 사회에서 국가로의 이행에 대해서 다음과 같이 언급한다.

> 따라서 가족과 부르주아 사회에서 정치적 국가로의 이행은 가족 등의 <u>특수한</u> 본질과 국가의 특수한 본질에서 도출되는 것이 아니라, <u>필연성</u>과 자유의 <u>일반적인</u> 관계로부터 도출된다. 이것은 논리학에서 본질의 영역에서 개념의 영역으로 넘어가는 이행과 완전히 동일한 이행이다.(ibid., 10-11)

여기서 주의해야 할 점은 마르크스의 비판은 헤겔이 실재적인 것을 관념적인 것으로 잘못 번역하는 점을 지적하는 것이 아니라는 부분이다(Arndt 2011). 왜냐하면 마르크스는 헤겔 논리학의 '사고 규정' 자체를 부정하고 있는 것이 아니기 때문이다. "하나의 추상화라는 순수한 자기규정이 다른 극인 순수한 자연성[…]으로 도약하는 것이 사변적인 것은 아니다. 사변적인 것은 이것이 '개념의 이행'으로 불리며 완전한 모순이 동일성으로 명명되고, 지극한 부정합이 정합으로 명명되는 점에 있다"(MEGA I/2, 35). 그러므로 마르크스의 비판은 헤겔이 채택한 논리학적 '이행'의 전제에 대한 것이다. 즉, "개념이 (주관적 개념에서) 객관성으로 실재화될 때, 개념을 이해하는 사고가 자신을 재발견한다"는 점에 있다(Schäfer 2018, 86). 헤겔 철학의 사변적 성격은 개념을 이해하는 사고 자체가 아니라, '개념의 이행'에서 사고가 자신을 재발견하는 점에 있다. 마르크스는 이후의 『성가족』에서도 다음과 같이 말하고 있다.

첫째 헤겔은 철학자가 감성적 직관과 상징을 통해 하나의 대상에서 다른 대상으로 이행하는 과정을 궤변가의 교묘함으로, 상상적인 오성 존재 자체의 과정으로서, 절대적 주체의 과정으로서 서술하는 법을 안다. 하지만 그다음으로 헤겔은 자주 **사변적 서술의 내부에서 현실적인, 사물 자체를 다루는 서술을 한다.** 사변적 전개의 <u>내부에서</u> 이루어지는 이러한 현실적 전개는 독자를 혼란에 빠뜨려, 사변적인 전개를 마치 현실적인 것처럼, 그리고 현실적인 전개를 사변적인 것처럼 여기게 만든다.(MEGA I/4, 62)

마르크스는 헤겔이 '현실적 이념'을 주체로 하면서도 근대적 이원주의라는 '현실적인, 사물 자체'를 이해한 점을 평가했다. 즉, 헤겔은 사변적 전개 속에서 현실적인 전개를 서술하고 있는 것이다. 따라서 마르크스는 헤겔이 관념적이고 일반적인 이념으로부터 현실에 존재하는 정치체제를 전개했던 것을 비판하기만 한 것이 아니다. 게다가 마르크스의 헤겔 비판은 전통적 마르크스주의가 종종 주장하는 것처럼, 국가의 관념성이나 일반성에 대해 부르주아 사회의 실재성이나 경험성을 단순히 대치시킨 것이 아니다. 왜냐하면 헤겔과 마찬가지로 마르크스에게도 대항관계에 있는 정치적 국가와 부르주아 사회는 존재론적으로 같은 위치에 있기 때문이다. 마르크스가 헤겔을 비판한 핵심논리는 논리학적인 '개념의 이행'이 어떻게 실재 철학(부르주아 사회와 국가의 이원주의) 속에서 재현되는가, 라는 점이다(Schäfer 2018, 86). 이를 바탕으로, 마르크스에 의한 헤겔 국가 비판의 구체적 내용을 살펴보고자 한다.

헤겔 국가론 비판

이미 본 바와 같이 『라인신문』시기의 마르크스는 프로이센의 입헌군주제에 대해 비판적이었으며, 그 근거로 헤겔의 법철학과 '인륜적이고 이성적인 공동체'라는 국가의 개념을 들었다. 정부의 출판 금지 조치에 항의하는 의견서에서 마르크스는 『라인신문』의 입장을 다음과 같이 요약했다.

> 라인신문은 본래 일반적인 자유주의가 그러하듯 특정한 국가형태 자체를 문제 삼지 않았다. 이 신문이 집중한 것은 주로 국가의 내용이었으며, 그것은 **자유로운 인간이 국가의 원리여야 한다는 의미에서 민주정**이었다. 라인신문은 **이성적이고 인륜적인 공동체의 조건이 국가에서 현실화될 것**을 요구했다. 따라서 이 신문은 군주정의 원리를 특별한 것으로 보지 않았고, 오히려 국가적 원리의 일반적인 형태로 간주했다. 이를 통해서 이 신문이 증명하려 한 것은 군주정 국가 아래에서도 이성적인 국가가 실현 가능하다고 이 신문이 간주하고 있었다는 점이다.(MEGA I/1, 401)

여기서는 '입헌군주정'에 대해 '민주정'을 지지하는 마르크스와 루게의 입장이 확실히 보인다. 그러나 국가를 '이성적·인륜적 공동체'로 보는 시각은 사실 헤겔 법철학에서 나온 것이다. 프로이센 정부에 제출된 것이긴 하지만, 이 '의견서'를 통해 '이성적 국가'가 현실화된 헤겔식 입헌군주정을 마르크스가 옹호한다고 볼 수도 있다. 그러나 「국법론 비판」을 쓸 때 마르크스에게는 인륜적 공동체, 즉 "인민의 존재Dasein 전체로서의 국가"
와 "정치적 국가"는 분명히 구분되는 것이었다(MEGA I/2, 87). 헤
겔은(이전의 마르크스 자신도) 혼동했지만, 정치적 국가인 근대 국
가는 더 이상 개인들의 인륜적 공동체일 수 없다. 왜냐하면 근대
부르주아 사회에서는 인격적 의존 관계가 해체되었기 때문이다.
따라서 "마르크스에 따르면 부르주아 사회(정치적 국가의 실재적
기초)와 인륜적 공동체는 양립될 수 없기 때문에, 근대 국가, 즉
부르주아 국가와 인륜적 공동체는 호환 불가능inkompatibel하다"
(Schäfer 2018, 66). 헤겔은 인륜적 공동체로서의 국가와 부르주아
사회로부터 분리된 정치적 국가를 구분하지 못했고, "오늘날의
국가 체제", 즉 정치적 국가라는 "독자적인 대상의 독자적인 논
리를 파악하는 것"이 불가능했다(MEGA I/2, 101).

확실히 헤겔은 정치적 국가를 부르주아 사회로부터 분리된
권력, 즉 "외적 필연성"으로 보면서도 동시에 정치적 국가를 부
르주아 사회의 진정한 기반, 즉 "내재적 목적"으로 봤다(MEGA
I/2, 6). 마르크스는 여기서 헤겔의 논리학적 신비주의가 내포한
이율배반을 지적한다. "헤겔은 부르주아 사회와 정치적 국가가
분리되어 있다는 것을 알고 있지만, 국가의 내부에서 국가의 일
체성이 표현되기를 원했다"(ibid., 80). 헤겔은 입헌군주제, 관료
제, 신분제 의회Stände로 구성된 정치적 국가에서 부르주아 사회
와 정치적 국가의 동일성을 재건하려 했다. 여기서는 마르크스
가 특히 "신분제 의회"에 대해 언급한 내용을 검토하고, 헤겔이
"부르주아적 생활과 정치적 생활의 분리"를 인지하면서도 "양
자의 동일성을 설정하고 있다"(ibid., 78)는 점을 확인하겠다.

사적 신분의 '정치적 의미와 작용'은 그것의 특수한 의미와
역할을 나타낸다. 이는 사적 신분이 정치적 신분으로 전환되
는 것이 아니라, 사적 신분으로서 정치적인 영향력과 의미를
지니게 됨을 의미한다. 그것은 정치적인 작용과 의미를 단적
으로 가지는 것이 아니다. [⋯] 따라서 사적 신분은 오직 부르
주아 사회 내에서의 신분 구별에 따라 정치적 영역에 속할 수
있다. 부르주아 사회에서의 신분 구별은 정치적 구별로 변모
한다.
헤겔이 언급한 바와 같이, 슈텐데라는 용어는 부르주아 사회
의 신분Stände과 정치적 의미의 신분의 동일성을 표현한다. 따
라서 '이전에는 원래 존재했던' 통일성은 이제 더 이상 존재하
지 않는다고 볼 수 있다.

여기서 볼 수 있듯이 헤겔에게 현대의 부르주아 사회(사적
신분)와 정치적 국가(정치적 신분) 사이의 근대적 이원주의는 근대
이전처럼 완전히 해소되지 않는다. 마르크스는 헤겔이 이 근대
적 이원주의를 모순으로 인식한 것을 평가했다. "헤겔의 비교적
심오한 점은 그가 부르주아 사회와 정치적 국가의 분리를 모순
으로 여겼다는 것이다"(ibid., 80). 그러나 헤겔은 "부르주아 사회
의 정치적 존재Dasein인 의회적 요소"(ibid., 99)를 통해 양자의 분
리를 전제로 한 채로, 양자의 "분리가 해소되는 외관"(ibid., 80),
즉 양자의 "환상적 동일성"(ibid., 91)을 받아들였다. 이는 이미
보았듯이 헤겔의 논리학적 신비주의에서는 근대적인 이원주의
라는 "완전한 모순이 동일성으로 명명되기"(ibid., 35) 때문이다.
그러나 마르크스에 따르면, 정치적 국가를 통해 양자의 동일성

을 재건하는 것은 불가능하다. 이는 부르주아 사회로부터 분리된 정치적 국가가 양자의 분리 자체에 제약되어 있기 때문이다. 헤겔이 말하는 신분제 의회가 상원(토지 소유자 신분)과 하원(상공업자 신분)으로 구성되어 있음에도 불구하고, 마르크스는 토지 소유자에게 특권을 부여하는 '장자 상속제'가 정치적 국가가 아닌 사적 소유에 의해 규정된다는 점에 주목한다.

> 따라서 정치적 국가의 독립성은 정치적 국가 자체의 본성으로부터 나오는 것이 아니며, […] 오히려 정치적인 국가의 성원들은 그 독립성을 정치적 국가의 본질이 아닌 본질, 즉 추상적 사적 권리의 본질, 다시 말해 <u>추상적</u> 사적 소유로부터 수취한다. 정치적 독립성은 사적 소유의 우연성이며, 정치적 국가의 실체가 아니다.(ibid., 116)

헤겔은 사적 소유를 "정치적 국가가 규정한다는 환상"을 가지고 있지만(ibid., 109), 실제로는 정치적 국가가 부르주아 사회의 본질인 근대적 사적 소유에 의해 규정된다. 따라서 헤겔이 바랐던 것처럼, 부르주아 사회와 정치적 국가의 동일성을 정치적 국가의 권력으로 설정하는 것은 불가능하다. 아직 부르주아 사회에 대한 폴리티칼 이코노미 비판이 부족함에도 불구하고, 여기서는 근대적 이원주의에 기초한 헤겔의 '정치의 자율성'에 대한 비판이 나타난다. 그러나 「국법론 비판」까지는 '정치의 타율성'이 주된 주제가 아니다. 종종 지적되듯이, 마르크스도 민주정이나 보통 선거와 같은 정치적 해방, 즉 '정치의 자율성'을 통해 근대적 이원주의를 극복하려 했다. 하지만 「국법론 비판」에서 마르크스가 정식화한 '진정한 민주정'은 『라인신문』 시절과는 다르게, 단지 '자유로운 인간이 국가의 원리여야 한다는 의미의 민주정'은 아니다. 오히려 그것은 근대적 이원주의에 근거한 정치적 국가 자체의 해소를 요구하는 것이었다.

> 민주정에서 국가는 특수적인 것으로서는 <u>그저</u> 특수한 것에 지나지 않을 뿐이지만, 일반적인 것으로서는 진정으로 일반적인 것이 된다. 즉 다른 내용과 구별되는 규정성을 가지지 않는다. 최근 프랑스 사람들은 이를 진정한 민주정에서 <u>정치적 국가가 소멸한다</u>고 해석했다. 이는 정치적 국가가 정치적 국가로서, 체제로서, 더는 전체에 대해 통용되지 않는 경우에 한해 맞는 말이다.(ibid., 32)

미겔 아벤수르가 지적한 대로, 여기서 말하는 정치적 국가의 소멸은 '정치적인 것' 자체가 소멸된다는 의미가 아니다(Abensour 2012, 178). 이미 살펴본 것처럼, 「국법론 비판」에서 마르크스는 인륜적 공동체로서의 국가와 부르주아 사회로부터 분리된 정치적 국가를 명확하게 구분했다. 다시 말해 '사회화된 인간의 본질'로 간주되는 민주정은 결국 '정치적 국가'의 해소를 의미하지만, '국가 체제' 자체를 지양한 것은 아니었다(MEGA I/2, 31). 같은 시기에 마르크스가 루게에게 보낸 서신에서 언급했듯이, "진정한 민주정"은 "인간들의 최고의 목적을 위한 공동체, 즉 민주정 국가"인 것이다(ibid., 476). 이리하여 마르크스는 "국가적 이익이 <u>형식적으로는</u> 다시 인민적 이익으로서도 현실성을 획득한다"(ibid., 69)는 의미에서 정치적 국가에서 공화정을 헤겔의 군주정과 비교해 어느 정도 긍정적으로 평가했다. 마르크스는 선거권 및 피선거권의 "무제한" 확대를 통해 입헌 국가 내에서 정치적 민주주의를 철저히 하려고 시도했다(山中 1972, 122).

그러나 마르크스가 요구한 '선거 개혁'은 헤겔처럼 정치적 국가에 의한 근대적 이원주의의 지양을 시도한 것이 아니었으며, 근대적 이원주의를 구성하는 정치적 국가 및 부르주아 사회 양극을 극복하려 한 것이었다. "따라서 선거 개혁은 추상적 정치적 국가 안에서는 정치적 국가의 해소의 요구이지만, 그것과 동시에 부르주아 사회의 해소의 요구이기도 하다"(MEGA I/2, 131). 즉, 정치적 공화정이라는 형태로 나타난 '진정한 민주정'은 정치적 국가만이 아니라, 정치적 국가와 동등한 위상에 있는 부르주아 사회의 해소도 목표로 한다. 따라서 마르크스는 근대적 이원주의 자체를 극복하기 위해 헤겔과는 다른 의미에서 '정치의 자율성'을 강조했다. 여기에는 '정치의 자율성'이라는 관점에 기초해 있기는 하지만, 정치적 국가와 부르주아 사회의 구조적 등가성에 대한 관점이 있다.[5]

『독불연보』 이후의 정치 비판

「국법론 비판」에서는 『독일 이데올로기』 초고들에서 시작

---

5 셰퍼는 「국법론 비판」을 분석하면서 "정치적 국가가 부르주아 사회의 모순을 지양할 수 없다는 것은 바로 부르주아 사회의 모순 때문에 생기는 국가 자체의 본질, 즉 국가 자체의 형태에 달려 있다"(Schäfer 2018, 40)고 지적했다. 그러나 앞으로 살펴보겠지만, '부르주아 사회의 모순'이 분석되는 것은 『독일 이데올로기』 초고들 이후이며, 국가 형태에 대한 분석을 헤겔 법철학 비판에서 직접 찾아내는 것은 불가능하다.

되어 『경제학 비판』 '서문'에서 정식화된 유물론적 역사관, 즉 "토대-상부구조"론을 찾아볼 수 없다(渡辺 1989, 33). 마르크스는 헤겔처럼 입헌군주정이라는 형태의 정치적 국가는 아니라고 하더라도, 민주정이나 보통 선거 같은 정치적 해방을 통해 근대적 이원주의를 극복하려고 했다. 다시 말해 마르크스도 헤겔과 마찬가지로 '정치의 자율성'이라는 개념에 깊은 영향을 받았다. 그러나 마르크스는 「국법론 비판」을 작성한 후 1843년 10월 『독불연보』 발행을 위해 파리로 이주하며 폴리티칼 이코노미에 대한 연구를 시작했다. 바우어의 『유대인 문제』에 대한 비판을 목적으로 작성한 「유대인 문제에 관하여」에서 마르크스는 근대의 이원주의가 특정한 정치체제에 국한되지 않는, 더 근본적인 문제라는 것을 밝혔다. 여기서 마르크스는 「국법론 비판」에서의 '민주정'론을 철회하고, 정치적 해방이 근대의 이원주의를 극복하기보다는 오히려 그것을 완성하는 역할을 한다고 지적했다. 이 논고에서는 포이어바흐의 종교 비판과 헤스의 화폐 비판을 통해 정치적 국가의 고유한 논리가 부르주아 사회와의 관계에서 더 구체적으로 전개된다.

완성된 정치적 국가는 그 본질상 인간의 유적 생활이며, 인간의 물질적 생활에 대립한다. 이 이기적인 생활의 모든 전제는 국가의 영역 외부에, 부르주아 사회 안에, 그것도 부르주아 사회의 특성으로 존속하고 있다. 정치적 국가가 진정으로 성숙한 곳에서는 인간은 단지 사상과 의식에서뿐만 아니라, 현실성에서, 생활에서 천상과 지상의 이중의 생활을 영위한다. 천상의 생활이란 정치적 공동체Gemeinwesen에서의 생활이며, 그 속에서 인간은 자신을 <u>공동적 존재</u>Gemeinwesen로 간주한다. 지상의 생활이란 <u>부르주아 사회</u>에서의 생활이며, 그 속에서 인간은 <u>사인</u>(私人)으로 활동하며 다른 인간을 수단으로 간주하고 자신도 수단으로 전락시켜, 소원한 힘들의 놀이 도구가 되고 있다. [⋯] 또한 정치적 국가도 부르주아 사회를 다시 인정하고 재건하며, 스스로 부르주아 사회의 지배를 받을 수밖에 없다는 것이다. [⋯] 인간이 유적 존재로 취급되는 국가에서 인간은 상상 속 주권의 환상적 구성원이 되며, 그의 현실적인 개인적 생활은 강탈당하고, 비현실적인 일반성으로 채워진다.(MEGA I/2, 148f)

여기서 언급된 "완성된 정치적 국가"는 당시 프랑스에서 볼 수 있었던 것처럼, 사유재산에 기초한 납세 조건을 정치적으로 무효화하는 것을 통해 보통선거권을 확립한 '국민적 국가'를 의미한다. 그러나 마르크스는 정치적 해방이 완성되었다고 할지라도, 부르주아 사회 내에서는 '사적 소유'의 원리가 사라지는 것이 아니라 오히려 근대 국가의 기반으로서 강화되는 점을 발견한다. "정치적 혁명은 부르주아 사회, 즉 욕망, 노동, 사적 이해관계 및 사적 권리의 세계에 대해 그것을 <u>자기 존립의 기초로</u> 삼으며, 다시 말해 더 이상 기초 지어질 수 없는 전제, 따라서 자신의 <u>자연적 토대</u>인 것처럼 관계한다verhalten"(ibid., 162).[6] 중요

---

6   마르크스는 "S verhält sich zu O als N" 즉 "주체 S가 객체 O에 대해 N으로, (N에 대한 특정한 양태로) 관련짓는다"는 표현을 통해 객체의 사회적 형태규정이 주체의 "능동적 관여"로 만들어진다는 걸 강조하고 있다(大谷 2011, 3장 보론2). 형태분석에서 '관여'의 논리가 가지는 중요성에 대해서는 3장에서 자세히 다룬다.

한 점은 「국법론 비판」에서 다루어진 근대의 이원주의가 단순히 공적 영역과 사적 영역의 분리뿐만 아니라, 정치적 해방을 통해 양자가 한층 결합되었다고 파악하고 있는 점이다. 즉, 최종적으로 근대 정치적 혁명이 중세 봉건제에서 정치적 성격을 띠었던 "사회 내의 <u>특수한</u> 사회들"(ibid., 160)을 해체한 결과, 앙시앙레짐 시대의 중앙집권화된 공적 국가가 새롭게 성립된 사적 부르주아 사회를 자신의 토대로 삼으려 하기 때문에, 오히려 그로 인해 더 많은 제약을 받게 된다. 따라서 근대의 이원주의를 극복하기 위해서는 특정 정치체제를 변혁하는 것이 아니라, 현실의 인간 생활 자체를 변혁해야 한다.

마르크스는 국가(천상)를 부르주아 사회(지상)의 종교에 비유하며, 이 근대의 이원주의 속에서 사람들은 실제로 '공민과 사민으로 분열'되고 시민이자 부르주아로서 이중 생활을 할 수밖에 없다고 했다. 물론 바로 다음 논문인 「헤겔 법철학 비판 서론」에서는 부르주아 사회에서 배제된 프롤레타리아트가 발견되고, 「유대인 문제에 관하여」의 '인간적 해방'론도 수정되었다 (Heinrich 1999, 102). 하지만 중요한 건 「국법론 비판」에서 이미 확인했듯이 천상의 세계라는 국가에서 사람들이 스스로를 환상적인 공동의 구성원으로 착각하고 있다는 점이다. 이러한 공적 국가의 일반성에 대한 논의는 이미 확인했듯이 『독일 이데올로기』 초고들에 나오는 '환상적 공동체'론으로 이어진다. 더 나아가 부르주아 사회의 현실적 사민(부르주아)과 정치적 국가의 비현

---

7   여기서 마르크스는 헤겔처럼 부르주아 사회를 경제사회로 순화시키면서도 정치적 국가에 '사회'라는 개념을 대입해 '시민사회' 개념 없는 시민사회론을 펼치고 있다(平子 2007).

실적 공민(시민) 사이의 대립이라는 테제는 1844년 8월 『포어베르츠』에 실린 「논문 『프로이센 국왕과 사회 개혁. 한 프로이센인』에 대한 비판적 논평」(이하 「비판적 논평」)에서도 나타난다. 이 논문은 이미 『독불연보』 시기 서신을 주고받던 루게에게 이별을 고한 뒤, 루게가 국가나 정치체제 자체에서 '사회적 결함'을 찾아낸다는 이유로 직접 비판한 것이다. 이런 배경에는 1844년 6월 슐레지엔 직공의 반란을 둘러싼 정치적 견해 차이에만 기인하는 것이 아니다. 마르크스는 뷔레E. Buret의 『잉글랜드와 프랑스에서의 노동자계급의 빈곤에 대하여』 연구를 통해 '빈곤 문제Pauperismus'에 대해서 깊게 이해하게 됐다(MEGA I/2, 924). 「비판적 논평」에서는 빈곤 문제에 대한 국가 행정의 개입을 다음과 같이 언급하고 있다.

> 국가는 <u>공적 생활</u>과 <u>사적 생활</u> 사이의 모순, <u>일반적 이해관계</u>와 <u>특수적 이해관계</u> 사이의 모순 위에 서 있다. 따라서 행정은 형식적이고 소극적인 활동으로만 이루어질 수밖에 없다. 부르주아 생활과 그 노동이 시작되는 지점에서부터 행정 권력은 더 이상 작동하지 않는다. […] 만약 근대 국가가 행정에서 자신의 <u>무력함</u>을 넘어서려 한다면, 현재의 <u>사적 생활</u>을 지양해야 한다. 그리고 사적 생활을 지양하고자 한다면, 근본적으로 자신을 해체해야 한다. 왜냐하면 **근대 국가는 사적 생활과의 대립 속에서만 존재할** 수 있기 때문이다.(ibid., 456)

마르크스는 루게뿐만 아니라 프랑스 혁명 당시의 급진적 정치가들도 사회적 악의 근본 원인을 '국가의 본질'에서 찾지 않고, 오히려 '특정한 국가 형태'(예를 들어, 군주정)에서 찾으려 했으며, 이를 '다른 국가 형태'(민주정)로 바꾸려 했다고 지적한다 (ibid., 455). 이미 확인했듯이, 이러한 정치적 해방론에 대한 마르크스의 비판은 「국법론 비판」에서 긍정적으로 평가했던 프랑스 사회주의자들(루이 블랑이나 콩시더랑)에 대한 자신의 초기 입장과도 일치한다.[8] 그러나 여기서 마르크스가 말하는 '국가의 본질'은 『독일 이데올로기』 초고들 이후에 정식화된 부르주아 사회 자체의 모순을 의미하는 것은 아니다. 마르크스는 「유대인 문제에 관하여」에서와 마찬가지로 공적 영역과 사적 영역의 모순, 즉 일반적 이해관계와 특수적 이해관계의 모순에서 국가의 본질을 찾고 있다. 하지만 폴리티칼 이코노미 비판이 진전됨에 따라, 국가 활동(행정)을 통한 사회 개량의 한계, 즉 '정치의 타율성' 문제가 이미 제기되고 있다는 점이 중요하다.

근대의 이원주의를 바탕으로 할 때, 공적 국가는 아무리 환상적인 형태를 띠고 있어도, 사인의 특수한 이해관계보다는 일반적 이해관계를 실천적으로 지키게 되어 있다. 그로 인해서 실제로 잉글랜드의 구빈법처럼, 근대 국가는 부르주아 사회의 해악, 즉 '빈곤 문제'에 개입할 수 있게 된다. 하지만 마르크스가 지적한 것처럼, 근대 국가는 자기 바깥에 있는 사적 영역 자체를 침해할 수 없으며, 그러한 행정 조치는 형식적이고 소극적일 수밖에 없다. "실제로 이 부르주아 생활의, 이 사적 소유의, 이 상업의, 이 산업의, 여러 부르주아 집단 간의 상호 약탈의, 비사회

8　다만 아비네리는 「국법론 비판」 집필 시기에도 마르크스의 민주정론이 독자적인 인간 해방론과 밀접하게 연결되어 있다는 점을 강조하고 있다(Avineri 1968, 33-34).

적 본성에서 나오는 여러 결과에 대해서는 <u>무력함</u>이 행정의 자연법칙이다"(ibid., 456). 이는 근대 국가 자체가 부르주아 사회에 기초해서 존재할 수밖에 없고, 그 공적 활동이 사적 이해관계에 의해 계속해서 제약을 받기 때문이다. 따라서 부르주아 사회에 대한 국가 개입의 한계는 특정한 국가 형태가 아니라, 공과 사의 이분법이라는 국가의 본질에서 찾아야 한다. 즉, 부르주아 사회의 사적 생활 자체를 지양하기 위해서는 국가의 공적 생활 자체도 지양하지 않으면 안 된다. 부르주아 사회와 정치적 국가를 극복하려는 관점은 「국법론 비판」에서 이미 분명했다. 하지만 「비판적 논평」에서는 고전고대와 근대를 비교하며, 부르주아 사회 특유의 논리가 더 구체적으로 펼쳐진다.

> [무력함이 행정의 자연법칙인 이유는] 왜냐하면 <u>부르주아 사회</u>의 분열성, 비열함, <u>노예 상태</u>야말로 근대 국가를 떠받치는 자연적 기초이기 때문이다. 이는 <u>노예제의 부르주아 사회</u> [오이코스를 의미함]가 <u>고전고대</u> 국가를 떠받치는 자연적 기초였던 것과 마찬가지이다. 국가의 존재와 노예제의 존재는 분리할 수 없다. 고전고대 국가와 고전고대 노예제—이것은 공공연한 <u>고전적</u> 대립이다—는 근대 국가와 근대의 부정한 영리 세계—이것은 위선적인 <u>기독교적</u> 대립이다—만큼이나 서로 <u>밀접하게 연결되어 있다</u>.(ibid.)

거의 동일한 시기에 엥겔스와 함께 집필한 『성가족』에서도 근대 부르주아 사회에 고유한 노예 상태와 고전고대 노예제가 비교되었다. 이런 역사적 비교는 『독일 이데올로기』 초고들

이후에 나온 '유물론적 역사관'에 이를 정도의 수준은 아니다. 그러나 마르크스가 정치(학) 비판을 구상하면서 고대 그리스나 로마의 역사, 마키아벨리의 『로마사 논고』 같은 작품을 연구한 것을 잊어서는 안 된다.[9] 아리스토텔레스의 『정치학』에서 볼 수 있듯이, 고전고대의 폴리스(정치적 공동체)는 노예에게 위탁할 수 있는 오이코스(경제적 공동체)와는 명확히 구분되었고, 폴리스와 오이코스의 대립은 공적인 것과 사적인 것의 대립으로 나타났다. 이런 맥락에서 고전고대에서는 오이코스 내의 노예제가 폴리스의 자연적 기초에 해당했다. 마르크스는 근대의 이원주의에서도 공적 국가state가 사적이고 경제적 영역인 부르주아 사회의 '노예제'를 자연적 토대로 받아들인다고 보았다. 다만 고전고대의 시민(폴리스)과 노예(오이코스)의 대립과는 달리, 근대 사회에서 사람들은 시민이면서 동시에 노예다. 그 이유는 근대인이 공적 영역에서는 일반적 인권이 보장되는 정치적 시민으로, 사적 영역에서는 "영리 노동과 자신 및 타인의 <u>사적 이익을 추구하는</u> 욕망의 노예"(MEGA I/4, 115)로 분열되기 때문이다. 즉, 근대 사회에서는 사적 영역에서 '욕망의 노예' 상태야말로 공적 영역의 자연적 기초인 것이다. 마르크스는 더 이상 「국법론 비판」처럼 입헌 국가에서 정치적 민주주의에 대한 환상을 갖지 않았다. "<u>민주적 대의제 국가</u>와 <u>부르주아 사회</u>의 대립은 공적 <u>공동체</u>와 <u>노예제</u>의 <u>고전적</u> 대립의 완성이다"(ibid., 118). 더 중요한 것은 공적 영역과 사적 영역이 단순히 분리된 것이 아니라, 고전고대와는

---

9   그러나 아벤수르처럼 '정치의 자율성'을 강조한 나머지 초기 마르크스의 정치 사상에서 "마키아벨리적 계기"를 발견하려는 시도에 대해서는 신중해야 할 것이다. Abensour(2012, 서문)을 참조하라.

다른 근대 고유의 방식으로 결합되어 있다는 점이다.

> <u>아나키</u>는 분기하는 <u>특권</u>으로부터 해방된 부르주아 사회의 법
> 칙이며, <u>부르주아 사회</u>의 <u>아나키</u>는 근대의 <u>공적 상태</u>의 기
> 초이다. 더 나아가 공적 상태는 그 자체로 이 아나키의 보장
> Gewähr이기도 하다. 양자는 **대립하면서도, 그만큼 서로를 제약**
> **하고 있다.**(ibid., 119)

여기서 흥미로운 점은 공적 국가가 '욕망의 체계'(헤겔)로서
아나키한 부르주아 사회에 기반을 두고 있을 뿐만 아니라, 그것
을 보장하고 있다는 점이다. 하지만 이는 부르주아 사회를 "조
직하는 형태로서의 정치적 국가"(MEGA I/2, 31)로 파악한 헤겔
의 견해와는 다르다. 마르크스가 보기에 근대적 이원주의는 고
전고대처럼 형식적인 분리 및 결합이 아니라, 양자가 분리될수
록 더욱 결합되는 고유한 동학을 가지고 있다. 즉, 마르크스가
근대 국가에 고유한 논리로 파악한 공적 국가의 일반성은 헤겔
의 입헌군주정과는 달리, 관료제나 신분제 의회를 매개로 근대
의 이원주의가 최종적으로 지양되는 것을 의미하지 않는다. 더
욱이 근대 국가의 공적 상태는 어떤 정치적 해방이 이루어졌다
하더라도, 그 자체로서 부르주아 사회 내의 사적 이해관계의 대
립을 해소하는 것이 아니라, 오히려 사적 개인의 분열 상태와 밀
접한 불가분의 관계에 있다. 이 점과 관련하여 마르크스는 이전
의 「비판적 논평」에서 루게의 정치중심주의를 다음과 같이 비판
한다.

국가가 강력할수록, 따라서 어떤 국가가 <u>정치적</u>일수록, <u>국가의 원리</u> 안에서, 즉 국가가 자신의 활동적이며 자기 의식적이고 공식적인 표현인 <u>사회의 현재 제도</u>Einrichtung 안에서, <u>사회적</u> 결함의 원인을 찾거나 사회적 결함의 <u>일반</u> 원리를 점점 더 파악하지 않게 되는 경향이 있다. <u>정치적</u> 지성이 바로 <u>정치적</u> 이해력인 이유는 그것이 정치의 여러 제한 <u>내부</u>에서 사고하기 때문이다. 정치적 지성은 더욱 예리하고 생동감 있을수록, 사회적 결함을 포착하는 것이 <u>점점 더 불가능해진다</u>.(MEGA I/2, 456f)

부르주아 혁명 이후의 잉글랜드나 프랑스와는 달리, 당시 프로이센에서는 정치적 해방이 불충분했으며 외관상으로도 정치적 권력이 강대했다. 그 결과, 루게와 같이 국가의 형태나 국가의 행정적 개입만을 문제 삼는 정치중심주의는 더욱 강력해졌다. 이 전도된 관념은 『독일 이데올로기』 초고들의 '슈티르너' 장에서 재차 비판받지만, 『독불연보』 이후의 마르크스는 더 이상 '정치의 자율성'에 대한 환상을 품지 않는다. 즉, 국가의 개입 형태 자체가 아니라, 국가의 본질·원리로서의 사회구조가 분석되어야 한다는 것이다. 그러나 마르크스가 국가 비판을 포기한 것은 전혀 아니다. 왜냐하면 근대 사회의 현실적 기초인 사적 생활은 공적 국가에 의해 보장될 수밖에 없고, 양자는 점점 더 서로를 제약하고 있기 때문이다. 이미 이때 마르크스는 폴리티칼 이코노미 연구를 시작했고 많은 발췌 노트와 『경철수고』를 작성하고 있었지만, 그것은 결코 좁은 의미의 경제 분석이 아니었다. 오히려 부르주아 사회와 구조적으로 등가인 근대 국가의 논리를 구체적으로 파악하기 위해, 마르크스는 사회시스템 총체의 분석을 시도했던 것이다.

『독일 이데올로기』 초고들의 '정치적 형태' 규정

마르크스가 폴리티칼 이코노미 연구를 시작한 1844년 무렵, 그는 여전히 '정치(학) 및 국민경제학 비판'을 구상하고 있었다. 한편 같은 시기의 엥겔스는 마르크스와 『성가족』을 공동 집필하기 이전부터 『독불연보』에 「국민경제학비판대강」과 같은 논문을 게재하는 등 폴리티칼 이코노미 연구에서 마르크스보다 앞서고 있었다. 마르크스는 1845년 여름 엥겔스와 함께 잉글랜드를 여행하며 고전 경제학 연구에 더욱 몰두하게 되는데, 그 결과 초기 구상은 중단된다. 즉, 국민경제학에 대한 비판적 연구는 단편적으로 이루어졌지만, 다른 한편으로 정치(학) 비판으로서의 국가 비판은 완전히 중단된 플랜이 되어버렸다(大藪 1978, 54). 그 대신 『독일 이데올로기』 초고들을 집필하면서 자신의 '철학적 양심'을 청산하고 '유물론적 역사관'이나 '유물론적 방법'을 확립해나가게 된다.[10] 이러한 경과를 거치면서 『독일 이데올로기』 초고들에서 그려진 국가 비판, 예를 들어 '환상적 공동체'론은 슈티르너 등 헤겔 좌파에 대한 비판적 코멘트에 불과하다고 보는 시각도 있다(廣松 1989, 33; 小林 1992). 하지만 과연 그렇게

---

10 다만 최근 발간된 신MEGA 편집자가 밝힌 바와 같이, 전통적 마르크스주의의 주장과는 반대로, '사적 유물론'을 정식화한 『독일 이데올로기』라는 저작이 존재하는 것은 아니다. "원래는 마르크스, 엥겔스, 헤스에 의해, 나중에는 주로 마르크스에 의해 편집될 예정이었던 『계간지』라는 형태로 우선 공개될 예정이었다"(MEGA I/5, 726).

단정 지을 수 있을까?

우리의 과제는 마르크스의 '유물론적 역사관'이나 '유물론적 방법'의 형성사가 아니라, 철저하게 이후의 폴리티칼 이코노미 비판에 기초한 관점에서 『독일 이데올로기』 초고들에 나타난 국가 비판의 범위를 정립하는 데 있다. 도출논쟁에서 마르크스의 초기 저작을 중시하는 연구자가 적은 와중에도 히르쉬는 특히 『독일 이데올로기』 초고들을 중요시했다는 점에서 주목할 만하다. 그는 나중에 명시적으로 드러나는 '자본주의의 정치적 형태'론이 『독일 이데올로기』 초고들에서 맹아적으로 전개되고 있다고 주장한다. 이때 히르쉬의 주장에 기반이 된 것은 1980년대 말 '새로운 마르크스 읽기'의 형태분석을 총괄한 브렌텔의 연구이다. 브렌텔은 마르크스의 가치론에서 경제적 형태와 정치적 형태 양자를 포괄하는 범주로서 '사회적 형태' 개념을 도출하고 있다. 우리는 이 '사회적 형태' 규정을 통해, 자본주의 사회하에서 정치적 지배-종속 관계가 지니는 독자적인 형태를 파악할 수 있다.

> [사적으로 생산된 노동 생산물의 사회성이 확증되는 곳인] 상품 교환을 통해, 모든 사회에서 요구되어야 하는 노동의 사회성은 <u>독자적인 사회적 형태</u>를 획득한다. 이 사회적 형태에서야말로 여러 노동의 <u>동등성</u>이나 노동생산물의 <u>가치성격</u>이라는 노동의 사회성이 성립할 수 있는 것이다.(Brentel 1989, 13)

다음 장에서 자세히 검토하겠지만, 폴리티칼 이코노미 비판으로서의 형태분석에 따르면, '토대-상부구조'론은 다음과 같이 엄밀하게 이해되어야 한다. 즉, 노동의 사회적 형태로부터 경제적 구조인 생산관계가 형성되는데, **그것과 동시에** 노동의 사회적 형태로부터 경제적 토대에 상응하는 형태로 정치적 상부구조가 형성되는 것이다. 마르크스의 폴리티칼 이코노미 비판의 주제는 '노동의 사회적 형태' 규정을 매개로 하여, 좁은 의미의 경제 분석이 아니라, 국가를 포함한 자본주의 사회시스템 전체를 파악하는 데 있었다. 실제로『독일 이데올로기』초고들의 '슈티르너 비판'에서도 '사회적 형태'라는 개념이 역사 관통적인 규정으로 다음과 같이 간결하게 설명되어 있다.

> 사실은 그렇게 하기[종교를 자기 원인으로 삼기]보다, 종교를 경험적인 조건들로부터 설명하고, 어떻게 특정 산업 및 교통 관계가 필연적으로 어떤 일정한 사회 형태, 따라서 또한 어떤 일정한 국가 형태, 따라서 또한 어떤 일정한 종교적 의식의 형태와 결합되어 있는지를 명확히 해야 한다.(MEGA I/5, 204)

이렇듯 포이어바흐 비판을 통해 마르크스가 확립한 '유물론적 방법'에서도 '사회적 형태' 개념의 맹아를 발견할 수 있다. 즉, 마르크스에 따르면, 개인들이 맺는 특정한 생산관계는 필연적으로 특정한 사회 형태를 띠며 동시에 특정한 국가 형태 및 이데올로기 형태를 취할 수밖에 없다. 이리하여『독일 이데올로기』초고들에서는 생산관계의 '사회적 형태'라는 관점에서 역사 관통적인 '토대-상부구조'론이 정식화된다. 이미 보았듯이『성가족』에서는 고전고대와 근대를 비교함으로써 두 시대에 공통되는 공사의 이원주의가 명확히 드러났다.『독일 이데올로기』

초고들에서는 더 나아가 ①부족 소유, ②고대적 소유, ③중세의 봉건적·계급적 소유와 같은 소유 형태가 역사적으로 검토됨으로써 '유물론적 역사관'이 그려져 있다.

> 개인들의 단순한 '의지'에 결코 의존하지 않는 그들의 물질적 생활, 서로를 제약하는 그들의 생산양식과 교통 형태, 이것이 바로 국가의 실질적 토대이며, 그리고 이것은 아직 분업과 사적 소유가 필요한 모든 단계에서 개인들의 의지로부터는 완전히 독립적으로 그러하다. **이러한 현실적인 관계들은 어느 경우에든 국가권력에 의해 만들어진 것이 아니라, 오히려 그것들이 국가권력을 만들어내는 권력이다.**(ibid., 382f)

분업 및 사적 소유 발생 이후, 즉 '계급 역사 관통'적으로 개인들의 물질적인 생활 양식으로부터 개인들의 의지와는 독립된 독자적인 사회 형태 및 국가 형태가 생성된다. 마르크스에 따르면, 분업에 의해 발전된 생산력은 실제 개인들에게 "그들 자신이 결합한 권력Macht으로 현상하지 않고, 오히려 소원한, 그들 외부에 서 있는 폭력Gewalt으로 현상하며, […] 그들은 이 폭력을 더 이상 지배할 수 없으며, 그것은 반대로 이제 인간들의 의지나 행동으로부터 독립"한다(ibid., 37). 그리고 현실적 개인들은 생산력의 특정 발전 단계에서 생산관계를 맺고, 더 나아가 이 현실적 관계를 토대로 외관상의 공동체 혹은 국가로 결합한다. 반면에 개인들의 사회적 공동성을 체현해야 할 정치적 공동체(공적 권력)는 항상 개인들에 대해 독립된 소원한 사회적 권력으로 남는다. 왜냐하면 "또한 동시에 이 공동체는 한 계급이 다른 계급에 대항해 연합된 것이었기 때문에 피지배계급에게는 전적으로 환상적인 공동체일 뿐만 아니라, 새로운 질곡이기도 했기"(ibid., 96) 때문이다. 그러나 마르크스가 문제로 삼은 것은 계급 역사 관통적인 '토대-상부구조' 자체가 아니라, 무엇보다도 근대의 이원주의에 고유한 사회적 형태였다. 실제로 18세기 이후 부르주아지와 함께 발전한 근대 부르주아 사회에서는 "생산과 교통에서 전개되는 사회조직"(ibid., 115)을 토대로 정치적 국가와 그 외의 관념적 상부구조가 형성된다. 『독일 이데올로기』 초고들의 '환상적 공동체'론은 이 문맥에서 이해되어야 한다. 재차 반복하게 되지만, 인용해두겠다.

> 바로 특수한 이해관계와 공동의 이해관계의 이러한 모순으로부터 <u>국가</u>로서 공동의 이해관계는 현실의 개별적 이해관계와 전체적 이해관계로부터 분리된 독립된 형태를 취하며, 동시에 환상적 공동체로서 독립된 형태를 취한다. [...] 개인들이 그들의 특수한 이해관계, 즉 공동의 이해관계와 일치하지 않는 개인적인 이해관계만을 추구하기 때문에, 공동의 이해관계는 그들에게 '소원하고', 그들로부터 '독립된', 그 자체로 다시 특수하고 독특한 '일반적' 이해관계로서 관철되거나, 혹은 그들 스스로가 민주정에서와 같이, 이 분열 속에서 움직이지 않을 수 없다. 그러므로 다른 한편으로는 끊임없이 공동의 이해관계와 환상적인 공동의 이해관계에 <u>현실적</u>으로 대립하는 이러한 특수 이해관계들의 <u>실천적</u> 투쟁 또한, **국가로서 환상적인 '일반적인' 이해관계에 의한 실천적인 개입과 제어를 필요로 한다.**(MEGA I/5, 33-37)

　　이미 보았듯이 이 논의의 이론적 기초에는『독일 이데올로기』초고들에서 확립된 물상화론적 문제설정이 존재한다. 다시 말해 국가는 단순한 물리적 폭력 장치가 아니라, 개인들의 특수 이해관계로부터 '자립하여' 개인들에 대립하는 '사회적 연관', 즉 특정한 권력관계로 파악되고 있다. 하지만 여기서 주의해야 할 점은 계급 대립이 발생한 후의 국가가 검토되고 있는 것이 아니라, 부르주아 사회에 해당하는 근대 국가에 독자적인 규정이 전개되고 있다는 점이다. 즉, 근대 국가는 부르주아 사회에서 설령 '환상적'인 형태를 취하더라도, 공동의 이해관계를 '일반적' 이해관계로서 독립적으로 체현하고, 부르주아 사회에 대해 실천적으로 개입 및 제어를 할 수 있다. 이것이 바로 부르주아 사회에서 근대 국가가 독자적으로 띠는 '정치적 공동성'인 것이다. 이러한 근대 부르주아 사회에 특유한 국가 형태는 근대적 사적 소유와의 관련에서 다음과 같이 정식화되어 있다.

> 국가는 사적 소유의 공동체로부터 해방되어 부르주아 사회와 나란히, 그리고 그 외부에 있는 특수한 존재가 되었으나, 그것은 부르주아들이 외부로든 내부로든, 그들의 소유와 이해관계의 상호 보장을 위해 필연적으로 자신들에게 부여하는 조직 형태에 다름없다.(ibid., 116)

　　즉, 근대에 고유한 사회 형태로서 부르주아 사회가 발전함에 따라, 공동체가 완전히 해체되고 사적 소유 또한 근대적인 사회적 형태를 취하게 된다. 그리고 부르주아 사회 외부에 성립한 공적 국가라는 환상적 공동체도 근대적 사적 소유를 보장하는 것과 같은 고유한 형태 규정을 받아들인다. 여기서는 「국법론 비판」 이후 헤겔로부터 이어받은 근대적 이원주의가 소유 형태와 계급 규정을 매개로 하여 개인들이 맺는 생산관계가 필연적으로 취하게 되는 사회-국가 형태로서 구체화되어 있다. 더 중요한 것은 『독일 이데올로기』 초고들에서 근대 국가의 공적 성격이 부르주아 사회에 고유한 사회적 형태에 해당하는 '정치적 형태'로서 재정의되고 있다는 것이다.

> 국가는 지배계급의 개인들이 그들이 가진 공통의 이해관계를 관철시키고, 한 시대의 부르주아 사회 전체가 자신을 총괄하는zusammenfassen 형태이기 때문에, 그 결과로 모든 공동적 제도들Institution이 국가에 의해 매개되어 정치적 형태를 취하게 된다. 여기서 법률은 자신의 현실적 토대로부터 분리된 자유로운 의지에 기반하는 것과 같은 환상이 생긴다. 마찬가지로, 법=권리는 이 경우에 다시 법률로 환원된다.(ibid., 117)

이 '부르주아 사회가 자신을 총괄하는 국가 형태'라는 개념은 「국법론 비판」 이래 마르크스가 견지해온 근대적 이원주의를 새롭게 정식화한 것이다. 하지만 타바타 미노루(田畑稔)가 주의를 촉구하듯, 주체로서의 국가가 부르주아 사회를 총괄하는 것이 아니라, 부르주아 사회가 스스로를 **국가라는 형태에서** 총괄하는 것이다(田畑 2004, 449). 실제로, 마르크스 자신도 이미 『성가족』에서 국가가 부르주아 사회를 총괄하는 것이 아니라, 부르주아 사회가 국가를 총괄한다는 관점을 시사하고 있다. "실제로는 반대로 국가가 부르주아적 생활에 의해 결합되는

zusammenhalten 것인데, 오늘날에도 부르주아적 생활이 국가에 의해 결합되어야 한다고 착각하는 것은 **정치적 미신**에 불과하다"(MEGA I/4, 123).

　다만 『독일 이데올로기』 초고들에서 부르주아 사회는 단순히 사적 이해관계가 대립하는 경제 영역을 의미하는 것이 아니다. 다시 말해 마르크스는 '사회적 형태' 개념을 통해, 특정한 생산력의 발전단계에서 개인들이 필연적으로 맺게 되는 생산 및 교통 관계로서 부르주아 사회를 파악하고 있다. 근대 국가는 이러한 부르주아 사회에 고유한 사회적 형태 규정, 즉 사회적 권력에 의해 생성된 것이며, 실제 생산관계 자체를 독자적으로 창출할 수는 없다. 그러나 특정한 현실적 관계에 의해 제약받는 사적 개인들의 의지는 정치적 형태에 매개되어 "국가 의지, 법률로서의 일반적 표현"(MEGA I/5, 383)을 부여받을 수밖에 없다. 이른바 '사회계약론'이 가정하는 것과 반대로, "국가가 지배적 의지에 의해 존립하는 것이 아니라, 개인들의 물질적 생활양식에서 발생하는 국가가 다시 특정한 지배적 의지의 형태를 가진다"(ibid., 384). 또한 여기서는 현실적 관계들로부터 분리된 자유의지에 법률을 환원하는 법학 환상이 필연적으로 발생한다. 마르크스에 따르면, 사적 소유와 마찬가지로 사법 또한 공동체의 해체로 인해 발생하지만, 고전고대의 로마와는 달리 공동체가 완전히 해체된 근대 부르주아 사회에서는 배타적인 사적 소유권을 정당화하는 근대적 사법이 자연스럽게 발전한다고 한다. 그러나 법학자나 헤겔 좌파의 슈티르너는 "사적 소유 자체가 단순한 사적 의지, 물상의 자의적 처분에 기반하는 것 같은 환상"(ibid., 119)에 사로잡힌다. 이 법학 환상에 대해서는 4장에서 자세히 논의하겠다.

『독일 이데올로기』 초고들에서 전개된 '정치적 형태' 규정에 따르면, 근대 국가는 부르주아 사회에서 분리되어 있지만, 지배계급의 이해관계와 사적 소유를 보장하는 공적 형태로서 부르주아 사회를 필연적으로 총괄한다. "지배계급은 그들의 공동적 지배를 공적 권력, 국가로 구성한다"(ibid., 413). 이 의미에서 "근대의 국가 폭력은 부르주아 계급 전체의 공동 사업을 처리하는 위원회에 불과하다"(MEW 4, 464)는 『선언』의 유명한 문장을 정확히 이해할 수 있다. 그러나 이러한 '계급 지배의 도구'로서의 국가론은 동시기의 『도덕적 비판과 비판적 도덕』이나 「『신라인 신문, 정치경제평론』서평」에서도 볼 수 있지만, 형태분석의 관점에서 큰 중요성을 부여할 수는 없다. 오히려 부르주아 계급 전체에 공통되는 일반적 이해관계나 공동적 제도를 환상적으로나마 체현하는 국가의 공적 성격에 주목해야 한다. 결국 계급 지배나 폭력 장치에 해당하는 국가의 '내용'이 아니라, 부르주아 사회를 총괄하는 국가의 '형태'를 파악하는 것이 유물론적 국가 비판의 핵심이다.

이 지점에서 주목해야 할 것은 이 국가=형태라는 개념이 「유대인 문제에 관하여」나 「비판적 논평」에서 국가의 본질과 대비되었던, 군주정이나 민주정과 같은 특정 국가 형태를 의미하는 것은 아니라는 점이다. 『독일 이데올로기』 초고들에서 설명된 바와 같이, '정치적 형태' 개념의 핵심은 지배계급뿐만 아니라 "일반적으로 부르주아 사회의 모든 구성원이 그들의 공동의 이해관계를 보장하기 위해, 자신들을 우리들로서, 도덕적 인격으로서, 국가로서 구성할 수밖에 없다"는 규정에 있다(MEGA I/5, 414). 따라서 『철학의 빈곤』에서 강조되었듯이, 국가권력은 단순히 지배계급의 도구가 아니라 "부르주아 사회에서 [계급들의] 적대성을 공식으로 요약한 것"에 불과하다(MEW 4, 182). 부르주아 사회는 '환상적' 형태를 띤다 하더라도, 대립하는 특수적 이해관계에 대해 일반적 이해관계를 담보하는 국가 개입을 필요로 한다. 그리고 부르주아 사회에서 '공동적 이해관계'가 정치적 형태를 취하는 것에 관해서는 『브뤼메르』에서도 다음과 같이 기술되어 있다.

> [⋯] 모든 <u>공동적</u> 이해관계는 마을 공동체의 다리나 학교, 지방 자치 단체의 재산에서 프랑스의 철도나 국유 재산에 이르기까지, 곧바로 사회로부터 분리되어 더 높은 <u>일반적</u> 이해관계로서 사회에 대치되며, 사회 구성원의 자발성이 박탈되고 정부 활동의 대상이 된다."(MEGA I/11, 178f)

사적 개인들이 자신들의 공동적 이해관계와 일치하지 않는 특수한 이해관계를 추구하는 근대 부르주아 사회가 되면, 근대 이전의 마을 공동체에 존재하는 공동적 이해관계는 환상적 공동체인 공적 국가의 '일반적 이해관계'로서 체현될 수밖에 없다. 이 인용에서 주목할 점은 부르주아 사회에서 본질적으로 사회 구성원들에게 공동적 사업이었던 인프라나 공공 재산의 공급이 개인들의 사회적 관계로부터 분리된 근대 국가의 '정치적 형태'에 매개된다는 점이다. 여기서 부르주아 사회에 고유한 사회적 형태가 아닌 공적 국가의 일반성이 법률이나 재정 시스템 등의 공동적 제도를 창출한다는 국가 환상이 발생한다. '부르주아 사회가 자신을 총괄하는 국가'라는 정치적 형태를 바탕으로 할 때,

마르크스의 '환상적 공동체'론은 공적 국가가 사적 개인의 사회적 관계에 대해 끊임없이 실천적으로 개입해야만 한다는 점을 강조한 것으로 볼 수 있다. 물론 이러한 국가 개입의 필요성은 국가의 일반성 자체에서가 아니라, 오히려 부르주아 사회 자체의 모순에서 설명되어야 한다. 이리하여 마르크스는 더 나아가 폴리티칼 이코노미 비판을 통해 부르주아 사회에서 경제적 형태 규정(상품, 화폐, 자본)을 탐구하게 된다.

『독일 이데올로기』 초고들 이후의 어소시에이션론

마지막으로 마르크스가 유물론적 역사관과 유물론적 방법을 확립한 『독일 이데올로기』 초고들 이후, 근대의 이원주의를 어떻게 극복하려 했는지 개괄하겠다. 공과 사의 근대적 이원주의는 「국법론 비판」에서는 특정한 국가 형태(정치적 해방론)에 의해, 「유대인 문제에 관하여」에서는 일반적 이해관계와 특수한 이해관계의 모순의 지양(인간적 해방론)에 의해 극복되어야 하는 것이었다. 그러나 『독일 이데올로기』 초고들 이후의 유물론적 방법에 따르면, 근대적 이원주의는 개인들의 물질적 생활 양식으로부터 설명되어야 하며, 부르주아 사회에 고유한 사회적 형태 규정을 변혁함으로써 해소되어야 한다. 이러한 관점에서 마르크스가 『독일 이데올로기』 초고들 이후 명확하게 개념화한 것이 부르주아 사회 내부에서 전개되는 공산주의 운동, 즉 노동자계급에 의한 어소시에이션이다.

근대 국가는 부르주아 사회를 실재적 토대로 하는 '환상적 공동체'로서, 개인들로부터 독립된 소원한 사회적 권력이며, 지배계급이 자신들의 외부에 조직한 정치적 형태였다. 반면에 "현실적 공동체에서는 개인들이 그들의 어소시에이션에서, 그리고 그것을 통해, 동시에 그들의 자유를 쟁취한다"(MEGA I/5, 96). 이 어소시에이션, 즉 "개인들의 자유로운 발전 및 운동의 여러 조건을 그들의 통제 아래 두는 개인들의 연합화Vereinigung"(ibid., 100)에 의해, '개인들'의 인격적 자유가 가능해지며, 근대적 이원주의도 극복된다. 그리고 이 공산주의 운동은 부르주아 사회 내부의 사회적 형태 규정을 변혁하는 것만이 아니다. 다시 말해 어소시에이션은 단지 자신들이 생산관계만을 통제하는 것이 아니다. 그와 동시에 환상적 공동체라는 형태로 조직된 지배계급의 연합화에 대항함으로써, '부르주아 사회가 자신을 총괄하는 국가 형태'도 폐기하려 한다. 이러한 어소시에이션의 발전에 의해 추구되는 정치적 국가의 해소는 『철학의 빈곤』①과 『선언』②에서 명확하게 보인다.

① 노동자계급은 그 발전 과정에서 여러 계급과 그 적대성을 제거하는 하나의 어소시에이션으로 옛 부르주아 사회를 대체할 것이다. 그리고 본래 의미에서의 정치적 권력은 더 이상 존재하지 않게 될 것이다. 왜냐하면, 정치적 권력이 바로 부르주아 사회에서 적대성을 공식으로 요약한 것이기 때문이다.(MEW 4, 182)

② 발전의 과정에서 계급의 차이가 사라지고 모든 생산이 어소시에이트한 개인들의 손에 집중되면, 공적 폭력은 정치적 성격을 상실한다. 본래 의미에서의 정치적 폭력은 한 계급이 다른

계급을 억압하기 위한 조직된 폭력이다.(ibid., 482)

언뜻 보면 여기서는 이후의 전통적 마르크스주의가 체계화한 '국가 소멸'의 테제가 계급 지배의 관점에서 전개되고 있는 것처럼 보일 수 있다. 그러나 형태분석의 관점에서 본다면, 여기에서도 부르주아 사회가 자신을 총괄하는 국가 형태, 즉 여러 계급으로부터 독립된 공적 국가의 정치적 형태를 파악해두는 것이 중요하다. 노동자계급의 어소시에이션은 부르주아 사회에 고유한 사회적 형태규정을 변혁함으로써, 계급 역사 관통적인 '계급 지배의 도구'로서의 국가권력으로부터 그 정치적 형태규정을 벗겨낸다. 마르크스가 강조하고 있는 것은 어소시에이션을 통해서만 부르주아 사회를 공식적으로 총괄하는 근대 국가의 정치적 형태가 극복될 수 있다는 것이다. 그렇지만 '계급 지배의 도구'로서의 근대 국가가 '프롤레타리아트 독재'에 의해 어떻게 지양될 것인지, 그리고 어소시에이션에서 '본래 의미의 정치적 권력'과는 다른 공적 권력(공동체)이 어떤 형태를 취할 것인지에 대해서는 폴리티칼 이코노미 비판의 추가적인 발전과 '파리 코뮌'의 경험을 기다려야 한다.

지금까지 근대적 이원주의에 기반한 초기 마르크스의 국가 비판에서 아직 초기 단계이긴 하지만 『요강』 이후에 확립될 형태 분석이 발견된다는 것을 확인했다. 특히 「유대인 문제에 관하여」나 『독일 이데올로기』 초고들에서 전개된 '환상적 공동체'론에서는 전통적 마르크스주의가 강조하는 '정치와 경제의 분리'가 아니라, 둘의 분리 및 결합의 양식이 전개되고 있다. 즉, 부르주아 사회로부터 분리된 공적 국가는 환상적으로 공동적인 형태일지라도, 부르주아 사회에 대한 실천적 개입을 통해 사적 개인들의 특수한 이해관계에 대해 '일반적 이해관계'를 체현할 수 있는 것이다. 더욱이 이미 「비판적 논평」에서 마르크스가 정치 중심주의나 사회국가의 환상을 명확하게 비판한 점은 중요하다. 국가 활동에 의한 부르주아 사회의 개량은 그 자체로 한정적인 것에 불과하며, 공과 사의 근대적 이원주의를 극복하기 위해서는 국가의 정치체제가 아니라 부르주아 사회에 고유한 사회적 형태 규정이 변혁되어야 한다. 이리하여 초기 마르크스가 정식화한 공적 국가와 사적 부르주아 사회의 이원주의는 폴리티칼 이코노미 비판으로서의 형태분석으로 이어지게 된다.

3장

무산 국가

자본주의의 정치적 형태

마르크스의 폴리티칼 이코노미 비판은 좁은 의미의 경제
사회만을 대상으로 한 것이 아니었다. 국가를 포함한 자본주의
사회시스템이 총체로서 분석의 대상이 되었다. 앞 장에서 본 바
와 같이, 『독일 이데올로기』 초고들에서 확립된 '유물론적 방법'
에 따르면, 현실적 관계로부터 어떻게 사회 형태 및 국가 형태가
발생하는지를 파악해야 한다.[1] 예를 들어 『자본론』 제1권의 상
품 장에서는 다음과 같이 말하고 있다. 폴리티칼 이코노미(고전
파 경제학)는 가치라는 형태 속에 숨겨진 내용(노동)을 발견했음에
도 불구하고, 이 내용이 어째서 가치라는 형태를 띠게 되는지를
설명할 수 없었다(MEGA II/6, 110f)라는 것이다. 이 '유물론적 방
법'이라는 문제설정은 폴리티칼 이코노미 비판에서 '경제적 형
태' 규정뿐만 아니라 '정치적 형태' 규정을 이해하는 데 결정적으
로 중요하다. 왜냐하면 마르크스 이전의 고전파 경제학이 가치
의 형태분석을 간과한 것과 마찬가지로, **또한 마르크스 이후의
마르크스주의자들도** 법=권리Recht 형태나 국가 형태와 같은 '정
치적 형태'의 분석을 근본적으로 포기해왔기 때문이다(Korsch
1966). 실제로 전통적 마르크스주의 정치학은 법=권리나 국가의
형태가 아니라 그 내용인 강제·물리적 폭력의 분석에 치중해왔
다. 이는 계급 지배를 중시하는 마르크스주의자들에게는 정해진
수순이었다. 그들에게 잉여노동의 영유나 착취 관계는 시장에
의해 매개되든 그렇지 않든, 계급 지배, 즉 "사회의 한 부분에 의
한 다른 부분에 대한 폭력적 지배"(MEGA II/3.5, 1836)를 전제로

---

1   "실제로 분석을 통해 종교적 환상의 현세적 핵심을 찾아내는 것은 반대로 그때
    그때의 현실적 생활 관계로부터 그 천상화된 여러 형태를 설명하는 것보다 훨
    씬 쉽다. 후자가 유일하게 유물론적이며, 따라서 과학적인 방법이다."(MEGA
    II/6, 364)

하고 있었기 때문이다. 그에 반해 파슈카니스는 이러한 계급 지배에 기반한 역사 관통적인 국가론을 비판하고, 다음과 같은 문제를 제기했다.

> [⋯] 어째서 계급 지배는 그 자체, 즉 **주민의 일부분의 다른 부분에 대한 사실상의 종속으로 끝나지 않고, 공적인 국가적 지배라는 형태를 취하는**가? 어째서 국가적 강제 기구는 지배계급의 사적 기구로서 만들어지지 않고, 그로부터 분리되어, 공적 권력이라는 비인격적이며 사회로부터 분리된 기구의 형태를 취하는가? 이 질문에 대해 이데올로기적 안개를 사용하거나 국가라는 포장지로 자신의 계급 지배를 은폐하는 것이 지배계급에게 <u>도움이 된다</u>는 것을 나열하는 것만으로는 부족하다.(Paschukanis 2003, 116)

지금까지의 마르크스주의 국가론은 강제·물리적 폭력이 계급 지배에 어떻게 유용한지에 대한 관점에서 국가의 내용을 명확히 하려 했다. 그러나 국가의 형태분석에서는 계급 지배가 왜 어떻게 '부르주아 사회를 총괄하는' 공적 권력이라는 형태를 취하는지가 문제가 된다. 따라서 마르크스의 폴리티칼 이코노미 비판에서 국가권력 그 자체를 파악하는 것은 **과제가 되지 않는다.** 다시 말해 '정치의 타율성'이라는 문제설정에서는 부르주아 사회가 어떻게 자신을 국가 형태로서 총괄하는지를 명확히 할 필요가 있다. 물론 폴리티칼 이코노미 비판은 좁은 의미의 경제 사회를 대상으로 한 것이 아니다. 그러나 법률이나 국가만을 대상으로 하는 정치(학) 비판과도 구별된다. 국가 비판의 출발점은 국가의 내용 자체가 아니라 부르주아 사회 자체, 즉 자본주의적 생산양식을 해부하기 위한 폴리티칼 이코노미 비판이다. '어째서 국가권력은 사회로부터 분리된 공적 형태를 취하는가'. 이 파슈카니스의 핵심적인 질문에 답하기 위해서는 마르크스의『자본론』및 관련 초고를 소재로 하여, 정치적 형태규정을 포함한 '사적 유물론'을 재구성할 필요가 있을 것이다.

형태분석에 의한 '사적 유물론'의 재구성

마르크스는『경제학 비판』'서문'에서 잘 알려진 '토대-상부구조'론을 정식화하고 있다. "이것[생산관계에 의해 형성된 사회의 경제적 구조]이 법학적 및 정치적 상부구조가 솟아오르는 실재적 토대"이며, "법=권리 관계들 및 국가 형태들은 [⋯] 물질적인 생활 관계에 뿌리를 두고 있다"(MEGA II/2, 100). 1장에서 본 바와 같이, 전통적 마르크스주의의 '사적 유물론'에서는 '토대'와 '상부구조'의 형식적 구분에 초점이 맞춰져 있었다. 그러나 마르크스 자신은 "경제적 영역과 정치적 영역의 단절선을 명확히 그리는 것"이 없었다(Wood 1995, 21). 이 점은 그다지 지적되지 않았지만 매우 중요한 부분이다. 그로 인해서 실제로 마르크스의 폴리티칼 이코노미 비판은 고전파 경제학은 물론 전통적 마르크스주의와도 근본적으로 구별된다. 홀로웨이 등이 강조한 바와 같이 "경제적인 것은 정치적 상부구조를 규정하는 토대로 간주되어서는 안 되며, 오히려 경제적인 것과 정치적인 것은 사회관계의 두 형태"인 것이다(Holloway & Picciotto 1978).

엥겔스의 계급국가론을 비판했던 파슈카니스의 과제 역시

기계적인 '토대-상부구조론'을 극복하는 데 있었다. 네그리 역시 이를 강조한다. 파슈카니스는 법=권리 형태Rechtsform를 중시하는데, 그것을 기계적으로 대비된 토대-상부구조라는 틀 안에 위치시킬 수는 없다는 것이다(Negri 2000). 그러나 전통적 마르크스주의의 '토대-상부구조'론에서는 두 요소의 규정 관계만이 문제되며, 경제적 토대와 정치적 상부구조가 어떻게 분리되면서도 결합되어 있는지에 대한 점은 간과되어왔다. 그 이유는 이러한 형태분석 접근이 언뜻 보기에 '서문'의 잘 알려진 공식과 모순되어 보이기 때문이다.

> 사회의 물질적 생산력은 그 발전의 어느 단계에서 그것들이 그동안 내부에서 운동해온 기존의 생산관계와 또는 **동일한 것의 법학적 표현에 지나지 않지**만, 소유 관계와 모순하게 된다. 이러한 관계들은 생산력의 발전 형태에서 그 질곡으로 역전된다. 그때부터 사회혁명의 시기가 시작된다. 경제적 기초의 변화와 함께, 거대한 상부구조 전체가 점진적이든 급격하든 변혁된다. 이러한 변혁을 고찰할 때, 경제적 생산 조건에서 자연과학적으로 정확하게 확인할 수 있는 물질적 변혁과 인간이 그 안에서 이 충돌을 의식하고, 그것을 투쟁으로 풀어내는 형태인 법학적, 정치적, 종교적, 예술적 혹은 철학적 형태—간단히 말해, 이데올로기적 형태들을 **항상 구별해야 한다**.(MEGA II/2, 100f)

여기에서 『독일 이데올로기』 초고들 이후에 확립된 계급 역사 관통적인 '토대-상부구조'론이 '사회혁명'의 맥락에서 전개되고 있다. 분명 '사회혁명'을 고찰하기 위해서는 경제적 생산 조건에서의 물질적 변혁와 상부구조에서의 이데올로기적 형태들을 명확하게 구분할 필요가 있을 것이다. 그러나 동시에 중요한 것은 마르크스 자신이 이 '서문'의 정식에서 토대와 상부구조의 연속성을 강조하고 있다는 것이다. 파슈카니스는 다음과 같이 지적한다. "법률적[2] 상부구조의 기층이며 가장 깊은 층인 소유 관계는 토대와 밀접하게 관련되며, 그것들은 '생산관계의 법학적 표현'이다"(Paschukanis 2003, 77). 이는 '법학적juristisch'이라는 단어에 주목하면 이해하기 쉬울 것이다. 법학적인 것은 로마법의 ius/Recht에서 유래하며, lex/Gesetz와는 다른 계통에 속한다. ius/Recht와 lex/Gesetz의 구분은 마르크스에게도 폴리티칼 이코노미 비판을 본격화하기 이전부터 익숙한 것이었다. 왜냐하면 마르크스는 헤겔 철학을 배우기 이전에 역사법학자 사비니F. Savigny의 강의를 듣는 등 법학도로서 출발했기 때문이다(河上1987, 465). 마르크스에게 법률, 즉 입법은 국가에서 설정된gesetzt 것이며(MEW 1, 58), 법=권리 관계는 법률에 선행한다.

그런데 일본의 마르크스 연구사에서 '법학'이라는 범주는 '법률'로 잘못 번역되어왔으며, 우수한 연구자도 예외는 아니다(예를 들어 渡辺 2001, 56 참조). 더욱이 상세한 문헌 해석을 통해 마르크스 정치이론 연구를 개척해온 오야부는 법학 범주를 법률 범주로부터 정확히 구별하면서도 전자를 법 이데올로기로만 이

2 일본의 마르크스주의 법학에서 파슈카니스가 법Recht과 법률Gesetz을 개념적으로 동일시하고 있다는 비판이 제기되어왔다. 그러나 러시아 법학자 시부야 겐지로가 지적하듯이, 파슈카니스 자신은 저작에서 '법률' 범주를 자주 사용하고 있지만, 그것을 실정법·제정법에 앞서는 '법적 관계'의 의미로 사용하고 있다(渋谷 2012, 85).

해하고 있다(大藪 1978, 111). 그러나 법학 범주는 정치적 상부구조에 포함된 법 이데올로기를 의미하는 것이 아니다. 여기에서도 경제적인 것과 정치적인 것의 단절을 전제로 하는 것이 아니라, 오히려 양자를 연속적으로 파악하는 것이 중요하다. 이를테면 법학 범주는 둘을 횡단하거나 포괄하는 것이다. 사실 스미스의 『도덕 감정론』을 언뜻 보면, 이것이 고전파 경제학에서조차 전제되었던 것을 알 수 있다. 근본적으로 『국부론』의 폴리티칼 이코노미는 '법과 통치의 일반적 원리'를 탐구하는 법학jurisprudence의 일부에 불과했다(Smith 1984, VII. 4). 따라서 마르크스도 폴리티칼 이코노미 비판을 시도하면서, 『요강』에서 『국부론』 제5편에서 전개된 폴리스(정치)나 공공 수입 등을 고찰했다. 따라서 마르크스에게 법학적juristisch인 상부구조는 실정법이나 '제정된 법'(법률)을 의미하는 것만이 아니다. 헤겔 법철학의 틀에 맞춰 보면, 법학 범주는 '국가의 전제'에 해당하는 부르주아 사회의 사법Rechtspflege이나 치정(治政, Polizei)을 포함할 수 있는 개념이다. 그리고 법학적 영역 내에서도, 특히 법=권리 관계는 파슈카니스가 강조한 바와 같이 상부구조 내부의 기층이며, 경제적 토대와 밀접하게 연결되어 있다.

국가 비판을 형태분석으로 이해하기 위해서는 전통적 마르크스주의의 '토대-상부구조'론이 아니라, '정치와 경제의 분리 및 결합'이라는 관점에서 '사적 유물론'을 재구성할 필요가 있다. 이미 앞 장에서 언급했듯이, '서문'에서의 '국가 형태들', 즉 '정치적 형태'라는 개념은 정치학 용어로서의 통치 형태나 국가 체제를 의미하는 것이 아니다. 기존의 마르크스주의 국가론 연구에서는 이 정치적 형태라는 개념이 정치체제(보나파르티즘, 파시즘 등)와 유사한 의미로 사용되어 '사회적 형태' 규정으로 이해되지 않았다. 그러나 마르크스가 『자본론』의 완성과 별개로 자신의 작업으로 강조한 국가 비판은 단순한 정치체제론이 아니다. 마르크스는 「쿠겔만에게 보낸 편지」(1862년)에서 폴리티칼 이코노미 비판 플랜을 언급하며 국가 비판의 핵심이 "사회의 다양한 경제적 구조에 대한 다양한 국가 형태의 관계"에 있다고 요약했다(MEGA III/12, 296). 이 기술은 매우 추상적이며, 정치적 형태로서의 국가, 즉 국가=형태를 적극적으로 정의한 것은 아니다. 그러나 자본주의 사회시스템에 고유한 정치적 형태를 파악하는 형태분석을 바탕으로 한다면, 경제적 구조에 대응하는 국가 형태라는 단순한 이해를 넘어설 수 있다. 우리는 앞 장에서 『독일 이데올로기』 초고들의 '토대-상부구조'론에서 '정치적 형태' 개념이 맹아적으로 전개되고 있음을 지적했다. 『자본론』에서는 『독일 이데올로기』 초고들이나 '서문'보다 더 세밀한 형태로 노동의 사회적 형태에서 생성되는 경제적 형태 및 정치적 형태가 전개되고 있다. 여기서는 현행판 『자본론』이 아니라 『자본론』 제3부 주요 초고에서 인용하겠다.[3]

불불잉여노동이 직접 생산자로부터 추출되는 독자적인 경제적 형태는 지배·예속 관계Herrschafts-und Knechtschaftsverhältniss

[3] '도출논쟁'은 폴리티칼 이코노미 비판의 해석을 엥겔스가 편집한 현행판 『자본론』 전3권에 의거하고 있었기 때문에, 2012년에야 마침내 완성된 신MEGA 제II부 제4권(『자본론』 제1권 초판, 『자본론』 제2부 여러 초고, 『자본론』 제3부 주요 초고) 및 제11권(『자본론』 제2부 여러 초고)을 포괄적으로 검토한 것이 아니다. 그에 반해 이 책은 엥겔스와는 크게 다른 마르크스 자신의 폴리티칼 이코노미 비판 방법을 바탕으로 '사적 유물론'을 재구성한다.

를 규정하는데, 이 지배·예속 관계는 직접적으로 생산 자체로 부터 성장하고, **그 자신 또한 생산을 규정하는 것처럼 현상한 다**. 그러나 이 지배·예속 관계 위에는 생산관계 자체로부터 성 장하는 경제적 공동사회의 전체 형태가 구축되고, **그와 함께 동시에** 그 독자적인 정치적 형태도 구축된다. 생산 조건의 소 유자들이 직접 생산자들에 대해 가지는 직접적 관계—그 자 체로 본질적으로 노동 방식의 일정한 발전단계, 따라서 노동 의 사회적 생산력 발전에 조응하지만—야말로 매번 우리가 그 안에서 사회구조 전체, 또한 주권·종속 관계Souverainitäts-und Abhängigkeitsverhältniss의 일반적인 **정치적 형태**, 요컨대 독자적 인 **국가 형태**의 가장 깊은 비밀, 은폐된 기초를 발견하는 것이 다. 이것은 동일한 경제적 토대—주요 조건에서 보았을 때 동 일한—라 할지라도, 무수히 다른 경험적 상황, 즉 자연 관계, 인종 관계, 외부에서 작용하는 역사적 영향 등에 의해 현상적 으로는 무수한 변화와 뉘앙스—이것들은 경험적으로 주어진 이러한 상황의 분석을 통해서만 파악될 수 있다—를 나타낼 수 있다는 것을 방해하지 않는다.(MEGA II/4.2, 732)

여기에서 마르크스는 전통적 마르크스주의의 '토대-상부 구조론'이 가정하는 '경제'와 '정치'의 대응 관계를 지적하고 있 는 것이 아니다. 그럼에도 불구하고, 이 문장은 '토대'와 '상부구 조'의 상호 규정을 정식화한 것으로 이해되어왔다. 마르크스의 초고에서 "생산을 규정하는 것처럼 현상한다"는 표현이 엥겔스 판본에서는 "생산에 규정적으로 역작용한다"로 수정되었기 때 문이다. 여기서 문제가 되는 것은 '토대'와 '상부구조'의 규정 관계가 아니라, 오히려 양자의 얽힘Verschlingung이다. 우리는 경제적 형태와 정치적 형태의 분리뿐만 아니라, 양자의 얽힘을 이해한 상태에서 '사적 유물론'을 새롭게 재구성해야 한다. 여기서 핵심적인 개념은 생산으로부터 직접 생성된다고 정의된 '지배·예속 관계'이다. 이제까지 간과되어왔지만, '정치적 형태'를 파악하는 데 결정적으로 중요한 이 범주를 두 가지 관점에서 고찰해 보자.

첫 번째 관점은 생산관계와 지배·예속 관계의 역사 관통적인 결합이다. 직접적 생산자의 노동 형태와 직접적 생산자의 잉여노동을 영유하는 형태에 따라, 그 사회에 독자적인 생산관계가 형성된다. 여기까지는 잘 알려진 논의일 것이다. '정치적 형태'를 파악하는 데 있어 중요한 것은 여기서부터다. 즉, 이 생산관계로부터 즉시 독자적인 '지배·예속 관계'가 생성되며, '지배·예속 관계'도 '생산관계'를 규정하는 것처럼 현상한다. 우선 이 '지배·예속 관계'는 『요강』에서 언급되었듯이, "타인의fremd 의지의 취득"을 전제로 하는 "지배 관계Herrschaftsverhältniss"(MEGA II/1.2, 404)를 의미한다. 다시 말해 마르크스는 생산관계로부터 생성되고 그것과 결합하는 '지배 관계'를 정치적 형태의 단서 규정으로 정의한 것이다.

그리고 두 번째 관점은 지배·예속 관계와 결합하는 직접적 생산관계(및 그 법학적 표현으로서의 소유 관계)를 기반으로 하여, 그 사회 전체의 경제적 구조가 형성되고, 동시에 사회구조의 정치적 형태가 형성된다는 점이다.[4] 이에 따라 단서적인 '정치적 형

---

4 정치적 마르크스주의의 대표자인 브레너R. Brenner는 마르크스가 여기서 정식화한 '생산관계' 대신 '사회적 소유 관계'를 사용하는 이유를 다음과 같이 설명

태' 규정, 즉 생산관계와 불가분의 지배 관계를 기초로 하여, 사회 일반의 정치적 형태인 국가 형태가 형성된다. 마르크스에게는 일반적인 국가권력이라는 정치적 형태보다도 그 은폐된 기초로서, 생산관계와 결합된 지배 관계, 즉 정치적 권력관계가 중요했다. 따라서 형태분석의 관점에서는 토대와 상부구조의 직접적인 대응 및 규정 관계는 문제가 되지 않는다. 대신 어떠한 생산관계에서도 그때그때의 노동 형태(및 잉여노동의 영유 형태)에서 발생하는 경제적 형태와 지배 관계의 결합으로부터 사회구조 전체의 정치적 형태가 전개되어야 한다.

물론 '사적 유물론'에서는 생산관계와 지배 관계의 결합이 역사 관통적으로 강조되고 있지만, '경제와 정치의 분리 및 결합'을 역사 관통적으로 파악하는 것은 폴리티칼 이코노미 비판의 과제가 아니다. 다시 말해 모든 사회시스템에서 '정치와 경제의 분리 및 결합' 일반이 아닌, 오로지 자본주의 사회시스템에 고유한 두 요소의 '분리 및 결합' 양식이 문제인 것이다. 실제로

한다. "첫 번째 이유는 생산이 이루어지는 사회적 구조의 틀이 생산 자체, 즉 노동과정에서의 협업이나 조직화 형태에 의해 어떤 방식으로든 규정된다는 생각을 전달하기 위해 사회적 생산관계라는 용어가 사용되는 경우가 있기 때문이다. 이것은 내 입장에서는 극도로 잘못된 방향이다. 두 번째 이유는 수직적인 계급이 어떻게 구조화되거나 제약되는지, 즉 잉여의 착취, 착취자와 직접적 생산자의 관계—사회적 생산관계가 일반적으로 의미하는 것—를 폭로하는 것만이 필요하다고는 생각하지 않기 때문이다. 오히려 착취자 상호간이나 직접적 생산자 상호 간의 수평적 관계가 어떻게 구조화되거나 제약되는지를 밝히는 것이 더욱 중요하다"(Brenner 2007, 58). 여기서 브레너는 전통적 마르크스주의의 경제주의 모델을 비판하기 위해 '생산관계' 개념을 사실상 포기하고 있다. 이로써 그는 사회구조가 생산관계에 의해 제약되고 독자적인 정치적 형태를 갖추게 되는 '국가의 형태분석'에서 멀어지게 된다. 수직적이든 수평적이든, 계급 관계나 계급투쟁을 파악하는 것은 분명히 중요하지만, 6장에서 검토하듯이 계급적 요소는 형태분석을 바탕으로 고찰되어야 한다.

『고타 강령 비판』에서 강조되고 있는 것처럼, 국가의 형태분석의 주제는 자본주의 사회의 경제적 구조에 대응하는 정치적 형태, 즉 자본주의 국가에 특유한 정치적 형태규정이었다. "문명국에 있는 다양한 국가들은 그 형태상의 여러 가지 차이에도 불구하고, 모두 현대 부르주아 사회의 토대 위에 서 있다는 공통점을 가지고 있으며 […] 그러므로 그러한 국가들은 또한 어떤 본질적인 성격을 공통으로 가지고 있다"(MEGA I/25, 21). 따라서 국가의 형태분석에서 중요한 점은 전(前)자본주의 사회의 정치적 형태와 자본주의 사회에 특유한 정치적 형태를 엄격히 구별하는 것이다. 그렇다면 사회구조의 정치적 형태의 기초를 이루는 '생산관계와 지배 관계의 결합'은 두 형태에서 어떻게 다른가? 이 점을 이해하기 위해, 먼저 전자본주의 사회의 정치적 형태인 공동체와 국가(공적 권력)를 검토해보자.

생산관계에 내포되어 있던 국가(공적 권력)

기초적인 정치적 형태규정, 즉 생산관계와 결합된 지배 관계가 사회구조 일반의 정치적 형태를 어떻게 형성하는가? 이것은 마르크스의 '사적 유물론'에서 자본주의 사회뿐만 아니라 역사 관통적으로 고찰되어야 할 사항이었다. 그러나 전자본주의 사회의 정치적 형태는 어디까지나 자본주의 사회의 정치적 형태와 대조해 고찰되어야 한다. 전자본주의 사회에서는 자본주의 사회와 대조적으로 인격적인 상호작용, 즉 '공동체'를 기초로 하는 지배 관계가 형성되어 있다. 공동체를 기반으로 한 지배 관계는 직접적 생산자의 노동과 그의 잉여노동에 대한 영유의 전제를 이룬다. 다시 말해 공동체의 해체와 '무소유'의 노동자를 전제로 하는 자본주의 사회와 대조적으로 전자본주의 사회에서는 '인격적인' 지배 관계 아래에서 직접적 생산자의 생산수단에 대한 '본원적 소유'가 보장되어 있는 것이다. 마르크스가 『요강』 「자본주의적 생산에 선행하는 제형태」(이하 「제형태」)에서 정의한 '본원적 소유'는 "개인들이 노동 및 재생산의 자연적 조건을 자신에게 속하는 조건으로서 관계하는verhalten"(MEGA II/1.2, 380) 것을 의미한다(隅田 2014a). 전자본주의 사회에서는 공동체의 구성원이 '소유자'로서 재생산되며, 공동체의 재생산 자체가 경제적인 목적이 된다. 그러므로 사회 전체의 경제적 구조도 역시 공동체들을 기반으로 조직되며, 총노동의 배분과 총생산물의 분배는 인격적인 지배 관계에 의해 해결된다. 이리하여 사회의 경제적 구조에 대응하는 정치적 형태는 직접적 생산자를 상대하는 토지 소유자가 공동체인가 또는 공동체로부터 어느 정도 분리된 사적 소유자인가에 따라, 전제국가 또는 정치적 공동체(폴리스나 도시국가)로서 성립한다.

마르크스가 국가에 대한 체계적인 비판을 남긴 것은 아니다. 그러나 『요강』의 '공동체'론은 고전고대 로마의 폴리스나 아시아의 전제국가를 염두에 두었음에도 불구하고, 전자본주의 사회의 지배 관계인 공동체 형태를 밝히는 단서가 된다. 마르크스의 글에서는 이미 고전고대 로마의 군사 국가나 아시아의 전제국가에서 '사회로부터 분리되고 집권화된 국가'라는 특징이 발견된다. 그러나 사회의 경제적 구조에서 분리된 근대 부르주아 국가와 달리, 실제로 전자본주의 사회에서의 국가(공적 권력)는 오히려 생산관계에 내포되어 있었다. 폴라니가 비시장 경제를

'사회에 내포된 경제'로 정의했듯이, 동시에 '정치(공적 권력)도 사회에 내포되어 있다'고 추가할 필요가 있을 것이다. 즉, 국가는 사회의 경제 구조에서 틀림없이 '생산자'로서 주요한 역할을 수행했던 것이다. 전자본주의 사회에서는 인격적 지배 관계 및 사회 일반의 정치적 형태로서 국가(공적 권력)가 직접적으로 생산관계를 형성하고 있었던 것이다.

마르크스는 『자본론』 제3부에서 자본주의 이전 '생산자'로서 국가(공적 권력)가 수행하는 노동을 '일반적 사업'으로 정의했다. "전제국가에서 정부가 수행하는 감독 및 전면적 개입의 노동Arbeit은 두 가지 요소, 즉 공동사회의 본성에서 비롯된 일반적 사업의 수행 및 정부와 인민 대중 간의 대립에서 기인하는 특유한 기능을 포함한다"(MEGA II/4.2, 455). 전자의 '일반적 사업'은 정치적 공동체의 본성에서 비롯된 행정적 기능이며, 『프랑스 내전』에서도 언급되었듯이, "나라(國, Land)의 일반적이고 공동적인 욕구로부터 필요하게 된 기능"(MEGA I/22, 106)이었다. 반면에 후자는 계급 사회에서 직접적 생산자와 생산수단의 소유자 간의 대립을 통제하는 정치적 기능이며, 무계급 사회에서도 발생하는 지배·종속 관계를 감독하는 치정Polizei적 기능이다(Wood 1978). 이러한 정치적 공동체에 고유한 '공적 노동'(일반적 사업의 수행과 지배 관계의 감독)은 모든 사회시스템에서 존재한다. 이는 정치적 공동체가 수행하는 역사 관통적인 행정적 또는 치정 기능으로서, 사회의 경제적 구조에서 필수적인 것이다.

마르크스가 전자본주의 정치적 공동체로 언급하는 것은 아시아의 전제국가만이 아니었다. 『요강』에서는 아시아의 전제국가와 고전고대 로마의 폴리스를 구별하는 여러 계기 중 하나로

"적대 부족들 혹은 인접 부족들에 대한 관계Verhalten"가 열거되어 있다(MEGA II/1.2, 390-391; 隅田 2014a, 117). 즉, 폭력의 조직화 방식이 공동체 형태를 정치적으로 규정한다는 것이다. 고전고대 로마의 군사적으로 조직된 국가에서는 아시아의 전제국가와 달리 공동체 구성원의 노동이 정부의 공공사업에 사용되는 경우가 적었다. "그러므로 전쟁은 생존의 객관적 조건을 점거하기 위한 것이든, 객관적 조건의 점거를 보호하고 영구화하기 위한 것이든, 필수적이고 중대한 전체적 과제이며, 중대한 공동 노동이다" (MEGA II/1.2, 381). 여기서는 자신들의 공동체를 위협하는 다른 공동체에 대한 전쟁이 공동체의 생산 조건을 점거·유지하는 공적 노동이며, 로마 사회의 경제 구조에 필수적인 점이 강조된다. 그러나 어째서 로마에서는 공동체 내부의 지배 관계에 대한 감독이 아니라, 오히려 공동체 외부에 대한 전쟁이 중대한 공적 노동이었을까? 그 이유는 로마의 폴리스가 자유로운 토지 소유자인 시민으로 구성되어 있었기 때문이다. 아시아에서처럼 유일한 토지 소유자가 전제국가인 것과 달리, 로마에서는 직접적 생산자가 생산수단의 소유자이므로, 외적에 대항해서 사적 소유자의 연합인 폴리스를 유지하는 것이 정치 공동체의 주요한 이해관계가 되었다.

지배 관계의 감독이나 대외적 전쟁 이상으로, 전자본주의 사회에서 '생산자로서의' 국가를 더욱 명확하게 특징짓는 것은 공공사업의 수행이다. 마르크스에 따르면, 서양에서는 사적 기업의 연합화가 촉진되었던 것과 달리, 동양에서는 광대한 영토에도 불구하고 자발적인 어소시에이션이 설립되지 않았기 때문에, 집권화된 국가의 전면적 개입이 요청되었다고 한다(MEGA

I/12, 222). 그 결과, 아시아의 모든 전제정부는 관개나 배수와 같은 공공사업public works/travaux publics이라는 경제적 기능을 맡게 되었다. 또한 마르크스는 엥겔스와의 서신에서 프랑스어로 공공사업을 의미하는 travaux publics를 독일어로 공적 노동öftentliche Arbeit으로 바꾸어 사용했다(MEW 28, 276). 전제국가 역시 여러 소공동체로 구성되어 있지만, 소공동체를 포괄하는 통일체로서의 전제국가는 공동적 노동을 수행하는 최대의 행위자가 된다. 일본어로 공공(토목) 사업으로 번역되어온 travaux publics는 문자 그대로 정치적 국가가 수행하는 공적 노동으로 이해해야 한다. 자본주의 사회에서는 생산하는 사적 경제와 비생산적인 공적 권력에 의한 정치적 지배의 분리가 전제되어 있다. 정치적 국가는 직접적 생산 과정에서 후퇴하고 있는 것이다. 그러나 전자본주의 사회에서는 오히려 전쟁이나 공공사업을 통해 **정치적으로** 생산을 조직하는 것이 최우선 과제가 되었다.

또한 '동양적 전제주의' 연구로 유명한 비트포겔K. Wittfogel도 마르크스의 아시아적 생산양식론에 주목했지만, 국가의 치수 사업을 단순한 경제적 기능으로 보지 않았다. 아시아나 유라시아와 같이 광대한 영토에서는 집권화된 국가가 총노동을 배분하는 행위자가 될 수밖에 없으며, 국가의 공적 노동은 정치적 규정으로 이해되어야 한다(石井 2008, 16). 그러나 여기서 서양과 동양이라는 이분법을 단순한 지리적 범주로 이해해서는 안 된다(실제로 마르크스는 아시아적 통치 형태를 터키나 스페인에서도 발견하고 있었다). 오히려 동양적 전제국가에서 전형적으로 볼 수 있는 '일반적 사업'은 자본주의 이전의 정치적 공동체 일반의 '공적 노동'을 정의하는 것으로서, 넓은 의미에서 이해되어야 한다. 이는 '생산자'로서의 공동체 및 국가(공적 권력)가 폴리티칼 이코노미의 숨겨진 주제이기도 하기 때문이다.

마르크스는 『요강』 「제형태」에서 '공동체'론을 전개한 직후 '자본의 순환' 장(이후 『자본론』 제2부 '자본의 회전' 편에 해당)을 집필했는데, 이곳에서 도로 건설과 교통 수단의 정비를 공동체 및 국가(공적 권력)에 의한 생산의 조직화 문제로서 고찰했다. 이러한 공공 인프라와 같은 '일반적 생산 조건'에 대한 논의는 국가의 공적 노동인 '일반적 사업'을 폴리티칼 이코노미의 맥락에서 구체적으로 전개한 것이었다. 『자본론』 관련 초고에서는 리처드 존스Richard Jones나 애덤 스미스의 프랑스어 번역가인 가르니에G. Garnier를 인용하며, 철도나 도로의 건설, 그리고 운하나 도로의 개척과 같은 공공사업이 논의되고 있다. 전자본주의 사회에서의 정치적 공동체는 사회의 공동적 이익에 기반하여 '일반적 사업'을 수행할 뿐만 아니라, 도로나 교통 수단과 같은 '일반적 생산 조건'을 스스로 공급했다. 즉, 정치적 공동체는 인격적 지배·종속 관계에 기반하여 징수한 지대나 조세를 통해 공공 인프라를 스스로 정비했다.

> 그러나 도로가 건설되는 것은 그것이 공동체에게 필수적인 사용가치이기 때문이며, 공동체가 그것을 반드시 필요로 하기 때문이다. 물론 이것은 부역의 형태이든 조세라는 간접적인 형태이든, 개개인이 자신의 생존을 위해 필요한 직접적 노동을 초과하여 수행해야 하는 잉여노동이다. 그러나 이 노동이 공동체에게 또 그 구성원인 각 개인에게 필요한 것이라는 한에서, 이 노동은 그가 수행하는 잉여노동이 아니라, 그의 필요

노동의 일부로서, 즉 각 개인이 공동체 구성원으로서의 자신, 따라서 공동사회를 재생산하기 위해 필요한 노동의 일부이다. 왜냐하면 공동사회의 재생산 그 자체가 각 개인의 생산적 활동의 하나의 일반적 조건이기 때문이다.(MEGA II/1.2, 426)

자본주의 이전의 정치적 공동체는 "국가 전체 수입의 지출자이며, 대집단을 동원하는 권력을 가지고 있기"(MEGA II/3.1, 233) 때문에, 사회의 일반적 조건을 자체적인 권력으로 정비할 수 있었다. "이집트, 에트루리아, 인도 등에서는 민중을 폭력적으로 모아서 강제 건축물이나 공공의 강제 제작물에 투입했다"(MEGA II/1.2, 428). 마르크스에 따르면, 전자본주의 국가에서는 "사회적 생산 과정의 일반적 조건이 사회적 수입의 공제, 즉 국가 조세에서 생성된다"(ibid., 425). 부역노동에 의한 공공물의 제작뿐만 아니라, "조세에 의한 도로 건설은 국가의 잉여노동이나 잉여생산물의 일부를 강제적으로 도로로 전환하는 것을 의미한다"(ibid.). 여기서 핵심은 정치적 공동체로서 국가가 자신의 폭력적 강제를 배경으로 징수한 조세나 지대로 공공사업을 운영한다는 것이다.

공공사업을 부역노동이나 조세로 수행하는 것은 전제국가처럼 국가 스스로가 직접적 생산자인 경우로 제한되지 않는다. 마르크스는 도로 건설자나 국무 임대 청부인과 같은 특수 계급이 국가를 대신하여 공공사업을 수행하는 경우도 언급하고 있다. 특히 공화정 말기 로마에서 시민군을 대체한 용병군의 경우, 군대가 국가의 공적 노동을 위해 훈련되었고, 그 잉여노동시간이 국가의 것이 되었다. 용병은 자신의 모든 노동시간을 임금을 대가로 국가에게 팔았고, 반면에 국가는 용병을 사용하여 권력과 부를 증대시킬 수 있었다. 그러나 여기서도 국가가 공공사업의 조직자라는 사실은 변하지 않는다. 즉, 폭력적 강제에 의해 잉여노동이 동원된다는 점에서, **정치적인** 생산의 조직화가 사회의 경제 구조에서 주요한 역할을 하고 있는 것이다.

이러한 잉여노동의 '포획자'로서의 국가는 들뢰즈-가타리가 『천 개의 고원』에서 전통적 마르크스주의의 국가론을 비판하며, 원국가Urstaat라고 부른 것이다. 들뢰즈-가타리는 국가를 생산력의 발전이나 사회로부터 분리된 정치적 권력으로 설명하는 마르크스주의에 이의를 제기했다. 그들은 다음과 같이 말한다. 국가는 경제적 토대나 계급 분화에 의해 규정되는 정치적 상부구조가 아니다. "반대로 대규모 토목 공사의 기획이나 잉여생산물, 그리고 그에 상응하는 관료 기구의 조직화를 가능하게 하는 것은 국가 자체이다"(Deleuze et Guattari 1980, 443f). 마르크스의 아시아적 생산양식론에서는 전제국가를 구성하는 각 촌락공동체 아래에서 최소한의 생산력이 발전하고 있는 것이 전제되어 있었다. 왜냐하면 야금술이나 건설업자 같은 특수한 계급을 유지하고, 공공사업을 가능하게 하기 위해서는 사회 전체에서 잉여가 생성될 필요가 있기 때문이다. 그러나 들뢰즈-가타리에 따르면, 마르크스가 말한 '아시아적' 전제국가는 이미 현대의 고고학자들이 구석기 시대 및 세계 곳곳에서 발견했다고 한다. "더 이상 국가는 발달한 농업공동체나 발전한 생산력을 전제로 하는 것이 아니다. 반대로 전제되는 농업이나 야금술도 없는 수렵채집민 한가운데서 국가는 어떠한 개입도 없이 직접적으로 수립된다"(Deleuze et Guattari 1980, 534). 따라서 국가는 마르크스주의자들이 생각하는 것처럼 일정한 생산양식을 전제로 하는 것이 아니라, 오히려 국가가 생산양식을 우선적으로 규정한다는 것이다.

분명히 들뢰즈-가타리가 '언제 어디서나 존재하는' 본원적인 국가를 정식화하고, 고대 전제국가의 메커니즘을 자본주의 이전 국가(공적 권력) 일반의 문제로 확장한 점은 옳았다. 마르크스주의자들이 생각하는 것처럼, 국가는 단순한 정치적 상부구조가 아니라 폭력적 강제를 배경으로 사회의 잉여노동을 동원하고 공공사업을 조직화한다. 즉, 국가는 사회의 경제 구조에서 정치적으로 생산을 조직하고, 생산수단의 소유자이며, 직접적으로 생산관계를 형성할 수 있었던 것이다. 하지만 들뢰즈-가타리의 원국가론은 전통적 마르크스주의에 대한 패러다임 전환을 강조한 나머지, '자본의 국가'(Agnoli 1995)를 특징짓는 경제적 형태규정의 논리를 자신들의 고찰에서 철저히 배제했다. 예를 들어 고대 전제국가에서 근대 국가로의 전환을 고찰할 때 그들에게 결정적인 것은 화폐라는 등가형태가 아니라 오히려 세금 징수를 통한 잉여의 획득이었다. 들뢰즈-가타리의 목적은 자본주의 국가에 독자적인 정치적 형태규정을 파악하는 것이 아니다. 그들에게 문제가 되는 것은 본원적인 국가가 자본주의에서 새로운 형태로 어떻게 부활하는지를 밝히는 것이었다. 분명히 정치적 공동체에 고유한 '공적 노동'(일반적 사업의 수행과 지배 관계의 감독)은 모든 사회시스템에서 존재하는 행정 기능이다. 하지만 자본주의 국가의 공적 노동은 사용가치를 생산하는 정치적 공동체의 공적 노동과 달리, 오로지 경제적 형태규정을 외적으로 보완하는 기능으로 특화되어 있다. 즉, 오히려 중요한 것은 '자본의 국가'에서 원국가가 부활한다는 것이 아니라 사회의 경제 구조에서 국가의 생산성이 부정된다는 것이다.

국가(공적 권력)의 무소유화

전자본주의 사회에서는 공동체를 기반으로 한 지배 관계가 생산관계를 직접 통제하기 때문에, 총노동의 배분과 총생산물의 분배는 인격적인 지배 관계에 의해 해결된다. 하지만 상품 생산 관계가 전면화된 자본주의 사회에서 사적 개인들은 여럿으로 분열되어 정치적 공동체를 매개로 한 생산관계를 맺을 수 없다. 전자본주의 사회에서는 인격적인 의존 관계에 기반하여 공적으로 노동이 조직되기 때문에, 사회적 분업의 한 부분을 이루는 노동은 직접적으로 사회적 성격을 가진다. 반면에 공동체가 해체된 자본주의 사회에서는 서로 독립된 사적 노동으로 사회적 분업을 이루어야 한다. 하지만 사적 노동 자체는 직접적으로 사회적 성격을 가지고 있지 않기 때문에, 노동의 사회적 성격은 물(物)의 속성으로서 간접적으로 표시될 뿐이다. 다시 말해 사적 생산자들은 노동 생산물을 가치로 취급하면서 관계하고verhalten, 가치를 가진 물, 즉 물상을 서로 관련시킴으로써 사회적 관계를 맺는다. 그렇다면 자본주의 사회에서 총노동의 배분과 총생산물의 분배는 어떻게 해결되고 있는가?

이미 『철학의 빈곤』에서 언급되었듯이, 근대 부르주아 사회는 전근대처럼 "미리 정해진 규칙에 따라 공동체의 여러 구성원에게 일을 배분하는 사회"와는 달리, "노동의 배분에서 자유경쟁 이외에 어떠한 규칙도 권위도 없다"(MEW 4, 151). 사회적 분업을 이루는 사적 생산자들은 자신의 사적 이해에만 관심을 가지고 누구도 노동의 사회적 성격을 고려하지 않는다. 그러나 사적 생산자들은 물상이 가지는 사회적 권력인 상품의 가치를 통해 간접적으로 노동의 사회적 성격을 고려하고 있다. 이로 인해 분산된 사적 생산자들이 상품 생산관계를 맺는 결과, 상품 교환을 매개로 해서 사후적이고 "무정부anarchy"(MEGA II/3.1, 284)적으로 사회적 노동의 배분이 실현된다.

그러나 사적 생산자들이 자신의 노동생산물을 자각적으로 가치로 취급하고 있는 것은 아니다. 상품의 가치는 어디까지나 의지나 욕망과 무관하게 생성된 사회적 권력이다. 왜냐하면 사적 생산자들은 노동생산물에 사회적 권력을 부여하지 않고서는 사회적 관계를 맺을 수 없기 때문이다. 그럼에도 불구하고 무의식적으로 물상의 사회적 권력이 생성되면 개인들의 행동이나 의식은 상품의 가치라는 '경제적 형태규정'에 제약될 수밖에 없다. 그리고 우리의 국가 비판에서 중요한 것은 물상화된 생산관계에 고유한 '사회적 형태' 규정의 논리가 그 지배·종속 관계의 정치적 형태에서도 관철된다는 점이다. 즉, 자본주의 사회의 정치적 형태는 전자본주의 사회처럼 인격적인 지배·종속 관계로서가 아니라, "진정한 공동사회"(MEGA II/1.2, S. 400)인 물상(상품, 화폐, 자본)에 기반한 지배·종속 관계로서 성립한다. 정치적 공동체는 생산관계에서뿐만 아니라 사회적 관계를 형성할 때에도 더 이상 주요한 역할을 하지 않는다는 것이다.

그렇다면 자본주의 이전의 정치적 공동체에 고유한 '공적 노동'은 자본주의 사회에서 어떤 정치적 형태를 받아들이게 될까? 이는 들뢰즈-가타리가 원국가론에서 다루지 않은 문제설정이다. 자본주의 사회에서는 전자본주의 사회에서 정치적 형태를 직접 표현했던 모든 인격적 관계(공동체)가 해체되어 있기 때문에 폭력적인 지배·종속 관계가 사회의 경제적 구조로부터 분리된다. 따라서 지배 관계 전체의 정치적 형태인 국가(공적 권력)는 생산에 직접 관여하지 않고 순수하게 외적으로 부르주아 사회를 총괄하는 주권적 권력으로 특수화된다. 생산관계가 물상화된 결과, 총노동의 배분과 생산물의 분배가 상품 교환을 통해 이루어지기 때문에, 국가의 공적 노동도 화폐나 자본과 같은 물상을 통해서만 경제적 구조를 조직화할 수 있게 된다. 예를 들어 자본주의 사회에서 국가 기관의 공적 노동(공무원 등)은 상품 생산의 사적 노동과 달리, 그 추상적 인간 노동이 대상화되어 가치가 되는 일은 없다.[5]

이전 절에서 본 것처럼 마르크스는 『요강』 '자본의 순환' 장에서 자본의 경제적 형태규정과 국가의 정치적 형태규정이 얽히는 것을 분석했다. "교환가치에 기반한 생산과 분업이 등장한" 직후에는 국가가 아직 완전히 자본에 종속되지 않았으며, 본원적으로는 정치적 공동체의 공적 사업인 인프라 건설이 "개인들의 사적 사업"(MEGA II/1.2, 428), 즉 자본의 특수한 조건이 되

---

5 그러나 말년에 마르크스는 바그너 발췌에서는 예외적으로 "광산, 삼림 등을 개발하는 상황처럼, 국가 자체가 자본주의적 생산자인 경우에는 국가의 생산물은 '상품'이며, 따라서 다른 어떤 상품도 가지고 있는 특별한 성격을 가지고 있다"(MEW 19, 370)고 언급하고 있다. 하지만 이것은 전자본주의 사회처럼 국가가 직접적 생산자라는 의미는 아니다. 여전히 국가는 화폐나 자본의 경제적 형태규정을 통해 생산을 조직하고 있을 뿐이다. 실제로 『자본론』 제2부 초고에서도 "정부가 생산적 임금노동을 광산이나 철도 등에 충용하고, 즉 산업자본가로서 기능하는 한에서 국가자본"(MEGA II/11, 636)이라고 언급하고 있다. 또한 이안 브레머Ian Bremmer의 『자유시장의 종말』(Bremmer 2010)을 계기로 중국이나 러시아와 같은 '시장 이행 국가'에서 '국가자본주의'를 둘러싼 논쟁이 일어났지만, 마르크스 자신의 '국가자본주의'론은 국가의 정치적 형태규정을 바탕으로 전개되어야 한다.

지 않는다. 다시 말해 자본이 성립했음에도 불구하고 국가가 여전히 자신의 폭력적 강제에 의해 세금이나 지대를 징수하고 공공사업을 운영하는 상황이다. 국가는 여전히 생산의 일반적 조건의 소유자이며, 정치적 공동체로서 자신을 재생산하기 위해 사용가치를 생산하고 있다.

> 국가가 전통적으로 자본에 대해 아직 우월한 지위를 차지하고 있는 곳에서는 국가가 여전히 [자본가의] 전체에 대해 그의 자본이 아니라 그의 <u>수입</u>의 일부를 이러한 일반적인 유용 노동 Arbeit에 [투입하도록] 강제할 정도의 특권과 의지를 가지고 있다. 동시에 이러한 노동은 생산의 <u>일반적</u> 조건으로 나타나므로, 특정 자본가에게 <u>특수한</u> 조건으로는 나타나지 않는다. 그리고 자본은 주식회사의 형태를 취하지 않는 한, 항상 자신의 가치 증식에 대한 <u>특수한</u> 조건만을 추구하고, <u>공동적</u> 조건은 국가의 필요로 여기며 국가 전체에 떠넘긴다.(ibid., 431)

여기의 형태분석에 대한 관점에서 흥미로운 것은 지배계급과의 관련성이 아니라 자본이라는 경제적 형태규정과의 관련에서 국가의 정치적 형태가 파악되고 있다는 점이다. 그렇다면 원국가에 고유한 '공적 노동'이 어째서, 그리고 어떻게 해서 자본에 의해 운영되는 '사적 노동'이 되는가? 그것은 '생산자'로서의 국가 및 생산수단의 소유자인 국가가 물상적 관계에 의해 자신의 생산 조건에서 박탈됨으로써 발생한다. 기존에 전통적 마르크스경제학에서는 자본주의적 생산양식의 역사적 전제로서, 노동자가 생산수단으로부터 분리되는 것이 국가 폭력을 통해 이루

어짐이 강조되어왔다. 그러나 '본원적 축적' 과정에서 무소유자
가 되는 것은 노동자만이 아니다. 생산자로서의 '국가'도 자신의
일반적 생산 조건으로부터 본원적으로 분리되어, 이를테면 '무
소유자'가 되는 것이다. 오스트리아 마르크스주의자이자 재정사
회학의 창시자였던 골드샤이트R. Goldscheid는 전통적 마르크스주
의를 비판하면서 국가가 생산수단으로부터 분리되는 것에 주목
하고 있다.

> 마르크스와 엥겔스가 본래의 사회적 결함은 국가가 생산수
> 단으로부터 분리되는 것, 공공 단체가 모든 실물 경제적 부로
> 부터 배제되는 것에 있다는 통찰에 이르지 못하고, 개인주의
> 적 편견에 기반하여 노동자가 생산수단으로부터 분리되는 것
> 을 모든 악의 근원으로 특징짓는다면, 그들이 사적 경제를 대
> 상으로 한 모든 냉혹한 사회학적 비판은 자본주의적 권력 국
> 가의 지배 지위에 관해 근본적으로 무엇을 바꿀 수 있었을까?
> 생산수단의 사회화는 국가와 사회의 관계에 대한 명확한 이해
> 를 결여한 공허하고 임시방편의 상투어일 뿐이다.(Goldscheid
> 1976, 280)

골드샤이트는 전통적 마르크스주의에 국가론이 결여되어
있었다는 것을 올바르게 지적했다. 자본주의에서 생산력의 발전
이나 생산수단의 사회화만 강조되고, 자본주의 국가의 정치적
형태규정은 고찰되지 않은 것이다. 골드샤이트는 전통적 마르
크스주의의 계급국가론을 부정함으로써 오히려 '무소유자'로서
의 국가, 즉 무산 국가Expropriierter Staat라는 정치적 형태규정을 올

바르게 파악하게 되었다. 다시 말해 도출논쟁의 형태분석과 마찬가지로 "국가와 자본의 의존 구조를 인식했던 것이다"(Hickel 1976). 재구성된 '사적 유물론'에서 사회구조는 정치적 형태와 경제적 형태 양쪽에서 파악되어야 했다. 자본주의 사회시스템의 전제에는 노동자가 생산수단으로부터 분리되는 것뿐만 아니라 국가가 생산수단으로부터 분리되는 것도 동시에 존재한다.

또한 마르크스 자신도 물상적 관계를 통해 국가가 생산수단으로부터 분리되는 과정을 논의했다. 이것은 들뢰즈-가타리의 원국가론에 대한 가장 강력한 반증이 될 것이다. 공동체가 상품 생산관계의 발전에 따라 점진적으로 해체되고 사회적 생산력이 발전함에 따라, '인격적 관계'로서의 정치적 공동체가 본래 소유하고 있던 일반적 생산 조건을 자본이 담당하게 된다. 이 과정에서는 문자 그대로 공적 노동인 공공사업이 자본에 의해 이루어지는 사적 노동으로 전환된다. 자본주의 사회에서는 인격적인 지배 관계에 기반한 공적 노동이 아니라, 사적 노동에 의해서만 사회적 분업이 이루어진다. 이것은 사회의 경제 구조에서 국가가 생산을 조직하는 권력을 잃어버렸다는 것의 또 다른 표현에 지나지 않는다. 즉, 마르크스는 생산관계의 물상화와 국가의 무소유화를 상호 의존적인 관계로 파악하고 있었다.

> 도로, 운하 등과 같은 생산의 일반적 조건 전부가 […] 공동사회 자체를 대표하는 정부가 아닌 자본이 맡기 위해서는 자본에 기반한 매우 고도의 생산 발전을 전제로 한다. 공공사업이 국가에서 분리되어 자본 자체에 의해 이루어지는 노동 영역으로 이행하는 정도는 실질적인 공동사회가 자본의 형태로 구성

이 완료되는 정도를 나타내고 있다.(MEGA II/1.2, 430)

전근대의 정치적 공동체는 폭력적 강제를 배경으로 사회의 경제적 구조에서 공공사업을 자체 권력으로 조직할 수 있었다. 그러나 자본주의적 생산의 발전에 따라 일반적 생산 조건을 주식회사 형태를 취한 자본이 담당함에 따라, 정치적 공동체(공적 권력)는 사회의 공동적 조건으로부터 분리되어 사회적 노동을 동원(배분)하는 자체 권력을 잃고 자본에 포섭된 근대 국가가 된다. 즉, 정치적 공동체는 본원적으로 소유했던 일반적 생산 조건을 상실하고 자본의 경제적 형태규정에 제약된 근대적 국가로 전환된다. 이렇게 성립된 '자본의 국가'는 더 이상 잉여노동을 동원하여 인프라 설비 등의 사용가치를 자력으로 공급할 수 없으며, 그 기능이 경제적 형태규정에 의해 제한된다. 자본의 국가는 인격적 의존 관계에 기반한 토지 소유자 그 자체(아시아적 전제국가)나 사적 소유자의 연합체(로마적 폴리스)와는 달리, 일반적 생산 조건을 본래 소유하고 있지 않기 때문에, 직접적 생산자의 잉여노동을 자체 정치적 권력으로 영유할 수 없다. 요컨대 자본주의적 생산양식에서 국가는 일반적 생산 조건으로부터 분리된 무산(무소유) 국가로 전환되어 있으며, 이전의 정치적 공동체처럼 독자적으로 일반적 생산 조건을 정비하고 사회적 총노동을 배분할 수 없다는 것이다.

국가 형태와 화폐-국가적 화폐론의 비판

마르크스가 폴리티칼 이코노미 비판에서 국가에 대한 판단을 유보한 것은 마르크스의 국가론 부재를 결정짓는 것으로 이해되어왔다. 그러나 마르크스는 『자본론』의 상품 장 등에서 '생산관계의 물상화'를 전개할 때 국가를 고찰 대상에서 제외하기만 한 것은 아니다. 앞 절에서 본 것처럼, 오히려 '생산관계의 물상화'는 동시에 '국가의 무소유화'를 정립한 것으로 해석해야 한다. '생산관계의 물상화'는 정치적 형태규정의 관점에서 볼 때, '공동체'를 기초로 하는 지배 관계가 해체되는 과정이기도 했다. 즉, '생산관계'에 내포된 공동체 및 국가(공적 권력)가 자신의 생산 조건으로부터 분리되는 과정이다. 그러므로 원국가가 무산 국가로 전환되고 사회의 경제 구조에서 그 생산성이 부정되었기 때문에 마르크스는 국가를 주제로 삼지 않아도 되었던 것이다. 그러나 한편으로 마르크스는 상품이나 화폐의 경제적 형태규정을 명확히 한 후 화폐의 **기능**을 고찰할 때, 이제껏 유보한 것으로 여겨졌던 국가 형태를 폴리티칼 이코노미 비판에 통합하고 있다. 이것은 마르크스의 국가 비판에 어떤 의미를 가지는 것일까?

들뢰즈-가타리는 원국가론에서 마르크스가 상품의 등가교환으로부터 화폐 형태를 도출한 것에 반론을 제기하고 있다. 오히려 재화나 서비스와 화폐의 등가교환이 처음으로 도입된 것은 세금이라고 하며, 국가에 의한 세금 징수로부터 화폐가 도출되었다는 것이다. "일반적인 법칙으로서 세금이 경제의 화폐화를 가져오며, 세금이 화폐를 만든다"(Deleuze et Guattari 1980, 553). 들뢰즈-가타리에게는 잉여노동의 '포획자'라는 국가의 생산적 권력이 자본주의 사회에서도 여전히 중요한 역할을 하고 있다. 즉 마르크스와는 반대로, 화폐 형태를 도출하기 위한 출발점은 상품 형태가 아니라 국가 형태라는 것이다. 국가에 대한 세금 지불로서 혹은 국가에 대한 채무증서로서 화폐의 발생을 설명하는 논의는 데이비드 그레이버David Graeber에서 엿보이는 최근의 '채무론적 전회'에서도 인기 있는 것이다. 그중에서도 현대화폐이론MMT에 의해 재평가되고 있는 것이 독일 역사학파의 경제학자인 크나프G. Knapp의 표권주의Chartalism다. 크나프의 화폐론은 당대의 베버에 의해 높게 평가되었으며, 이후 케인스에게도 이어졌다. 크나프에 따르면, 재화나 서비스의 교환은 관습이나 법 제정에 의해 처음으로 승인·수령되므로 "화폐란 교환 수단인 표권적 지불수단"(Weber 1956, 일어판 318쪽)으로 정의된다. 다시 말해 화폐는 무엇보다도 그것을 지불수단으로 선정 및 승인하는 "국가가 법=권리를 창출하는 활동의 창조물"(Knapp 2013, 일어판 47쪽)이다. 그러나 사회의 경제적 구조로부터 분리된 무산 국가를 전제로 하는 마르크스의 화폐론에서 보면, 이러한 국가적 화폐론은 국가의 정치적 형태규정을 간과하고 있다고 할 수 있을 것이다.

국가적 화폐론에 대한 비판의 동기는 이미 『철학의 빈곤』에 나타난 프루동 비판에서 발견할 수 있다(Eich 2022, 4장). 프루동에게 금이나 은 같은 귀금속이 화폐로 전환되는 것은 그 소재적 특성 때문이 아니라, 주권자인 국가가 금과 은을 '제일급 상품'으로 공인했기 때문이었다. 하지만 앞 장에서 본 것처럼, 마르크스는 『독일 이데올로기』 초고들을 집필한 후, 이미 '정치의 타율성'이라는 '자본주의의 정치적 형태'를 이해하기 시작했다. 마르크스는 프루동의 주권적 화폐론을 다음과 같이 비판했다. "주권자가 금과 은을 보편적 교환 매개물로 만든 것이 아니라, 오히려 이 보편적 교환 매개물이 주권자를 장악하고 주권자로 하여금 자신 위에 그의 도장을 찍게 하며, 정치적 공인을 받게 한 것은 아닌가?"(MEW 4, 109) 화폐는 주권자, 즉 국가가 금과 은을 일반적 등가물로 승인한 결과로써 생겨난 것이 아니다. 상품인 금과 은은 오로지 상품 생산·교환 시스템에서 일반적 등가물 역할을 독점함으로써 화폐로 전환된 것이다. 여기서 마르크스가 강조하는 것은 이러한 점이다. 다시 말해, 상품이나 화폐와 같은 물상적 관계가 국가의 생산적 권력을 박탈한 결과, 오히려 국가의 정치적 형태규정은 입법 등을 통해 화폐의 경제적 형태규정을 사후 승인하는 수밖에 없다는 것이다. 따라서 표권주의나 MMT에서 일부 볼 수 있는 것처럼, 국가의 주권적 권력에서 화폐의 본질을 찾을 수는 없다.

　보다 자세히 살펴보겠다. 크나프를 대표로 하는 국가적 화폐론에는 국가와 화폐의 형태적 분리에 대한 기본적 이해가 결여되어 있다. 애초에 마르크스의 화폐론은 표권주의가 비판하는 단순한 상품화폐론도 아니고, 더더욱 화폐의 소재에 집착하는 금속주의도 아니었다. 기본적인 사실이지만, 마르크스의 화폐론은 『자본론』 제1권의 상품 장에서 전개된 가치형태론의 연장선상에 있다(佐々木 2018 참조). 상품 생산 사회에서 노동 생산물은 상품이라는 형태를 취할 수밖에 없으며, 상품의 가치가 충분히 표현되기 위해서는 상품에 일반적 가치형태가 부여되어야 한다. 마르크스는 일반적 등가물이 가진 모든 상품에 대한 직접적 교환 가능성을 상품의 가치형태, 즉 가치 표현의 메커니즘(가격표)에서 설명했다. 이에 따라 화폐의 경제적 형태규정은 상품의 일반적 가치형태에서 도출된다. 분명히 마르크스는 일반적 등가물의 지위를 독점한 금은 상품을 화폐로 정의했다. 그러나 화폐 형태로의 이행은 역사적 혹은 사회 관습상의 과정의 결과로 설명되어야 할 사안이었다. 사실 마르크스는『자본론』제3부에서 근대 산업의 역사를 예로 들면서, 국내 생산이 조직되어 있다면 "국내는 금화폐를 필요로 하지 않는다"(MEGA II/4.2, 595)고 말했다.

한편 국가의 정치적 형태규정과 화폐의 경제적 형태규정은 분리되어 있을 뿐만 아니라 결합되어 있다. 그것을 읽을 수 있는 것이 화폐의 형태 규정성과 그 기능의 구분에 관한 논의다. 일반적 가치형태에서 화폐 형태로의 이행에서도 양자의 구분은 중요했다. 즉, 일반적 등가형태가 귀금속 특히 지금(地金)에 유착되는 것은 그 물질적 속성이 일반적 등가물의 기능에 적합했기 때문이다. 그렇다면 현대의 화폐에 대해서는 그 기능으로부터 그 본질을 설명해도 좋을까? 확실히 마르크스가 고전파 경제학자와 마찬가지로 잠시 전제했던 금속 화폐와 달리, 현재의 화폐는 법정 불환화폐이며, 중앙은행이 발행하는 은행권이 되었다. 그러나 국가적 화폐론이 마르크스의 화폐론을 금속주의로서 배척할 수 있는 것은 화폐의 기능에 관련된 한에서 가능하다. 다시 말해 금속 화폐에서 법정 화폐로의 역사적 발전은 어디까지나 일반적 등가물의 사회적 기능에 관련된 차원의 일이며, 그것으로 화폐 일반의 경제적 형태규정이 부정된 것은 아니다. 물론 화폐의 본질을 상품의 가치형태에서 도출하는 것만으로는 현실에서 기능하는 화폐를 설명할 수 없다. 실제로 마르크스도 화폐의 형태 규정과 별개로 현실에서 기능하는 화폐를 고찰하는 데 있어 법률이나 관습, 그리고 국가의 개입과 같은 요소를 자신의 화폐론에 포함시켰다.

마르크스는『경제학 비판』과『자본론』제1권의 화폐 장에

서 화폐가 '가치척도'(첫 번째 기능)로서 현실에서 기능하기 위한 도량기준은 최종적으로 국가가 제정하는 법률에 의해 규제되어야 한다고 강조했다. 더 나아가 화폐의 두 번째 기능인 '유통수단'에 대해서도 주화의 주조 업무를 시작으로 화폐와 법률·국가 형태의 관계가 자세히 전개되어 있다. 마르크스가 말하듯이, 유통수단으로 기능하는 한에서, 화폐는 '가치가 없는 것', 즉 지폐 Papierzettel에 의해 대체될 수 있다. "지폐가 화폐 재료의 표지로서 자신을 유지할 수 있는 것은 상징으로서의 그 존재가 **상품 소유자들의 일반 의지에 의해 보장되기**garantieren 때문이며, 즉 그것이 **법률상** 관습적인 존재, 따라서 강제 통용력Zwangskurs을 부여받기 때문이다"(MEGA II/2, 181). 그리고 지폐 중에서도 특히 국가가 발행하는 국가지폐는 "국가의 보장과 강제 통용력을 불러일으킨다hervorrufen"(ibid., 201). 물론 법률이나 관습, 그리고 국가의 강제 통용력은 화폐의 가치를 규정할 수도 없고, 화폐의 경제적 형태규정이 발생하는 가치 표현의 메커니즘에 개입할 수도 없다. 그러나 국가의 강제력은 화폐가 '유통수단'(두 번째 기능)으로 국내 유통 부문에서 기능하도록 정치적으로 보장한다. 그 결과, 화폐는 "지폐에서 그 금속 실체로부터 외적으로 분리된 **단지 기능적 존재양식**을 획득할 수 있다"(MEGA II/6, 151). 즉, 지폐라는 순수한 기능에서 화폐의 형태규정 자체가 사라져버린 것이다. 여기에 크나프나 베버와 같은 표권주의적 화폐론이 객관적 타당성을 갖게 되는 이유가 있다.

계산화폐로서 화폐가 기능할 때는 국가에 의해 도량기준이 제정된다. 그리고 화폐가 교환수단으로 기능할 때는 국가가 주화를 주조하거나 지폐를 발행한다. 하지만 그렇다고 해서 국가적 화폐론처럼 화폐를 사회적으로 기능하게 하는 국가권력으로 부터 직접 화폐의 형태규정을 설명해서는 안 된다. 국가의 강제 통용력은 어디까지나 화폐의 경제적 형태규정을 보완하는 특수 한 기능을 수행할 뿐이다. 이는 MMT와 같은 현대의 표권주의 가 가장 중시하는 '지불수단'(세 번째 기능)으로서의 화폐에 가장 들어맞는다. 가장 단순한 '상품신용', 즉 신용매매에서 화폐는 지불수단으로서의 기능을 획득한다. "한쪽 상품 소유자는 손에 있는 상품을 팔고, 다른 쪽 상품 소유자는 화폐의 단순한 대리자 로서, 혹은 미래 화폐의 대리자로서 산다. 판매자는 채권자가 되 고, 구매자는 채무자가 된다"(MEGA II/6, 156). 그리고 채권-채무 관계에서 형성된 신용시스템 아래에서 '상품에 대한 채무증서' 인 (상업)어음, 더 나아가 어음이 은행에 의해 대체된 '은행권'이 화폐 대신 일반적으로 유통된다. 마르크스는『경제학 비판』에 서 매클라우드H. Macleod가 지불수단이라는 한 가지 기능에서 화 폐의 형태규정 자체를 도출한 것을 비판했는데, 이 비판은 현대 의 국가적 화폐론에도 적용될 수 있을 것이다. 매클라우드는 채 무증서, 즉 신용화폐를 화폐의 본질로 여겼지만, 마르크스에게 그것은 화폐의 여러 기능 중 하나에 불과하다.[6]

마르크스는 지불수단으로서의 화폐와 국가 형태의 관계 에 대해『자본론』제1권에서 첫 번째와 두 번째 기능만큼 자세 히 다루지는 않았다. 왜냐하면『자본론』제3부에서 다뤄질 자 본주의적 생산에 특유한 신용시스템(이자를 낳는 자본이나 은행 제

---

6   또한 로버츠-카르케디M. Roberts & G. Carchedi도 MMT가 화폐를 신용(화폐)과
    혼동하는 기능주의에 빠져 있다고 비판한다(Carchedi and Roberts 2022,
    2장).

도)이 아직 고려 대상이 아니었기 때문이다. 물론 마르크스 시대에도 중앙은행 아래에서 신용시스템이 고도로 발전해 은행권이 신용화폐로 기능하고 있었다.[7] 사실 중앙은행의 은행권은 국민적 신용을 배경으로 법정 화폐legal tender로 유통되고 있었다. 하지만 20세기 이후 금태환 중단이 일상화되면서, 오직 국가 관리 하에서만 태환 가능성이 보장된 법정 불환지폐가 유통되고 있다. 특히 현대에 와서 국내 유통 부문에 대해 금준비가 필요 없게 된 상황에서는 국가가 주요 경제적 행위자로 보인다. 표권주의 국가적 화폐론에 따르면, 중앙은행을 핵심으로 하는 신용시스템에서 국가가 국내 유통 부문에서 최대이자 최고의 채권자로 등장한다. 그러므로 국가가 세금 지불수단으로 지정한 채무증서가 바로 화폐의 본질이며, 화폐 발행을 통해 국가의 구성원인 채무자(시민)의 노동이나 물질적 자원을 동원할 수 있다는 것이다. 그러나 MMT에서 볼 수 있는 현대의 표권주의는 매클라우드의 신용화폐론을 국가의 주권적 권력으로 정당화한 것에 불과하다 (Stützle 2021).

국가적 화폐론에서 국가는 화폐 발행을 통해 잉여노동을 포획하는 생산적 권력을 부여받는 것으로 되어 있다. 국가 자체는 물론 가치를 직접 생산할 수는 없지만, 폭력적 강제를 배경으로 하는 화폐 발행을 통해 채권자가 되어 채무자(시민)의 노동을 동원할 수 있다는 것이다. MMT는 국가가 무로부터 화폐를

7　MEGA 연구자 팀 그라스만T. Graßmann은 MEGA 제IV부 제19권의 발췌 노트 연구에서 마르크스가 바조트W. Bagehot의 이른바 '최종 대부자'론을 잘 이해하고 있었음을 밝혔다. 마르크스는 『이코노미스트』에서 바조트의 익명 기사에 코멘트를 달며, 화폐 시장의(은행법에 의한) 관리라는 아이디어를 비판했다 (Graßmann 2022, 88/94).

자유롭게 처분할 수 있기 때문에, 결국 국가 지출의 재정 문제는 발생하지 않는다고 한다. 그러나 앞 절에서 본 것처럼, 자본주의에서 국가는 본래 무산 국가로 전환되었던 것을 상기해보자. 설령 신용시스템에서 국가가 채권자로 등장한다고 해도, 화폐 발행을 통해 징수된 세금은 국가 스스로 조직할 수 없는 가치 창출로부터 조달될 수 밖에 없다 (Hickel & Grauhan 1978 참조). MMT가 대표하는 국가적 화폐론은 동시에 기능적 재정론(러너)에 의거하고 있으므로(Wray 2015, 일어판 366쪽), 아래에서는 무산 국가에 특징적인 재정의 형태규정을 고찰하겠다.

국가 재정의 형태분석

무산 국가인 자본주의 국가의 활동은 그 자체로서 경제적 구조를 독자적으로 형성할 수 없으며, 화폐나 자본과 같은 경제적 형태규정에 제약을 받는다. 따라서 국가의 재정은 '자본주의의 정치적 형태'를 가질 수밖에 없다. 다시 말해 총노동을 배분하는 권력을 가진 자본주의 이전의 유산 국가와 달리, 자본의 국가는 독자적으로 자신의 수입과 지출을 재정적으로 처리할 수 없다. 왜냐하면 '자본의 국가'의 경제적 기초인 조세는 자본의 생산 과정에서 산출된 잉여가치, 즉 자본주의적 생산관계에 그 한계를 가지기 때문이다. 이러한 무산 국가에 특징적인 재정의 형태 규정은 계급국가론의 시점이라고는 하지만, 이미『독일 이데올로기』초고들에서 묘사되어 있다.

이 근대적 사적 소유에 해당하는 것이 근대 국가로서, 이 국가는 조세를 통해 점차 사적 소유자들에게 매입되고, 국채 제도를 통해 완전히 그들 손에 넘어가며, 그 존재는 거래소에서 국채 증권의 등락이라는 형태로 사적 소유자인 부르주아가 국가에 제공하는 상업신용 여하에 모든 것이 달려 있다.(MEGA I/5, 116)

5장에서 보듯이 근대 국가는 '앙시앙레짐'이라는 유럽에 특수한 역사적 구조에서 생성되어왔으며, 근대적 사적 소유의 발전에 따라 사적 소유자들의 이해관계를 보완하는 조직 형태를 취한다. 근대 국가는 조세나 국채를 통해 근대적 사적 소유자들에게 매수되고, 자본의 국가로 전환된다. 다만 여기서의 조세·국채는 단지 국가의 폭력적 강제를 배경으로 징수·발행되는 것이 아니다. 물론 국가가 잉여노동을 포획하는 생산적 권력을 가지고 있다면, 자신의 수입과 지출을 독자적이고 재정적으로 처리할 수도 있을 것이다. 그러나 마르크스에게 중요한 것은 "공채, 조세 등이 어느 정도까지 부르주아적 관계에서 발생하는가", 그것들이 어떻게 "부르주아 사회와 그 생산에 종속"되는가 하는 점이다(MEGA II/1.1, 4f). 즉, 마르크스의 폴리티칼 이코노미 비판은 역사 관통적인 국가의 포획 권력이 아니라, 국가 조세가 자본주의 사회시스템에서 지니는 독자적인 경제적 형태를 분석 대상으로 한다. 간단히 말해, 정치적 의미의 조세가 아니라, 화폐 형태를 띤 조세다.

마르크스는 『자본론』 제1권 제3장에서 이렇게 말했다. 자본주의적 생산양식으로의 이행기, 예를 들어 '앙시앙레짐' 아래 프랑스에서는 소경영자의 몰락이나 농촌민의 궁핍화 원인이 주로 현물 조세에서 화폐 조세로의 형태 전환에 있었다고 한다. "반면 아시아에서는 동시에 국가 조세의 주요 요소인 지대의 현물 형태가 자연 관계와 같은 불변성으로 재생산되는 생산관계에 기반해 있으며, 또한 이 지불 형태는 반작용적으로 옛 생산 형태를 유지했다"(MEGA II/6, 161). 조세는 전자본주의 사회에서 주로 현물 지대로 구성되었지만, 상품 생산관계가 전면화된 자본주의 사회에서 화폐라는 경제적 형태규정을 받아들일 수밖에 없다. 따라서 조세(국채를 포함한 재정시스템 역시 마찬가지로)는 들뢰즈-가타리처럼 국가의 역사 관통적인 정치적 기능으로 이해할 수 없다. 자본주의 사회의 조세는 어디까지나 화폐의 경제적 형태규정과의 관련에서 파악되어야 한다.

하지만 곧바로 우리가 주의해야 할 것은 조세가 자본주의적 생산관계의 경제적 기초가 아니라는 점이다. 왜냐하면, 조세는 화폐 자체와는 달리, 자본주의적 생산의 기초 요소인 경제적 형태규정이 아니기 때문이다. 조세는 궁극적으로 "경제적으로 표현된 국가의 존재"(MEW 4, 348)에 불과하다. 즉, 자본주의적 생산의 경제적 기초가 아니라 "정부 기관의 경제적 기초"(MEGA I/25, 23)다. 여기에 마르크스경제학에서 볼 수 있는 좁은 의미의 경제 분석으로는 국가 재정을 분석할 수 없는 이유가 있다. 조세나 국채는 경제적 형태규정과의 관련뿐만 아니라, 그와 동시에 '자본주의의 정치적 형태'의 관점에서 파악할 필요가 있다. 실제로 마르크스는 폴리티칼 이코노미 비판 플랜을 『요강』에서 소묘했을 때, "부르주아 사회의 국가 형태에서의 총괄" 항목에서 "조세. 국채. 국가 신용"을 설정했다(MEGA II/1.1, 43). 여기에서는 특히 조세에 대해서만 살펴보겠다. 마르크스는 조세를 이자·

지대와 같은 수입원천과 마찬가지로, 자본-임금노동 관계 아래에서 생산된 잉여가치의 분배에 관련된 것으로 생각했다.

> 다양한 형태의 수입, 즉(임금은 제외하고) 이윤, 이자, 지대 등(조세도 포함)은 <u>잉여가치</u>가 나뉘어 다양한 계급 사이에서 분배되는 그것의 다른 구성 부분에 불과하다. 우선 여기서 그것들은 단지 잉여가치라는 일반적 형태에서만 고찰될 수 있다. 나중에 잉여가치의 여러 분할에 손을 대더라도, 이러한 분할이 잉여가치의 양이나 질에 어떠한 변경도 가져오지 않는다는 것은 물론이다.(MEGA II/3.1, 140)

『자본론』제1권에서도 조세 자체가 잉여가치의 생산과 직접 관련되지 않는 점이 강조된다. "[자본가가 지금까지 납부해야 했던] 조세의 폐지는 산업자본가가 직접 노동자로부터 뽑아내는 잉여가치량을 절대로 조금도 변경시키지 않는다"(MEGA II/6, 487). 조세는 어디까지나 잉여가치 중에서 자본가가 이윤으로 자신의 주머니에 넣는 비율, 혹은 이자·지대·조세로써 제3자(지주나 국가 등)와 나누는 비율을 변화시키는 것에 불과하다. 따라서 조세시스템의 변경은 그 자체로서는 잉여가치 생산, 즉 자본-임금노동 관계의 경제적 토대를 위협하지 않는다. 마르크스가 초기부터 일관되게 구체적인 재정정책론을 펼치지 않은 이유이기도 하다. 제1인터내셔널의 「중앙평의회 대의원에게 보낸 지시」에서도 이렇게 말하고 있다. "과세의 형태를 어떻게 변경하든 노동과 자본의 관계에 조금이라도 중요한 변화를 가져올 수는 없다"[8](MEGA I/20, 234).

그러나 조세는 자본주의적 분배 관계를 표현한 범주일 뿐만 아니라, 자본주의 국가의 경제적 기초이기도 했다. 따라서 오코너는 복지국가의 재정 위기를 분석하며 국가의 재정 정책이 자본주의적 생산으로부터 독립해서 전개될 수 있다고 생각했다(O'Connor 1973). 확실히 자본주의 국가는 사회의 경제적 구조로부터 분리되어 그것을 외적으로 총괄하는 형태를 취하기 때문에, 자본의 축적 및 재생산 과정이 원활하게 진행되는 한에서 독자적으로 재정 정책을 전개할 수 있다. 그 이유는 축적 과정에 대한 국가의 개입은 경제적 구조에서 생산되는 가치에 대해 '과세'를 함으로써 자금을 조달할 수 있기 때문이다. 반면에 오코너는 국가에 의한 과세를 "경제적 착취 형태"로 분석하면서도, 자본주의 사회에서 조세의 원천을 명확히 규정하지 않고 조세의 한계를 국가의 "정치적 본성"에서 찾아버린다(Krätke 1984, 19). 다만 재정사회학의 국가관과는 다르게, 자본의 국가는 단지 폭력적 강제에 기반해 사적 소유자(주로 노동자·자본가·지주의 3대 계급)로부터 부를 포획하는 것이 아니다. 왜냐하면 국가의 조세수입 원천은 자본주의 사회에서 본질적으로 잉여가치의 일부일 뿐이며, 자본의 재생산 및 축적 과정에 제약을 받기 때문이다. 실

8　그러나 마르크스는 후기로 갈수록, 공산주의 사회로의 과도기에 사회 개량을 중시하며, 오히려 과세 형태의 차이를 강조하게 된다. 이 인용문에 이어 마르크스는 다음과 같이 말한다. "그럼에도 불구하고 두 가지 과세 시스템 중 하나를 선택해야 한다면, 우리는 간접세를 전면 폐지하고 전반적으로 직접세로 대체할 것을 제안한다"(MEGA I/20, 234). 또한 같은 시기에 발표된 「토지노동연맹에서 대영국과 아일랜드 남녀 노동자들에게 보내는 호소문」에서도 "모든 다른 세금을 대체할 직접 누진재산세"를 제안했다(MEGA I/21, 1023). 사회국가에서 개량주의가 가지는 가능성에 대해서는 6장을 참조하라.

제로 도출론자인 코고이M. Cogoy도 이렇게 말하고 있다. "단지 자본이 급속히 축적되는 경우에만, 국가가 자신의 지출과 부채에 대한 이자를 지불할 수 있는 세수가 가능한 것이다"(Cogoy 1973, 174).

확실히 오코너는 재정사회학과 마르크스경제학을 통합함으로써, 조세라는 국가 수입의 정치적 형태에 주목했다. 하지만 국가 재정의 정치적 형태에 주목하는 것이 조세의 경제적 형태규정을 무시하는 것은 아니다. 조세는 화폐의 경제적 형태규정이라는 관점과 동시에 국가 수입의 정치적 형태규정이라는 관점에서 분석되어야 한다. 두 가지 형태를 철저하게 분석할 수 없었던 것은 오코너만이 아니었다. 앞서 언급한 골드샤이트는 전통적 마르크스주의의 경제결정론과는 달리, 무산 국가라는 정치적 형태규정을 정확히 파악하고 있었다. 그러나 골드샤이트 논의의 초점은 폴리티칼 이코노미가 아니라 전적으로 국가의 수입과 지출의 상호 연관을 기축으로 하는 재정학에 맞춰져 있었다.

> 부르주아지는 국가를 약탈[탈소유화]하여 자신의 손에 넣었다. 노동자는 국가를 재소유화하는 것을 통해 국가를 획득하는 것을 목표로 해야 한다. 분명히 노동자계급은 무산 국가를 일시적이고 <u>정치적으로</u> 정복할 수 있지만, 지속적이고 <u>경제적으로</u> 버틸 수는 없다. 그러므로 혁명적인 결전은 재정 이론과 재정 정책에 의해 결정되며, 어느 쪽이든 자본주의의 중심적인 교리는 재정학에 그 근거를 두고 있다.(Goldscheid 1976, 280)

골드샤이트가 노동자계급에 의한 정치적 권력의 탈취를 부정적으로 보는 점은 주목할 만하다. 무산 국가의 정치적 형태는 정치혁명으로 변혁시킬 수 없는 것이다. 그러나 골드샤이트는 재정 정책에 의한 국가의 재소유화, 즉 "채무 국가에서 채권 국가로의 전환"(Goldscheid 1976, 70)을 제1의 과제로 삼기 때문에, 사회국가 환상에 빠지게 된다. 형태분석을 철저히 하는 우리의 입장에서 보면, 자본의 축적 과정에 개입하기 위한 재정의 기초는 국가 활동 자체에 의해 산출되는 것이 아니라, 조세의 재정조달을 통해 자본에 의해 생산된 잉여가치의 일부에서 보전될 뿐이다. 왜냐하면 자본주의 국가는 사회적 및 직접적 생산 과정에서 철수했기 때문에 잉여가치를 직접적으로 영유할 수 없기 때문이다. 국가 재정의 수입 및 지출은 자본의 축적 과정에 제약을 받으며, 재정 정책에 의해 무산 국가를 다시 유산 국가로 만들 수 있는 것에는 본래 한계가 있다. 이 점을 바탕으로, 마지막으로 자본의 축적 과정에 대한 국가 개입의 가능성과 한계에 대해 살펴보겠다.

자본의 축적 과정과 국가의 제도적 개입

도출논쟁에서는 '경제적 형태규정'에 대응된 '정치적 형태'를 논리적으로 도출하는 것이 시도됐지만, 히르쉬가 총괄한 것처럼 추상적인 기능주의에 빠지는 경향이 있었다. 따라서 히르쉬 자신은 자본의 축적 및 재생산 과정을 구체적으로 고려함으로써 이 문제점을 극복하려 했다. "상품 생산 사회의 개념에서 도출된 부르주아 국가의 일반적 규정을 넘어서, 그 <u>구체적 기</u>

<u>능 규정들</u>은 자본주의적 축적 과정이 역사적으로 변화하는 조건들과 함께 이 과정을 통해 일어나는 생산력의 발전과 그 과정과 함께 변화하는 사회 편성화의 형태들에서 도출되어야 한다"(Hirsch 1973, 203f). 폭력적 지배 관계가 사회적 분업 및 직접적 생산 과정에서 분리되어 있기 때문에, 자본주의 국가는 사회의 경제적 구조를 외적으로 총괄하는 주권적 권력이 되고 있다. 히르쉬에 따르면, 이러한 '자본주의의 정치적 형태' 규정 때문에, 생산 및 재생산의 사회적 과정은 직접적으로 국가 활동의 대상이 될 수 없다. 즉, 본질적으로 자본주의 국가는 자본주의적 생산 및 재생산 과정의 **결과에만 반응**한다는 제약을 받을 수밖에 없다(Hirsch 1974, 24).

이리하여 히르쉬는 국가 활동의 가능성과 한계를 분석할 때 상품 생산·교환 시스템이 아닌 자본의 축적 및 재생산 과정에 존재하는 모순을 그 출발점으로 삼는다. 특히 히르쉬가 주목하는 것은 『자본론』 제3부에서 전개된 '이윤율의 경향적 저하' 법칙이다. 여기에서는 국가의 형태분석과 관련한 한에서, 자본축적의 운동을 규정하는 '이윤율'에 대해 개관해보자. 자본주의적 생산양식의 발전과 함께 생산력이 필연적으로 확장되면, 자본의 유기적 구성이 고도화되고 '일반적 이윤율'은 경향적으로 하락하게 된다. 그리고 "생산력의 발전에 의해 발생하는 이윤율의 저하에는 이윤량의 증대가 동반된다는 법칙"(MEGA II/4.2, 316)은 산업순환의 각 국면을 통해 '공황의 가능성'을 현실화하는 여러 계기를 만들어낸다(久留間 1995b, 3ff). 한편 자본주의 국가는 이러한 여러 계기를 포함한 자본의 축적 과정에 **단지 외적으로** 반응할 수밖에 없다. 하지만 그때 국가는 단지 기능주의적으로 사회의 경제적

구조를 보완하는 것이 아니라는 점을 히르쉬는 강조한다. 문제가 되는 것은 '이윤율의 경향적 저하' 법칙이 관철되고 위기(공황)를 내포하며 진행되는 자본의 축적 과정에서 국가의 개입 활동이 구체적으로 어떤 기능을 수행하는가 하는 점이다.

> [...] 논리적으로는 가치법칙에서 도출될 수 있는 이윤율의 경향적 저하에 대한 '반대 경향들'은 구체적으로 복잡한 사회적 관계들의 변화 형태로 실현되고, 그 관철에서는 개별 자본의 행동과 계급 대결을 중재하는 국가장치에 점점 더 큰 의미가 부여된다.(Hirsch 1973, 224)

히르쉬는 이윤율의 하락에 대한 '반대 경향들'로 노동시간의 연장, 임금노동자의 실질적인 생계 수준의 변동, 자본의 회전 속도 상승, 신용시스템이나 대외무역의 확대, 생산 기술의 발전 등을 열거하고 있다(Hirsch 1998). 특히 국가의 형태분석에서는 '국가에 의해 매개되는 자본 감가상각'과 군수 부문 등에서 '자본 낭비적인 국가 개입'이 중요하다. 즉, 이러한 국가 개입을 포함한 '이윤율을 상승시키는 대항적 계기'는 '이윤율의 저하'라는 자본주의적 생산의 제한을 **어느 정도** 돌파할 수 있다는 것이다 (久留間 1995a, NO.8). 또한 히르쉬는 조절이론을 수용함으로써, '반대 경향들'이 그때그때의 축적 체제를 매개하는 조정 양식(사회적 제도·규범)에 결정적으로 의존하고 있다는 점을 강조한다. 이리 하여 마르크스의 '이윤율의 경향적 저하' 법칙은 마르크스 경제학의 경제결정론적 접근과는 반대로, 계급투쟁이나 사회적 힘 관계와 같은 정치적 영역을 고려함으로써만 설명할 수 있다고 히르쉬는 결론지었다.

그러나 여기서 우리는 히르쉬의 정치중심주의와 이별을 고할 수밖에 없다. 그 이유는 마르크스의 폴리티칼 이코노미 비판에서 국가의 개입 활동이라는 '이윤율을 상승시키는 대항적 계기'는 결국 '이윤율의 경향적 저하' 법칙에 **포함되기** 때문이다. 그러므로 여기서의 국가 활동은 공황을 현실화하는 계기들을 포함하는 자본의 축적 과정에 반응하도록 정해져 있다는 의미에서 그 자체가 하나의 '경제적 권력'이 되어 있다고 할 수 있을 것이다.[9] 실제로 국가가 개입하는 힘이 외관상 아무리 증대되었다고 해도, 자본축적의 경제적 조건을 무시한 국가 활동으로는 이윤율의 저하라는 자본의 제한을 돌파할 수 없다. 반면에 히르쉬는 '이윤율의 경향적 저하' 법칙에서 정치적 계기를 강조함으로써, 결국 이러한 국가 개입의 한계라는 문제설정을 방치하게 된다. 오히려 국가 개입이 구체적인 기능을 수행하는 자본의 축적 과정에서도 경제적 형태규정과 정치적 형태규정의 분리 및 결합이 분석되어야 한다(Holloway & Picciotto 1978).

이미 보았듯이 '무산 국가'론은 자본주의 이전의 공동체 및 국가(공적 권력)와의 대조에서 국가 기관이 어떻게 자본 아래로 포섭되어 자본주의 국가에 독자적인 정치적 형태를 부여하는지를 고찰한 것이었다. 자본의 국가는 '무산 국가'라는 독자적인 정치적 형태를 취하기 때문에, 그 이전의 국가 기능이나 재정력을 **한정적으로만** 맡을 수 있다. 그러나 전통적 마르크스주의의 계급국가론은 국가를 '이상적인 총자본가'로 규정하기 때문에,

---

9 이 점에 대해 네그리와 아뇰리도 비슷한 지적을 하고 있다. Hardt & Negri (1994, 40/189), Agnoli (1995, 19)를 참고하라.

기본적으로는 '자본의 재생산의 일반적 조건'을 국가가 조달·정비할 수 있다는 기능주의에 빠지게 된다. 여기에는 자본주의 국가가 한편으로는 자본의 기능을 내면화하면서도 다른 한편으로는 자본의 기능을 충분히 수행할 수 없다는 형태분석의 문제설정은 찾아볼 수 없다.

이 점과 관련하여, 도출론자 레플레는 『요강』의 '일반적 생산 조건'론에 기반하여, 국가의 경제활동 대상을 일반적 생산 조건(공공 인프라의 정비 등), 일반적 외적 조건(생산 및 유통 과정에서 일반적인 법 관계나 사적 소유권을 설정하고 관철하는 것), 일반적 재생산 조건(노동력의 재생산 등)이라는 세 가지로 구분하고 있다(Läpple 1973, 95). 레플레의 문제의식은 '자본의 일반적 생산 조건'을 역사 관통적인 '공공의 이익'과 혼동하는 사회국가 환상과 함께 케인스 경제학을 대표하는 국가 개입주의론을 비판하는 것이었다. 그에 따르면, 국독자론이나 후기자본주의론에서는 "특히 자본의 순환 운동에 대한 국가 개입의 가능성과 한계, 즉 자본축적에 대한 국가 개입으로 공황과 정체 경향을 극복할 수 있는가"라는 문제가 제기되지 않는다(ibid., 57). 이에 대해, 레플레는 국가 개입이 어떻게 자본의 제한을 돌파할 수 있는지라는 관점에서 다음 두 가지 개입 양식을 질적으로 구분하고 있다. 다시 말해 자본의 가치증식을 촉진하는 '비교적 단기적인' 조치(케인스주의의 소위 '재정 정책')와 일반적 생산 조건을 공급하기 위해 생산 과정에 개입하는 '비교적 장기적인' 활동('개발주의'[10] 정책)이다. 특히

10 찰머스 존슨Chalmers Johnson은 관료 기구와 산업정책에 주목하여 독자적으로 일본 경제를 분석하고, '개발형 국가'론을 제기했다(Johnson 1982). 이를 받아들여 무라카미 야스스케는 '개발주의'를 고전적인 경제적 자유주의와 함께 "산업화에서 존재 가능한 한 형태"로 다음과 같이 정의한다. "개발주의란 사유

후자의 일반적 생산 조건에 대한 개입은 자본주의적 생산이 사회적이고 대규모로 발전함에 따라 점점 필요해진다. 그러나 개별 자본이 일반적 생산 조건에 자본을 투하하는 경우, 그때그때의 가치 증식 조건에서는 이윤율이 하락하는 사태가 빈번하게 발생한다. 따라서 자본이 일반적 생산 조건을 담당할 수 있는 것은 대부분 보조금이나 융자 등의 국가 지원(간접적 개입)이나 국유화(직접적 개입)를 경유하는 경우다. 반면에 도출논쟁에서조차 전자의 재정 정책에 비해 이러한 개발주의 정책이 거의 분석되지 않았다고 레플레는 지적하고 있다.

> 이러한 무관심함은 자본의 재생산 과정에 대한 국가 개입의 필연성과 한계를 노동과정 및 가치증식 과정으로서의 자본주의적 생산 과정의 모순이 아니라, 오로지 가치증식 과정의 모순에서만 도출하려는 일면적 분석에 대응하고 있다. 그 결과, 자본의 재생산 과정에 존재하는 **소재적 측면**은 극히 소홀히 다뤄지게 된다. 생산의 사회화가 증대함에 따라 다름 아닌 소재적 측면이 점점 더 중요해지고, 그 필연적 결과로 자본은 잉여가치 생산이라는 자신의 편협한 목적에 맞추어 생산의 사용가치 측면에 무관심하게 관여함으로써 재생산 과정에 혼란이 발생하고 국가 개입이 필요해지는데도 불구하고, 그렇게 되고 만다.(ibid., 60)

재산제와 시장경제(즉 자본주의)를 기본 틀로 하되, 산업화의 달성(즉 1인당 생산의 지속적 성장)을 목표로 하며, 그것이 유용한 한에서는 장기적 관점에서 시장에 대한 정부의 개입을 용인하는 경제시스템이다. "(村上 1992, 5-6)

이리하여 자본의 재생산 과정에 대한 국가 개입의 가능성과 한계는 단순히(물론 계급투쟁에 의해 매개된) 자본의 논리에서가 아니라, 사회적 재생산의 소재적 조건이 자본축적에 의해 혼란을 겪을 수밖에 없는 모순에서 도출된다. 이후에 거의 계승되지 않았음에도 불구하고, 자본의 재생산 과정의 '소재적 측면'을 강조한 레플레의 논의는 매우 중요하다. 왜냐하면 이 '형태-소재 분석'을 통해 우리는 국가 개입이 어떻게 경제적 형태규정과 소재적 조건의 모순을 매개하는지를 파악할 수 있기 때문이다. 마찬가지로 다른 도출론자인 자우어D. Sauer도 자본주의적 재생산 과정을 "생산의 소재성(사용가치)과 그 사회적 형태규정(가치)에 의해 정의된"(Sauer 1978, 14) 것으로 이해하고, 이 두 가지 모순에서 자본주의 국가의 형태와 내용(기능)을 개념화하고 있다. "자본주의적 총과정의 모순적 구조 및 운동에서 출발하여, 국가는 그 일반적 기능에서는 '소재-가치 모순'의 해소 형태로서 [⋯] 서술된다"(ibid., 8). 즉, 자본주의 국가는 무산 국가라는 정치적 형태를 가지고 있음에도 불구하고, 정치적 공동체에 고유한 일반적 사업, 즉 공동체 구성원에게 유용한 일(사용가치 생산)을 어디까지나 한정적이지만 사회적 재생산의 관점에서 담당해야만 한다.

물론 국가는 교환가치 생산의 외부에 존재하며, 가치를 생산하지 않고, 그 활동은 사용가치 지향적이지만, 가치 생산으로부터 분리되어 행동하는 것은 아니다. 그 사용가치 지향성은 항상 매개적으로 가치와 연결되어 있다. 그 이유는 국가 행위가 항상 사용가치와 가치의 모순적 관계를 해소하는 것을 목표로 하기 때문이다. 오직 이를 통해서만 국가는 사용가치를

준비하며, 사회적 재생산의 소재적 전제를 보장하는 것과 연관되어 있다.(ibid., 21)

『요강』의 '일반적 생산 조건'론에서 본 것처럼, 자본주의 이전의 정치적 공동체는 사회의 일반적인 공동적 이해관계를 기반으로 공공 인프라 정비 등의 사용가치를 스스로 생산했다. 그러나 무산 국가로서의 자본주의 국가는 정치적 공동체로서 경제적 형태규정과 소재적 조건의 모순을 외적으로 총괄하려 하지만, 경제적 형태규정에 제약되어 있기 때문에, 궁극적으로 사회의 공동적인 이해관계에 기반한 일반적 사업을 **완전하게는** 수행할 수 없다. 왜냐하면 자본주의 국가의 개입은 경제적 형태규정과 소재적 조건의 모순을 해소하는 것이 아니라, "영구히 극복해야 할 가치 생산의 제한 그 자체와 충돌하기" 때문이다(ibid., 22). 따라서 이러한 무산 국가에 의한 개입의 여러 계기는 경제적 형태규정과 소재적 조건의 모순을 해소하는 것으로서가 아니라, 오히려 국가의 구체적인 제도 및 장치와의 관계에서 이해되어야 할 것이다. 즉, 국가의 "형태-소재 분석"에서 문제는 "자본주의의 정치적 형태" 규정과 국가장치를 개념적으로 구분한 후, "어떻게 자본주의적 생산의 모순적 구조[…]가 국가장치 그 자체 내에서 자신의 표현을 찾는가"라는 점이다(ibid., 171).

다만 국가장치라는 개념은 자본주의 국가의 정치적 형태규정이 '제도'[11]에서 구체화된 것으로서 엄밀히 정의되어야 한

---

11 사사키(佐々木 2021, 보론1)는 『자본론』의 논리 전개에 따라, 경제적 형태규정과 소재적 조건(인격을 포함)의 모순이 '제도'에 의해 매개되는 점을 강조하고 있다.

다. 근대 정치학(마르크스주의 정치이론 포함)은 주로 정당, 정부, 의회, 재정 당국, 재판소, 군대, 경찰과 같은 정치시스템의 구체적 장치들을 연구 대상으로 삼아왔지만, 그것들은 자본주의 국가의 정치적 형태규정과는 명확히 구별된다. 실제로 형태분석의 과제는 정치시스템론이 연구 대상으로 하는 국가의 여러 제도(장치)와는 구별되는 국가의 형태규정성을 파악하는 것이었다 (Gerstenberger 2007). 이 시각이 바로 '도출논쟁'의 가장 큰 성과라고 할 수 있다. 우리는 어디까지나 정치적 형태규정이 구체적으로 각인된 것으로서 국가장치(제도)를 이해해야 할 것이다. 이 장에서는 국가의 여러 제도(장치)에 대해 더 구체적으로 전개할 수는 없지만, 경제적 형태규정과 소재적 조건 사이를 매개하는 여러 제도는 무산 국가라는 '정치적 형태' 규정과 엄격히 구별되어야 한다. 물론 무산 국가가 자본의 재생산 과정에 개입하는 것은 구체적인 여러 제도(장치)를 매개로 해서 크나큰 효력을 발휘할 것이다. 반면에 국가의 제도적 개입은 어디까지나 경제적 형태규정과 소재적 조건의 모순을 매개하는 것에 불과하며, 자본의 재생산 과정을 완전히 제어할 수는 없다. 실제로 국가의 개입이 강력할수록, 이 점을 더욱 간과해서는 안 된다.

4장

법=권리 형태와 이데올로기 비판

마르크스와 파슈카니스

　이전 장에서는 자본주의의 정치적 형태, 즉 '부르주아 사회가 총괄되는 국가 형태'의 구체적 내용에 대해 살펴보았다. 자본주의 사회에서 지배 관계 전체의 정치적 형태인 국가는 생산에 직접 관여하지 않는 무산 국가로서 사회의 경제적 구조를 전적으로 외적으로 총괄하는 주권적 권력으로 특수화된다. 우리의 과제는 국가의 내용(계급 지배나 폭력) 그 자체가 아니라, 국가가 지니는 정치적인 형태 규정을 명확히 하는 것이었다. 이 문제설정을 명시한 것이 도출논쟁에서 항상 참조되었던 파슈카니스였다. '어째서 국가적 강제 기구는 지배계급의 사적 기구로 만들어지지 않고, 그로부터 분리되어, 공적 권력이라는 비인격적이며, 사회로부터 떨어진 기구의 형태를 취하는가.' 이전 장의 논의를 바탕으로 한다면, 파슈카니스의 질문에는 다음과 같이 답할 수 있을 것이다. 자본주의 사회에서는 사회적 분업 및 직접적 생산 과정에서 인격적인 지배·종속 관계가 해체되고, 경제적 구조 전체에서 상품 생산관계가 성립된다. 그러므로 사회구조의 정치적 형태인 국가 형태는 경제적 구조에서 분열된 사적 이해관계에 대응하여 "사회에서 분리된 독자적인 기구를 형성한다"(MEGA I/25, 23). 자본주의 사회에서는 전자본주의 사회에서 정치적 형태를 직접 표현했던 인격적 지배·종속 관계가 경제적 구조로부터 분리됨으로써, 사회구조의 정치적 형태가 봉건제처럼 권력 분산적인 아나키로 현상하지 않는다. 이 점에 대해, 마르크스는『프랑스 내전』에서 다음과 같이 정식화하고 있다. "상충되는 중세적 권력의 잡다한 아나키는 체계적이고 위계적인 분업에 기반한 국가권력의 규제된 계획으로 대체된다"(MEGA I/22, 53). 자본주의 사회의 국가 형태는 폭력적 지배 관계가 사적으로 조직되지 않고 공적으로 집권화된 구조적 권력으로서 성립된다는 것이다.

그렇지만 이런 국가의 형태분석은 현대 마르크스주의자들 사이에서 인기 있는 주제가 아니다. 예를 들어 '도출논쟁'의 접근법에 반발하는 바커C. Barker는 오히려 물상화된 생산관계 내에 국가 폭력이 필요하다고 주장한다(Barker 1998). 즉, 국가가 주체적으로 폭력적 지배 관계를 계속해서 조직하지 않으면 곧바로 가치관계가 해소된다는 것이다. 간단히 말해 인격적인 지배·종속 관계를 배경으로 하는 '부등가교환'이 이루어진 경우다. 이리하여 바커는 '본원적 축적' 과정뿐만 아니라, '자본의 축적' 과정에서조차 지속적으로 국가권력에 의한 수탈이 필수적이라고 주장한다. 이는 하비D. Harvey가 '약탈에 의한 축적'으로 정식화한 것으로, 현대의 자본주의 비판에서 끊임없이 참조되고 있다. 그러나 마르크스의 폴리티칼 이코노미 비판에서 자본의 축적 과정과 본원적 축적 과정은 명확하게 구분되어 있다(Brenner 2006, 101). 분명히 "노동자 자신을 정상적인 종속 수준으로 유지하기 위해 국가권력을 필요로 하며 이용하는 것은" 자본주의적 생산의 역사적 창세기에는 "하나의 본질적 계기였다"(MEGA II/6, 664). 그러나 인격적인 지배·종속 관계가 사회적 분업 및 직접적 생산 과정 양자로부터 분리된 자본주의 사회에서는 물상적 관계에 의한 "무언의 강제"(MEGA II/6, 663)가 "노동자에 대한 자본가의 전제despotisme를 확정한다"(MEGA II/7, 655). 마르크스가 강조하듯이, 일단 성립된 자본주의 사회시스템에서는 "여전히 경제외적이고 직접적인 폭력도 사용되기는 하지만, 그것은 예외적인 것에 불과하다"(MEGA II/6, 663).

물론 예를 들어 지배계급이 직접적으로 국가 폭력을 활용해 계급투쟁을 통제해야 하는 위기적 상황이 존재할 수 있다는 것도 사실이다. 그러나 이러한 자본주의의 특수한 정세 국면에 존재하는 계급 정치 상황과 경제외적 강제력이 단지 예외적으로만 행사되는 자본주의 사회시스템 일반은 질적으로 구분되어야 한다(Neusüss 1972, 95). 자본주의 사회에서는 직접적인 폭력 행사가 예외적인 것으로 변하는 한편, 물상적 관계를 배경으로 하는 법=권리 관계가 우선적으로 지배 관계를 구성한다. 파슈카니스가 강조하듯이, "국가 폭력은 법적 구조를 명확하고 확고하게 하지만, 물질적 관계, 즉 생산관계에 뿌리를 둔 법적 구조의 전제를 만들어내지는 않는다"(Paschukanis 2003, 93). 다시 말해 자본주의 사회에서 지배·종속 관계를 만들어내는 것은 국가의 폭력 행사 자체가 아니라, 오히려 국가나 법률에 선행하는 법=권리 관계다. 크리스토프 멘케Christoph Menke가 말하듯이, "평등한 승인이라는 법적 관계는 **다른 형태에서의** 지배, 억압, 착취, 폭력과 같은 사회적 관계다"(Menke 2015, 204). 우리는 자본주의 사회에서 폭력적인 지배 관계가 다른 형태, 즉 법=권리라는 형태로 어떻게 관통되고 있는지를 파악할 필요가 있다.

'물상의 인격화'와 법=권리 형태

마르크스는 『자본론』과 그 초고들에서 자본주의적 생산양식에서의 경제적 형태규정과 정치적 형태규정의 얽힘에 대해 논의했다. 그러므로 도출논쟁에서 논의된 문제설정, 즉 경제적 범주에서 정치적 범주를 어떻게 도출하는가 하는 질문은 엄밀하게 말하면 부적절하다. 왜냐하면 애초에 생산관계에 독자적인 사회적 형태로부터 경제적 착취 관계뿐만 아니라 정치적 지배 관계가 발생하기 때문이다. 우리는 이전 장에서 생산관계에서 생성되고 그것과 얽히는 '지배 관계'를 정치적 형태의 단서 규정으로 정의했다. 이 단서적인 '정치적 형태' 규정, 즉 생산관계와 불가분의 지배 관계를 기반으로 해서 사회 일반의 정치적 형태인 국가 형태가 형성된다. 다만 자본주의 국가의 기초를 이루는 지배·종속 관계는 자주 오해되는 것처럼 '비인격적'인 익명의 권력을 의미하지 않는다. 여기서 핵심은 『자본론』 제1권의 교환과정론에서 전개된 '물상의 인격화'라는 개념이다. 도출 논쟁에서 히르쉬는 논적인 블랑케 등을 비판하며, 확실히 파슈카니스가 상품(가치) 형태에서 법=권리 형태를 도출한 것은 옳지만, 법=권리 형태에서 국가 형태를 도출한 것은 추상론이라고 비난했다. 하지만 파슈카니스에 의한 법=권리의 형태분석은 원래 사회구조의 정치적 형태인 국가 형태 그 자체를 주제로 한 것이 아니다. 그보다는 오히려 국가라는 정치적 형태규정의 전제를 이루는 '물상의 인격화'라는 정치적인 지배 관계를 대상으로 한 것이었다.

상품 생산관계가 전면화된 자본주의 사회에서 여럿으로 분열된 사적 개인들은 공동체를 통해 생산관계를 형성할 수 없다. 따라서 개인들은 상품이나 화폐 같은 물상을 매개로 해서 사회적 관계를 맺을 수밖에 없다. 하지만 다른 한편으로 "상품은 스스로 시장에 갈 수 없고, 스스로 서로를 교환할 수도 없다" (MEGA II/6, 113). 즉, 개인들이 주체적으로 자신의 의지나 욕망에 기반해 행동하지 않으면 물상적 관계가 성립할 수 없다. 마르

크스는 푸코와 마찬가지로, 행위 주체에 고유한 의지를 주어진
것으로 전제하지 않았다(Menke 2015, 204). 즉 문제가 되는 것은
개인들의 의지로부터 독립된 사회적 형태로서의 권력관계. 실
제로 마르크스는『자본론』서두에서 상품을 분석할 때 상품 교
환자의 욕망에서 출발한 것이 아니다. 우선 가치라는 경제적 형
태규정을 이해하기 위해, 의지(혹은 욕망)를 가진 주체가 분석 대
상에서 배제되었다. 그러나 이 배제는 마르크스가 정치적 형태
규정을 경제적 형태규정에서 단지 분리했다는 의미는 아니다.
실제로 상품론에 이어지는 교환과정론에서 바로 두 형태규정의
결합이 고려되고 있다. 왜냐하면 교환과정론에서는 '의지를 가
진 행위 주체', 즉 '인격'이 분석 대상이 되기 때문이다. 교환과정
의 차원에서 처음으로 '타인의fremd 의지의 획득'을 전제로 하는
'지배 관계', 즉 초기적인 정치적 형태를 규정할 수 있다. 상품론
에서는 자신의 노동생산물을 무의식적으로 가치로 취급하는 사
적 생산자가 문제였다. 이에 비해 교환과정론에서는 물상의 담
지자로서 의식적으로 행동하는 '인격', 즉 상품의 소유자가 등장
한다.

> 이 사물들을 서로 상품으로 관련시키기 위해서는 상품의 보
> 호자들이 서로 그들의 의지를 이 사물들에 머무르게 하는 여
> 러 인격으로서 관계 맺어야 한다. 따라서 한쪽은 다른 쪽의 의
> 지 아래에서만, 따라서 양쪽 모두에게 공통된 하나의 의지 행
> 위를 매개로만, 자신의 상품을 양도함으로써 타인의fremd 상품
> 을 영유한다. 그러므로 그들은 서로를 사적 소유자로서 인정
> 해야 한다. 이 법=권리 관계Rechtsverhältnis는 계약을 그 형태로

하며, 법률적으로legal 발전했건 안 했건 경제적 관계가 거기에 반영되는 의지 관계다. 이 법=권리 관계, 즉 의지 관계의 내용은 경제적 관계 자체에 의해 주어진다. 여기서 사람들은 단지 서로 상품의 대표자로서만, 따라서 상품 소유자로서만 존재한다.(MEGA II/6, 113f)

전자본주의 사회에서는 공동체의 구성원인 개인들이 서로를 '본원적인' 소유자인 것처럼 관계를 맺었다. 반면에 자본주의 사회에서의 개인들은 공동체로부터 완전히 분리된 의미에서 서로 '소원한fremd' 존재가 되었다. 상품 생산관계에서 사적 생산자들은 물상의 사회적 권력에 의해 제약된 존재지만, 이 물상적 관계 자체는 그 인격적 담지자를 필요로 한다. 따라서 사적 생산자들은 상품의 소유자로서 행동할 수밖에 없다. 마르크스는 이 상황을 '물상의 인격화'로 정의했다. 이 차원에서 상품 소유자는 물상에 자신의 의지를 체현한 인격이 된다. 즉, 여기서의 인격은 단지 행위 주체가 아니라, '물상의 인격화'라는 특별한 의지를 가진 행위 주체다. 상품 소유자들은 자신의 상품을 교환하여 자신이 원하는 상품을 교환하는 특별한 의지를 가지고 서로 대립한다. 이리하여 상품 소유자들이 서로를 사적 소유자로서 인정함으로써 '자유의지'에 기반한 상품 교환이 성립된다.

여기서 문제가 되는 것은 "인격 및 인격에 포함되어 있는 자유라는 법학적 계기"(MEGA II/2, S. 56)다. 앞의 인용에서 강조되고 있듯이, 상품 소유자가 상품 교환에서 가지는 법=권리는 '경제적 관계', 즉 물상적 권력에 기반하고 있다. 중요한 것은 법=권리 관계, 즉 '물상의 인격화'의 의지 관계가 상품 생산관계에 '독자적인 지배·종속 관계'를 의미한다는 것이다. 전자본주의 사회에서는 폭력 행사를 포함한 인격적 유대로 인해 지배·종속 관계가 성립되었다. 반면에 자본주의 사회에서는 폭력을 개입하지 않는 자유로운 의지 행위에 의해 지배·종속 관계가 형성된다. 다시 말해 직접적인 폭력 행사가 뒤로 물러난다고 해서, 지배·종속 관계 자체가 해소되는 것은 아니다. 이 점은 종종 오해되어왔기 때문에, 재차 강조해둘 필요가 있을 것이다. 자본주의 사회에서는 인격적인 지배·종속 관계가 해소된다고 할지라도, 지배·종속 관계 자체는 오히려 물상적 관계를 매개로 새롭게 재생산된다. 마르크스는 『자본론』 관련 초고에서 "생산관계 자체가 **새로운** 지배·종속 관계를 낳는다(또한 그것은 그 자신의 정치적 표현 등을 낳는다)"(MEGA II/4.1, 98)는 것을 여러 곳에서 강조하고 있다.[1]

재차 반복하지만 상품 소유자가 가지는 법=권리는 결국 물상적 권력이라는 '경제적 형태규정'에 기반하고 있다. 마르크스에게는 법=권리 관계나 의지 관계의 내용 자체가 문제인 것이 아니다. 오히려 중요한 것은 자본주의 사회에서 법=권리가 획득하는 독자적인 형태 규정이다. '물상의 담지자'들의 의지 관계는 물상화된 생산관계를 법적으로 표현한 것에 지나지 않는다. 상품 소유자들의 상품 교환은 '공통의 의지 행위'를 통한 계약에서

---

1 『1861-1863년 초고』에서 근거가 될 만한 두 곳의 인용을 덧붙이겠다. "그리고 이 토대[순수하게 경제적인 관계] 위에서 다시 지배 관계가 전개될 경우, 그것들은 노동 조건의 대표자인 구매자가 노동 능력의 소유자인 판매자에게 대립하는 관계에서 비롯될 수밖에 없다[…]."(MEGA II/3.1, 117) "[…]생산관계 그 자체 안에 지배 및 종속의 질서가 나타나는데, 이 관계는 자본에 통합된 노동에 대한 소유와 노동과정 자체의 본성으로부터 생기는 것이다."(MEGA II/3.6, 2137)

필연적으로 법=권리 형태를 취한다. 그리고 '자본주의의 정치적 형태'를 보다 중층적으로 파악하기 위해서는 법=권리 형태와 법률·국가 형태를 명확히 구분해둘 필요가 있을 것이다. 파슈카니스 역시 자신의 중심적 과제가 법학 비판이었지만, 동시에 이 점을 다음과 같이 강조했다. "[상품의] 등가물 교환이라는 형태가 주어지면, 그것은 법=권리의 형태가 주어진다는 것을 의미하고, 또한 그것은 공적, 즉 국가적인 폭력의 형태가 주어진다는 것을 의미한다"(Paschukanis 2003, 60). 앞서 교환과정론에 관한 인용에서 마르크스도 법=권리를 '법률적으로legal 발전했건 안 했건' 상관없는 것으로 규정했는데,『자본론』제3부 주요 초고에서도 법=권리와 법률·국가 형태가 명확하게 구분되어 있다.

> 법학적 형태들—에서는 생산 당사자들의 경제적 거래가 <u>의지 행위</u>로서, 생산 당사자들의 <u>공통된 의지</u>의 발현으로서, 그리고 국가에 의해 개별 당사자에 대한 그 이행이 강제될 수 있는 erzwingbar 계약으로 나타난다—은 단순한 형태로서 이 거래 내용 자체를 규정할 수는 없다. 그것들은 이 내용을 표현하는 데에 불과하다.(MEGA II/4.2, 413)

여기서 마르크스는 상품 교환을 기초로 하는 경제적 거래가 필연적으로 계약에서 법학적 형태를 취할 수밖에 없는 점을 강조하고 있다. 반면에 앞 장에서 보았듯이 '국가의 개입'이 초래하는 화폐의 '기능'이 검토될 경우, 국가의 강제력에 의해 제정되는 법률이 폴리티칼 이코노미 비판에 통합되었다. 즉, 상품 소유자들의 의지 행위인 법=권리 관계는 정치적 국가에 의해 제정되는 법률과는 명확하게 구분된다. 법=권리 형태는 '물상의 인격화'라는 소유 관계를 보장하지만, 한편으로 법=권리 형태 자체가 법률을 매개로 국가에 의해 보완되어야 한다.[2] 물론 계약이라는 법적인 승인 관계는 법률 및 국가에 의해 강제될 수 있지만, 법률 및 국가가 상품 소유자들의 인격적 관계를 만들어내는 것은 아니다. 더욱이 법=권리 형태도 상품 생산·교환 시스템 자체를 만들어낼 수는 없다. 마르크스는 생애 말기에 작성한 「바그너 발췌」에서 파슈카니스가 초점을 맞춘 법=권리 형태에 대해 다음과 같이 언급하고 있다.

> 나는 상품 유통을 분석할 때, 발전한 교환 거래에서는 교환자들이 **무언(無言) 중에** 평등한 인격 및 그들 각자가 교환해야 할 재화의 소유자로서 서로를 인정하고 있다고 언급했다. 그들은 서로 자신의 재화를 제공하며, 거래에 대해 합의에 이르는 동안 이미 이를 수행한다. 처음에는 교환을 통해서, 또한 교환 그 자체에서 발생하는 이 사실상의 관계는 나중에 계약 등에서 법적 형태rechtliche Form를 획득한다. 그러나 이 형태는 그 내용인 교환을 만들어내지도 않고, 이 형태 안에 존재하는 인격 상호 간의 관련을 만들어내지도 않으며, 오히려 그 반대다.(MEW 19, 377)

2 마르크스는 구분하지 않았지만, 이 책에서는 법=권리 형태가 '물상의 인격화'를 '보장한다garantieren'는 것에 대해, 법률·국가 형태가 법형태를 보장할 때는 '보완한다ergänzen'는 용어를 사용한다. 이 두 가지를 명확히 구분함으로써, 경제적 형태규정에 상대적으로 가까운 법=권리의 형태규정과 법률이나 국가의 정치적 형태규정을 구별하기 위함이다.

　　당시 논쟁 상대였던 강단 사회주의자 바그너는 법=권리 및 의지 관계가 상품 교환 시스템을 만들어낸다고 주장했다. 이는 두 번째 장에서 조금 언급한 바와 같이, 마르크스가 『독일 이데올로기』 초고들에서 비판한 법학 환상에 다름없다. 슈티르너나 법학자들은 "실제로 아무도 물상을 가지지 않으면서도, 물상에 대한 법학적 권한을 가질 수 있다"(MEGA I/5, 119)는 전도된 법 관념에 빠졌다. 그러나 파슈카니스가 정식화한 바와 같이, 법적인 승인 관계를 맺는 '법주체Rechtssubjekt'는 궁극적으로 상품 소유자인 것이다. 따라서, 법주체나 사적 인격의 의지 행위에서 출발해 상품 교환 시스템을 분석하는 것은 불가능하다. 반대로 상품 생산·교환 시스템이야말로 법=권리 및 의지 관계를 만들어내는 것이다. 그러나 당시 사회주의자뿐만 아니라 파슈카니스 이후의 마르크스주의 법학에서도(특히 전후 일본에서) 법학 환상은 강고했다. 그 이유는 파슈카니스의 법 이론에서도 언급된 적이 있지만, 경제적 및 정치적 형태규정에 대한 기본적인 이해가 결여되어 있었기 때문이다. 전통적 마르크스주의에서는 특히 소유 범주가 생산관계의 법학적 표현으로서 적절하게 이해되지 않았을 뿐더러, 오히려 소유 관계가 '생산관계의 기초'로 여겨지는 경향이 있었다.[3] 결국 슈티르너나 바그너와 마찬가지로 "사적 소유의 이데올로그"(MEGA I/5, 285)의 영역을 벗어나지 못했다. 즉, 법=권리의 형태분석을 무시한 결과, 마르크스주의자 스스로가 "특정한 부르주아 사회에 속하는 법학적

3　아리이는 파슈카니스를 따라 마르크스의 '교환과정'론에서 근대 법을 도출한 가와시마(川島 1949)를 포함하여, 일본의 마르크스주의 법학에 깔려 있는 "생산관계의 기초로서의 소유"론을 근본적으로 비판하고 있다(有井 1991, 316).

관념을 절대적인 것으로 파악하는 혼동"[4](MEGA II/4.2, 669)에
지배당하게 되었다.

　전통적 마르크스주의의 '토대-상부구조론'에서는 파슈카
니스가 강조한 법=권리의 형태 규정성이 교환 과정 및 유통 부
문에서의 가상(假象)으로 이해되었다. 즉, 상품 교환이 지니는 법
=권리 형태는 자본과 임금노동의 착취 관계를 은폐하는 이데올
로기적 가상에 불과하다고 여겨졌다. 파슈카니스의 법=권리 형
태 분석을 어느 정도 평가하는 코르쉬K. Korsch조차도, 경제적 구
조에서의 상품 형태와 이를 기초로 하는 법의 이데올로기 형태
를 파슈카니스가 구별하지 않고 등치시켜버렸다고 비판한다
(Korsch 1966). 하지만 자본주의 사회에서의 법=권리는 단지 생
산관계에서의 계급 대립을 은폐하는 이데올로기가 아니다. 오히
려 상품 생산 및 상품 교환이 만들어내는 '소유 관계'는 필연적으
로 법=권리라는 형태를 취할 수밖에 없다. 법=권리 형태는 단순
한 이데올로기 형태가 아니며, 경제적 형태규정과 밀접하게 연
결되어 있다. 바로 이 때문에 국가 형태에 선행하는 법=권리의
형태 규정이 독자적인 정치적 지배 관계를 구성할 수 있는 것이
다. 그러나 파슈카니스가 강조했듯이, 법학 환상, 즉 전도된 법
관념도 법=권리의 형태 규정에서 필연적으로 발생할 수밖에 없

4　『자본론』제3부 주요 초고의 지대론에서 펼쳐진 이 문장은 직접적으로
　는 헤겔『법철학』을 비판한 것이다. 그러나 엥겔스판에서는 "개념은 토
　지 소유에서 전적으로 특정한 부르주아 사회에 속하는 법학적 관념을 절
　대적인 것으로 생각하는 오류를 범하고 있다"(MEW 25, 629)로 변경되어
　있다. 마르크스에게 '혼동'은 단순히 인식론적 '오류'가 아니라, 전도된
　부르주아 사회에서의 객체적 사고형태였다. 이 변경만 봐도 엥겔스가 유
　감스럽게도 마르크스가 행한 이데올로기 비판의 함의를 파악하지 못했다
　고 말할 수밖에 없다.

다. 이것은 단순한 허위의 이데올로기가 아니라, 자본주의를 비판하는 '사회주의자'조차도 사로잡히게 되는 독자적인 법 이데올로기였다. 이 차원을 이해하기 위해서는 마르크스의 폴리티칼 이코노미 비판에서 이데올로기 비판이 어떤 의미를 가지고 있는지를 고찰할 필요가 있다.

이데올로기론으로부터 이데올로기 비판으로

자본주의 사회에서 법=권리가 단순한 이데올로기 형태가 아니라 지배·종속 관계의 한 형태로 이해되어야 하는 이유는 무엇일까? 이에 대해 우선 마르크스주의에서의 이데올로기 개념에 대한 내용을 되돌아보겠다. 애초에 『자본론』 제1권의 상품장에서 마르크스가 고찰한 물신숭배론, 즉 물신주의fetishism론은 계급 지배나 인식론적 차원이 주제가 되었던 초기의 이데올로기론과는 문제설정이 달랐다(Eagleton 1994). 마르크스의 물신주의론은 이른바 인식론적 착각뿐만 아니라, 물상화된 사회관계라는 실재성과 그 신비화 양자를 전체적으로 분석한 것이었다(Basso 2015).

마르크스와 엥겔스의 이데올로기론은 주로 『독일 이데올로기』 초고들에서 전개되었다. 여기서 이데올로기는 다음과 같이 정의되었다. 즉, 현실에서 활동하는 인간들의 사회적 관계에서 발생하고, 그 사회적 관계의 표현인 사상이나 관념이 그 자체로 사회적 관계로부터 자립화되어 종교가나 법학자 같은 이데올로그들에 의해 체계화된 것이다(MEGA 1/5, 135). 『독일 이데올로기』 초고들의 대부분을 차지한 슈티르너 비판에서 마르크스는 다음과 같이 말했다. "우리는 생각이나 관념의 자립화가 개인들의 인격 관계 및 연관이 자립화된 결과임을 밝혔다. 우리는 이데올로그들이나 철학자들이 이러한 사고에 체계적으로 종사하는 것, 따라서 이 사고들의 체계화Systematisierung는 분업[지배 계급 내에서의 정신적 노동과 물질적 노동의 분할을 의미]의 결과이며, 특히 독일 철학은 독일의 소부르주아적 관계의 결과임을 밝혔다"(ibid., 504). 한때 마르크스주의의 이데올로기론에서는 '사적 유물론' 같은 과학적 법칙의 '진리'와 대비되는 형태로, 이데올로기의 환상성이나 허위성이 문제시되었다. 이에 대해 알튀세르는 개인들의 실재적 조건에 대한 상상적 관계로서, 즉 자기 자신에 대한 표상 체계로서 이데올로기를 정의함으로써, 전통적 마르크스주의의 이데올로기론이 가진 위상을 흔들었다(Althusser 1995). 알튀세르는 이데올로기가 역사적 생산관계에 의해 제약된다는 마르크스주의의 정식을 부정하고, '이데올로기는 역사를 가지지 않는다'로 알려진 역사 관통적 이데올로기론을 세웠다. 생산관계로부터 '상대적으로 자립한' 이데올로기의 차원을 강조하는 알튀세르의 논의는 1장에서 본 것처럼, 사회적 생산 조건의 '재생산'을 보장하는 '국가의 이데올로기 장치'라는 새로운 분석 틀을 만들어냈다.

확실히 알튀세르의 이데올로기론은 종교, 교육, 가족, 법률, 정치, 조합, 미디어, 문화 등 여러 심급에서 자본주의적 생산관계를 재생산하는 여러 기능에 해당하는 이데올로기 분석을 가능하게 했다. 그러나 오히려 마르크스 자신의 이데올로기론의 목표, 즉 폴리티칼 이코노미 비판에 이르는 이데올로기 **비판**을 잃어버리는 결과가 되었다. 이에 대해 아도르노는 마르크스주의에서 볼 수 있는 고전적 이데올로기론이 '진리에 대한 강조된 개념'을 전제로 하고 있음을 지적하면서, 이데올로기 비판의 관점에서 이데올로기가 단순한 허위의식이 아니라, 그와 동시에 이데올로기가 고유한 진리성을 가지고 있다고 주장했다. 마르크스주의의 이데올로기론에서는 객관적 필연성과 이데올로기의 비진리성 사이의 차이가 전제되었다. 그러나 아도르노는 보다 앞서 나가 진리와 허위가 서로 교차한다는 점에서 마르크스의 이데올로기 개념의 독자성을 발견했다.

　　마르크스주의에서는 개인들의 의식 형태가 개인들의 사회적 관계에서 비롯된다고 이해된다. 그러나 아도르노에게 이데올로기가 발생하는 것은 사회적 관계가 인간들에게 비역사적이고 불변의 자연 관계로 전환되는 순간이다(Marz 2021, 402). 여기서 사회적 관계라는 객체성은 인식하는 개인들에 의해 매개되는 동시에, 개인들의 주체적 의식 형태 역시 이미 **이데올로기를 포함하는** 객체적이고 사회적인 실재성에 의해 매개된다. 따라서 이데올로기는 분명 사회적 관계로부터 자립된 관념 및 사상의 시스템이지만, 알튀세르가 강조한 것처럼 '상대적으로 자립된' 심급을 의미하는 것은 아니다. 오히려 아도르노에 따르면, 이데올로기는 이미 부르주아 사회라는 '총체성Totalität'에 내포되어 있으며, 그 자체가 부르주아 사회에서의 객체적인 사고 형태가 된다. 알튀세르에 기반한 이데올로기론과 아도르노의 이데올로기 비판의 차이는 결정적이다. 이데올로기는 그 주체적 차원에서는 사회적으로 필연적인 허위의식이다. 그러나 객체적 차원에서 보면, 이데올로기는 사회적 관계 그 자체에서 비롯된 필연적인 외관이며, 그 속에 진리의 계기가 포함되어 있다는 것이다

(Schnädelbach 1969, 83). 아도르노는 『쾰른 사회학·사회심리학 저널』에서의 「이데올로기 학설에 관한 기고」(1954년)에서 다음 과 같이 말했다.

> 객관적으로 필연적이면서 동시에 허위 의식으로서, 진리와 비 진리(그것은 단순한 거짓말과 마찬가지로 완전한 진리와 구분되지만) 의 교차Verschränkung로서, 이데올로기는 시장 경제, 단순한 근 대적 시장 경제와는 거리가 멀더라도 발전된 도시 경제에서의 그것에 속한다. <u>이데올로기</u>는 정당화이다. 이데올로기에는 변 호되어야 할 이미 문제가 되고 있는 사회적 상황이라는 경험 이 필요한 것과 마찬가지로, 다른 한편 그것 없이는 그러한 변 명의 필요성이 존립할 수 없는 정당성 그 자체의 이념, 그리고 **비교 가능한 것의 교환을 그 모델로 하는 정당성의 이념**이 필 요한 것이다.(Adorno 1990, 457-477)

이 이데올로기 이해는 초기 마르크스의 이데올로기론이 아닌, 후기 마르크스의 폴리티칼 이코노미 비판의 맥락에 있다. 아도르노가 주목한 것은 부르주아 사회에서 등가교환으로부 터 필연적으로 발생하는 상품 물신주의인 것이다. 확실히 『독 일 이데올로기』 초고들에서도 이데올로기의 정당화 기능이 논 의되었다. 그러나 거기서는 어디까지나 지배계급(내부)의 이해 관계라는 관점에서 이데올로기가 기능적으로 고찰되고 있는 것 에 불과하다. 예를 들어, 슈티르너 비판의 장에서 다시 인용해 보자. "법률이나 도덕 등에서 관념적으로 표현된 지배계급의 존재 조건은 그 계급의 이데올로그들에 의해 어느 정도 의식을 통해 이론적으로 지립화시켜, 이 계급의 개개인의 의식 속에서는 사명 등으로 표현될darstellen 수 있으며, 피지배계급의 개인들에게는 생활 규범Lebensnorm으로 제시되는, 즉 지배의 변호 또는 지배의 의식으로서, 또는 지배의 도덕적 수단으로서 자리 잡은 것이다"(MEGA 1/5, 476). 이리하여 항상 지배계급 내부에서, 지배계급의 사상을 "사회의 전 구성원의 공동적 이해관계로서"(ibid., 62) 일반화하기 위해, "이 계급의 사상가로서, 즉 이 계급의 자기자신에 대한 환상을 형성하는 것을 그 주된 생업으로 하는 이 계급의 능동적이고 구상적인 이데올로그들"이 등장한다(ibid., 61). 이데올로기는 지배계급이든 피지배계급이든, 바로 개인들의 의식이나 규범, 그리고 도덕의 차원에서 지배 관계를 정당화하는 것이다.

분명히 『독일 이데올로기』 초고들에는 이미 단순한 이데올로기의 인식론적 차원뿐만 아니라, "[지배계급이] 자신들의 사상을 유일하게 이성적이며, 일반적으로 타당한 사상으로 표현하는"(ibid., 63) 실천적·정치적 차원이 발견될 수도 있다(Eagleton 1994 참조). 헤겔 좌파가 대표하는 "살아 있는 개체로서의 의식에 관한" 이데올로기적 고찰과는 대조적으로, 마르크스 등의 이데올로기론은 "현실에 살고 있는 개인들"로부터 출발하여 "바로 그 개인들의 의식으로서의 의식"을 고찰한 것이다(Weckwerth 2019, 161). 그리고 마르크스의 유물론적 방법에 따르면, 이데올로기는 단지 사회적 관계로만 환원되는 것이 아니다. 오히려 반대로 "현실에 활동하고 있는 인간들로부터 출발하여, 그들의 현실적인 생활 과정으로부터 이 생활 과정의 이데올로기적 반영과 반향의 전개도 명확히 밝힐" 필요가 있는 것이다

(MEGA 1/5, 136). 따라서 "이데올로기는 필연적으로 외관 계기가 내재되어 있는 객체적인 사회적 관계로서 명확하게 파악된다"(Weckwerth 2019, 162). 이렇듯 『독일 이데올로기』 초고들에서도 이데올로기 비판의 관점은 명확하다. 즉, 이데올로기는 그 정당화 및 일반화의 기능에 있어서 개인들의 의식을 현실에서 지배하고 그들의 사회적 실천을 유도한다. 하지만 오로지 지배계급의 이해관계에 기반한 관점에서 이데올로기가 논의된다면, 이데올로기의 기능적 분석이라는 지평을 넘어설 수 없다.

　동일한 마르크스주의적 이데올로기 학설이라 할지라도, 알튀세르와 아도르노 사이에서는 문제설정이 크게 달랐다. 『독일 이데올로기』 초고들의 이데올로기 비판에 대한 범위를 확장하기 위해서라도 우리는 이 초고 그 자체의 성격에 주의를 기울여야 한다. 신MEGA판의 편집자들이 강조하듯이, '사적 유물론'을 정립한 『독일 이데올로기』라는 저작이 존재하는 것은 아니다. 당시의 역사적 맥락에서 원래 마르크스, 엥겔스, 그리고 헤스 등은 『독불연보』에 이어 『계간지』를 출판할 예정이었다. 이는 그들이 논쟁적인 담론을 생산하고 있었다는 것을 의미한다(Pagel 2020 참조). 즉, 이 여러 초고는 마르크스주의의 '과학적 진리'가 설정된 것이 아니라, 독일의 소부르주아적 관계를 배경으로 필연적으로 등장할 수밖에 없는 이데올로그, 특히 슈티르너나 진정사회주의자를 비판하는 것이었다. 따라서 애초에 『독일 이데올로기』 초고들에서의 이데올로기론을 경제적 토대에 대응하는 정치적 상부구조의 일부, 또는 자본주의적 생산관계를 재생산하는 한 가지 기능으로 단순히 이해할 수는 없다.

　그렇다면 폴리티칼 이코노미 비판으로서의 이데올로기 비

판을 어떻게 재구성할 수 있을까? 초기 마르크스의 이데올로기 개념은 그 후의 『자본론』에서는 물신주의나 신비화, 그리고 객체적 사고 형태 같은 개념을 통해 발전적으로 해소된다(Egger 2019). 그러나 『독일 이데올로기』 초고들에 나타난 이데올로기 비판과의 연속성도 고려되어야 한다. 왜냐하면 마르크스의 폴리티칼 이코노미 비판은 프루동이나 리카도 좌파 같은 사회주의자에 대한 비판을 포함하고 있기 때문이다. 사실 마르크스는 『요강』을 집필하기까지, ①폴리티칼 이코노미 비판, ②폴리티칼 이코노미의 역사, ③사회주의의 역사와 그 비판이라는 세 권의 책을 구상하고 있었다(Jakob 2021 참조). 그 잔재는 『잉여가치학설사』로 알려진 『1861-1863년 초고』에서도 찾아볼 수 있다. 마르크스는 리카도파 사회주의자 호지스킨T. Hodgskin이 스미스나 리카도와 같은 경제학자들을 대상으로 한 '프롤레타리아트적 반론'을 다음과 같이 요약하고 있다.

> [호지스킨이 보았을 때, 리카도가] 유동자본 덕분이며, 상품의 재고 덕분이라고 여긴 것은 '공존하는 노동'의 효과다. 그러므로 다르게 말하면, H[호지스킨]는 다음과 같이 말하고 있다. 노동이 가진 일정한 사회적 형태의 작용은 이 노동의 생산물인 물상에 기인한다고 여겨지며, 관계 자체가 물적 형태로 환상화된다는vorphantasieren 것이다. 우리가 보았듯이, 이것은 상품 생산, 즉 교환가치에 기반한 노동이 가진 하나의 독자적인 특징이며, 또한 상품과 화폐(H가 보지 못한 것)에서 이러한 물상화는 자본에서는 더욱 더 강화된 힘으로 나타난다. 사물들이 노동과정의 대상적 계기로서 가지고 있는 여러 작용이 사

물들의 인격화Personnificirung라는 방식으로 사물들 자체가 가지고 있는 것, 즉 노동에 대한 자립성으로서, 자본이라는 사물들에 기인한다고 여겨진다. 만약 사물들이 이러한 <u>소원한 형태</u>로 노동과 대립하는 것을 멈춘다면, 사물들은 이러한 작용을 가지지 않게 될 것이다.(MEGA II/3, 1432)

여기서 마르크스는 물상화된 생산관계를 전제로 하는 고차원의 자본 물신주의와 '물상의 인격화'의 관계에 대해 논하고 있다. 폴리티칼 이코노미 비판으로서의 이데올로기 비판에서 중요한 것은 **우선** 지배계급의 이해관계 관점이 아니다. 『자본론』에서는 먼저 '인격의 물상화'와 '물상의 인격화'라는 관점에서 상품 생산관계가 분석되며, 거기서 필연적으로 "사회적으로 타당하고, 따라서 객체적인 사고 형태"가 생성된다고 한다(MEGA II/6, 106). 이것이 자본주의에 내재하는 특수 역사적인 경제학적 범주를 역사 관통적인 것으로 자연시하는 경제학적인 물신주의다. 상품 생산 및 교환 시스템이 발전함에 따라, 노동생산물을 상품으로 교환하는 것이 자연스러워지고, 가치가 노동생산물의 자연 속성이라는 착각에 빠진다. 이 물신주의는 화폐의 차원에서 더욱 그 힘이 강화되어, 이번에는 화폐가 태어날 때부터 일반적 등가물로서의 속성을 가지고 있다는 착각에 빠진다.

더 중요한 것은 마르크스의 물신주의론이 이데올로기 비판으로서도 전개되고 있다는 점이다. 즉, 경제학자들의 자본 물신주의를 **사회주의적으로** 비판하는 호지스킨에 대한 비판이다. 물신주의는 상품이나 화폐의 차원뿐만 아니라 자본의 힘에서 더욱 심화된다. 마르크스가 전개한 '자본 밑으로의 노동의 형태적 포섭'론에 따르면, 자본주의적 생산관계란 "노동과 노동조건의 관계가 전도되어, 노동자가 노동조건을 충용하는 것이 아니라 노동조건이 노동자를 충용하는 독자적인 사회적 형태"이다(MEGA II/3, 1409). 그러나 고전파 경제학자들, 특히 "[베일리S. Bailey와 같은] 물신Fetisch의 사도는 이런 외관을 어떤 현실적인 것으로 간주하고"(ibid., 1317), 그것을 이데올로그로서 이론적으로 표현한다. 다시 말해 생산수단을 자본과 동일시하고, 사물로서의 생산수단이 태어날 때부터 자본으로서의 자연적 속성을 가지고 있다는 물신주의다. 마르크스가 강조하듯, "자본주의적 생산이라는 실재성"에서, 그리고 동시에 "그 이론적 표현인 폴리티칼 이코노미"에서도(ibid., 1409), 죽은 과거의 노동(생산수단)은 살아 있는 현재의 노동(생산자)에 대한 대립물로 현상한다. "그것은 종교적으로 사로잡힌 사고 과정에서 사고의 산물이 사고 자체에 대한 지배를 단지 요구하는 것뿐만 아니라, **지배를 행사하는 것과 완전히 동일하다**"(ibid., 1410). 여기서는 자본 물신주의가 단지 경제학자들에게 인식론적 착각을 일으키는 것뿐만 아니라, 사고의 산물인 이데올로기로서 개인들의 사고 형태를 현실에서 지배한다는 점이 강조된다. 즉, 이데올로기는 지배 관계를 정당화하는 것뿐만 아니라, 그 자체가 객체적인 사고 형태로서 지배 관계를 구성할 수 있다는 것이다.

법 이데올로기와 법 물신주의

'물상의 인격화'라는 소유 관계는 반드시 법=권리 형태를 띠지만, 법=권리 관계가 상품 소유자들의 인격적 관계 자체를 만들어내는 것은 아니다. '물상의 인격화'가 법=권리 형태로 보장되고 최종적으로는 법률 형태로 보완된다 해도, 법=권리가 상품 생산·교환 시스템을 재생산하는 것은 아니다. 마르크스도 『자본론』 제3부 주요 초고에서 이렇게 말했다. "[토지 소유자라는 인격에 의한] 법학적 권력Macht의 사용은 전적으로 그들의 의지에서 독립된 경제적 조건들에만 의존한다. 법학적 관념 자체가 의미하는 것은 어떤 상품 소유자든 자신의 상품을 자유롭게 다룰 수 있듯이, 토지 소유자는 대지를 자유롭게 다룰 수 있다는 것뿐이다"(MEGA II/4.2, 669). 분명, 법=권리에 기반한 권력관계는 결국 물상적 관계에 의존한 것에 불과하다. 그러나 법=권리라는 힘에서 독자적인 권력관계가 형성되고, 물상의 담지자인 여러 인격에 의해 법학적 권력이 행사되는 것이다. 이것을 법=권리의 이데올로기적 형태라는 관점에서 더 파고들어 보겠다.

바그너나 일본의 마르크스주의 법학자와 같은 '사회주의자'는 법=권리 관계나 소유 관계에서 출발해 경제적 관계를 설명했다. 그러나 그것은 단순한 인식론적인 착각이 아니다. 법=권리가 계약이라는 형태로 '물상의 인격화'를 필연적으로 보장하기 때문에, 그런 식으로 전도된 법학적 관념이 생겨나는 것이다. 파슈카니스가 강조한 바와 같이, 상품이나 자본의 물신주의는 더 나아가 '다른 힘', 즉 법 물신주의에 의해 보완된다. 다시 말해 개인들은 설령 어떤 계급에 속하든 간에, 태어날 때부터 법적 인격, 법적 주체라는 자연속성을 가지고 있다는 법학적 관념이다. 특정한 사회관계가 배제된 '인격'으로서의 인간은 오로지 법학적으로 상품이나 토지와 같은 물상을 자유롭게 처분할 수 있다는 관념을 가지게 된다. 이 법 물신주의는 단지 법학자나 사회주의자들에게 인식론적 착각을 일으키는 것뿐만 아니라, 사고의 산물인 이데올로기로서 개인들의 사고 형태를 현실에서 지배한다는 것이다.

'도출논쟁'에서도 강조되었듯이, 근대의 법시스템은 단지 계급 지배를 은폐하는 이데올로기가 아니라 지배·종속 관계를 구성하는 것이며, 총체로서의 자본주의 사회시스템에 내재적이다(Tuschling 1976, 47). 자본주의 사회에서 법=권리 형태는 물상화된 생산관계에서 필연적으로 발생하는 '물상의 인격화'라는 소유 관계를 보장한다. 이를 통해 직접적 생산 과정의 내부뿐만 아니라 그 외부에서도 개인들을 사적 소유자 및 법적 인격으로 주체화한다. 독일의 정치이론가인 소냐 부켈Sonja Buckel은 푸코의 권력론과 도출논쟁의 형태분석을 결합함으로써 이 점을 명확히 하고 있다.

> 내 생각에 자본주의적 관계는 근대 법을 통해 특수한 권력 테크놀로지를 만들어낸다. 이 테크놀로지는 한편으로 서로 개별화된 주체의 형성에 포함되어 있지만(주체화), 다른 한편으로 이 개별자들은 서로 어떤 곤란한 사회적 한계에 결부되어 있다(강제력). 그것은 사회관계가 독자적으로 자립화된 형태이며, 형태분석과 관련하여 법=권리 형태라고 부를 수 있다.(Buckel 2007, 211)

푸코가 계속해서 주의를 요구했듯이, 국가 기관은 권력 시스템의 집중적인 형태에 불과하며, 오히려 그 심층에 있는 권력 테크놀로지에 주목해야 한다(Foucault 2013, 233). 마찬가지로 마르크스의 형태분석에서 중요한 것은 국가의 내용(폭력적 지배)이 아니라, 법=권리의 형태분석을 통해 경제적 형태규정과 정치적 형태규정의 얽힘을 파악하는 것이었다. 법=권리는 단지 자본주의적 생산관계를 기능시키기 위한 이데올로기 장치가 아니다. 형태분석의 과제는 그러한 환원주의 모델에 빠지지 않고 법=권리를 특정한 권력관계로 파악하는 것이었다. 즉, 법=권리 관계는 독자적으로 정치적 지배 관계를 구성하며, 법=권리의 형태 규정이 어떻게 기능하는지 설명되어야 한다. "주체들은 [자본주의적인] 재생산 과정에서도, 규율 훈련 및 정치적이고 법학적으로 승인된 개별화에서도, 서로 개인화되고 위계가 정립되지만, 동시에 법주체성을 통해 균질화된다. 이 사태는 법=권리 형태의 기능 양식에 결정적으로 중요하다"(Buckel 2007, 220).

부켈이 주목한 법=권리 형태가 지닌 여러 기능은 '자본의 생산 과정'이나 '자본의 축적 과정'에서 비롯되는 법 물신주의를 이해하는 데 중요하다. 이미 보았듯이 『자본론』 제1권에서는 먼저 사적 노동에 기반한 상품 생산관계에서 경제적 형태규정이 도출되지만, 그 후에 자본주의적 생산관계가 본격적으로 검토된다. 즉, 제2편 '화폐의 자본으로의 전환' 이후에서는, 제1편 '상품과 화폐'에서 배제되었던 '생산수단'과 '노동력'이라는 물상 및 그 인격적 담지자가 처음으로 고려 대상이 된다. 화폐라는 물상적 권력에 기반해 생산수단을 배타적으로 소유하는 자본가는 노동력을 구매하고 소비함으로써 가치를 자기증식시킨다. 한편 공동체와 생산수단에서 분리된 '무소유의' 임금노동자는 자신의 노동력을 상품으로 판매하고 화폐를 손에 넣는 것이 강제된다.

이때, 양자는 노동시장에서 인격적으로 자유롭고 평등한 사적
소유자로서 대치하는데, 마르크스는 이 노동력 매매에서 '물상
의 인격화'를 제2편 '화폐의 자본으로의 전환'의 끝에서 다음과
같이 총괄하고 있다.

> 노동력의 매매가 그 제한 안에서 이루어지는 유통 또는 상품
> 교환의 부문은 실제로 천부인권의 진정한 낙원이었다. 여기서
> 지배하는 것은 단지 자유, 평등, 소유, 그리고 벤담이다. 자유!
> 왜냐하면, 어떤 한 상품, 예를 들어 노동력의 구매자도 판매자
> 도 단지 그들의 자유로운 의지에 의해서만 규정되어 있기 때
> 문이다. 그들은 자유롭고 법=권리적으로 대등한 인격으로서
> 계약한다. 계약은 그들의 의지가 그 안에서 하나의 공통적인
> 법적 표현Rechtsausdruck을 부여받는 최종 결과이다. 평등! 왜냐
> 하면, 그들은 단지 상품 소유자로서 서로 관계하며, 등가물과
> 등가물을 교환하기 때문이다. 소유! 왜냐하면, 양쪽 모두 단지
> 자신의 것을 처분하기 때문이다. 벤담! 왜냐하면, 양측에게 관
> 련된 것은 단지 자신의 일뿐이기 때문이다. 그들을 함께하게
> 하고 하나의 관계 안에 놓는 단 하나의 권력Macht은 그들 자기
> 의, 그리고 그들의 특수한 이익의, 또한 그들의 사적인 이해관
> 계의 권력일 뿐이다.(MEGA II/6, 191)

맥퍼슨은 이 유명한 테제 '자유, 평등, 소유, 벤담'에 의거
하여, 홉스나 로크와 같은 근대의 정치사상을 폴리티칼 이코노
미 비판의 관점에서 다시 파악하고 '소유적 개인주의'라는 개념
을 제시했다. 이 특이한 개인주의에 따르면, 개인은 자신의 인격

및 신체의 소유자이며, 그러한 소유자인 한에서 개인의 자유와 평등이 성립한다(Macpherson 1962, 1부). 하지만, 이 '소유적 개인주의'는 소위 자유주의 단계인 자본주의 사회에서 부르주아 이데올로기를 의미하는 것은 아니다. 하버마스가 그렇게 오해하고 있지만(Habermas 1968, S. 152 참조), 맥퍼슨의 '소유적 개인주의'론은 오히려 파슈카니스의 법=권리 형태분석의 맥락에서 이해할 필요가 있다(Esser 1975, 167). 즉, 소유적 개인주의란 개인들이 자신의 이익만을 추구하는 사적 인격이라는 자본주의 사회에서의 객체적 사고 형태인 것이다. 우리는 법=권리 형태분석을 거쳐서만 법 이데올로기에 고유한 차원을 파악할 수 있다. 자본주의 사회시스템에서 개인들은 '물상의 인격화'로서뿐만 아니라 법주체로서도 행동하지만, 그 결과로서 법 이데올로기가 개인들의 사고 형태를 객관적으로 지배하게 된다.

자본주의 사회에서 물상적 관계는 '물상의 인격화'가 필연적으로 갖게 되는 '법=권리 형태'를 매개로 하여, 직접적이고 사회적인 생산관계에서 독자적인 지배·종속 관계를 생성한다. 반복해서 강조해온 바와 같이, 단서적인 정치적 형태규정은 공동체에 기반한 인격적인 지배·종속 관계가 아니라 '물상의 인격화'라는 법학적 차원에서 생성된다. 그 결과, 개인들은 생산수단을 소유하고 있든 아니든, 태어날 때부터 법적 인격, 법적 주체라는 자연속성을 가지고 있다는 법학적 관념이 생겨난다. 이 법 물신주의는 단순히 허위의식을 생성하는 것뿐만 아니라, 법 이데올로기로 체계화되어 객체적인 사고 형태가 된다. 즉, '자유, 평등, 소유, 벤담'은 단순한 허위의식이 아니라, 객체적으로 실재하는 지배 관계, 즉 법적 주체를 구성하는 권력관계로 이해할 필요가 있다. 실제로 마르크스 자신도 '자유와 평등'을 단순한 가상이 아니라, 경제적 형태를 "다른 차원에서" 표현한 "교환의 법학적 형태"(MEGA II/2, 57)로 규정하고 있다. "자유와 평등이란 순수한 이상으로서는 교환가치의 과정에서 다양한 계기가 이념화된 여러 표현이며, 또한 법학적, 정치적 및 사회적 관계에서 전개된 것으로서, 그것들은 단지 [경제와는] 다른 힘으로 재생산된 것에 불과하다"(ibid., 60). 따라서, '소유적 개인주의'의 '자유와 평등' 역시, 종종 오해되는 것처럼 경제적 형태규정을 은폐한다는 의미의 법 관념이 아니다. 경제적 형태규정은 '물상의 인격화'라는 법학적 차원에서 '자유와 평등의 시스템'을 생성하고, 그 결과로서 필연적으로 발생하는 법 이데올로기가 개인들의 사고 형태를 지배한다.

'법=권리의 전회'로서의 '영유 법칙 전회'론

마르크스는 자본주의 사회시스템에서 "소유, 자유, 그리고 평등 자체가 때때로 그들의 반대물로 전변(轉變)된다"는 것을 강조하고 있다(ibid., 61). 이 유명한 '영유 법칙의 전회'론은 『자본론』제1권 제22장(프랑스어판에서는 제24장) '잉여가치의 자본으로의 전환'에서 펼쳐진 것이지만, 엥겔스판 이후의 텍스트에서 독일어 제2판과 프랑스어판이 가장 많이 혼합되어 편집된 부분이다. 여기서는 그 요점을 법=권리 형태분석의 관점에서 재구성하겠다. 이미 보았듯이, 자본주의 사회시스템에서 개인들의 소유 관계는 물상적 관계를 매개로 해서만 성립한다. 다시 말해, 분열된 사적 개인의 '소유의 정당성', 즉 사적 소유권

Eigentumsrecht은 법률이나 국가권력이 아닌 물상적 관계가 기초를 이룬다. 마르크스에 따르면, 이러한 "상품 생산에 적합한 소유권droit de propriété"이 자본주의 사회에서는 "타인의 노동을 영유하는 법=권리"로 필연적으로 전환된다고 한다(MEGA II/7, 508-509). 그 이유는 다음과 같다.

　　노동력을 원하는 자본가와 화폐를 원하는 임금노동자가 매매 계약을 맺을 때, 양자는 인격적으로 자유롭고 평등한 사적 소유자로서 등가의 물상을 서로 교환한다. 그러나 "상품 생산의 소유 법칙"에 따라 등가교환이 이루어진 결과, 이 등가교환이라는 "공정한gerecht 법칙"에서 "타인fremd 노동의 열매에 대한 자본의 영구적인 법=권리Recht가 도출된다"(MEGA II/1.2, 407). 이는 자본가가 노동력 상품의 사용(소비)을 통해 타인 노동의 성과를 영유할 수 있는 반면, 임금노동자는 자신의 노동 성과를 영유할 가능성을 빼앗기고 무소유자로서 노동력의 판매를 계속해서 강제당하게 되기 때문이다. 이를 통해 자본가계급은 물상화된 생산 관계에서 필연적으로 발생하는 '상품 생산의 소유 법칙'에 따라, 전적으로 정당하게 노동자계급의 잉여노동을 착취할 수 있다. 독일어 제2판에서는 '상품 생산의 소유 법칙'의 자본주의적 영유 법칙으로의 전회를 변증법적으로 설명하고 있다.

　　잉여자본 제1호를 형성하는 잉여가치가 기존 자본의 일부로 구입한 노동력의 성과이며, 이 구입이 상품 교환의 여러 법칙에 부합하는 한, […] 또한 잉여자본 제2호 등이 잉여자본 제1호의 성과에 불과하며, 따라서 그 최초 관계의 귀결인 한에서 […] 상품 생산 및 상품 유통에 기반한 영유 법칙 혹은 사적 소

유의 법칙은 분명히 그 자체의 내적이고 불가피한 변증법에
의해 그 정반대물로 전회한다. 최초의 조작으로 나타난 등가
물 간의 교환은 일변해서 외관Schein적으로만 교환이 이루어지
는 것처럼 된다. [⋯] 따라서 자본가와 노동자 사이의 교환 관
계는 유통 과정에 속하는 외관에 불과한 것이 되며, **내용 자체
와는 소원하고, 내용을 신비화하는 단순한 형태**가 된다. [⋯]
본원적으로 소유권Eigentumsrecht은 자신의 노동에 기반한 것
으로 나타났다. 적어도 이 가정이 타당하다고 간주되어야 했
다. 왜냐하면, 평등한 권리를 가진 상품 소유자들만이 대치하
는 것이며, 타인의 상품을 영유하기 위한 수단은 자신의 상품
을 양도하는 것뿐이며, 그리고 자신의 상품은 오직 노동에 의
해서만 생산될 수 있는 것이기 때문이다. 소유는 이제 자본가
측에서는 타인의 불불노동 혹은 그 생산물을 영유하는 **법=권
리**로 나타나고, 노동자 측에서는 자기 자신의 생산물을 영유
하는 것의 불가능성으로 나타난다. 소유와 노동의 분리는 외
관상으로는scheinbar 양자의 동일성에서 비롯된 법칙의 필연적
귀결이 된다.(MEGA II/6, S. 537–538)

이 부분은 엥겔스에 의해 편집된 현행판과는 달리, 프랑스
어판에서는 마르크스 자신에 의해 애초에 삭제되었다. 독일어
제2판과 프랑스어판을 비교 검토하는 것은 법=권리 형태와 법
이데올로기의 관계를 이해하는 데 중요하다. 제2판에서는 "최초
의 조작으로서 등가물 간의 교환"이 "유통 과정에 속하는 단순
한 외관으로, 내용 자체와는 거리가 소원하고 내용을 신비화하
는 것에 지나지 않는 형태가 된다"는 점에 역점을 두었다. 그러

나 이러한 외관 비판을 강조하는 변증법적 전개에서는 "상품 생산의 소유 법칙"에 따른 등가교환과 "상품 생산의 소유 법칙"에서 필연적으로 발생하는 관념, 즉 "자기 노동에 기반한 소유" 환상과의 관계가 애매하게 된다(佐々木 2021, 325). 실제로 일본의 선행 연구에서도 '영유 법칙의 전회'론은 주로 후자의 '자기 노동에 기반한 소유'의 환상성을 규탄하는 것으로 해석되는 경향이 있었다. 즉, 자본의 축적 과정에서는 고전파 경제학자가 이데올로기적으로 옹호하는 바와 같은 '상품 생산의 소유 법칙'이 효력을 잃고 자본주의적 영유 법칙이 전개된다는 것이다. 그러나 프랑스어판에서는 오히려 변증법적 설명이 사라지고, 제2판에서의 '외관' 비판이 전면에서 사라진다.

> 이 치부의 방법은 상품 생산의 최초 법칙과 이토록 기묘한 대조를 이루고 있음에도 불구하고, 이 법칙의 침해로부터 발생하는 것이 아니라, 오히려 이 법칙의 적용으로부터 발생한다는 것을 충분히 이해해야 한다. […]
> 따라서, 화폐의 자본으로의 최초의 전환은 상품 생산의 경제적 법칙과 거기서 파생되는 소유의 법=권리에 따라 이루어진다. […]
> 단순재생산은 제1의 조작을 주기적으로 반복하는 것에 불과하다. 그러므로 반복할 때마다 단순재생산은 화폐의 자본으로의 최초의 전환이 된다. 법칙의 작용이 연속된다는 것은 확실히 이 법칙이 침해된다는 것의 반대이다.(MEGA II/7, S. 506-507)

외관이나 변증법과 같은 용어가 사라진 것은 엥겔스가 이해했듯이 마르크스의 '평이화'를 의미하는 것이 아니다. 오히려 이 평이화에서는 이론적으로 중요한 함의를 읽어내야 한다. 즉, 자본의 축적 과정에서는 등가교환의 끊임없는 반복이 바로 '영유 법칙의 전회'를 가져온다는 점이다. '상품 생산의 소유 법칙'은 단순한 '자기 노동에 기반한 소유'라는 환상이 아니라, 현실의 축적 과정에서도 지속적으로 작용한다. 다시 말해, 마치 환상이나 이데올로기를 필요로 하지 않는 것처럼, '상품 생산의 소유 법칙'의 반복적인 적용을 통해 자본주의적 영유가 정당화된다. 이리하여 소유권이라는 법학적 차원에서 '상품 생산에 적합한 소유의 법=권리'가 '타인 노동을 영유하는 법=권리'로 지속적으로 전회한다. 그러므로 마르크스의 '영유 법칙의 전회'론은 바로 '법=권리의 전회'론으로도 이해해야 한다.

여기에서도 파슈카니스가 논한 법=권리 형태와 법 관념(그 체계화로서의 법 이데올로기)의 구별이 결정적으로 중요하다. '상품 생산의 소유 법칙'에 따라 등가물을 교환하는 사적 인격은 실제로 인격적으로 자유롭고 평등한 법주체로서 현상한다. 즉, 자본가와 임금노동자의 "평등하고 자유로운 관계"는 단지 "사람을 속이는 외관Schein"을 의미하는 것만이 아니다(MEGA I/2, 372). 물론, "로크에서 리카도에 이르는 일반적인 법학적 관념"(MEGA II/4.1, 134)에서 보듯이, '물상의 인격화'로서의 '자유·평등'은 자본과 임금노동의 착취 관계를 은폐하는 이데올로기로 기능한다. 마르크스도 「제결과」에서 이렇게 말한다. "이데올로기적·법학적으로는 노동에 기반한 사적 소유라는 이데올로기가 즉시 직접적 생산자의 수탈[탈소유화]에 기반한 소유로 전용된다"(ibid., 135). 그러나 인식론적 착각은 법 이데올로기가 가진 기능의 한

측면에 불과하다. 다른 한편으로 이러한 '소유적 개인주의'는 법이데올로기로서 체계화되어 객체적인 사고 형태가 되고, 개인들을 법적 인격으로 주체화하도록 해서 기능한다. 사실, '상품 생산의 소유 법칙'에 따른 등가교환은 법학적으로는 '물상의 인격화'로서 자유롭고 평등한 법주체 간의 계약 관계로서 현상할 수밖에 없다. "노동 능력의 판매는 이 제1과정[자본이 화폐로서, 노동력이 상품으로서 기능하는 형식적 과정]에서 이념적으로 혹은 법학적으로 이루어진다"(MEGA II/3.6, 2170). 그리고 이 등가적인 물상의 교환 과정과 동시에, '제2과정'인 '자본의 생산 과정'에서도 '물상의 인격화'에 기반한 지배·종속 관계가 생성된다. 마르크스는 자본의 축적 및 재생산 과정을 논하는 문맥에서도 법적 인격으로서의 주체화 작용이 실재적으로 관통하는 것을 시사하고 있다.

> 즉, 여기서는 이 노동조건이 노동자의 인격에 대해 자본가라는 인격의 형태를 취하며, 고유의 의지와 이해관계를 가진 인격화로서 대립하는 것이며, 다시 말해 노동조건이 노동자에 대해 소원한 소유로서, 다른 **법학적 인격의 실재성**으로서, 이 인격의 의지의 절대적 영역으로서 대립하는 것이며, 따라서 다른 한편으로는 노동이 자본가에게 인격화된 가치, 즉 노동조건에 대립하는 소원한 노동으로서 현상한다.(ibid., 2238)

이와 같이, 법=권리의 형태 규정은 교환 과정이나 유통 부문뿐만 아니라 직접적인 생산 과정이나 자본의 축적 과정에도 관통한다. 따라서 파슈카니스에 의한 법=권리의 형태분석은 단지 법=권리가 자본과 임금노동의 착취 관계를 은폐한다는 가상성을 강조한 것이 아니다. 마르크스의 '영유 법칙의 전회'론의 핵심은 프랑스어판에서 강조된 것처럼, 등가교환 및 상품 생산에 적합한 소유권의 끊임없는 반복에 있었다. 이 등가교환의 반복이 동시에 자본의 축적 과정에서 '물상의 인격화'에 기반한 지배·종속 관계를 재생산한다. 이는 법=권리의 형태분석이라는 관점에서 볼 때, '소유적 개인주의'라는 법 이데올로기가 개인들을 법적 인격, 즉 사적 소유자로서 지속적으로 주체화한다는 것을 의미한다.

물론 등가교환의 반복성이 강조된 프랑스어판에서도 '자기 노동에 기초한 소유'라는 환상에 대한 비판이 완전히 사라진 것은 아니다. 이는 현행판을 참조하는 것이 아니라, 제2판과 프랑스어판을 비교함으로써 확인할 수 있을 것이다. 앞서 인용한 두 번째 판의 인용문에 추가된 주석에서 마르크스는 다음과 같이 말하고 있다. "상품 생산이 일정한 발전 정도에서 필연적으로 자본주의적 상품 생산이 되는—오히려 자본주의적 생산양식의 기초 위에서만, 상품은 생산물의 일반적, 지배적 형태가 되는 것이지만—것과 완전히 마찬가지로, 상품 생산의 소유 법칙은 필연적으로 자본주의적 영유법칙으로 전회한다. 그러므로 상품 생산의 소유 법칙을 유효하게 함으로써 자본주의적 소유를 폐지하려는 프루동의 교활함은 놀라운 것이다!"(MEGA II/6, S. 538) 프랑스어판에서는 프루동에 관한 마지막 문장이 다음과 같이 수정되었다. "모종의 사회주의 학파가 자본의 체제에 상품 생산의 영원한 법칙을 적용함으로써, 자본의 체제를 파괴할 수 있다고 생각하는 것은 어떤 환상illusion일까!"(MEGA II/7, S. 509)

프루동의 '교활함'이나 '착각'은 단순한 인식론적 오류가 아니라, 자본주의를 비판하는 '사회주의자'조차 빠지기 쉬운 법 물신주의였다. 이미 봤듯이, 마르크스의 폴리티칼 이코노미 비판이 프루동이나 리카도 좌파와 같은 '사회주의학파'에 대한 비판을 포함하고 있었음을 잊어서는 안 된다. 프루동은 어디까지나 상품 생산 및 상품 교환 시스템을 남겨둔 채, 그리고 리카도 좌파는 등가교환에서 생기는 법 개념에 의거하여 자본의 시스템을 변혁하려 한다. 이에 대해 마르크스는 상품 생산·교환 시스템은 물론, 경제학적 물신주의나 법 관념을 자본주의 사회시스템의 구성 부분으로 이해하고 있다.[5] 파슈카니스가 '사회주의 혁명' 후에 법학 비판을 세련되게 할 필요가 있었던 이유를 다시 생각해보길 바란다. 그것은 물상화된 사회관계 자체를 변혁하지 않고 '사회주의 국가' 건설을 정당화하려는 소비에트 법학자를 비판하기 위해서였다. 법 물신주의는 자본주의와 그 이데올로그인 경제학자를 **비판하는** 사회주의자의 사고 형태조차 철저히 지배한다. 그러므로 신비화를 가져오는 등가교환의 '외관'에 대한 비판은 사회주의자의 '환상'에 대한 이데올로기 비판으로 이해되

---

5 라야 두나예프스카야Raya Dunayevskaya는 『자본론』과 파리 코뮌의 관계에 주목하며, 혁명 실패 후의 프랑스어판에서 처음으로 상품 형태와 상품 물신주의의 필연적 연관이 명확히 드러났다고 주장한다(Dunayevskaya 1958, 98f). 실제로 프랑스어판 『자본론』은 파리 코뮌 이후, 인터내셔널의 활동 등도 금지된 반동·반혁명 시대에 몇 년에 걸쳐 발행되었다. 다만, 프랑스어판 준비는 제2판을 위한 개정과 동시에 이루어졌다는 점을 잊어서는 안 된다. 애초에 마르크스에게 제2판 이전부터 경제적 형태규정과 물신주의의 관계는 매우 명확한 것이었다. 따라서 각국판 『자본론』에 대해서도 '상품과 화폐'를 제2판에서 번역해야 한다고 강조했던 것이다. 오히려 프랑스어판에서 명시화된 것은 간명화된 '영유법칙의 전회'론에서 볼 수 있듯이, 프루동 등 프랑스 사회주의자들의 환상을 비판하는 이데올로기 비판의 관점이다.

어야 한다. 마르크스의 이데올로기 비판은 경제학자에 대한 비판뿐만 아니라, 오히려 그들을 비판하는 사회주의자가 그들과 공유하는 법 이데올로기에 대한 비판인 것이다.

2부

'자본의 국가'를 넘어서

5장

근대 국가로부터 '자본의 국가'로의 이행

'부르주아 국가'의 가능성과 한계

'국가를 되찾자'?

1장에서 살펴본 바와 같이 '도출논쟁'의 참여자들은 『자본론』의 경제적 범주에서 국가를 논리적으로 전개하는 것에 집착한 나머지 국가의 역사적 발전을 간과했다는 비판을 받아왔다. 독일의 마르크스주의 역사학자인 하이데 거스텐버거는 논쟁 당시부터 국가를 단순히 자본주의의 기능으로 파악하는 환원주의 모델을 신랄하게 비판했지만, 1980년대 이후에는 '국가의 역사사회학'을 비판적으로 수용하게 된다. 여기서 '국가의 역사사회학'이란 1970년대 이후 미국에서 네오마르크스주의와 네오코포라티즘의 이론적 영향을 받으면서 발전한 흐름을 말한다. 20세기 전반에는 독일의 역사법학자 오토 기르케의 영향을 받은 메이틀랜드와 라스키, 그리고 길드 사회주의자인 홉슨과 콜 등의 논자들이 다원주의 국가론을 전개했다(Vincent 1987, 189). 같은 세기 후반에 이르러서도 이스턴의 '정치시스템론'에서도 볼 수 있듯이 국가 개념을 폐기하는 것이 추세였다(Bartelson 2001, 3장). 이에 대해 미국의 정치학자 시다 스코치폴은 '국가의 상대적 자율성'을 강조하는 네오마르크스주의를 수용하면서 정치학에서 '국가를 되찾자'는 '국가론의 복권'을 제창했다(Skocpol 1985).

마르크스주의 국가논쟁이 종식된 80년대 이후에는 역사사회학적 접근의 국가론이 눈에 띄게 발전했다. 스코치폴과 동시대에 사회학의 영역에서 베버 이후의 국가론을 크게 발전시킨 사람이 찰스 틸리이다. 틸리는 16세기 이후 서유럽 국가들 사이에서 전쟁이 지속적으로 전개된 것에 주목하여, 일정한 영역을 통치하는 근대 국가는 군사=재정 시스템의 경쟁관계를 배경

으로 형성되어왔다고 주장했다(Tilly 1975). 그의 테제는 "국가
가 전쟁을 하고, 전쟁이 국가를 만든다"로 집약된다. 즉, 강제력
coercion의 조직화와 전쟁 준비를 국가 분석의 중심에 놓음으로써
국가 간 관계가 국가 형성의 전 과정에 큰 영향을 미쳤다는 점을
강조했다(Tilly 1990, 1장). 틸리에 따르면, 유럽에서만 해도 제국·
도시국가(도시연합)·영역국가라는 세 가지 상이한 유형이 오랫동
안 공존해왔다고 한다. 따라서 국가의 역사적 발전을 파악하는
데 있어 19세기 이후 지배적인 국민국가nation state를 과거에 투
영해서는 안 된다. 사실 19세기에 성립된 국민국가는 16세기 이
후 우세했던 영역국가 즉 국민적 국가national state와 구별된다. 이
처럼 틸리로 대표되는 '국가의 사회학'은 현대에도 큰 영향력을
가지고 있으며, 전통적 마르크스주의 국가론의 경제주의·계급환
원론 모델에 대한 강력한 반론으로 되어 있다.[1]

그런데 도출논쟁 이후 90년대에 독일에서 출판된 거스텐
버거의 주저『주체 없는 권력─부르주아 국가권력의 생성에 관
한 이론』(이 책에서는 제2판 Gerstenberger 2006을 참조)은 영어권에
도 번역되는 등 마르크스주의 이론의 안팎에서 높은 평가를 받
고 있다. 거스텐버거의 국가론은 '국가의 사회학'이나 비교역사
학뿐만 아니라 미타이스, 힌체, 블로흐 등의 법제사나 사회사의
방대한 성과를 도입하고 있다. 그러나 일본의 정치학·사회학에
서는 80년대 이후 일본의 마르크스 연구가 쇠퇴한 것과 맞물려
스코치폴과 틸리를 중심으로 한 '네오베버주의'나 역사적 제도
론이 소개되는 데 그치고 있다. 거스텐버거는 히르쉬와 함께 마

---

1   그 후 국가의 '능력'에 주목한 신제도론이 등장했지만, 마찬가지로 국가를 분석
    의 중심에 둔 이론 모델이 되었다(佐藤 2014, 1장).

르크스주의 국가론을 쇄신한 몇 안 되는 논자의 한 사람임에도 불구하고 일본에서는 전혀 언급된 바 없다. 그 의미에서 이 장은 거스텐버거가 독자적으로 수립했던 근대국가론을 체계적으로 소개하는 것을 목적으로 한다.

도출논쟁의 당사자이기도 했던 거스텐버거는 네오베버주의의 '국가의 역사사회학'과 달리 '정치와 경제의 분리 및 결합'을 파악하는 마르크스의 형태분석을 부정하고 있는 것은 아니다. 오히려 거스텐버거는 홀로웨이와 마찬가지로 형태분석의 현대적 의의를 강조하기조차 한다(Gerstenberger 2007). 그러나 국가 도출의 추상성은 히르쉬에게는 조절이론에 근거하여 극복해야 했던 것처럼, 거스텐버거에게는 역사사회학이나 법제사 연구성과에 근거하여 극복해야 할 것이었다. 거스텐버거에 따르면, 자본주의의 특징이라 할 수 있는 '정치와 경제의 분리'는 마르크스가 『자본론』에서 전개한 잉글랜드의 '본원적 축적'에서 유래하는 것은 아니다. 중요한 것은 자본주의 성립에 앞서 '앙시앙레짐'이라는 서유럽의 특수한 사회구조로부터 근대 국가가 형성되었다는 점이다. 즉, "사적 소유를 보장하기 위해 국가는 형식적 중립성을 띤다"(Blanke et al. 1974)는 도출논쟁의 주요 테제는 자본주의 국가 자체가 아니라, 어디까지나 서구 산업사회에 고유한 '부르주아 국가Bürgerlicher Staat'를 전제하고 있을 뿐이다. 따라서 도출논쟁에서 간과된 것이지만, 부르주아 국가와 자본주의 국가, 달리 말하면 근대 국가와 '자본의 국가'는 명확하게 구분되어야 한다. 거스텐버거는 '정치와 경제의 분리'라는 국가의 형태규정성은 어디까지나 자본주의 사회시스템의 전제조건일 뿐, 자본주의 국가 그 자체의 정치적 형태를 정의하는 것은 아니라고 결론지었다. 도출논쟁에서 전개된 '국가의 형태분석'을 거스텐버거는 말하자면 역사주의적으로 수정한 셈이다.

이 장에서는 먼저 마르크스의 폴리티칼 이코노미 비판에서 '역사적 고찰'의 위치를 검토한 다음, 비역사적이라고 흔히 비판받아온 '형태분석'의 내용을 다시 확인할 것이다. 그리고 마르크스의 '프랑스 3부작'이나 『자본론』의 '본원적 축적론'을 소재로 삼으면서 자본주의 사회시스템에 선행하는 근대 국가의 역사적 기원과 근대 국가의 '자본의 국가'로의 이행에 대해 고찰한다. 이때 우리는 거스텐버거의 부르주아 국가와 자본주의 국가의 구별이 국가의 형태분석에서 어떤 의미를 갖는지에 주목한다.

폴리티칼 이코노미 비판에서 형태분석과 역사적 고찰

홀로웨이 등의 '열린 마르크스주의'는 1990년대 이후에도 형태분석의 현대적 의의를 재차 주장하고 있는데, 계급 지배나 자본과 임금노동의 적대적 관계를 강조하는 히르쉬와 함께 국가의 역사적 발전을 중시하는 거스텐버거를 높이 평가하고 있다 (Bonefeld et al. 1992a, 서론). 원래 자본주의 국가의 역사적 전개를 분석하는 것(역사분석)과 자본주의 국가의 정치형태 자체를 분석하는 것(형태분석)은 도출논쟁에서 항상 큰 논쟁거리였다. 논쟁 당시 블랑케B. Blanke 등은 형태분석과 역사분석을 엄격하게 구분했지만, 히르쉬나 홀로웨이는 오히려 양자의 일체성을 강조한다. 그들은 오로지 상품 생산관계나 소유관계로부터 법=권리 형태를 도출하는 블랑케 등을 비판하며 자본주의적 생산관계의 역사적 과정을 강조했다. 홀로웨이는 논의를 일보 전진시켜 자본의 축적 및 재생산 과정으로부터 국가 기능을 도출하는 데 있어 **역사분석은 형태분석에 내재되어 있다**고까지 주장했다.

그런데 형태분석과 역사분석의 불가분성을 강조한 것은 1장에서 보았듯이 '새로운 마르크스 읽기' 조류의 선구자인 로스돌스키였다. 당시 로스돌스키는 엥겔스의 '논리=역사'설에 의존했던 것으로 여겨진다. 엥겔스가 정식화한 역사분석과 논리분석의 관계는 『자본론』 연구사에서도 큰 쟁점이 되어왔기 때문에 여기서 짚고 넘어갈 필요가 있다.[2] 엥겔스는 『다스 폴크Das Volk』 (1859년)에 실린 「마르크스 『경제학 비판. 제1분책』의 서평」에서 다음과 같이 말했다.

> 따라서 [경제학의 비판 방법으로는] 논리적인 취급 방법만이 옳은 것이었다. 그런데 **이 논리적 취급 방법은 실제로는 역사적 형태와 교란적이고 우연한 사건을 떼어낸 역사적 취급 방법에 지나지 않는다.** 이 [부르주아 사회의] 역사가 시작되는 곳에서 사상의 진행도 마찬가지로 시작되어야 하며, 그리고 그 이후의 진행은 추상적이고 이론적으로 일관된 형태의 역사적 과정의 거울상에 지나지 않을 것이다. 그것은 수정된 거울상이지만, 수정되었다고 해도, 각각의 계기는 그것이 완전히 성숙한 전형적 형태를 갖추게 된 발전의 시점에서 고찰될 수 있기 때문에, 현실의 역사적 과정 자체가 제공하는 법칙들에 따라 수정된 것이다.(MEGA II/2, 253)

2 '새로운 마르크스 읽기' 조류를 비롯한 『자본론』 연구의 논쟁사에 관해서는 무카이(向井 2010, 1부)를 참조하라.

　　3장에서 보았듯이 마르크스는『자본론』제1권 모두에서 폴리티칼 이코노미 비판을 상품 분석에서 시작한다. "자본주의적 생산양식이 지배적인 사회의 부는 하나의 '상품의 거대한 집적'으로 현상하고, 개개의 상품은 그 부의 요소형태로 현상한다"(MEGA II/6, 69). 여기서 '상품' 범주를 이해하는 데서 마르크스주의자들 사이에서는 엥겔스의 '논리=역사'설이 큰 영향력을 발휘했다. 엥겔스에 따르면『자본론』첫머리에 전개된 '상품론'은 상품 생산관계가 전면화된 자본주의 사회뿐만 아니라 역사적으로 실재했던 단순상품생산 사회에서도 타당하다고 한다. 물론 역사적으로 상품이나 화폐가 자본주의에 선행하는 생산시스템에서도 폭 넓게 존재했다는 것은 널리 인정되는 사실이다. 그렇다면 마르크스의 논리적 방법에 의해 해명된 경제적 형태규정의 논리(단적으로 '가치법칙'의 메커니즘)는 자본주의 사회뿐만 아니라 그 이전의 단순상품생산 사회에서도 통용될 수 있어야 한다는 것이다. 그러나 엥겔스의 '논리=역사'설은 마르크스의 폴리티칼 이코노미 비판이 어디까지나 자본주의 사회시스템에 고유한 형태분석이라는 점을 간과하고 있다(Carver 1983, 139f). 그러나 이 점만을 강조하는 단순한 '논리≠역사'설 역시 일면적이라고 할 수밖에 없다. '논리와 역사' 논쟁에 관한 선행연구에서는 쿠루마(久留間 1969a, 97ff)의 선구적인 연구를 제외하고는 폴리티칼 이코노미 비판의 방법으로서 '논리와 역사'의 관계가 설정되지 않았다. 최근에는 나카무라(中村 2001)도 '자본주의적 생산관계'의 '현상분석'과 구별되는 '역사분석'에 주목했다. 그러나 '형태분석'(현상분석)과 '역사적 고찰'의 구분을 이해하는 것만으로 양자의 관계가 고찰되지는 않는다. 우리는 오히려 마르크스의 폴리티칼 이코노미 비판에서 형태분석과 역사분석이 어떤 연관을 가지고 있는지를 밝혀야 한다.

마르크스는 『자본론』 제1권을 마무리하는 최종편 '본원적 축적'에서 이전 편까지의 자본주의적 생산양식 그 자체를 대상으로 한 형태분석과는 별도로 자본주의적 생산양식의 '역사적 생성'과 '성립조건'을 고찰한다. 중요한 것은 이러한 역사적 고찰이 자본주의적 생산양식 내부의 경제적 형태규정의 논리분석과 명확히 구분된다는 점이다. 예를 들어 『자본론』 제3권에서 분석되는 이자 낳는 자본은 자본 개념이 가장 발전한 현상 형태이지만, 역사적으로는 '자본의 대홍수 이전 형태'인 고리대 자본으로 존재했다. 즉 역사적으로는 상품이나 화폐와 마찬가지로 자본 역시 자본주의 이전부터 존재했던 것이다. 그러나 마르크스의 형태분석은 엥겔스와 달리 역사적으로 실재하는 경제적 형태규정을 고찰한 것은 아니다. 실제로 『자본론』 제1권 제4장 '화폐의 자본으로의 전환'에서도 자본의 분석을 시작함에 있어 자본의 생성사를 일단 도외시한다는 것이 강조된다.

> 역사적으로 볼 때, 자본은 어디에서나 처음에는 화폐의 형태로, 화폐 재산 즉 상인자본 및 고리대자본으로서 토지 소유와 상대한다. 하지만 화폐를 자본의 최초의 현상 형태로 인식하기 위해 **자본의 성립사를 회고할 필요는 없다.** 같은 역사가 매일 우리 눈앞에서 펼쳐지고 있다.(MEGA II/6, 165)

오타니 데이노스케(大谷禎之介)에 따르면, 마르크스는 『요강』이나 「경제학 비판. 원초고」에서 "자본을 개념적으로 파악한 후, 자본의 생성에 '선행한 역사적 발전'을 고찰하는 것의 의미에 대해 여기저기서 검토하고"있다(大谷 2016b, 384). '도출논쟁'에서 간과된 것이지만, 폴리티칼 이코노미 비판의 방법으로서 자본을 이론적으로 파악하는 '형태분석'과 자본 생성에 관한 '역사적 고찰'의 연관성을 파악해두는 것은 결정적으로 중요하다. 마르크스는 자본의 형태분석으로서 "부르주아 경제의 법칙들을 전개"할 때, 자본의 성립사를 일단 도외시한다. 그것은 "우리 눈앞에서", 그것도 일상적으로 화폐가 자본으로 전환되지 않을 수 없음을 밝히기 위해서였다. 그러나 마르크스가 주의를 촉구했듯이, 이러한 형태분석만으로 폴리티칼 이코노미 비판이 완결되는 것은 아니다.

> 자본의 존재는 사회의 경제적 자태 형성의 오랜 역사적 과정의 결과이다. 변증법적 형태로 서술하는 것은 **자신의 한계를 파악하는 경우에만 옳다**는 것을 이 지점[화폐의 자본으로의 이행을 논하는 지점]에서 분명히 알 수 있다. <u>우리가</u> 자본의 일반적 개념을 도출하는 것은 단순유통의 고찰에서 비롯된다. 왜냐하면 부르주아적 생산양식 내부에서는 단순유통 자체가 자본의 전제이자 자본을 전제하는 것으로서만 존재하기 때문이다. 자본이 단순유통에서 발생한다고 해서 자본이 어떤 영원한 이념의 화신이 되는 것은 아니다.(MEGA II/2, 91)

이처럼 자본을 개념적으로 고찰하는 "변증법적 형태의 서술", 즉 형태분석은 그 자체로 한계를 지닌다. 따라서 『자본론』

제1권의 '화폐의 자본으로의 전환'에 관한 형태분석은 자본의 역사적 생성에 관한 '본원적 축적론'에 의해 보완되어야 한다. 형태분석에서는 "자본에 의해 지배되는 생산양식의 현실 시스템"이 고찰 대상이었다. 반면 역사적 고찰에서는 바로 "자본의 생성, 성립의 조건 및 전제", "자본 생성의 역사적 선행 단계"가 주제가 된다(MEGA II/1.2, 368). 따라서 마르크스의 폴리티칼 이코노미 비판에서는 먼저 자본 개념이 이론적으로 전개된 다음에, 도외시되었던 역사적 고찰이 형태분석의 한계를 보완해야만 한다. 그것은 자본을 "영원히 변하지 않고, 자연에 부합하는" 생산양식이라고 보는 부르주아 경제학자들처럼 "자본의 생성을 위한 조건"을 "자본의 현실의 실현을 위한 조건"과 혼동하지 않기 위해서였다(ibid., 369). 나아가 마르크스는 형태분석과 구별되는 역사적 고찰이 어떤 적극적 의미를 갖는지에 대해 다음과 같이 말한다.

> 우리의 방법은 역사적 고찰이 들어가야 할 지점을, 다시 말해 생산 과정의 단지 역사적 자태에 불과한 부르주아 경제가 자기를 넘어 그 이전의 역사적 생산양식들을 지시하기에 이른 지점을 보여준다. 따라서 부르주아 경제의 법칙을 전개하기 위해 <u>생산관계의 현실의 역사</u>를 기술할 필요는 없다. 그렇지만 이 생산관계들을 그 자체 역사적으로 생성된 관계들로서 올바르게 관찰하고 연역한다면, 그것은 항상 이 시스템의 배후에 있는 과거를 지시하는 듯한, 최초의 방정식들[…]에 도달하게 된다. 그렇다면 이러한 시사점은 **현재 있는 것을 올바르게 파악하는 것과 함께 과거를 이해하는 것**—이것은 하나의 독립적인 작업이며, 언젠가는 착수할 것이다—**의 열쇠를 제공**

한다.(ibid.)

마르크스의 방법에 있어서 역사학의 실증적 연구나 "생산
관계의 현실의 역사를 기술하는 것"은 주제가 아니다. 폴리티
칼 이코노미 비판에서 역사적 고찰의 과제는 어디까지나 "부르
주아 경제의 법칙들"을 해명하는 형태분석을 보완하기 위해 자
본 생성의 조건을 파악하는 것이다. 다음과 같은 『요강』의 유명
한 문장은 이런 의미에서 이해되어야 한다. "인간의 해부는 원숭
이의 해부를 위한 하나의 열쇠이다. 반대로 더 낮은 등급의 동물
종류에 있는 더 고급한 것에 대한 예지는 이 고급한 것 자체가
이미 알려진 경우에만 이해될 수 있다"(MEGA II/1.1, 40). 현재의
시스템(인간)을 분석하는 것이 과거의 시스템(원숭이)을 분석할 때
의 전제이다. 우선 현재의 자본주의 사회를 이해함으로써 과거
의 전(前)자본주의 사회를 이해할 수 있는 열쇠를 얻을 수 있다.
즉, 과거의 사회시스템에 대한 이해 그 자체는 폴리티칼 이코노
미 비판에서 역사적 고찰과 구별되는 "하나의 독립된 작업"이라
는 것이다.[3] 따라서 폴리티칼 이코노미 비판에서 역사적 고찰은
단순한 역사분석이 아니며, 경제사나 법제사 등의 실증적 연구
와도 구분된다.

도출논쟁에서는 형태분석과 역사적 고찰의 관계가 폴리티
칼 이코노미 비판의 맥락에서 이해되지 못했다. 그러나 이 책의
주제인 '국가의 형태분석'을 재구성하는 데에는 다음과 같은 점

---

3 마르크스는 『요강』 집필 당시의 편지에서 폴리티칼 이코노미 비판에 포함된
"역사적 고찰"과는 별도로 "경제적인 범주와 관계들의 발전의 간단한 역사적
소묘"에 착수할 예정이라고 서술했다(MEGA III/9, 73).

이 중요하다. 즉, 역사적 고찰은 형태분석을 단순히 보완하는 것에 그치지 않고, 오히려 자본주의 사회의 역사적 위치가 최종적으로 분명하게 된다는 의미에서 자본주의 사회라는 대상에 대한 이론적 분석을 총괄하는 것이기도 했다(大谷 2016b, 392). 왜냐하면 자본주의적 생산양식의 역사적 특수성을 고찰함으로써 자본주의적 생산양식 그 자체도 과도기적 생산양식, 즉 "새로운 사회 상태를 위한 역사적 전제"로서 파악할 수 있기 때문이다(MEGA II/1.2, 369). 따라서 역사적 고찰은 단순히 형태분석과 구별될 뿐만 아니라, 자본주의 사회시스템의 이론적 분석을 총괄한다는 의미에서 폴리티칼 이코노미 비판의 불가결한 구성 부분이다. 그렇다면 폴리티칼 이코노미 비판의 연장선상에서 국가론을 전개하는 형태분석에서도 역사적 고찰은 비슷한 의미를 갖는다고 할 수 있다. 따라서 우리는 다음과 같이 물어야 할 것이다. 자본주의 사회시스템을 구성하는 국가에 대한 역사적 고찰은 국가의 형태분석 그 자체와 구별되면서도 그 불가결한 구성부분이 아닌가, 라고 말이다.

국가의 형태분석에서 역사적 고찰의 의미

3장에서 살펴본 바와 같이 자본주의 사회시스템에서는 모든 인격적 지배·종속 관계가 해체되어 폭력적인 지배·종속 관계가 사회의 경제적 구조로부터 분리되어 중앙집권화된 구조적 권력이라는 정치형태를 띤다. 그러나 거스텐버거의 비판을 감안한다면, '국가의 사회로부터의 분리'라는 '자본주의의 정치적 형태' 규정은 국가의 형태분석으로서는 여전히 불충분하다. 자본주의적 생산양식의 형태분석이 그 역사적 고찰에 의해 보완되는 것처럼, 국가의 형태분석은 근대 국가의 역사적 기원과 그 자본주의 국가로의 이행을 고찰하는 독자적인 역사분석에 의해 보완되어야 하는 것이다. 즉, 국가를 포함한 자본주의 사회시스템을 총체로서 이론적으로 파악하는 형태분석은 자본주의적 생산양식을 총괄하는 국가 형태에 관한 역사적 고찰로 마무리될 필요가 있다. 이러한 관점에서 역사적으로 **자본주의적 생산양식에 선행했던** 근대 국가의 형성 과정을 고찰해보고자 한다.

마르크스는『자본론』제1권 '본원적 축적' 장에서 "자본주의적 경제질서는 봉건적 경제질서라는 모태에서 태어났다. 후자의 해체가 전자의 구성요소들을 해방했다"(MEGA II/7, 633)고 말했다. 그리고 "봉건적 경제질서에서 자본주의적 경제질서로의 전환을 빠르게 촉진하고 과도기를 단축"하기 위해 이용되는 것이 "국가권력, 즉 사회의 중앙집권화되고 조직화된 강제력"이라고 한다(ibid., 668). '봉건제에서 자본주의로의 이행'에 대한 역사적 고찰은 14세기부터 18세기까지의 잉글랜드 사회를 주제로 한 것이었다. 마르크스는 본원적 축적에서 국가권력의 기능으로서 임금 인하·노동시간 연장·규율 훈련을 강제하기 위해 제정된 15세기 말 이후 일련의 법률들, 그리고 17세기 말의 "식민지 체제, 공적 신용, 근대적 재정, 보호무역 시스템"(ibid.) 등을 열거하고 있다. 여기서 문제가 되는 것은 자본주의적 생산양식으로의 이행을 촉진하는 경제외적 권력으로서의 국가가 사회의 경제적 구조로부터 분리되고 중앙집권화된 강제력으로 정의되고 있다는 점이다.

거스텐버거의 국가도출론 비판을 고려한다면, 여기서 마르크스의 논의에 대해 다음과 같은 의문이 제기될 것이다. 마르크스가 '본원적 축적론'에서 언급하고 있는 국가권력은 이미 '자본주의의 정치적 형태'를 띠고 있는 것으로 전제되어 있는 것은 아닐까? 자본주의적 생산양식에 선행하는 근대 국가를 과연 "부르주아 사회가 자기를 총괄하는 국가" 형태로서 이해할 수 있을까. 물론 국가의 형태분석을 발전시키기 위해서는 마르크스가 간결하게 정의한 "사회의 중앙집권화되고 조직화된 강제력"이라는 국가 규정만으로는 불충분하다. 하지만 마르크스에게 이 규정은 아마도 '자본의 일반적 분석'의 틀 안에서 요청된 소극적인 것에 불과했다(그래서 우리는 3장에서 말하자면 숨은 국가 규정을 '무산 국가'로서 적극적으로 제시했던 것이다). 왜냐하면 『자본론』 제1권 '본원적 축적론'에서의 국가 규정은 어디까지나 자본주의적 생산양식의 형태분석을 보완하는 것에 불과하기 때문이다. 그러나 자본주의 사회시스템에 불가결한 국가 형태를 이론적으로 전개하기 위해서는 근대 국가의 역사적 고찰이 더욱 요구된다. 따라서 우리는 애초에 자본주의적 생산양식에 선행하는 근대 국가권력이 어떻게 형성되어왔는지를 고찰하고 적극적으로 국가의 형태분석을 발전시켜야 한다. 이는 마르크스 자신이 하지 못한 국가 비판의 과제이기도 하다.

거스텐버거는 영국과 프랑스의 비교역사학적 고찰을 바탕으로 "근대 국가(및 자본주의)는 봉건적 구조로부터가 아니라 바로 특수 역사적인 조건으로부터 생겨났으며, 나는 그것을 앙시앵레짐이라는 용어로 요약한다"고 말했다(Gerstenberger 2006,

23).[4] '도출논쟁'에서 블랑케 등은 '법의 일반성'이나 국가의 공공성을 자본주의 국가의 기능으로 도출했다. 그러나 거스텐버거에 따르면, 소위 법치국가는 앙시앙레짐 시대 서유럽 사회에서 역사적으로 형성된 것에 불과하다. "부르주아 국가의 가장 일반적인 형태, 즉 정치와 경제의 분리는 자본주의적 관계가 우세한 것의 구조적 결과가 아니라 **그 구조적 전제이다**"(Gerstenberger 2006, 473). 물론 거스텐버거는 마르크스의 '본원적 축적론'이 단순한 역사적 분석이 아니라 자본주의적 생산양식의 형태분석을 보완하는 역사적 고찰이라는 점을 간과하고 있다. 그러나 근대 국가 자체가 '정치와 경제의 분리'를 구조적으로 전제하고 있으며, 게다가 자본주의에 선행하여 형성되었다는 지적은 국가의 형태분석이 갖는 난점을 정확히 짚어낸 것이다.

이미 살펴본 바와 같이 마르크스에게 자본주의적 생산양식의 역사적 고찰은 주로 영국 사회에서의 직접적 생산자의 탈소유화(생산수단으로부터의 본원적 분리)를 분석하는 것만으로 충분했다. 왜냐하면 '본원적 축적'론의 핵심은 자본주의의 농촌적 기원, 즉 농촌에서의 생산관계의 실질적 변화(이른바 '농업혁명')를 파악하는 데 있었기 때문이다(Wood 2002). 브레너가 말했듯이, 영국의 농업자본주의는 농업개량을 통해 많은 인구가 공업 부문에 진입하는 것을 촉진했을 뿐만 아니라, 잉글랜드 공업 발전의 본질적인 구성요소인 국내시장의 성장을 가능하게 했다

4　또 거스텐버거는 서유럽과 다른 북아메리카의 '정착민settler 사회'의 특징으로서, 귀족의 법적 보호의 결여, 강제적 노예노동의 존재, 비교적 장기에 걸친 세속화 과정을 열거하고 있다. 북아메리카의 앙시앙레짐 사회는 중앙집권적 국가에 의한 정당한 폭력 독점이 극히 한정적이었다는 것이다(Gerstenberger 1996).

(Brenner 1985a, 53). 그러나 이와는 대조적으로 거스텐버거의 '국가의 역사사회학'에서는 자본주의의 구조적 전제로서 우선 '부르주아 국가'인 프랑스가 주요한 고찰 대상이다. 근대 국가의 역사적 고찰에 있어서는 잉글랜드 자본주의의 역사적 고찰만으로는 충분하지 않다. 그렇다면 '앙시앙레짐'의 서유럽 사회에서 '정치와 경제의 분리'는 어떻게 형성되어왔을까?

'앙시앙레짐'에서 근대 국가의 형성

거스텐버거의 '앙시앙레짐' 개념은 후술하겠지만, 단순히 프랑스 혁명 이전의 '구체제'를 의미하지 않는다. 토크빌의 고전적 저작 『구체제와 대혁명』에서도 앙시앙레짐은 프랑스 특유의 것이 아니라 14세기 유럽의 '낡은 기본체제'의 유산을 의미했다 (Doyle 2001). 이 이론적 틀은 계급론적 모델을 채택하지 않는 거스텐버거 자신은 유보하고 있지만, 마르크스주의 역사사상가인 페리 앤더슨이 독자적으로 전개한 '절대주의' 개념에 해당한다고 볼 수 있다. 그래서 거스텐버거의 '앙시앙레짐'론을 고찰하기에 앞서 앤더슨의 『절대주의 국가의 계보』(Anderson 1974, 1부)의 분석을 참고해보고자 한다.

앤더슨은 동·서유럽의 절대주의 체제들을 비교함으로써 마르크스주의 관점에서 말하자면 '절대주의 국가의 역사사회학'을 정립했다. 일반적으로 전통적인 마르크스주의 역사학에서는 16세기부터 18세기까지 봉건 귀족과 부르주아지의 세력 균형 속에서 절대주의 국가가 발전했다고 보았다. 예컨대 『선언』에는 다음과 같이 서술되어 있다. "매뉴팩처 시대에 부르주아지는 신분적 군주제 혹은 절대군주제에서 귀족에 대한 평형을 유지하는 추였으며, 대군주국 일반의 주요한 기초였다"(MEW 4, 464). 그러나 앤더슨에 따르면 절대주의 국가는 귀족과 부르주아 사이의 중재자도 아니고, 부상하는 부르주아가 귀족에 대항하기 위해 사용되는 도구도 아니다. 절대주의 국가는 오히려 정치적 위기에 처한 봉건적 귀족이 전통적 특권을 보호하기 위해 새롭게 만들어낸 권력 장치인 것이다. 그런 의미에서 절대주의 국가는 자본주의 사회의 경제적 구조에 완벽하게 대응하는 정치형태가 아니다. 실제로 절대주의 국가에서는 화폐경제의 확대와 상인·부르주아의 성장의 산물로 '관직매매'가 만연했지만, 이러한 관행은 귀족을 정점으로 하는 봉건적 계층에 부르주아를 통합하기 위한 제도에 다름 아니었다. 앤더슨에 따르면 절대주의 국가는 봉건적 귀족을 보호하기 위한 수단임과 동시에 상인과 부르주아의 이익을 보장한다는 점에서 모순을 안고 있었다. 그러나 제한적이긴 하지만 부르주아의 이익을 보완하는 국가 기능은 이전의 정치공동체(전제국가나 폴리스)와는 다른 절대주의 국가의 근대적 성격을 보여준다. 마르크스가 『자본론』 제1권에서 전개한 것처럼, 이러한 국가 기능이야말로 자본주의적 생산양식으로의 이행에 있어 본원적 축적의 계기를 이루고 있던 것이다.

그러나 프랑스의 사회학자 바디와 비른봄이 비판했듯이, 앤더슨의 국가론은 전통적 마르크스주의의 도구주의 모델에 의존하고 있다는 점에서 한계가 있다(Badie & Birnbaum 1979, 153). 실제로 전통적 마르크스주의가 주도해온 프랑스 혁명사 연구는 토크빌의 '앙시앙레짐론'에 의존하는 사회사 연구자들에 의해 대폭적인 수정을 요구받아왔다(Furet 1978, 34). 즉, 부르주아 혁명에

의한 '단절'설을 강조하는 전통적 마르크스주의에 대해 수정주의
적 해석은 오히려 중앙집권적인 근대 국가권력이 이미 절대주의
시대에 형성되어 있었다고 주장한다. 이러한 견해는 '국가의 사
회학'에서 공통된 인식으로 되어 있다. 바디와 비른봄은 앙시앙
레짐 시대의 서유럽 사회에서 근대 국가가 자본주의에 선행하여
형성되어왔다는 것을 다음과 같이 요약한다. "국가는 자본주의
의 산물도 아니고, 무역로 개설의 산물도 아니며, 더군다나 공업
이 비약적으로 발전하며 탄생한 것이 아니라 [⋯] 고도로 봉건화
된 사회 기구의 이례적인 저항을 받으면서, 또 심각해지는 영주
의 정치적 무능과 경제적·사회적 생활에 대한 영주의 강력한 통
제를 양립시키면서, 분업의 시대에 직면한 유럽이 취해야 했던
정치 방식"이다(Badie & Birnbaum 1979, 243-244).

마르크스와 프랑스 혁명

이미 언급했듯이 마르크스는 「크로이츠나흐 노트」와 '프
랑스 3부작' 등에서 프랑스의 근대 국가 형성사를 연구했다. 마
르크스 자신이 근대 프랑스 국가의 역사적 고찰로서 자본주의
에 선행하는 절대주의 국가를 파악했다는 점은 중요하다. 즉, 전
통적 마르크스주의 국가론을 비판한 '국가의 사회학'은 실은 마
르크스의 프랑스 국가론과 같은 지평에 있는 것이다. 사실 프랑
수아 퓌레가 강조했듯이 "마르크스에게도 토크빌에게도 프랑스
혁명은 군주제의 작업을 계승하는 것이었다"(Furet 1986, 100). 스
코치폴도 마찬가지로 주저 『국가와 사회혁명』에서 전통적 마르
크스주의의 '부르주아 혁명' 규정을 비판하면서 프랑스 혁명을

앙시앙레짐의 연장선상에서 파악하고 있다.

> 프랑스 혁명의 전체적 귀결은 중앙집권적 직업관료제 국가와 적당히 큰 사적 소유자와 다수의 중위 및 소규모 사적 소유자가 지배하는 사회의 공생적 존재로 특징지을 수 있다. 이 프랑스의 새로운 체제에서 **국가는 더 이상 사회구조적 전환을 촉진하는 것을 목표로 하지 않았다.** 대신 새로운 체제는 스스로를 유지하고 직업적 또는 관료적 지위와 사적 소유 및 시장관계에 기반한 사회질서를 보장하기 위해 노력했다. 또한, 강화된 국가는 이제 보다 자율적인 토대 위에서 기능할 수 있게 되었으며, 부의 사적 소유자들은 이제 (적어도 소수이긴 하지만) 잉여를 영유하기 위해 국가의 관직을 구입하거나 정치적·사법적 기구를 직접 이용하기보다는 시장에 기반하여 경제적 이익을 추구하는 경향을 강화시켰다.(Skocpol 1979, 204-205)

스코치폴에 따르면, 프랑스 혁명은 자본주의 경제의 발전을 정치적으로 촉진한 '부르주아 혁명'이 아니다. 오히려 앙시앙레짐 아래에서 형성되어온 중앙집권적 행정국가를 최종적으로 완성하는 것이었다. 이러한 관점은 토크빌의 '앙시앙레짐론'을 계승한 것이다. 우리는 '국가의 사회학'의 연구성과를 바탕으로 전통적 마르크스주의 패러다임에 맞서 마르크스 자신의 프랑스 국가론을 다시 읽어야 할 것이다. 실제로 『브뤼메르』에서 마르크스는 『선언』의 계급균형론과는 다른 관점에서 프랑스 혁명 전후의 근대 국가 형성사를 다음과 같이 개괄하고 있다.

방대한 관료제 조직과 군사조직을 가지고, 비대한 국가기구를 가진 이 집행권력, […] 망막처럼 프랑스 사회의 육체에 얽혀 그 모든 모공을 막고 있는 이 끔찍한 기생충은 절대군주제 시대에 봉건제가 쇠퇴하고 있을 때 생성된 것이며, 그 쇠퇴를 가속화하고 있다. 토지 소유자와 도시의 영주적 특권은 그만큼 많은 국가권력의 속성으로 전환되었고, 봉건적 고위 관료들은 급료를 받는 관료로 전환되었으며, 대립하는 중세적 절대 권력의 난잡한 양상은 공장처럼 노동이 분업화되고 집중된 국가권력의 질서정연한 계획으로 전환되었다. 제1차 프랑스 혁명은 부르주아적 국민통합을 창출하기 위해 모든 국지적, 지역적, 지방적 특수권력을 타파하는 임무를 띠고 있었기 때문에 **절대왕정이 개시한 것, 즉 중앙집권화를 발전시켜야 했**으며, 동시에 정부 권력의 범위, 속성, 하수인을 발전시켜야 했다. **나폴레옹은 이 국가기구를 완성했다.** 정통 왕조의 왕정과 7월 왕정은 부르주아 사회 내부의 분업이 새로운 이익집단, 즉 국가 행정의 새로운 재료를 창출하는 데 따라 증가하는 대규모 분업 외에는 아무것도 추가하지 않았다.(MEGA I/11, 178)

마르크스의 정치시론으로 유명한 '프랑스 3부작'에는 강력한 상비군 및 관료제 등 집행권력의(사회에 대한) 기생적 성격이 일관되게 강조되어 있다. 나폴레옹의 보나파르티즘은 부르주아지 혹은 총자본가가 독자적으로 정치적 지배력을 행사할 수 없는 프랑스에서 성립된 정치체제였지만, 마르크스주의 정치이론가들에게 이것은 바로 자본주의에서 '국가의 상대적 자율성'을 증명하는 것이었다(Wippermann 1983, 78; 西川 1984, 4장). 예를 들

어 오스트리아 SPD 좌파였던 오토 바우어에 따르면 절대왕정
은 16세기부터 18세기까지 봉건귀족과 부르주아지의 세력균형
속에서 발전했고, 보나파르티즘은 19세기 1848년 혁명 이후 프
롤레타리아트와 부르주아지의 일시적 세력균형의 산물이었다
(Bauer 1936, 128f). 그러나 전통적 마르크스주의처럼 절대왕정이
나 보나파르티즘을 부르주아지와 다른 계급과의 단순한 계급적
균형으로 파악해서는 안 된다.

　　마르크스의 '프랑스 3부작'에서 가장 먼저 주목해야 할 점
은 '국가의 역사사회학'과 마찬가지로 앙시앙레짐 시대에 이미
'근대 국가'가 형성되어 있었다는 것이다. 그러나 마르크스는 이
점만 강조한 것이 아니다. 더 중요한 것은 다음과 같은 사실이
다. 즉, 전통적 마르크스주의의 '부르주아 혁명' 개념과는 반대
로 프랑스 혁명이 자본주의적 생산양식으로의 전환을 야기한 것
이 아니라는 점이다. 『브뤼메르』에서는 이 점에 대해 다음과 같
이 언급하고 있다. "부르주아지는 국가기구를 자신들의 과잉인
구의 취업처로 삼고 있으며, 이윤, 이자, 지대, 사례금이라는 형
태로는 가로챌 수 없는 것을 국가의 봉급이라는 형태로 메우고
있다"(MEGA I/11,178). 우드에 따르면, 여기서 "'부르주아지'는
근본적으로는 자본가가 아니며, 부르주아지의 경제적 이해관계
는 너무도 강하게 국가에 뿌리를 두고 있다"(Wood 2020). 즉, '부
르주아'와 '자본가'는 개념적으로 구분된다는 것이다. 저명한 국
가제도사 연구자인 오토 브루너도 이렇게 말했다. "부르주아라
는 용어는 시민citoyen과 마찬가지로 원래는 옛 유형의 도시 시
민을 부르는 호칭이었지만, 17~18세기에는 수공업의 장인, 공
업기업가라는 의미를 가지게 되었다. 여기서부터 그것을 '자본

가'와 동일시할 수 있는 길이 열렸다"(Brunner 1968, 139). 정치적 마르크스주의자인 콤니넬도 『프랑스 혁명을 다시 생각한다』라는 저작에서 전통적 마르크스주의의 '부르주아' 개념을 비판했다. 당시 부르주아는 자본가계급을 의미하는 것이 아니라 대부분 "법조인, 비귀족적 관직소유자—서기관, 행정관, 하급 판사 등"으로 구성되어 있었다는 것이다. 따라서 프랑스의 부르주아 혁명은 확실히 "계약에 의한 소유관계, 법의 지배, 중앙집권적 국가 등"을 만들어냈지만, 잉글랜드와는 달리, 자본주의 발흥에 필요한 사회관계를 충분하게 만들어내지 못했다고 결론짓는다.(Comninel 1987, 180/203).

앙시앙레짐하에서 형성된 프랑스의 절대주의 국가는 여전히 귀족을 중심으로 한 '궁정사회'(엘리아스)를 기반으로, 소농대중의 토지 소유권을 보완하는 봉건적 성격을 띠고 있었다. 그러나 이 근대적 국가권력은 프랑스 혁명 이후 다양한 단체의 네트워크에 기반한 앙시앙레짐이 해체되고(二宮 1979, 213), 사적 이해관계의 대립에 기반한 부르주아 사회가 확대되면서 새로운 성격을 획득하게 된다. 사실 이러한 관점은 1850년대 앞의 두 작품에 비해 폴리티칼 이코노미 연구가 심화되어 1870년대에 쓰여진 『프랑스 내전』에서 더욱 강조된다.

상비군, 경찰, 관료, 성직자, 판사 등 곳곳에 퍼져 있는 기관들—체계적이고 계층적인 분업 방식에 따라 만들어진 기관들—을 가진 중앙집권적인 국가권력은 절대군주제 시대부터 시작된 것으로, 막 생겨나기 시작한 중간계급 사회에 대해 봉건제도와 싸우기 위한 강력한 무기가 되었다. 하지만 이 국가권력의 발전은 온갖 중세적 폐단, 즉 영주권, 지방의 특권, 도시와 길드의 독과점, 지방적 법제 등으로 인해 여전히 방해받고 있었다. 18세기 프랑스 혁명의 거대한 빗자루는 이러한 과거의 유물들을 모두 쓸어버렸고, 동시에 근대적 국가 구성물이라는 상부구조의 성립을 방해하는 마지막 장애물을 사회의 토양에서 제거했다. [···] **사회의 경제적 변화에 따라 정부의 정치적 성격도 변화했다.** 근대 공업의 진보가 자본과 노동의 계급적 적대성을 발전, 확대, 강화하는 것과 발맞추어 **국가권력은 노동에 대한 자본의 내셔널한 권력, 사회적 노예화를 위해 조직된 공적 강제력, 계급적 전제의 엔진이라는 성격을 점점 더 띠게** 되었다.(MEGA I/22, 137)

전반부에서는 『브뤼메르』와 마찬가지로 앙시앙레짐 시대, 즉 자본주의가 발전하기 이전에 '근대 국가'가 형성되었음을 강조하고 있다. 반면 후반부에서는 대혁명을 통해 '상부구조'로서 순화(純化)된 근대 국가가 19세기 이후 자본주의적 생산양식의 발전에 대응하는 형태로 새로운 정치형태를 띠게 된다는 점이 강조되고 있다. 왜냐하면 1870년대 제3공화정 시기 프랑스는 잉글랜드에 이어 마침내 '본원적 축적'을 완성함으로써 자본주의적 생산양식으로 이행했기 때문이다. 사실 프랑스에서 **본래적 의미의** 부르주아 사회, 즉 자본주의적 생산양식이 성립한 것은 19세기 후반 이후였다(Wippermann 1983, 73; Comninel 1987, 204). 이렇게 정치혁명으로서의 프랑스 혁명이 아니라 그 이후의 본원적 축적 과정, 즉 생산양식에서 사회혁명의 결과로 근대 국가는 새로운 정치적 형태를 띠게 된다. 즉, 자본주의적 생산양식의 확립에 의해 "자본 밑으로의 국가기구의 완전한 종속"(MEGA II/1.2, 614)이 생겨나면서 근대 국가가 새롭게 "부르주아 사회가 자기를 총괄하는" 형태규정을 획득했다. 이렇게 해서 자본주의 국가는 근대 국가에 특징적인 '중앙집권적' 성격뿐만 아니라 "노동에 대한 자본의 내셔널한 권력"이라는 형태를 띠게 된다.

근대 국가로부터 '자본의 국가'로의 이행

앙시앙레짐하에서 형성된 근대 국가는 자본주의적 생산양식의 발전에 대응하여 국가 기능이 경제적 형태규정에 제약된 '자본의 국가'로 전환된다. 이러한 관점은 '프랑스 3부작'에서 볼 수 있는 프랑스 국가에 대한 특별한 논의는 아니다. 마르크스의 「경제학 비판. 원초고」에서도 절대주의 시대 근대 국가의 기원과 자본주의 국가로의 이행에 관한 '역사적 고찰'을 발견할 수 있다.

절대군주제는 그 자체가 이미 부르주아적 부가 낡은 봉건적 관계들과 양립할 수 없는 단계까지 발전한 것의 산물이지만, 절대군주제는 **주변의 모든 지점에서 동일한 형태의 일반적 권력을 행사할 수 있어야 하는** 것에 대응하여, 이러한 권력의 물질적 지렛대로서 일반적 등가물을 필요로 했다. [...] 절대군주제는 화폐 형태의 부를 필요로 했다.(MEGA II/2, 19)

'국가의 역사사회학'은 앙시앙레짐에서 국가의 군사·재정 기능이 확대되는 것을 강조하지만, 절대주의 국가의 군사·재정력은 기본적으로 소농대중이 생산한 잉여생산물을 수탈하는 경제외적 강제력에 의존하고 있었다. 그러나 자본주의적 생산양식으로의 이행을 배경으로 근대 국가는 이전과 같은 권력분산적이고 아나키한 봉건적 관계를 보완하는 한편, 내셔널한 영역 전체에 대해 동일한 '일반적 권력'을 행사하기 위해 그 경제적 기반으로서 화폐세(稅)에 의존하게 된다. 사실 일정한 영역을 통치하는 근대 국가의 군사·재정력은 3장에서 살펴본 바와 같이 자본주의적 생산양식이 발전함에 따라 화폐나 자본과 같은 경제적 형태규정에 제약을 받을 수밖에 없다. 그러나 반대로 말하면, 근대 국가는 시장을 매개로 한 자본의 잉여가치 영유를 보완하는 한에서 자신의 군사·재정 기능을 점점 더 강화할 수 있다. 이러한 경제적 형태규정에 대한 의존성이야말로 '무산 국가'라는 자본주의 국가의 형태규정성이다. 실제로 미국의 사회학자 버링턴 무어가 선구적으로 지적했듯이, 자본주의적 생산양식의 확립이 프랑스보다 앞선 잉글랜드에서는 근대 국가의 자본주의 국가로의 이행이 가장 빠르게 진행되었다(Moore 1966, 1부). 정치적 마르크스주의자이면서 거스텐버거와 마찬가지로 국가의 역사사회학 연구성과를 중시하는 벤노 테시케는 이렇게 요약한다. "유럽 대륙의 이웃 국가들과 비교했을 때 가장 큰 차이점은 18세기 '재정=군사국가' 잉글랜드가 생산적인 자본주의 경제, 점점 더 합리화되는 국가장치, 그리고 통일된 지배계급이 궁극적으로 합의하여 추진하는 국가정책에 의해 지탱되고 있었다는 점이다"(Teschke 2003, 262-263).

앙시앵레짐하에서 형성된 근대 국가는 자본의 축적 과정에서 계급적 적대관계가 발전함에 따라 봉건적 귀족이나 부르주아지와 같은 지배계급의 단순한 도구가 아니라, 일정한 내셔널한 영역에서 자본의 전제를 관철하는 '자본주의의 정치적 형태' 규정을 새롭게 획득하게 된다. 이 점은 마르크스가 '프랑스 3부작'의 마지막 『프랑스 내전』에서 분명하게 강조했던 것이기도 하다. 우리는 근대 국가와 그것의 '자본의 국가'로의 이행을 역사적으로 고찰함으로써 근대의 절대주의 국가와는 다른 자본주의 국가의 형태규정을 보다 명확히 할 수 있다.

한편, 국가의 역사적 고찰에 의해 보완된 국가의 형태분석은 자본주의 국가의 군사·재정력 한계를 파악하고, 국가에 과도한 기능과 능력을 부여하는 국가주의statism를 피할 수 있게 한다. 틸리 등의 '국가의 사회학'은 18세기까지 주로 영역국가였던 근대 국가가 19세기에 이르러 본격적으로 국민국가로 전환되었다고 주장한다(佐藤 2014, 제6장). 예컨대 『사회 권력』이라는 대작으로 유명한 역사사회학자 마이클 만은 이 군사국가로부터 민사(民事)국가로의 역사적 전환을 국가의 '인프라 권력'에서 찾는다. "인프라 권력이란 전제적이든 아니든 간에 중앙 국가가 그 지배 영역에 침투하여 그 결정을 로지스틱스logistics 측면에서 실행에 옮기는 제도적 능력을 말한다. 이는 집합적 권력, 사회를 '통한 권력'이며, 국가의 인프라를 통해 사회생활 전반을 조정하는 것이다. 이로써 국가는 그 영역 내에서 중앙으로부터 방사형으로 침투하는 다양한 제도로 간주된다"(Mann 1993, 59). 그러나 국가의 형태분석에 있어 중요한 것은 다음과 같은 질문이다. 왜 19세기 이후 근대 국가가 영역 내 주민을 단순히 강제력에 의해 수탈하는 것이 아니라 '국민'으로 조직할 필요가 있었을까?

물론 여기서 국민국가는 경제적 형태규정을 보완하는 '자본주의의 정치적 형태'와의 관계 속에서 이해되어야 한다. 그렇지 않으면 다음 장에서 자세히 설명하겠지만, 가족과 인구에 관한 '사회정책'이 국가 행동의 주된 요인이 되는 이유를 설명할 수 없을 것이다. 19세기 이후 국가의 기능은 영역 내부 구성원의 '사적 소유'를 외부적으로 보완하고 노동력 재생산을 보완하는 기능으로 특수화된다.[5] 결국 '국가의 사회학'은 자본주의 국가의 고유한 형태적 기능을 파악하지 못하고 '국가의 국민화'를 단순히 국가 기능·능력의 확장으로 이해하고 만다. 그러나 형태분석에 따르면, 자본주의 국가는 그 다양한 기능·능력에서 어느 정도 자율성을 높일 수 있더라도 궁극적으로 경제적 형태규정의 제약을 받을 수밖에 없다. 근대 국가는 자본주의적 생산양식에 선행하지만, 자본주의적 생산양식의 확립과 발전에 따라 국가 기능이 경제적 형태규정에 제약받는 자본주의 국가로 전환될 수밖에 없다. 이 점은 거듭 강조할 필요가 있다. 만약 근대 국가와 '자본의 국가'의 형태규정을 혼동한다면, 국가에 과도한 기능과 능력을 부여하는 국가주의에 빠지게 되기 때문이다. 국가주의는 '앙시앙레짐' 시기에 전개된 군사=재정 확장 경쟁에 주목함으로써 근대 국가의 제도적 능력과 그 자율성을 강조하였다. 그러나 그

---

5 이렇게 해서 성립한 "사회적–국민국가"(발리바르)에서는 사회로부터 분리·자립화한 국가가 이미 집권화한 폭력장치로서 개인들에 대립하는 것만은 아니다. 국가는 사회로부터 분리됨과 동시에 자신을 사회화하고 "이상자(異常者)"나 "퇴행자"로부터 "사회를 방위해야 한다"는 것이다. 이러한 "국가의 사회화"에서 인간 신체가 생권력(生權力)의 대상으로서 "인종화(人種化)"되고, 생사여탈(生死與奪) 권한을 갖는 인종주의(racism)가 국가 기능으로 편입된다(Foucault 1997, 253). 자본주의 국가는 사회 구성원의 생명을 노동력 재생산의 관점으로부터 충분히 보장하는 것이 아니라, 생물학적 발상에 근거한 인종주의에 의해 선별한다(隅田 2021a).

것은 오히려 자본주의 국가가 경제적 형태규정에 대한 의존성을 심화시킴으로써 만들어진 국가 기능인 것이다.

자본주의 국가의 부르주아적 형태

4장에서 살펴본 것처럼, 자본주의 사회시스템에서 법=권리 형태는 물상화된 생산관계에서 필연적으로 발생하는 '물상의 인격화'라는 소유관계를 보완한다. 도출논쟁에서 계급국가론을 비판한 블랑케 등은 파슈카니스에 따라 계급 지배가 아닌 근대적 법시스템의 형태적 기능으로부터 국가 형태를 도출하려고 시도했다. 그들에 따르면, 법치국가의 '법의 일반성' 원리에서 생산수단이나 노동력 등의 사적 소유를 공적으로 보완하는 자본주의 국가의 형태규정성이 표현된다. 그러나 거스텐버거가 비판했듯이, 이러한 법치국가의 '형식적 중립성'은 분명 자본주의 사회시스템을 작동시킬 수는 있지만, 자본주의 국가의 정치적 형태규정 그 자체는 아니다. 왜냐하면 블랑케 등의 법=권리 형태분석은 자본주의 국가의 형태규정성을 고찰하려는 시도였음에도 불구하고, 자본주의 국가의 특정 형태, 즉 서구 산업사회의 '부르주아 국가'를 암묵적으로 전제했기 때문이다. 도출논쟁에서는 특히 보통선거권과 권력분립을 수반하는 의회제 민주주의 국가가 자본주의 국가의 전형적 형태로 간주되었다.[6] 결국 모든 근대

---

6 또한 오야부도 잉글랜드를 자본주의 사회의 전형으로 하는 『자본론』에 따라 자본주의 국가의 전형으로서 잉글랜드에서 발전한 의회제 민주주의 국가를 고려한다. 그러나 이러한 안이한 접근은 폴리티칼 이코노미 비판으로서 국가의 형태분석을 무시한 것이며, 결국 의회제 민주주의의 가능성(사회주의 전략에 대한 의의)을 과도하게 강조하는 것이다(大藪 2013, 10). 의회제 민주주의의

국가는 자본주의의 발전과 함께 이러한 부르주아 국가로 필연적으로 수렴하는 것으로 상정되고 말았다(Gerstenberger 1975, 73).

파슈카니스는 상품의 등가교환에서 법=권리 형태를 논리적으로 도출하고, 법주체의 자유·평등을 경제적 형태규정에 대응한 '물상의 인격화'로 이해했다. 그러나 파슈카니스는 상품 교환에 대응하는 공권력이라는 형태규정성을 강조하는 한편, 역사적 존재로서의 "법과 국가권력의 내적 연관성"을 거의 고려하지 않았다는 비판이 종종 제기된다(藤田 1976, 138; Fisahn 2016, 29). 하지만 폴리티칼 이코노미 비판의 방법론에서 법=권리나 국가의 역사적 고찰은 그것들의 형태분석을 총괄하는 것으로서 이해해야 할 것이다. 따라서 파슈카니스나 블랑케의 법=권리 형태분석도 단지 그 추상성을 부정하는 것이 아니라 오히려 그 역사적 고찰에 의해 보완될 필요가 있다. 거스텐버거는 국가 형태 및 법=권리 형태의 '역사적 고찰'을 강조함으로써 블랑케 등의 기능주의적 국가론을 비판했다. '법의 일반성'이나 국가의 형식적 중립성은 자본주의에서 정치와 경제의 분리에서 도출되는 것이 아니다. 오히려 서구 부르주아 국가의 전제인 '앙시앙레짐'과 이 특수역사적인 지배구조에 대항하는 사회적 투쟁에서 도출되어야 한다. 이미 살펴본 바와 같이 폴리티칼 이코노미 비판의 연장선상에서 국가의 형태분석을 총괄하기 위해서는 근대 국가의 역사적 고찰이 필수불가결하다. '앙시앙레짐'이라는 역사적 조건 하에서 형성된 자본주의 국가의 부르주아적 형태란 어떤 것일까?

한계와 가능성에 관해서는 제8장을 참조하라.

거스텐버거에 따르면, 앙시앙레짐 사회에서 지배의 주요
형태는 봉건사회와 마찬가지로 어디까지나 인격적 지배(·종속 관
계)였다고 한다. 독일의 역사학자 볼프강 라인하트 역시『국가권
력의 역사』에서 앙시앙레짐 시대의 '인격적 지배'를 다음과 같이
특징짓고 있다. "지배의 기초가 된 것은 보호였다. 이를 위한 전
제는 부, 즉 토지 점유와 군사력이었다. 군사력은 부로부터 생겨
났다. 왜냐하면 부는 […] 사병을 부양할 수 있게 해주었고, […]
그들은 '충성'이라는 쌍무적 계약관계로 자유의지에 의해 편입
되었기 때문이다"(Reinhard 2000, 33). 그러나 거스텐버거는 봉건
사회의 특징을 파편화된 지배형태 혹은 군주권력과 귀족권력의
경쟁구조로 이해한다. "봉건제에서 중요한 것은 단순히 정치권
력과 경제권력의 결합이나 두 구별된 영역의 결합이 아니라 그
통일적인 작용 연관이다. 경제적 영역을 사고(思考)에서 분리하
는 위험을 피하기 위해 나는 봉건적 영유라는 용어를 지배자의
폭력 점유에 의해 구조화된 모든 영유 형태를 특징짓는 것으로
사용한다"(Gerstenberger 2006, 496). 여기서 지적되는 영유(마르크
스의 '생산양식' 개념에 해당)의 봉건적 형태는 자본주의의 그것과 다
를 뿐만 아니라, 앙시앙레짐의 그것과도 구별된다.

거스텐버거에 따르면, 앙시앙레짐 사회의 통치 구조는 직
접적인 폭력관계에 기반한 봉건적 지배와 달리 "인격적 지배
가 시장의 물질적 구조에 통합되는 한편, 왕후 권력 또는 군주
권력이 일반화(그리고 그로 인해 영역화)된다"는 점에 특징이 있다
(Gerstenberger 1992, 161). 즉, 앙시앙레짐 사회에서의 지배 실천
은 일반화된 법=권리와 시장 구조를 전제로 하고 있다는 것이
다. 다만, 거스텐버거는 예컨대 베버나 월러스틴과 달리 전면화

된 시장경제를 자본주의 경제로 한정하여 이해하고 있다. 즉, 시장구조가 확대된 앙시앙레짐 사회에서도 지배·종속 관계의 인격적 형태가 아직 잔존한다는 점이 강조되고 있다. 실제로 마르크스의 『자본론』 제3권 '지대론'의 역사적 고찰을 염두에 두면서 거스텐버거는 다음과 같이 유보한다. "영주의 권력이 노동지대가 화폐지대로 전환한 다음에도 그 인격적 특징을 잃지 않았던 것처럼, 군주의 권력은 일반화된 왕실 재정 및 사법권력에 의해서도 그 인격적 특징을 잃지 않았다"(Gerstenberger 2006, 502). 물론 16세기부터 18세기까지 서유럽 '앙시앙레짐' 사회에서는 국고 재정의 합리화와 교역 시스템이 현저하게 발전하고 있었다. 그러나 이들과 연계된 시장구조는 자본주의 경제의 자율적 동학과는 다르다. 즉, 어디까지나 인격적 지배의 범위와 형태를 둘러싼 사회적 투쟁에 의해 형성된 것에 불과했다.

나아가 거스텐버거는 게르하르트 에스트라이히의 국가제도사 연구(Oestreich 1969)와 하인츠 실링의 종교개혁사 연구에 의존하면서, 앙시앙레짐 아래에서 발전한 '영역적 지배형태의 일반화'에 주목한다. 즉, 종교정책, 전쟁수행, 조세정책, 독점의 보장, 생산통제 등에 관한 이해관계의 일반화가 부르주아 국가의 구조적 전제조건이었다.[7] 앙시앙레짐 시대에 형성된 일정한 영역을 통치하는 근대 국가권력은 '군주권의 일반화'라는 지배형태(이른바 절대주의 체제)를 수반했던 것만은 아니다. 근대 국가는 "종파 형성Konfessionalisierung"(Reinhard 1981)과 결부되어 사회

---

7 앙시앙레짐 시대에서 '이해' 개념이 종교적 관용과 개인화를 촉진한 경위에 관해서는 앨버트 허쉬만의 고전적 저작 『정념의 정치경제학』(Hirschman 1977)을 참조하라.

전체를 규율화·균질화했던 것이다. 실링은 이 종파 형성을 통한 사회적 규율화를 다음과 같이 설명한다. "일요일 설교, 풍기 감독, 가족 문제에 관한 일, 학교, 빈민·고아 구제 등의 활동을 통해 종파교회와 [그에 협력하는] 국가권력은 교구민의 일상생활과 일상의 행동에 깊이 개입했다. 그 결과 사람들의 생활 태도가 정신적·도덕적으로 강화되고, 공적 영역·사적 영역의 조직성이 증대되고, 다양한 인적 차이·지역적 차이가 평균화되고 중앙의 통제가 확대되었다"(Schilling 1981, 36).

　　따라서 거스텐버거가 말한 것처럼 "인격적 지배의 일반화와 종파화 과정에 내재한 세속화라는 두 과정이 부르주아 국가 형태가 역사적으로 가능하게 된 구조적 전제조건이었다"(Gerstenberger 1992, 166). 이리하여 앙시앙레짐 사회에서는 봉건사회의 단편적 지배형태와는 대조적으로 생활실천 전체가 법=권리화함으로써 일반화된 인격적 지배가 "통치성"(푸코)을 구성한다는 것이다(Gerstenberger 2006, 508f). 앙시앙레짐하에서는 생활실천 전체가 규율화·균질화한 결과로서, 지배권력 관계로부터 어느 정도 자유로운 통치 구조가 형성된다. 이 통치 구조 위에 정치적 불평등에 대한 사회적 투쟁을 통해 '공적 영역'(공적인 토론 및 대항)이 생성된다. 부르주아 국가의 전제조건에는 바로 이러한 앙시앙레짐에 고유한 통치 구조가 존재하는 것이다. "절대주의 시대에 절대군주의 대대적인 지도 아래 진행된 **국가와 교회, 경제와 문화의 근본적인 규율화**라는, 전에는 그다지 주목받지 못했던 구조사적 과정이 부르주아적=민주적 국가의 근본적인 민주화를 위한, 근대 국가와 그 사회를 위한 하나의 전제를 이룬다"(Oestreich 1969, 195). 에스트라이히는 이러한 앙시앙레짐에서 '사회적 규율화'가 근대 사회를 형성하는 '합리화'(베버)나 '문명화'(엘리아스)의 전제였음을 강조한다(Oestreich 1980).

이미 살펴본 바와 같이, 정치혁명으로서의 부르주아 혁명은 자본주의 사회시스템으로의 이행을 즉각적으로 완성한 것은 아니다. "경제외적 잉여 추출에 있어서 국가의 역할은 프랑스 혁명에 의해 이의를 제기할 수도, 끝낼 수도 없었다"(Comninel 1987, 204). 즉, '부르주아 혁명'의 주된 목적은 생산양식의 사회혁명이 아니다. 그보다는 앙시앙레짐 사회에서 각종 신분적 특권을 폐지하고 인격적 지배에 기반한 재산을 탈소유화하는 데 있었다. 이렇게 인격적 지배가 배제된 '비인격적 권력'으로서의 부르주아 국가야말로 사적 개인의 계약의 자유를 보장함과 동시에 사적 소유권을 외적으로 보완하는 '공공성'을 띠게 되는 것이다. 그러나 거스텐버거에 따르면 정치적 마르크스주의의 프랑스 혁명론은 다음과 같은 문제점이 있다. 즉, "'경제'와 '국가'의 관계를 물질적인 것으로만 이해하며", 혁명 이후 "영유 전략이 특히 법적 지위를 둘러싼 투쟁으로 등장하는 한에서, 제반 이해관계의 성립조건이 변화했다는 점을 간과한다"는 것이다 (Gerstenberger 2006, 354). 여기서 중요한 것은 부르주아 국가의 '형식적 중립성'이 앙시앙레짐하에서 일반화된 인격적 지배에 대한 사회적 투쟁에 의해 만들어졌다는 점이다.

여러 가지 특권―이들을 갖는 것은 중앙집권화된 지배에 의해 승인되지만―의 형태에서 인격적 지배의 일반화야말로 평등한 권리에 대한 요구를 불러일으켰다. **자연적 평등의 개념은 앙시앙레짐형 사회들의 지배형태에서 비롯된 것이다.** 이 개념은 정치적으로는 중앙집권화된 지배에서 소유('기득권'을 포함한)를 배제하려는 요구로 전환·구체화되었다. 중앙집권화된 영유에 대한 사적 참여의 범위와 특권적 지위가 앙시앙레짐하에서 구성되고 재생산되는 형태는 지배의 인격적 형태를 배제할 수 있는 정치형태의 결정적 전제조건으로 발전했다. 인격적 지배의 일반화라는 구체적 구조는 봉건시대의 지배를 둘러싼 호전적 경쟁과 특권적 신분 집단으로의 진입을 구조화하는 투쟁의 산물이다.(Gerstenberger 1992, 169)

거스텐버거에 따르면, '법 앞의 평등'과 '인민주권'을 기본원리로 하는 법치국가는 앙시앙레짐 사회에서 신분적 특권과 그에 기반한 소유권에 대항하는 정치적 투쟁의 특수한 조건과 결부된 것이었다. 즉, 부르주아 국가는 자본주의 사회시스템을 구성하는 자본주의 국가를 의미하는 것이 아니다. 이 정치체제는 앙시앙레짐 사회에서의 '일반화된 영역적 지배형태'를 전제로 한 부르주아 혁명에 의해 만들어진 것이다. 이런 의미에서 전통적 마르크스주의가 상정하는 것과는 달리 부르주아 국가는 자본주의 국가의 특수역사적 형태에 불과하다. 따라서 인격적 지배·종속 관계를 대신해 법적·정치적 평등을 요구하는 자유민주주의 역시 앙시앙레짐 사회에 고유한 지배형태라는 특수역사적 조건으로부터 설명되어야 할 것이다.

'부르주아 국가'의 가능성과 한계

거스텐버거의 근대 국가에 대한 역사적 고찰은 자본주의 사회시스템에서 '부르주아 국가'의 가능성과 한계라는 문제를 제기한다. 8장에서 자세히 살펴보겠지만, 우드는 자본주의와 자유민주주의의 관계에 대해 이렇게 말한다. 부르주아 국가하에서 실현된 법적·정치적 평등성은 자본주의 사회시스템의 사회적·경제적 불평등(계급적 착취관계)과 공존할 뿐만 아니라 근본적으로 이 불평등을 해소하지 못한다(Wood 2012, 192). 요컨대, 부르주아 국가하의 형식적 민주주의가 담보하는 법적 평등이나 보통선거권은 자본주의적 생산양식에서의 자본-임노동의 계급적 적대관계와 완전히 양립할 수 있다(Wood 1995, 213). 이런 의미에서 부르주아 국가의 법적·정치적 평등성은 4장에서 보았듯이 상품 생산·교환 시스템이 만들어내는 '물상의 인격화'에 완전하게 대응한다. 그러나 히르쉬도 시사했듯이, 부르주아 국가는 자본주의 사회시스템의 필수적인 구성요소는 아니다. "자본주의적 사회편성화 양식에 포함된 자유와 평등의 실재적 계기[물상의 인격화와 법=권리 형태]는 **가능성으로 본다면** 자본주의 국가가 지닐 수 있는 부르주아 민주주의적 성격에 근거를 제공하는 것이며", 부르주아 국가의 정치적 민주주의에서 "개인들의 형식적 평등, 독립, 그리고 자유가 표현되고 있다"(Hirsch 2005, 27). 이 점에 대해 거스텐버거도 다음과 같이 말하고 있다.

[앙시앙레짐이라는] 이 역사적 맥락의 외부에서는 **시민의 평등적 권리는 자본주의적 착취의 기능적 필연성이 아니다.** 자

본주의적 계급관계 자체에는 부와 종교, 인종이나 젠더에 기반한 정치적 불평등을 필연적으로 해소하는 것 같은 동학이 존재하지 않는다. 집단적인 사회적 실천을 통해서만 이러한 정치적 불평등의 폐지가 자본주의적 계급관계의 재생산에 필요한 기능이 될 수 있다. 앙시앙레짐형 사회들로부터―'부르주아 혁명'이라는 개념으로 요약할 수 있는 과정을 거쳐―발전한 자본주의 사회에서는 다음과 같은 종류의 사회적 담론이 확산되었다. 즉, 단지 개인화나 종교의 사적인 일로의 전환 과정뿐만 아니라 장기간에 걸친 법적·정치적 평등에 대한 요구로 특징지어지는 담론이다.(Gerstenberger 1992, 171)

근대 국가의 역사직 고찰을 감안한다면, 부르주아 국가의 '법의 일반성'이나 '공공성'을 자본주의 국가의 기능으로 도출할 수 없다. 오히려 앙시앙레짐에 대항하는 부르주아 혁명이라는 특수역사적 조건에서 법적·정치적 평등을 둘러싼 사회적 투쟁이 이루어진 결과, 부르주아 국가가 자본주의 사회시스템에 필요한 정치기구가 되었을 뿐이다. 실제로 부르주아적 법치국가는 단지 계급적 착취관계와 공존할 뿐만 아니라, 앙시앙레짐 사회에서 정치적으로 배제된 집단이 정치참여의 권리를 국가에 요구할 수 있게 해준다. 사실 우드 역시 E. P. 톰슨의 『잉글랜드 노동자계급의 형성』을 참조하며 이렇게 강조한다. 즉, 부르주아 국가하에서 '자유민주주의'의 의미는 차티즘으로 대표되는 표준노동일과 보통선거권을 요구하는 노동자계급의 사회적 투쟁을 역사적으로 고찰할 때 비로소 이해될 수 있다(Wood 1978). 이는 부르주아 국가하에서 발전해온 '법의 일반성'과 '공공성'이 국가 폭력의

'정당성'을 **정의하는** 사회적 실천에 기초하고 있음을 시사한다 (Gerstenberger 1995). 도출론자인 그리머도 지적했듯이, 부르주아 국가하에서 "민주주의는 자본주의적 지배의 고정화 수단일 뿐만 아니라, 국가의 정당성 요구에 근거하여 자본주의적 지배를 제한하는 반자본주의적 이해관계의 접합과 관철의 수단이 될 수 있다"는 것이다(Grimmer 1976, 70).

　본 장에서는 거스텐버거의 국가론을 참조하여 모든 계급으로부터 '형식적 중립성'과 '법의 일반성'을 구현하는 부르주아 국가가 자본주의 국가의 특수역사적 형태에 불과하다는 것을 확인했다. 그녀의 논의는 네오베버주의의 '역사사회학'을 흡수함과 동시에 도출논쟁의 형태분석을 수용하고 있기 때문에 매우 난해하며, 선행연구에서 다루어지지 못한 경위가 있다. 우리가 거스텐버거의 근대 국가에 대한 역사적 고찰을 참조한 것은 단지 부르주아 국가의 역사적 특수성에 주목하기 위해서만은 아니다. 오히려 국가의 형태분석에서 부르주아 국가를 이상화하지 않고 그 가능성과 한계를 파악하기 위해서였다. 실제로 앙시앙 레짐 사회를 배경으로 발전한 법=권리 관계와 '공공 영역'은 형식적이긴 하지만 부르주아적 법치국가에서 노동자계급이 정치참여를 실현함으로써 국가에 사회정책을 요구할 수 있게 했다 (Gerstenberger 2009, 84). 다음 장에서 자세히 설명하겠지만, 이러한 법=권리 형태를 매개로 한 계급투쟁은 공산주의 사회로의 이행기에서 국가 형태, 즉 '사회국가'의 가능성과 한계를 고찰하는 데 있어 중요하다. 그러나 다른 한편으로, 법적·정치적 평등을 요구하는 자유민주주의가 자본주의 사회시스템에서 '물상의 인격화'에 기초한 법=권리 형태가 관철되는 것을 방해하는 것은

아니다. 결국 부르주아적 법치국가를 기초 짓는 법=권리 형태는
국가의 사회정책을 요구하는 계급투쟁을 가능케 하는 한편, 자
본주의적 생산양식의 계급적 적대관계를 손상하지 않으면서도
개인들을 끊임없이 법주체로 강제하는 것이다.

거스텐버거는 부르주아 국가가 자본주의 국가의 특정 형태
임을 밝히고, '부르주아 국가'의 가능성과 한계라는 문제를 도출
론자들 가운데 처음으로 제기했다. 말하자면 역사주의적으로 수
정된 그녀의 형태분석은 현대적으로 자본주의 국가론을 전개하
는 데 매우 시사하는 바가 크다. 예를 들어, 세계화 이후의 포스
트식민지 국가나 러시아, 중국 등의 '국가자본주의' 체제는 서유
럽의 '부르주아 국가'를 이상화하지 않고 폭력적인 지배 관계와
시장이 결합된 '자본주의 국가'로서 정면으로 분석되어야 한다
(Gerstenberger 2017). 실제로 현대 아프리카의 포스트식민지 국
가에서는 '공적' 직책과 자원이 지배자의 인격적 권위에 의해 '사
적'으로 운영되고 있다. 포스트식민지 국가에서 흔히 볼 수 있는
'부패'나 '오직(汚職)'은 거스텐버거에 따르면, 정상적인 행정 기
능으로부터의 일탈이 아니라 그 본질로 이해되어야 한다. "[자
본주의의 정치적 형태에 관한] 역사적 분석은 부르주아적 자본
주의 국가라는 제도적 장치의 이식이 근본적으로 다른 전(前)-
주권적 발전을 단순히 말소하지 않는다는 것을 보여줄 뿐만 아
니라, 냉전 시기에 경쟁하는 권력들이 활용했던 오직이라는 정
치 전략이 사적 이익을 위해 국민적 주권을 착취하는 방법을 이
식한 것임을 보여준다"(Gerstenberger 2011). 아프리카 국가연구
에서는 아프리카의 자본주의적 근대화의 특수성을 포착하기 위
해 '신가산제neopatrimonialism'라는 개념이 통상적으로 사용된다

(高橋 2006, 112). 그러나 우리의 관점에서 볼 때, 이러한 네오베버주의적 틀에 의존하지 않고 마르크스의 폴리티칼 이코노미 비판의 연장선상에서 자본주의 국가론이 전개되어야 한다(Teschke 2003, 52ff).

　　최근 거스텐버거는 서구 산업사회 이외의 '개발독재' 체제나 '현존 사회주의' 체제에서 인격적 지배와 시장경제가 융합한 '자본주의 국가'가 보편적으로 현상하고 있음을 강조한다(Gerstenberger 2011). 이러한 국가행정에서는 근대적 비인격적 관료제나 '법 앞의 평등'이 공식적으로 제도화된다 할지라도 국가로부터 분리된 영역으로서 사회가 실재하지 않고 인격적 위계가 지배적이다. 그러나 '법의 일반성'이나 '공공성'을 표방하는 부르주아 국가는 어디까지나 앙시앙레짐이라는 특수역사적 조건하에서 형성된 국가 형태이다. 따라서 서구 산업사회 이외에 부르주아 국가를 이식하는 것은 불가능하며, 자본주의 발전에 수반하여 부르주아 국가로의 수렴이 생겨나는 것도 아니다. 국가의 형태분석은 부르주아 국가를 자본주의 국가의 전형적 형태로 이상화하지 않으면서 '부르주아 국가'의 가능성과 한계를 파악할 필요가 있을 것이다. 즉 우리는 근대 국가의 역사적 고찰을 바탕으로 '물상의 인격화'에 기반한 법=권리 형태와 인격적 지배에 기반한 위계의 얽힘을 분석하고 자본주의 사회를 총괄하는 국가 형태를 구체적으로 전개해야 할 것이다.

6장

계급투쟁과 국가 형태

'사회국가'의 가능성과 한계

3장에서 무산 국가라는 정치적 형태규정을 고찰할 때 우리는 국가의 재정 정책이나 개발주의 정책의 '가능성과 한계'를 검토했다. 이에 반해 본 장에서는『자본론』제1권 '노동일' 장에서 맹아적으로 전개된 '국가의 사회정책'의 가능성과 한계에 대해 고찰한다. '형태분석'에서는 우선 계급 지배나 계급투쟁과 같은 정치적 계기가 의식적으로 폐기될 필요가 있었다. 그러나 계급 지배 등 정치적 내용을 배제한 형태분석은 국가 비판의 출발점으로 필수적이지만, 그것만으로는 충분하지 않다. 즉, 국가의 행동은 자본축적의 경제적 조건뿐만 아니라 계급투쟁과 계급적 힘관계와의 관계 속에서 분석되어야 한다는 것이다. 이하에서는 우선 자본주의 사회에서 계급투쟁이 어떤 형태를 취하는가라는 관점에 주목하고, 부르주아적 법치국가가 발전한 서유럽에서 20세기 중반 이후 확립되어 역사적 계급투쟁 및 계급적 힘관계가 제도화된 사회국가 체제에 초점을 맞출 것이다. '도출논쟁'에서는 사회민주주의의 개량주의나 후기자본주의론의 사회국가 환상을 비판했다. 이에 대해 우리는 탈상품화라는 관점에서 사회국가의 가능성을 강조한 오페와 에스핑 안데르센의 논의를 재검토할 것이다. 왜냐하면 서유럽에서 확립된 사회국가 체제는 어소시에이트한 사회시스템(어소시에이션의 연합체에 기반한 사회)으로의 이행에 있어 '가능성과 한계'라는 문제를 제기하고 있기 때문이다. 마지막으로 '프롤레타리아트 독재' 개념의 역사적 맥락을 파악한 후, 어소시에이트한 사회시스템으로의 과도기에서 국가형태에 관해 고찰한다.

계급투쟁의 형태분석

우리는 지금까지 '도출논쟁'을 바탕으로 마르크스의 국가 비판을 재구성해왔다. 전통적 마르크스주의처럼 자본주의 국가를 단순히 '계급 지배'를 관철하는 상부구조로 이해하는 것은 부정된다. 중요한 것은 국가를 포함한 총체로서의 자본주의 사회에서 '생산관계와 지배 관계의 얽힘'이 어떤 경제적 및 정치적 형태를 취하는가 하는 점이다. 그러나 '도출논쟁'의 형태분석은 계급 지배나 계급적 힘관계가 배제된 추상적 기능주의에 빠졌다는 비판을 자주 받아왔다. 그럼에도 불구하고 '계급국가론'처럼 정치적 형태규정의 단초를 계급 지배에서 찾는다면, 모든 계급사회의 정치공동체와 결정적으로 다른 자본주의 국가의 고유성을 파악할 수 없다(Heinrich 2004, 206f). 그렇다고 형태분석이 계급 지배나 계급투쟁과 같은 정치적 계기를 무시하는 것은 아니다. 관건은 경제적 형태규정을 외적으로 총괄하는 '자본의 국가'가 특정한 계급정치 상황에서 어떻게 하여 경제적 형태규정에 의해 한계 지어지는지를 구체적으로 파악하는 데에 있다.

현대에 와서 유물론적 국가론을 발전시킨 히르쉬는 논쟁 당시부터 경제적 형태규정을 단순히 상품 생산관계의 차원에서 추상적으로 파악하는 것이 아니라, 자본의 축적 과정에서 계급 투쟁과 정치적 위기를 중요시했다. 히르쉬에 따르면, 자본주의 사회에서 국가 행동의 가능성과 한계는 자본의 가치증식 과정에서 직접적으로 도출되는 것이 아니라 계급투쟁을 매개로 한 '자본주의적 사회편성화Vergesellschaftung'에 의해 규정된다. 이 사회편성화라는 개념은 '물상화론'을 기초로 자본의 축적 과정뿐만 아니라 계급관계와 정치적 위기를 파악하기 위한 것이었다. 홀로웨이-피치오토도 형태분석이 중시하는 '자본의 논리'는 노동과 자본의 적대적 관계를 표현한 것이라고 말한다. 즉, 부르주아 사회를 총괄하는 국가 형태는 경제적 형태규정에서 직접적으로 도출되는 것이 아니라, 경제적 형태규정에 제약된 계급 대립을 매개로 구체적으로 규정된다는 것이다.

그렇다고 해서 이렇게 파악된 자본주의 국가는 풀란차스가 정의한 계급적 힘관계의 '물질적 응축'처럼 경제적 형태규정으로부터 '상대적으로 자율적'인 정치적 심급을 의미하는 것은 아니다. 최근에도 히르쉬의 제자인 카난크람Kannankulam은 형태분석에 근거하여 신자유주의 시대의 '권위주의적 국가주의'(Poulantzas 1978)를 분석하고 있다. 카난크람에 따르면, 풀란차스는 국가의 사회로부터의 분리라는 정치적 형태규정의 근거를 이데올로기적·정치적·경제적 요소들로 구성했다(Kannankulam 2008, 61). 그러나 풀란차스의 문제점은 그 국가분석이 가치형태나 법=권리 형태에 관한 형태분석에 기초하지 않았다는 점이다(Elbe 2008). 마르크스의 폴리티칼 이코노미 비판을 자본주의 사회시스템 총체의 비판으로 이해하지 않고, 외관상의 '국가의 자율성'에 눈을 빼앗겨 '정치적인 것'을 '경제적인 것'과 분리하는 정치중심주의에 빠져서는 안 된다. 왜냐하면 사회의 경제적 구조로부터 분리된 정치적 국가의 행동은 특정한 방식으로 경제적 형태규정과 결합되어 있으며, 항상 경제적 형태규정에 제약을 받고 있기 때문이다. '정치적인 것'과 '경제적인 것'은 모두 일련의 사회적 권력관계의 고유한 형태로 파악되어야 한다. 계급투쟁의 분석처럼 '정치적인 것'에 치우쳐야 할 때일수록 '경제적인 것'에 대한 관점을 놓쳐서는 안 된다.

애초에 왜 이런 접근의 필요성을 강조해야 하는 것일까? 네오마르크스주의 정치학은 경제적 결정론을 피하기 위해 형태분석을 포기한 결과, 역사적 제도와 계급적 힘관계를 강조하는 자원동원론이나 코포라티즘론으로 방향을 선회했다.[1] 그러나 자본주의 국가를 설명할 때 역사적·제도적으로 구성되어온 '권력블록'(풀란차스)을 주어진 전제로 삼아버린다면, 역사적으로 각인된 국가제도와 구별되는 '자본주의의 정치적 형태'를 파악할 수 없다. '도출논쟁'의 형태분석을 이어받아 유물론적 법이론을 전개하고 있는 부켈도 다음과 같이 말한다. "나는 정치적 형태와 법형태의 필연적 접합을 한편으로는 구조원리라는 가장 추상적인 분석차원과 다른 한편으로는 법 및 국민국가에 의해 역사적·공간적으로 각인된 제도라는 특수한 차원으로 구분할 것을 제안한다. 분석 차원이 서로 혼동되어서는 안 되는 것은 그렇지 않으면 역사적 현상 형태와 구조원리가 혼동되기 때문이다"(Buckel 2007, 255). 형태분석의 과제는 국가의 제도들(특수한 차원)과 구별되는 국가의 형태규정성(추상 차원)을 파악하는 것이다.

형태분석을 무시한 정치중심주의나 역사적 제도론과는 달리, 경제적 형태규정에 제약된 자본주의 국가의 행동 및 기능을 파악하기 위해서는 자본주의 사회시스템하에서 '계급투쟁'이 지니는 독자적인 사회적 형태, 즉 '계급투쟁의 형태'를 고찰할 필요가 있다(Holloway & Picciotto 1978). 하지만 홀로웨이가 네그리를 비판하면서 말했듯이 '계급투쟁'은 자본주의 사회를 분석

---

1   예컨대 Schmitter & Lehmbruch ed.(1979), Jessop(1990, 4장)을 참조.

할 때 출발점이 아니다(Holloway 1992, 150). 왜냐하면 마르크스의 방식에 따르면 상품이라는 경제적 형태규정이야말로 폴리티칼 이코노미 비판의 출발점이며, 계급투쟁은 어디까지나 그 연장선상에서 고찰되어야 하기 때문이다. 따라서 계급투쟁의 계기를 출발점으로 삼는 정치중심주의를 회피하면서, 계급투쟁이나 계급 지배와 같은 정치적 계기를 어디까지나 형태분석과 결합시킬 필요가 있을 것이다(Hirsch & Kannankulam 2006).

오늘날에도 마르크스주의 비판자들이 문제 삼는 계급환원론은 『선언』 서두의 "지금까지 모든 사회의 역사는 계급투쟁의 역사이다"(MEW 4, 462)라는 유명한 테제에 의거한 것이다. 그러나 마르크스는 폴리티칼 이코노미 비판을 본격적으로 전개하기 이전부터 계급 지배나 계급투쟁 그 자체를 발견한 것이 아니라, 계급들의 존재를 "생산의 특정한 역사적 발전단계"(MEGA Ⅲ/5, 76)와 연결시킨 것이 자신의 이론적 공헌이라고 생각했다. 그리고 형태분석의 관점에서 보면 이러한 계급 역사 관통적 규정뿐만 아니라 계급 지배 및 계급 대립이 자본주의 사회시스템에서 어떤 형태를 취하는지가 중요하다. '폴리티칼 이코노미 비판 플랜'에서 언급된 바와 같이, 마르크스의 과제는 "근대 부르주아 사회를 구성하고 있는 3대 계급의 **경제적 생활조건**"(MEGA Ⅱ/2, 99)을 밝히는 것이었다. 그러나 폴리티칼 이코노미 비판에서 계급 범주의 핵심적 특징은 전통적 마르크스주의가 주장하는 '생산수단의 소유'의 유무가 아니다. 자본주의 사회시스템에 고유한 계급적 적대관계는 소유관계로부터가 아니라, 오히려 소유관계의 기초가 되는 물상화된 생산관계로부터 설명되어야 하는 것이다.

실제로『자본론』제1권에서는 먼저 사적 노동에 기초한 상품 생산관계에서 경제적 형태규정이 도출되고, 그다음 자본주의적 생산관계가 생산수단으로부터 분리된 임금노동자와 생산수단을 인격적으로 대표하는 자본가와의 계급적 적대관계로 정의된다. 그리고『자본론』제3권 '총과정의 자태형성Gestaltung'의 말미, 즉 부르주아 사회의 표층 분석에서 '계급'이 재정의된다. 즉, '계급'은 그 수입 원천(임금, 이자, 지대)에 대응하는 임노동자·자본가·토지 소유자라는 '물상의 인격화'의 관점에서 파악된다. 노동력·자본·토지(소유)와 같은 물상은 자본주의적 생산관계하에서 만들어지는 경제적 형태규정이다. 이에 반해 물상의 담지자로서의 3계급은 어디까지나 자본주의적 분배관계에서의 입장에 따라 구별된다(大谷 2010, 405). 요컨대 폴리티칼 이코노미 비판에서 계급 범주는 '물상의 인격화'와 그에 대응하는 분배관계의 관점에서 엄밀하게 정의되고 있다. 따라서 계급투쟁을 폴리티칼 이코노미 비판의 출발점으로 이해할 수는 없다. 오히려 계급투쟁은 폴리티칼 이코노미 비판의 말하자면 종착점이라고 할 수 있다. 실제로 마르크스 자신도 「엥겔스에게 보내는 편지」(1868년)에서『자본론』제3권을 "모든 잡다한 운동과 분해가 거기서 귀착되는 계급투쟁"으로 결론을 맺는다고 말한 것이다(MEW 32, 75).

'사회국가 환상' 비판

자본주의 사회시스템을 구성하는 계급을 '경제적 범주의 인격화' 즉 '물상의 인격화' 차원에서 파악하는 것은 도출논쟁의

'사회국가 환상' 비판을 재검토하는 데 중요하다. 왜냐하면 '물상의 인격화'를 보장하는 법=권리 형태를 고려해야만 계급투쟁을 형태분석에 접합시킬 수 있기 때문이다. '도출논쟁'의 발단이 된 뮐러-노이쮜스 논문은 '노동일' 장에서 전개된 잉글랜드 공장법의 분석을 바탕으로 자본의 가치증식 과정에서 국가 형태를 도출하려고 시도했다. 흥미롭게도 서독의 도출논쟁에 앞서 일본의 '사회정책 논쟁'에서도 가치법칙의 관철이라는 관점에서 자본 간 경쟁과 노동력 재생산의 관련성이 문제시되었다(石田 1967, 1980). 이 논쟁에서는 총자본으로서의 국가(의 사회정책)가 가치증식만을 추구하는 개별 자본에 의해 전혀 고려되지 않는 노동력 재생산을 어떻게 보완할 것인가가 초점이 되었다. 특히 오코치 카즈오(大河內一男)의 가치론 경시를 지적한 키시모토 에이타로(岸本英太郎)의 논의는 주목할 만하다. 키시모토는 노동력이라는 특수한 상품에서도 다른 상품과 마찬가지로 사회정책과 계급투쟁에 의해 매개되면서 가치법칙이 관철된다는 점을 강조하고 있었다(岸本 1949). 즉, 경제적 형태규정에 사회정책이나 계급투쟁과 같은 정치적 계기가 어느 정도까지 개입할 수 있는가 하는 문제가 제기된 것이다. 여기서 우리는 『자본론』에서의 노동력의 가치규정에 대해 계급투쟁과 국가 형태를 분석하는 관점에서 간단히 언급하고자 한다.

마르크스는 노동력 상품의 가치를 노동자라는 인격의 재생산에 필요한 생활수단의 가치(노동력의 재생산비)로 규정했다. 다만 여기서 생활수단은 노동자의 생리적 신체뿐만 아니라 역사적으로 형성된 생활관습과 문화수준을 전제로 하고 있다. "노동력의 가치 규정은 다른 상품의 경우와 달리 역사적, 사회관습적

moralisch 요소를 포함하고 있다"(MEGA II/6, 187). 그리고 국가의 사회정책과 노동력 재생산과의 연관성을 고찰함에 있어 한 가지 덧붙여야 할 것이 있다. 즉, 노동력 가치의 사회관습적 요소에 내셔널한 차원에서 노동자계급의 상태가 포함된다는 점이다. "[생활욕구의 범위는] 무엇보다도 또한 본질적으로 자유로운 노동자계급이 어떤 조건하에서, 따라서 어떤 관습과 생활요구를 가지고 형성되어왔는지에 따라 달라진다"(ibid.). 노동자의 계급상황, 나아가 계급투쟁이라는 정치적 계기를 적극적으로 고려한다면 다음과 같은 테제를 부연할 수 있을 것이다. (예컨대 표준노동일 획득을 둘러싼) 계급투쟁은 각국의 노동자계급이 그 당시의 역사적 조건하에서 어떻게 형성되는지를 규정하는 한 요인이다. 물론 노동력 가치의 경제적 형태규정만을 고려하는 한, 계급투쟁이라는 정치적 계기는 일단 사상된다. 그러나 한 국가 수준에서 노동자계급의 사회적 재생산을 분석할 때는 폴리티칼 이코노미 비판의 관점에서 계급투쟁을 고려할 필요가 있다.

다음으로 뮐러-노이쥐스가 주목한 자본주의 사회시스템의 자기 파괴적 성격에 대해 살펴보자. 애초에 자본은 노동일의 연장을 통한 '절대적 잉여가치의 생산'에서 자기증식이라는 '무제한적 충동'으로부터 노동력의 수명을 단축시킴으로써 잉여노동을 최대한 흡수하려 한다. 노동력의 육체적 한계를 무시한 노동일 연장은 노동력을 크게 소모하기 때문에 급속한 보충을 필요로 한다. 하지만, 경쟁하는 개별 자본은 가치증식만을 추구하기 때문에 노동력의 재생산을 전혀 고려하지 않는다. 그 결과 노동일 연장으로 인한 노동력의 소모는 일정 지점을 넘어서면 "기하급수적으로 증가하며, 동시에 노동력의 모든 정상적인 조건과 활동 조건이 파괴된다"(ibid., 491). 그리고 자본의 끝없는 가치증식 욕망에 의한 노동력의 파괴는 결국 자본의 착취 조건인 노동자계급의 사회적 재생산마저 교란시킴으로써 자본주의 사회시스템 자체의 존속을 위협하게 된다.

알트파터가 강조했듯이 국가의 개입이 요청되는 것은 이러한 자본 그 자체의 제한을 돌파하기 위해서다. 자본주의 사회시스템이 재생산되기 위해서는 오로지 가치증식만을 추구하는 개별 자본을 대신해 총자본가로서의 국가(의 사회정책)가 노동력 재생산을 담당할 수밖에 없다는 것이다. 다만 여기서 국가는 실제로 총자본가로서 기능하는 것은 아니다. 즉, 국가는 경쟁하는 개별 자본의 이해관계를 제거할 수 없다는 점에서 어디까지나 '이념적 총자본가'(엥겔스)에 불과하다. 따라서 "국가는 경쟁과 함께, 그리고 그 외부에 있는 자본의 사회적 존재를 관철하는 특수한 형태로서, 자본의 사회적 재생산에서 본질적인 계기로만 파악된다"(Altvater 1972, 7).

그러나 훗날 알트파터 자신도 회고했듯이, 자본의 재생산에 필요한 한에서 국가 행동이 요청된다는 기능주의적 이해에는 문제가 있다(Altvater & Kallscheuer 1979). 첫째, 현실적이든 이념적이든 자본과 그 인격화인 자본가가 자신의 이니셔티브에 의해 국가에 노동력 재생산을 요구하는 것은 아니다. 둘째, 국가 역시 자본주의 사회시스템에서 경제적 형태규정을 외적으로 총괄하는 정치적 형태를 띠고 있지만, 자본의 가치증식 과정에 제약되어 있기 때문에 노동자계급의 사회적 재생산을 자동적으로 담당하는 것은 아니다. 오히려 국가는 중립적인 존재가 아니라 종종 "자본가와 지주에 의해 지배되고 있다"(MEGA II/6, 245). 그래서 역사적으로 '본원적 축적' 과정에서 볼 수 있듯이 국가는 공동체에 묶여 있는 직접 생산자를 생산수단으로부터 떼어내고, 이들에게 노동시간의 강제적 연장이나 임노동을 강요하는 규율 훈련을 수행했다. 또한 계급론적 접근이 줄곧 지적해온 것처럼, 자본주의 국가는 자본의 가치증식에 저항하는 노동자계급의 투쟁(파업 등)에 대해 자본의 논리를 보완하는 폭력적 개입을 끊임없이 행사할 수 있다. 즉, 국가 행동은 종종 자본의 기능을 내면화하고 있기 때문에 공적 권력으로서 사회의 정치적 공동성(단적으로 노동자계급의 사회통합)을 담보할 수 없다. 따라서 국가권력에 대해 공장법 제정이나 사회정책을 강요하는 것은 자본의 요청이나 국가의 공적 성격에 의한 것이 아니라, 궁극적으로는 노동자계급의 정치투쟁에 다름 아니다(Poulantzas 1978, 205). 즉, 부르주아 사회에서의 계급투쟁 혹은 계급적 힘관계야말로 국가의 사회정책을 통해 자본의 자기증식 욕구에 제한을 가하는 것이다.

　도출논쟁에서는 사회국가 환상을 비판하는 관점에서 국가의 사회정책을 노동력 재생산의 필요조건으로 기능주의적으로 파악했다. 그 결과 사회국가를 사회주의로의 점진적 이행 과정으로 위치시킨 사회민주주의자들의 개량주의는 완전히 부정되었다. 그 이유는 사회국가에서도 임금노동자는 계속 노동력 판매를 강요당할 수밖에 없고, 가치법칙에 근거한 잉여가치 생산도 중단되는 것은 아니라는 것이다. 이러한 견해는 마르크스경제학뿐만 아니라 전통적 마르크스주의를 비판하는 현대의 '새로운 마르크스 읽기' 조류에서도 널리 볼 수 있다(Heinrich 2004, 212 참조). 물론 사회국가는 일련의 사회정책을 통해 사회적 생산물의 분배 영역에서 독자적인 역할을 할 뿐, 잉여가치 생산의 형태규정 자체를 위협하는 것은 아니다(Müller & Neusüss 1970, 13). 그럼에도 불구하고 그들의 '사회국가 환상' 비판은 비사회국가(예컨대 '개발주의' 국가)에서 노동자계급의 사회적 재생산이 담보될 수 있는 가능성을 설명할 수 없다. 오히려 중요한 것은 '물상의 인격화'를 보장하는 '법=권리 형태'를 매개로 한 계급투쟁이야말로 국가의 사회정책을 요구한다는 점이다. 우선 이 계급투쟁의 무대는 노동력이 자본의 기능으로 될 수밖에 없는 직접적인 생산 과정이 아니다. 그보다는 '자유의지'에 기초한 계약(법=권리 형태)에 의해 자본가와 임금노동자가 상품 소유자로서 서로 맞서는 노동시장(유통과정)이다. 자본의 인격적 담지자인 자본가는 노동력을 구매한 후 노동일을 최대한 연장하려고 하는 반면, 임금노동자는 노동력 상품의 소유자로서 자신을 재생산할 필요성으로 인해 노동일을 정상적 길이로 제한하려고 한다. 그리고 양자의 계급 대립은 상품의 등가교환에 기초한 가치법칙에 따라 전개된다.

> 그래서 여기[노동력 매매를 둘러싼 권리 주장]에서는 하나의 이율배반이 발생한다. 즉, 둘 다 동등한 상품 교환의 법칙에 의해 보장되는 법=권리 대 법=권리이다. 동등한 법=권리와 법=권리 사이에서는 폭력이 결정한다. 그래서 자본주의적 생산의 역사에서 노동일의 표준화는 노동일의 한계를 둘러싼 투쟁―총자본가 즉 자본가계급과 총노동자 즉 노동자계급 사이의 투쟁―으로 나타나는 것이다.(MEGA II/6, 241)

여기서 중요한 것은 '계급투쟁의 형태'가 상품 소유자 즉 '물상의 인격화'를 보장하는 '법=권리 형태'에 매개된다는 점이다. 그리고 법=권리 형태를 매개로 하는 정치투쟁에서야말로 지배·종속 관계 즉 '폭력적 지배'가 문제가 되고, "국가 폭력의 간섭을 불러일으킨다"(MEGA II/3.1, 162). "노동자들은 계급으로서 그들 자신이 자본과의 자유의지적 계약에 의해 자신과 동족을 죽음과 노예상태로 팔아넘기는 것을 막는 하나의 국가의 법률Staatsgesetz을, 강력한 사회적 장애물을, [자본에 대해] 강제해야 한다"(MEGA II/6, 302). 블랑케 등도 법=권리의 형태분석이라는 관점에서 이렇게 말하고 있다. "법=권리, 그리고 법=권리를 보장하는 심급 즉 경제외적 강제력을 둘러싼 투쟁은 계급관계의 토대 위에서 단순한 환상이 아니라 부르주아 국가의 틀에서 계급투쟁이 정치적으로 표현될 수 있는 형태이다"(Blanke et al. 1975, 422). 그러나 노동자계급의 정치투쟁이나 그 귀결인 국가의 사회정책이 자본주의 사회시스템에서 자동적 혹은 필연적으로 전개되는 것은 아니다. 오히려 주목해야 할 점은 정치투쟁 자체의 전제조건이다. 노동자계급의 경제투쟁은 어떻게 발생하며, 왜 정치투쟁으로 전환될 수밖에 없는 것일까?

　　마르크스가 정당 등 정치단체로부터 독립된 노동조합의 경제투쟁을 중시하는 이유가 여기에 있다(木下 2016). 자본은 '잉여노동을 추구하는 그 무한한 맹목적 충동'으로 인해 노동력의 재생산 조건 자체를 파괴할 수 있지만, 다른 한편으로 노동력을 소유한 인격체는 그 욕망의 탄력성 덕분에 자신의 생활조건을 육체적 최저 한도까지 축소할 수 있다. 그러나 노동력 상품의 가치규정은 이러한 육체적 최저 한도가 아니라 일정한 사회 상태에서의 평균적인 생활 욕구와 문화 수준을 전제로 한다. 또한 다른 상품과 마찬가지로 노동력의 가격, 즉 임금은 노동자의 욕구 수준에 따라 노동력의 가치 이하로 혹은 가치 이상으로 변동할 수 있다. 물론 이 변동에 대한 분석은 폴리티칼 이코노미 비판의 플랜에서 '자본'론이 아니라 '임금노동'론에 배치되어 있다. 그럼에도 불구하고 마르크스가 '자본의 일반적 분석'의 범위 내에서 노동력 가치로부터 괴리한 임금의 형태규정을 부분적으로 전개하고 있다는 점은 중요하다. 사실 노동력 가치의 형태규정은 법=권리 형태를 매개로 한 임금 수준을 둘러싼 노사 대립의 전제가 된다. 마르크스는 「제결과」에서 다음과 같이 말했다.

> 다른 한편으로는 "노동능력의 가치가 노동조합의 의식적이고 분명한 기초를 형성한다. 노동조합이 잉글랜드 노동자계급에 대해 갖는 중요성은 아무리 평가해도 과대평가가 될 수 없다. 노동조합은 노동임금의 수준이 여러 사업부문에서 전통적으로 주어진 수준 이하로 저하하는 것을 막는 것, 즉 노동능력의 가격이 그 가치 이하로 저하하는 것[을 막는 것], 이것 외에는 다른 어떤 것도 목적으로 삼지 않는다. […] 다른 한편으로는 "수요와 공급에 의해 결정되는 노임의 수준, 즉 구매자와 판매자가 동일한 입장에서 거래할 때 상품 교환의 공정한 작동에서 발생하는 수준과 자본가가 각자와 개별적으로 거래하고 개별 노동자의 우연적인 곤궁(그것은 일반적인 수요공급관계와 무관하다)에 편승하여 인하를 강요하는 경우, 판매자 즉 노동자가 감내해야 하는 노임의 수준과는 큰 차이"가 존재한다. "노동자들은 자신의 노동력 매매에 관한 계약에서 어느 정도까지 자신을 자본가와 평등한 위치에 서기 위해 단결한다. 이것이 노동조합의 합리적인 점(논리적 근거)이다."(이상, 더닝 『노동조

합과 파업』인용) (MEGA II/4.1, 11)

따라서 우리는 국가의 사회정책이나 계급투쟁의 역할과
같은 정치적 계기를 고찰하기에 앞서, 노동력 가치의 형태규정
을 전제로 노동자계급이 노동조합으로 단결하는 경제투쟁의 조
건을 분석해야 할 것이다. 실제로 도출론자 중에는 임금노동자
의 노동조합으로의 총괄과 조직화, 노동자 간 경쟁의 지양, 노
동조건의 유지 및 향상과 노동력 가치의 유지를 위한 경제투쟁
이야말로 '국가 형태' 도출의 전제임을 강조하는 이들도 있었다
(Semmler & Hoffmann 1972, 15). 요컨대, 노동자계급의 경제투쟁
은 노동력 상품의 소유자 즉 물상의 인격화를 보장하는 '법=권
리 형태'를 매개로 자본의 자기증식 욕망에 제약을 가할 수 있다
는 것이다. 물론 마르크스는 이러한 노동조합의 임금 규제나 파
업과 같은 경제투쟁만으로는 노동자계급을 보호하는 법을 자본
에 강제할 수 없다는 점에 주의를 촉구했다. 1871년 11월 23일
볼테에게 보낸 편지에는 이렇게 적혀 있다. "하나의 정치운동,
즉 그들의 이익을 일반적인 형태로, 즉 일반적이고 사회적으로
강제력을 갖는 형태로 관철하기 위한 계급의 운동이 생겨난다"
(MEW 33, 333). 이렇게 해서 바쿠닌파를 배제한 것으로 알려진
'헤이그대회'의 「결의」(1872년)에서도 노동자계급의 경제투쟁은
정치권력을 쟁취하기 위해 유산계급과는 "별개의 정당으로 자
신을 조직"해야 한다고 결론지었다(MEW 18, 149). 언뜻 보기에
이러한 진술에서 계급국가론의 도구주의적 접근을 발견할 수 있
을지도 모른다. 하지만 아래에서 자세히 설명하겠지만, 국가권
력을 활용하는 노동자계급의 정치투쟁은 어디까지나 노동조합

의 경제투쟁을 기반으로 하고 있다. 실제로 마르크스는 「국제노
동자협회 잠정규약」(1864년)에서 노동자계급의 정치운동이 항상
"노동자계급의 경제적 해방이라는 목적"에 종속되어야 한다고
유보했다(MEGA I/20, 13).

이 점에서 뮐러-노이쮜스는 사회국가 환상의 물질적 기초
를 노동자계급의 사회적 재생산에 대한 국가 개입의 필요성뿐만
아니라 **노동자의 계급투쟁이 경제투쟁에서 정치투쟁으로 전환
되지 않을 수 없는** 점에서 찾고 있다. "투쟁을 국가로 이끄는 것
또한 노동운동의 역사에서 국가 환상의 토대가 될 수 있으며, 그
토대는 정치적 국가가 강제적 법률에 의해 자본의 권력을 타파
할 수 있다는 것이다"(Müller & Neusüss 1970, 65). 즉, 계급국가론
의 도구주의적 접근이 간과한 점이지만(Gough 1979, 1장 참조), 국
가권력을 활용한 법 제정이나 사회정책으로 노동자계급의 경제
적 해방을 실현하는 데는 한계가 있다. 캐나다의 마르크스주의
정치이론가 파니치도 이렇게 지적한다. 전후 선진 자본주의 국
가에서는 국가의 사회정책을 통해 노동조합이 국가화statization되
어(Panitch 1981, 24), 이른바 코포라티즘 체제가 오히려 자본주의
사회시스템을 재생산해왔다. 이런 의미에서 포디즘형 자본주의
적 축적체제를 보완하는 사회국가는 노동자계급의 경제적 및 정
치적 투쟁을 국가화Verstaatlichung함으로써 노동자계급의 어소시
에이션 형성을 저해하는 경향을 갖고 있다. 아뇰리는 이를 '관통
적 국가화Durchstaatlichung'라고 정식화했다(Agnoli 1995, 24). 관통
적 국가화는 포디즘형이든 포스트 포디즘형이든 자본주의적 축
적체제의 전반화에 따라 고도로 중앙집권적인 규격화가 다양한
사회생활 영역에서 진전되는 사태를 의미한다(Hirsch 1995, 79).

그러나 다른 한편으로 국가의 사회정책이 단순한 계급타협의 산물이나 계급투쟁의 완화책이 아닌 것도 사실이다. 마르크스가 말했듯이 "표준노동일의 제정은 자본가계급과 노동자계급 사이의 장기간에 걸친 […] 내란의 산물"이며(MEGA II/6, 300), 경제적 형태규정이나 가치법칙으로부터 자동적으로 생성된 것이 아니다. 도출논쟁에서 간과된 사회국가의 가능성은 법=권리 형태를 매개로 한 노동자계급의 정치투쟁이 국가의 사회정책을 요구함으로써 자본의 논리를 제약한다는 점에서 찾을 수 있다. 예컨대 전후 서유럽의 사회국가 제도는 히르쉬가 강조하듯이 "격렬한 경제적, 사회적, 정치 투쟁 속에서만 실현될 수 있었다"(Hirsch 2005, 119f). 따라서 비사회국가에서는 실현되지 않았던 것처럼, 국가의 사회정책은 "국가에 내재된 논리에 의한 것이 아니라 물질적 양보에 의해 뒷받침된 사회적 타협을 특정한 힘 관계가 강요한" 것이다(Hirsch 1995,45). 다음 절에서는 도출논쟁의 '사회국가 환상' 비판을 바탕으로 자본주의 사회시스템의 전환에서 사회국가의 가능성에 대해 고찰해보고자 한다.

탈상품화로서의 사회국가

홀로웨이가 강조하는 '계급투쟁의 형태'는 법=권리 형태를 매개로 한 노동자계급의 정치투쟁뿐만 아니라 '계급투쟁의 내용'을 경제적 형태규정의 관점에서 고찰할 수 있는 길을 열어준다. 도출논쟁 속에서 현대적으로 가장 현실적인 주제는 법=권리 형태를 매개로 한 정치적 계급투쟁이 자본주의 국가에 요구하는 제도적 개입의 내용이다. 뮐러-노이쮜스는 자본주의 사회시스템에서 국가의 사회정책이 노동력을 재생산하는 데 필요한 기능이라고 했다. 반면 도출론자들이 사회국가 환상이라고 비판한 오페의 후기자본주의론은 국가의 사회정책 자체의 내용, 특히 그 탈상품화적 성격에 주목한다. 오페는 애초에 자본주의 사회 시스템하에서 무소유 노동자를 임금노동자로 전환시키기 위해 국가의 사회정책이 필수적이라는 점을 강조한다. 요컨대 모든 자본주의 국가는 **어느 정도** 사회국가라는 것이다. 왜냐하면 오페에 따르면 노동력의 상품화는 "그 자체로 '경제적 관계라는 무언(無言)의 강제'만으로 설명할 수 없는 사회-정치적 과정을 구성하기" 때문이다(Offe 1984, 96). 마르크스의 폴리티칼 이코노미 비판에서 직접적 생산자를 탈소유화하고 임금노동을 강제하는 규율 훈련을 하는 국가 기능은 어디까지나 '본원적 축적' 과정에 한정되어 있으며, 일단 이 과정이 완료되면 노동력의 상품화는 경제적 형태규정에 의해 끊임없이 발생한다. 그러나 오페의 논의에 따르면, 자본주의 사회시스템에서 노동력의 상품화를 유지하고 보편화하기 위해서는 오히려 국가의 사회정책이 임금노동 관계와는 별도의 탈상품화된 영역을 끊임없이 제도화해야 한다는 것이다. 즉, 폴라니에 의거하면서 "노동력이라는 의제적 상품 형태에 기반한" 자본주의 사회시스템이 탈상품화된 하위시스템에 의존하고 있다는 점이 강조된다. 그리고 특히 후기자본주의에서 증가하는 국가 개입이 왜 상품 형태를 보편화하면서 동시에 탈상품화를 유발하는지에 대해 오페는 다음과 같이 말한다.

자본의 생산 과정은 노동과정과 가치증식 과정의 통일에 의해 규정되지만, 후기자본주의 사회에서는 이 통일적 과정의 분열로 향하는 경향이 뚜렷하게 나타난다. 즉, 사회적 노동력 가운데 가치증식 과정과 보완적으로 관련되어 있을 수 있지만, 가치증식과정이 아닌 <u>구체적</u> 노동으로 이루어지는 기능들을 위해 이용되는 부분이 급속히 증가한다. 이 구체적 노동을 지배하는 기준은 (사용가치와 무관한) 잉여생산물의 극대화, 그 실현과 투자가 아니라, 노동의 구체적 성과이다. 구체적 노동의 물질적 보상은 '가변자본'이 아니라 '소득'으로부터 이루어진다. 자본주의 산업사회에서 구체적 노동 중 가장 중요한 범주는 <u>서비스 부문</u>과 <u>유통</u>, 특히 상품 판매 노동, 기업 <u>직원</u>의 노동, <u>국가</u> 직원과 노동자, 관료의 노동이다.(Offe 1972, 44f)

후기자본주의에서 잉여가치 생산과 직접 관련이 없는 '비생산적 노동'이 점점 더 확대되면, 대부분의 사회생활은 정치적·행정적 기준에 따라 탈상품화된 형태로 조직화된다. 그리고 인구 측면에서도 서비스노동자나 공무원 노동자뿐만 아니라 임금노동에서 배제된 실업자와 공적부조 수급자가 증가한다. 이러한 현상분석으로부터 오페는 도출논쟁의 형태분석과 반대되는 결론을 도출한다. 즉, 자본주의적 생산 과정의 소재적 측면(즉 사용가치를 생산하는 노동과정)을 가치증식 과정과 분리시킴으로써 가치법칙에 내재한 경제시스템의 모순을 그것을 통제하는 행정시스템 자체의 구조적 모순으로 전환시켜버린다. 이렇게 해서 오페는 어디까지나 자본주의 사회시스템의 모순을 강조하는 도출론자들과는 달리, 오히려 사회국가 자체의 모순을 문제화하게 된다. 물론 최근에도 스트릭이 비판하듯이, 사회국가에 의한 시장개입의 정치적 정당성을 주제로 하는 후기자본주의론은 정당성 위기를 야기하는 경제시스템 자체의 모순을 파악하지 못한다. 그러나 이러한 문제점이 있음에도 불구하고, 도출논쟁에 참여한 네오마르크스주의자들 중 오페는 사회국가의 탈상품화 정책을 시장의 논리(경제적 형태규정)를 상대화하는 것으로 파악한 최초의 인물이다. 실제로 당시 오페는 미래의 유럽 사회주의를 전망하면서 사회국가의 한계를 도출론자들과 공유하면서도 "정치적 투쟁을 통해 복지국가의 개입에 의해 탈상품화된 사회생활의 영역이 사용가치의 생산과 분배로 방향 전환된"(Offe 1984, 265) 하위체계로 발전할 수 있다는 점을 강조했다.

> 앞서 언급한 이유로 오늘날 임금노동 계약에 의해 구조화된 생활활동의 비율은 현저하게 감소하고 있다. 사람들의 삶이 탈상품화되고 있는 범위를 전제로 인정한다면, 탈상품화 과정 자체가 보다 긍정적인 방향으로 전환될 수 있을 것이다. 이 영역에서 진행되고 있는 수많은 경험이 있고 […] 좌파는 탈상품화의 문제와 그 중요성의 확대를 무시할 수 없다.(ibid., 296f)

특히 북유럽 사회민주주의 좌파에 의해 강조되어왔지만, 사회국가하에서 실현된 탈상품화는 사회주의 변혁 전략의 필수적인 토대이다. 그리고 도출논쟁과 오페의 논의의 연장선상에 있는 것이 '복지체제론'으로 유명한 에스핑 안데르센의 자본주의 국가론이다. 사실 그는 서독의 파생논쟁이 미국에 소개되어 '국가론의 르네상스'가 일어나던 1970년대에 E. O. 라이트 등과 함께 잡지 《캐피탈리스테이트Kapitalistate》에 기고한 공저 논문에서 '계급투쟁의 형태'와 관련하여 자본주의 국가론을 전개했다.[2] 물론 복지체제론의 선행연구에서도 에스핑 안데르센의 중심적인 이론적 틀이 탈상품화론이라는 것이 강조되어왔다.[3] 그러나 특히 일본의 선행연구에서는 그의 초기 문제의식이 노동력의 탈상품화라는 개량주의를 통해 노동자를 시장 의존으로부터 해방시키고 계급으로서의 연대(경제투쟁)를 촉진하는 데에 있었다는 점이 간과되었다.[4] 즉, 에스핑 안데르센의 탈상품화론은 어소시에이션의 기반을 점진적으로 정비하는 사회주의 전략으로 이해할 수 있는 것이다.

어소시에이트한 사회시스템으로의 이행에서 사회국가 가능성

마르크스의 국가 비판의 관점에서 볼 때, 에스핑 안데르센 자신이 『자본론』의 공장법 분석을 바탕으로 사회정책에 의한 제도적 개량(탈상품화)의 중요성을 지적하고 있다는 점은 중요하다(Esping-Andersen 1990, 66). 실제로 초기 공저 논문에서는 노동자계급의 정치적 투쟁이 경제적 형태규정과 관련하여 국가에 어떤 내용의 정책을 요구할 것인가를 명확하게 서술하고 있다. "따라서 상품 형태를 취하는 정치적 요구는 국가에 대해 어떤 목

2 다구치(田口)도 도출논쟁을 개관한 연구에서 이 논문을 소개하고 있지만, 형태분석의 관점을 결여하고 있기 때문에 "특별한 새로움을 갖고 있지 않다"고 단언해버린다. 이것은 일본의 마르크스주의 국가론에서 도출 논쟁의 실천적 의의가 수용되지 않은 한 예이다(田口 1979, 138).
3 武川(2007, 20), 新川(2014, 1장)을 참조.
4 이 논점은 후기의 "복지 레짐론"보다도 아직 번역되지 않은 최초의 주저인 『시장에 대항하는 정치』(Esping-Andersen 1985)에서 명료하게 나타난다. 사회민주주의 좌파의 복지국가론에 관해서는 Pierson(1991, 62)를 참조.

적을 달성하기 위해 시장 기구를 통해 기능하게 하고 그것을 강화시키도록 하는 요구이다. 이에 반해 정치적 요구의 비상품적 형태는 국가에 대해 시장 외부에서 기능하거나 직접적으로 시장 기구에 반대하는 것을 촉구한다"(Esping-Andersen et al. 1976, 199). 또한 공저자인 라이트도 이후 저서에서 다음과 같이 언급하고 있다. "이러한 노동력의 탈상품화가 진행되는 한, 노동자의 생활수준 향상을 위한 투쟁은 직접적인 임금투쟁(노동력의 교환가치를 둘러싼 투쟁)으로부터 국가의 사용가치 공급을 둘러싼 투쟁으로 점점 더 전환될 것이다"(Wright 1978, 236). 여기서 중요한 것은 에스핑 안데르센 등이 계급투쟁의 형태를 파악함으로써 '정치적 계급요구'의 내용을 경제적 형태규정과의 관계 속에서 분석하고 있다는 점이다. 구체적으로 다음 그림에서 정치적 계급투쟁이 요구하는 국가 개입의 내용을 크게 두 가지(상품화 및 탈상품화)로 유형화하여 그것들이 자본주의 사회시스템을 재생산하는지 여부를 명시하고 있다. 여기서는 형태분석을 과소평가하는 오페와는 반대로, 자본주의 사회시스템에서 상품화(경제적 형태규정)와 이를 보완하는 국가 개입(정치적 형태규정)이 야기하는 모순이 명확하게 전개되고 있다. 특히 중요한 것은 국가 혹은 커뮤니티에 의한 사회정책의 내용(무상 현물급여, 공공 서비스 통제 등)일 것이다. 즉, 탈상품화라는 형식을 취한 정책·제도 투쟁이 그 내용에 따라 시장 기구를 상대화할 뿐만 아니라 생산 및 재생산 과정에서 경제적 형태규정에 대항할 수 있는 것이다.

정치적 계급투쟁이 요구하는 내용(구체적인 제도적 개입)

자본주의 사회시스템의 재생산

정치적 계급투쟁이 요구하는 국가 개입의 <u>형태</u>

상품화	탈상품화		
• 감세 • 가격 유지, 정부보조금 • 실업급부 • 최저임금법 • 복지의 현금급부	• 도서관 • 국가가 제공하는 무상의 재화 및 서비스 • 복지의 무상 현물급부	재생산 영역	정치적 계급투쟁이 요구하는 영역 차원
• 경제 인프라 건설을 위한 사적 자본과 정부의 계약 • 국유기업	• 국민건강 서비스 • 무상 공교육(직업훈련 포함)	생산 영역	

자본주의 사회시스템으로부터의 전환

정치적 계급투쟁이 요구하는 국가 개입의 <u>형태</u>

상품화	탈상품화		
• 노동력의 상품 지위를 붕괴시키기에 충분하고 충분히 보증된 수입(퇴직자에 한정되지 않음) • 이윤과 연동된 임금인상 요구, 가격 통제	• 공공 서비스의 커뮤니티 통제(예컨대 주택 임대료 통제 등)	재생산 영역	정치적 계급투쟁이 요구하는 영역 차원
• 국가의 재정위기하에서의 인프라 구축 요구	• 노동자가 공장을 탈취하고 노동과정에서 노동자의 통제를 상승시키는 방식으로 생산 과정을 재건 • 커뮤니티에 의한 주택 건설 통제	생산 영역	

주: Esping-Andersen et al.(1976, 201)로부터 전재. 단 음영 처리 등 일부 수정

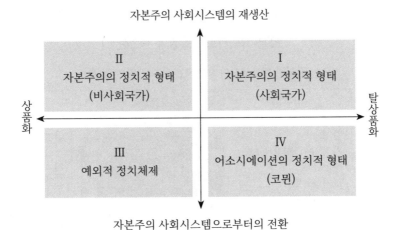

다만 에스핑 안데르센 등은 이 그림은 단순한 유형에 불과하고 상호 중복될 수 있기 때문에 성대적으로 파악해서는 안 된다고 경고한다. 또한 우리의 형태분석에서 생산 및 재생산 영역의 구분은 자본주의 국가의 경제적 기초(재정시스템)와 국가의 제반 장치·제도를 감안하되, 노동력의 사회적 재생산에 관한 경제적 형태규정(사회보장급여 형태)과 직접적 생산 과정에서의 경제적 형태규정(노동과정의 실질적 포섭) 등의 관점에서 엄밀하게 파악되어야 한다. 무엇보다도 어소시에이션을 형성하는 사회주의 전략에 대해 중요한 것은 다음과 같은 점이다. 즉, 이 유형은 왼쪽 위(자본주의 사회시스템이 경제적 형태규정에 의해 재생산된다)와 오른쪽 아래(경제적 형태규정이 억제됨으로써 자본주의 사회시스템이 어소시에이트한 사회시스템으로 이행할 수 있다)를 기축으로 하고 있다. 따라서 이 도식은 주어진 자본주의 사회시스템에서 그때그때의 정치적 계급투쟁이 요구하는 '국가 개입'의 형태 및 내용을 보여주는 것만은 아니다. 오히려 형태분석을 철저히 하는 우리는 자본주의

사회시스템 전반에서 정치적 계급투쟁이 요구하는 '국가 개입'
의 형태 및 내용이 어떻게 자본주의 사회시스템을 재생산 혹은
전환시킬 수 있는지를 파악해야 할 것이다. 위 그림은 어소시에
이트한 사회시스템으로의 이행의 가능성과 한계라는 관점에서
에스핑 안데르센 등의 그림을 Ⅳ사분면으로 치환한 것이다(Ⅲ사
분면은 비현실적이지만, 임금소득이 과도하게 증가하여 자본주의 사회시스
템이 위기에 빠지는 예외적 정치체제를 의미한다).

그러나 후기 에스핑 안데르센은 우리와는 반대로 형태분석
에서 멀어져 사회국가를 기능주의적으로 고찰하게 된다. 즉, 위
그림의 제Ⅰ사분면의 틀 안에서만 사회국가가 자본주의 사회시
스템에서 상품화와 동시에 탈상품화[5]를 통해 재생산되는 것을
분석하는 것이다. 사실 탈상품화론을 강조하면서도 경제적 형
태규정을 폐기한 복지 레짐론에서는 자본주의 사회시스템 일반
에 대한 이론적 분석이 아니라 역사적·제도적으로 구성된 사회
국가 체제의 유형화가 주제가 된다. 그러나 이러한 유형론에서
는 제Ⅱ사분면 즉 비사회국가(자본주의적 사회관계가 주로 상품 형태
로 재생산되는)에서도 자본주의 사회시스템이 재생산되고 있다는
것이 애초에 문제가 되지 않는다.[6] 결국 최근의 복지 레짐론은
제Ⅳ사분면을 폐기한 관점에서, 즉 자본주의 사회시스템의 틀
안에서 사회국가의 유형을 실증적으로 분석하고 있는 것에 불과

5 소위 "복지국가의 위기" 이후의 신자유주의 시대에서 사회국가 체제하에서 재
   상품화가 문제가 된다(新川 2014,145).
6 특히 이 점은 일본의 전후 자본주의 체제(더 나아가서는 동아시아의 포스트 개
   발독재 체제)를 복지국가로서 어떻게 위치 지을까라는 논쟁에 관한 것이다. 어
   디까지나 제4분면을 중시하는 우리의 관점에서 보면 제2사분면의 "개발주의
   국가"(後藤 2002)로서 규정하는 것이 타당하다.

하다. 오히려 우리의 형태분석에서 중요한 것은(제Ⅱ사분면에서) 제Ⅰ사분면을 경유하면서도 최종적으로 제Ⅳ사분면으로 이어지는 어소시에이트한 사회시스템으로의 이행 과정을 추적하는 것이다. 즉, 노동자계급의 정치투쟁이 그 요구 내용이 지니는 정치적 형태규정(예컨대 탈상품화를 지향하는 커뮤니티 정책인지, 상품화를 촉진하는 재정·개발주의 정책인지)에 따라 자본주의 사회시스템에서 관철되는 경제적 형태규정을 상대화할 수 있다는 것을 밝혀야 하기 때문이다.

'도출논쟁'의 영향을 받은 당시 에스핑 안데르센과 라이트에게 북유럽의 사회민주주의적 복지국가[7]는 오른쪽 그림의 제Ⅰ사분면(자본주의 사회시스템이 주로 비상품 형태로 지속되는 국가체제)에 유형화되어 있었다. 그러나 우리의 형태분석 관점에서 탈상품화로서의 사회국가는 비록 자본주의의 정치적 형태이기는 하지만, 단순한 자본주의 국가의 한 유형이 아니라, 어디까지나 제Ⅳ사분면, 즉 어소시에이트한 사회시스템으로의 이행과정으로 분류해야 할 것이다. 이 점에서 초기 에스핑 안데르센 등의 자본주의 국가론은 '사회적 형태' 규정을 사상한 후기 복지 레짐론(자원동원론이나 코포라티즘론)과는 결정적으로 달랐다. 실제로 초기 논고에서는 분명히 '계급투쟁의 내용'에 따라 자본주의 내부에서의 노동자계급의 정치투쟁이 자본주의적 사회형태를 극복하는 정치투쟁으로 발전하지 않을 수 없음을 강조하고 있다.

7　에스핑 안데르센의 초기 저작에서는 복지국가의 유형론보다도 북유럽 이외의 리버럴 복지국가와의 질적 차이가 강조되었다(Esping-Andersen 1985, 154).

사회적 필요에 대한 정치적 요구는 더 이상 노동력의 더 양질
의 상품화로 환원될 수 없으며, 이러한 요구는 더 이상 소비
나 비노동만으로 충족될 수 없다. 즉, 탈상품화된 비재생산적
생산요구에 대한 노동자계급의 정치투쟁은 자연히 사회주의
를 향한 정치투쟁으로 발전한다.(Esping-Andersen et al. 1976,
206)

따라서 계급투쟁을 통해 국가의 구체적 제도를 개량적으
로 변혁하는 것은 경제적 형태규정을 상대화할 수 있는 독자적
인 정치형태(탈상품화를 그 내용으로 하는 커뮤니티 정책)를 취하는 경
우에만, 사회로부터 분리되어 중앙집권화된 국가를 다시 사회로
흡수하는 어소시에이션으로 발전할 수 있다. 이렇게 계급투쟁의
형태 및 내용을 경제적 형태규정의 관계 속에서 파악함으로써
우리는 또 다른 관점에서 마르크스 자신의 미래사회론을 재구성
할 수 있다. 전통적 마르크스주의처럼 '계급 지배'의 극복이라는
관점을 강조하는 것만으로는 이런 관점이 나오지 않는다. 파슈
카니스 역시 장기간에 걸친 어소시에이트한 사회시스템으로의
과도기에서 어소시에이트한 생산관계에 의해 상품 교환을 폐기
하는 동시에, 경제적 형태규정을 외적으로 보완하는 국가 형태
를 어소시에이트한 사회시스템에 종속시키는 것의 중요성을 제
기했다. 즉, 형태분석에 있어 중요한 것은 전통적 마르크스주의
가 강조하는 '프롤레타리아트 독재'에 의한 국가사멸이 아니라,
어소시에이트한 사회시스템으로의 과도기에서 어소시에이션을
보완하는 국가(공동체) 형태를 분석하는 것이다. 이 점을 시사하
는 서술이 독일 노동자당의 민주주의론을 비판한 『고타 강령 비

판』에서 보여진다.

> 국가를 '자유'롭게 하는 것은 결코 신민의 천박한 지혜를 떨쳐
> 버린 노동자의 목적이 아니다. 독일 제국에서 '국가'는 러시아
> 만큼이나 자유롭다. **자유는 국가를 사회의 상위에 있는 기관**
> **으로부터 사회에 완전히 종속된 기관으로 변화시키는 점에 있**
> **다.** 오늘날에도 다양한 국가 형태는 그것이 '국가의 자유'를 제
> 한하는 정도에 따라 더 자유롭거나 덜 자유롭다.(MEGA I/25,
> 21)

여기에는 소묘적이지만 정치체제를 의미하는 이른바 '국가
형태'와 형태분석이 강조하는 '부르주아 사회를 총괄하는' 국가
형태의 연관성이 언급되어 있다. 물론 마르크스는 특히 프랑스
와 독일 등 유럽 대륙에서 근대적 국가기구를 '분쇄'하는 혁명의
필요성을 강조하며 정치권력의 탈취를 지향했다. 하지만 장기간
에 걸친 어소시에이트한 사회시스템으로의 과도기를 고려한다
면, 각 국민국가에서 역사적으로, 제도적으로 구성되어온 정치
체제의 다양성을 무시할 수 없다. 실제로 각국의 정치체제는 자
본주의의 정치적 형태를 공통적으로 취하고 있지만, 제국주의,
의회제 민주주의, 군사독재 등 다양한 통치형태를 취할 수 있다.
마르크스는 「헤이그 대회에 관한 연설」(1872년)에서 다음과 같이
말했다. "우리는 각국의 제도Institution나 풍습, 전통을 고려해야
한다는 것을 알고 있으며, 미국이나 잉글랜드처럼 [⋯] 노동자들
이 평화적인 수단으로 목표에 도달할 수 있는 나라들이 있다는
것을 부정하지 않는다"(MEW 18, 160). 8장에서 자세히 설명하겠

지만, 마르크스는 노동자계급의 어소시에이션이 '국가의 자유'를 제한하는 한에서 과도기에서 '부르주아 국가'의 고유한 의의를 인정했다. 실제로 말년의 「프랑스노동자당 강령 전문」(1880년)에서도 정치적 민주주의의 중요성이 강조되고 있다. "이러한 집단적 영유[어소시에이트한 생산양식을 말함]가 생기는 것은 독립적인 당파로 조직된 생산계급 즉 프롤레타리아트의 혁명적 행동으로부터만 가능하며, 특히 지금까지와 같은 기만의 도구가 아닌 해방의 도구로 전환된 **보통선거를 포함한 프롤레타리아트를 자유롭게 할 수 있는 모든 수단**을 통해 이러한 조직을 추구해야 한다"[8](MEGA I/25, 208).

'프롤레타리아트 독재'의 맥락

마르크스는 그 구체적 내용에 대해선 별로 전개하지 않았지만, 평생 일관되게 '프롤레타리아트 독재'에 의한 권력 탈취를 중시했다. 말년의 바쿠닌『국가제와 무정부』에 대한 「발췌노트」(1875년)에서도 바쿠닌의 '프롤레타리아트 독재' 비판에 대해 다음과 같은 코멘트를 남겼다. "이것은 즉 다른 계급들, 특히 자본가계급이 여전히 존재하는 한, 프롤레타리아트가 자본가계급과 투쟁하는 한(왜냐하면 프롤레타리아트의 정부 권력으로도 그들의 적과 낡은 사회조직은 아직 소멸되지 않았기 때문이다), 프롤레타리아트는 폭력수단을 사용해야 하며, 따라서 정부 수단을 사용해야 한다

---

8 물론 흔히 비판되듯이 마르크스 자신의 정치이론은 19세기 말에 겨우 정착하고 있었던 자유민주주의의 제도들(대의제, 입헌주의 등)을 본격적으로 검토한 것은 아니다. 大藪(1996, 258), Demirović(1987, 4장)를 참조.

는 것을 의미한다. 프롤레타리아트 자신이 여전히 하나의 계급
이고, 계급투쟁과 계급들의 존재의 기저를 이루고 있는 경제적
조건이 아직 소멸되지 않았다면, 그것들은 폭력으로 제거되거
나 개조되어야 하며, 그 개조 과정은 폭력으로 촉진되어야 한다"
(MEW 18, 630). 오야부에 따르면, 프롤레타리아트 독재는 반혁
명적 반란에 대한 대항수단으로 요청되는 경우도 있지만, 결코
필연적인 것이 아니라 우연적이고 잠정적인 것에 불과했다(大藪
1996, 227). 그럼에도 불구하고 이 발췌노트에는 바쿠닌에 대한
비판이라는 문제의식 아래 폭력으로 계급 지배의 경제적 조건을
개조한다는 정치중심주의가 전면에 내세워져 있다. 물론 마르
크스가 "경제적 발전의 일정한 역사적 조건"이 바로 "사회혁명
의 전제"라고 유보하고 있다는 점을 간과해서는 안 된다. 그러나
우리가 주목해야 할 것은 마르크스의 이른바 아나키즘 비판이
어떤 맥락에서 이루어졌는가 하는 점이다. 후기 마르크스의 정
치활동을 분석한 바소는 바쿠닌의 아나키즘과 라쌀레의 국가사
회주의 양자에 대한 비판이라는 정치적 문맥을 강조한다(후자에
는 생시몽주의자들의 크레디트 모빌리에의 "황제 사회주의"(MEW 12, 24)
도 추가할 수 있을 것이다). 사실 마르크스의 입장은 국가 자체를 폐
기한다는 점에서는 기본적으로 바쿠닌에 가깝지만, 끊임없이 아
나키즘과 국가사회주의 사이에서 흔들렸다고 한다(Basso 2015,
176). 그러나 '정치의 타율성'을 주장하는 본서의 입장에서는 국
가권력에 의존하지 않는 사회혁명을 지향한다는 점에서 마르크
스(주의)와 아나키즘의 경계를 한 번 더 허물어뜨릴 필요가 있다
(Blumenfeld et al. ed. 2013). 실제로 1873년 마르크스가 '헤이그
대회' 후에 작성한 소책자인 「사회민주동맹[바쿠닌파]와 국제노

동자협회」에서 19세기 사회주의자들에게 아나키즘이 얼마나 기본적인 강령이었는지가 강조되고 있다.

> 모든 사회주의자들은 아나키를 다음과 같은 프로그램으로 보고 있다. 일단 프롤레타리아트 운동의 목적, 즉 계급의 폐지가 달성되면, 생산자 대다수를 극소수의 착취자에 묶어두는 국가 권력이 소멸하고, 정부의 기능은 단순한 행정적 기능이 된다. 동맹은 전혀 다른 그림을 그리고 있다. 그들은 착취자들의 손아귀에 있는 사회적·정치적 세력의 강력한 집중을 타파하는 가장 확실한 수단으로서 프롤레타리아트 대열의 아나키를 선언하고 있다. 이 구실 아래, 구세계가 그것을 무너뜨릴 방법을 찾고 있을 때, 인터내셔널에게 그 조직을 아나키로 대체할 것을 요구하고 있다.(Draper 1990, 150에서 인용)

미국의 마르크스 연구자 할 드레이퍼는 주저 『카를 마르크스의 혁명론』에서 마르크스(주의)와 바쿠닌(주의)은 반국가적 관점의 아나키즘을 공유했다고 주장한다. 오히려 양자의 대립은 국가 폐지라는 정치적 과제가 아니라 실천적 정치 지침에 기인한 것이었다. 즉, 노동조합이나 인터내셔널을 비롯한 노동자 조직에서 '아나키' 원리를 인정하는지 여부의 대립이었다(Draper 1990, 150). 마르크스는 「1870년 4월 19일 마르크스가 라파르그 부부에게 보낸 편지」에서 다음과 같이 말했다. "현존하는 국가를 어소시에이션으로 전환하는 것이 우리의 최종 목표인 이상, 우리는 지배계급의 대규모 노동조합trade union인 정부를 그대로 두어야만 한다. 정부에 관여하는 것은 이를 인정하기 때문이라고 한다. 지당하다! 옛날 사회주의자들의 말투도 마찬가지였다"(MEW 32, 675). 정치 문제에 대한 무관심과 불개입을 강조하는 프루동주의나 바쿠닌주의에 대해 마르크스는 오히려 정치단체에 의한 정치운동과 국가제도에 대한 개입을 중시한다. 이러한 정치중심주의자로서의 마르크스(및 엥겔스)는 레닌 이후 마르크스주의자들이 수없이 강조해온 이미지일 것이다. 그러나 여기서 우리가 주목하고 싶은 것은 오히려 현존하는 자본주의 국가를 어소시에이션으로 대체한다는 점을 당시 사회주의자, 아나키스트들이 모두 공유하고 있었다는 것이다. 마르크스에게 중요한 것은 국가 없는 어소시에이트한 사회시스템으로의 전환을 위해 노동자계급의 정치투쟁 및 그 자기조직화가 필연적으로 요청된다는 점이었다.

　　드레이퍼는 또한 '프롤레타리아트 독재' 개념이 마르크스와 엥겔스뿐만 아니라 19세기 사회주의자들 사이에서도 공유되었다는 역사적 문맥을 밝히고 있다. 애초에 부르주아지의 독재에 대치되었던 마르크스의 '프롤레타리아트 독재' 개념은 당시 프랑스에서 영향력을 행사하던 블랑키주의의 그것과는 달랐다(Draper 1990, 212). 드레이퍼에 따르면, 블랑키의 '프롤레타리아트 독재'론은 정부나 국가의 독재 형태를 요구하는 것이었지만, 마르크스의 그것은 정치체제가 아니라 오히려 그 배후에 있는 사회구조에서 프롤레타리아트의 지배·통치를 목적으로 하는 것이었다(ibid., 241). 따라서 마르크스의 '프롤레타리아트 독재' 개념은 블랑키주의(또는 자코뱅주의)적인 정치혁명에 저항하는 것으로 이해해야 한다(ibid., 278). 마르크스는 어디까지나 사회혁명으로서 '프롤레타리아트 독재'를 주장했다. 전통적 마르크스주의가 상정했던 것처럼 '국가 사멸'이 정치권력 탈취에 의해 즉각적으로 실현되는 것은 아니다. 확실히 바쿠닌(주의)에 대해 마르크스는 정치주의적이었지만, 블랑키(주의)에 대해서는 반대로 반정치주의적이었다고 할 수 있다. 아나키즘에 대한 비판과 국가사회주의에 대한 비판은 마르크스에서는 동시에 수행되어야 했다.

어소시에이션의 정치적 형태

그렇다면 마르크스는 어소시에이트한 사회시스템으로의 과도기적 국가(공동체)형태를 어떻게 생각했을까? 오야부는 후기 엥겔스나 레닌에 의해 공식화된 국가집권주의 모델(정치혁명으로서의 '프롤레타리아트 독재'와 생산수단의 국가적 소유화)과는 다른 마르크스 자신의 과도기적 사회상을 밝히고 있다. 마르크스는 1848년 혁명기의 국가집권적 구상으로부터 이후 노동자 생산협동조합에 대한 평가를 크게 바꾸어 1860년 이후에는 어소시에이트한 생산관계를 기반으로 하는 어소시에이트한 사회시스템 구상으로 크게 전환했다(大藪 1996, 5). 『선언』에서는 국가권력을 탈취한 후 지배계급이 된 프롤레타리아트가 부르주아지로부터 자본을 빼앗아 모든 생산수단을 국가에 집중하는 것을 주장했다. 그리고 1848년 혁명의 전개를 배경으로 제창된 '프롤레타리아트 독재'론에서는 계급타협이나 개량주의를 철저히 거부하는 동시에 연방공화제 혹은 지방자치를 반대하고 국가의 중앙집권화를 '노동자 혁명의 제1보'로서 자리매김했다. 이 단계에서는 폴리티칼 이코노미 비판이 아직 심화되지 않았기 때문에 정치혁명을 지렛대로 한 사회혁명의 길이 강조되었다고 볼 수 있다.

그러나 1850년대 본격적인 폴리티칼 이코노미 연구를 거친 1860년대 이후 마르크스는 자본주의적 생산양식에서 자본-임금 노동 관계를 지양한 협동조합공장을 보다 적극적으로 평가하게 된다. 실제로 1864년에 집필된 「국제노동자협회 창립선언」에서는 1848년 혁명의 패배와 이후 자본주의 발전을 총괄하고, 잉글랜드의 10시간 노동법 획득과 함께 오웬주의자들에 의한 사회실험으로서의 협동조합운동, 특히 노동자 생산협동조합을 노동자계급의 승리로 자리매김하고 있다. 마르크스에 따르면, 협동조합공장에서는 노동자가 생산수단이나 근대과학의 성과에 대해 자신의 소유물로 삼고 관여하며, 임금노동이 아닌 어소시에이트한 노동에 종사한다는 것이 경험적 시실로 나다나고 있다(MEGA I/20, 10). 그리고 『선언』 단계로부터 근본적으로 전환한 마르크스의 사회혁명론이 가장 잘 전개된 것이 1871년 파리 코뮌을 기리며 집필된 『프랑스 내전』이다. 오야부가 강조했듯이, 여기서 마르크스는 『선언』 단계의 전반적인 국가적 소유화 노선으로부터 자신의 혁명관을 분명하게 전환했다. 자본주의적 사적 소유는 어소시에이트한 생산관계에 기초한 '개인적 소유'로 전환되어야 하며, 과도기 사회에서는 개인들이 자유롭게 어소시에이트한 관계를 맺는 협동조합을 기초로 하여 사회의 모든 영역에서 점진적인 개량을 수행한다는 점이 주장되고 있는 것이다.

마르크스 자신이 『프랑스 내전』에서 강조했듯이 '자본의 전제'를 대신할 '노동의 독재'로의 과도기에는 전면적인 경제적 및 정치적 개량이 필요하다. 즉, **장기간에 걸친** 어소시에이트한 사회시스템으로의 과도기에는 어소시에이트한 생산관계에 의해 상품 교환을 폐기함과 동시에, '자본주의 정치적 형태'로서 국가를 어떻게 사회에 종속시킬 것인가가 문제가 된다. 이미 살펴본 바와 같이 마르크스는 폴리티칼 이코노미 비판을 심화시키면서 직접적 및 사회적 생산관계에서 어소시에이션과는 별개로 정치권력의 탈취를 제기하지 않게 된다. 즉, 마르크스는 어소시에이트한 사회시스템으로의 과도기가 전면적인 경제적 및 정치적 개선을 필요로 하기 때문에 매우 장기간에 걸쳐서 이루어질 것임을 자각하게 된 것이다.[9] 이와 관련하여 『프랑스 내전』(제1 초고)에서는 당시 파리 코뮌을 평하면서 다음과 같이 서술했다.

> 노동자계급은 그들이 계급투쟁의 여러 국면을 통과해야 한다는 것을 알고 있다. 노동 노예제의 경제적 조건을 자유로운 어소시에이트한 노동의 조건으로 바꾸는 것은 시간을 필요로 하는 점진적인 작업(그 경제적 전환)일 수밖에 없다는 것, 이를 위해서는 분배의 변화뿐만 아니라 생산의 새로운 조직이 필요하다는 것, 또는 오히려 현재의 조직화된 노동에 기초한 사회적 생산형태(이는 현재의 공업이 만들어낸 것이다)를 노예제의 굴레로부터, 현재의 계급적 성격으로부터 구출(해방)하여 조화롭게 전국적national 및 국제적으로 조정할 필요가 있다는 것을 그들은 알고 있다.(MEGA I/22, 59)

---

9 우리가 강조한 어소시에이트한 사회시스템으로의 "과도기"란 『고타강령 비판』에 서술된 공산주의 사회의 "제1단계"가 아니다. "제1단계"에서는 상품 생산 및 임금노동-자본관계는 이미 지양되어 있다. 우리는 자본주의 시장경제와 양립할 수 있는 사회국가 체제를 이 "제1단계"로의 과도기로서 엄밀하게 자리매김한다.

마르크스에게 노동자계급의 정치권력 활용은 오로지 임금 노동의 경제적 해방을 위한 것이어야 한다. 코뮌은 경제적 형태 규정을 외적으로 보완하는 국가 형태가 아니라, "노동수단의 독점자들의 횡령으로부터 노동을 해방시키는 <u>사회적 해방의 정치적 형태</u>"(ibid., 58)이며, 내셔널한 영역 내부에서는 각 어소시에이션의 생산을 계획적으로 조정하고 통제하는 기능을 수행할 필요가 있다. 이런 의미에서 우리는 국가 소멸을 강조하는 전통적 마르크스주의와 달리, 오히려 어소시에이트한 사회시스템으로의 과도기에서의 정치적 형태를 정면으로 분석할 필요가 있다. 첫째, 상비군·경찰·관료 등 국가장치로 구현된 중앙집권적 집행권력을 어소시에이션들을 조정하는 코뮌이 어떻게 재흡수할 것인가의 문제이다.[10] 마르크스는 파리 코뮌이 시행한 일련의 사회 개량에서 상비군을 폐지하고 전국 규모의 민병대로 대체한 정책이야말로 제1의 경제적 필수조건이라고 강조했다. 마르크스에 따르면, 무장한 인민에 의한 코뮌이 집행권력, 특히 폭력기구를 대체함으로써 조세와 국채가 자본주의 국가의 경제적 기초임을 중지하고, 국가 재정에 의해 상비군과 관료들을 유지할 수 없게 된다. 이리하여 부르주아 사회로부터 분리되어 중앙집권화된 행정기구 역시 코뮌으로 조직화된 인민 스스로가 담당하게 된다.

<u>코뮌</u>, 그것은 국가권력이 사회를 지배하고 억압하는 힘으로서

---

10 가토(加藤)는 『프랑스 내전』 초고 독해를 통해서 레닌의 『국가와 혁명』에서 "프롤레타리아트 독재론"과는 일선을 긋는 "국가권력의 사회에 의한 재흡수" 테제를 발굴한다(加藤 1990, 153).

가 아니라 사회 자신의 살아 있는 권력으로서 사회에 의해, 인민대중 자신에 의해 재흡수된 것이며, 이 인민대중은 자신들을 억압하는 조직화된 권력을 대신해 그들 자신의 권력을 형성하는 것이다.(ibid., 56)

점진적으로 중앙집권적 집행권력을 코뮌으로 전환하는 것은 노동자계급 어소시에이션을 기반으로 "인민 자신의 사회생활을 인민의 손으로 인민을 위해 회복하는 것"(ibid., 55)에 의해 비로소 가능하게 된다. 또한 어소시에이션의 정치적 형태에 관한 두 번째 문제는 "동시에 집행하고 입법하는 행동적 신체"(ibid., 105)로서의 코뮌이 어떻게 인민대중과 대립하지 않고 그들의 공동의 이익 및 공동의 사업을 실현하는가 하는 점이다. 파리의 코뮌은 각 구에서 보통선거로 선출된 의원들로 구성되었는데, 이들은 모두 선거인에게 책임을 지고 즉시 해임할 수 있었다. 또한 경찰, 판사, 기타 모든 공무원도 코뮌에 의해 임명되었고, 특권 없이 노동자 수준의 임금만 지급되었다. "파견위원 delegate은 모두 언제든지 해임할 수 있으며, 또한 그 선거인의 명령적 위임(공식적 지도)에 구속받게 되어 있었다"(ibid.,140). 오야부에 따르면, 이러한 코뮌의 '파견제'는 자본주의 국가의 집행권력을 정당화하는 대의제 및 정당제와는 달리 선거인의 의지를 대표하는 것은 아니다(大藪 1992, 22). 즉, 코뮌을 구성하는 파견위원은 어디까지나 선거인의 의지를 위탁받았을 뿐, 말 그대로 대리인에 불과했다. 또한 파리 등 대도시뿐만 아니라 각 지방의 코뮌에서도 농촌의 생산자들에 의해 자치가 이루어지고, "중심 도시에 있는 파견위원들의 집회assembly를 통해 그 공동적 사

업이 운영된다"(MEGA I/22, 140). 이러한 '파견제'나 '어셈블리'에
서 볼 수 있는 직접민주주의를 통해 정치적 공동체의 모든 행정
적 기능은 사회로부터 분리·자립화된 집행권력에 의해 관리되는
것이 아니라 아니라, 각 코뮌 조직에 의해 자기통치되었다.

　　이러한 마르크스의 '집행권력'과 '파견제'에 대한 논의는 시
대적 제약이 있기는 하지만, 어소시에이트한 사회시스템으로의
과도기에서 '사회국가'의 가능성과 한계를 고찰하는 데 매우 시
사적이다. 특히, 어소시에이션에 고유한 정치적 형태를 고찰함
으로써 자본주의 국가의 한 유형인 사회국가를 주어진 전제로
한 사회민주주의[11]와 어소시에이트한 사회시스템으로의 과도기
로서 사회국가를 재정의하는 '사회주의적 민주주의'(Negt 1976)
를 질적으로 구별할 수 있다. 어소시에이트한 생산양식에 기반
한 독자적인 정치적 형태인 코뮌은 사회민주주의가 전제하는 대
의제 민주주의가 아니라 생산자 자신에 의한 자기통치라는 고전
고대의 직접민주주의의 전통을 방불케 하는 것이다. 8장에서 자
세히 설명하겠지만, 오로지 형식적 혹은 법학적 관점에서 고찰
된 민주주의는 자유로운 어소시에이트한 생산자들의 자기조직
인 공동체 형태의 민주주의와는 질적으로 전혀 다르다. 특히 일
본의 마르크스주의 정치학은 '프롤레타리아트 독재'론의 오해를
풀기 위해서인지, 마르크스나 전통적 마르크스주의 정치이론이
근대 부르주아 민주주의(대의제, 권력분립 등)를 경시해왔다는 점
을 강조한 나머지 어소시에이션의 정치적 형태(코뮌)의 사회주의
적 민주주의를 중시하지 않는 경향이 있다. 그러나 도출논쟁에

11　에스핑 안데르센은 카우츠키의 『권력에의 길』을 참조하면서 사회주의 전략에
　　서 의회제 민주주의를 매우 중시한다(Esping-Andersen 1985, 17-19).

서는 애들러의 '사회적 민주주의론'(Adler 1922, 1926)이 참조되는 등 형식적 민주주의의 한계가 항상 문제시되어왔다(Kostede 1980, 3부). 어소시에이션에 기초한 공동체 형태(코뮌)는 직접적 및 사회적 생산관계에서 경제적 형태규정을 해소하기 위한 정치적 형태이다. 이 정치적 공동체에서는 어소시에이트한 생산자 자신이 민주적 자기결정에 기초하여 생산관계를 통제해야 한다.

『고타 강령 비판』에서 묘사된 것처럼, 어소시에이션이 지향하는 자유는 단순히 '국가의 자유'를 제한하는 정치체제, 즉 부르주아적 법치국가를 실현하는 것이 아니라, "국가를 사회의 상위에 있는 기관에서 사회에 완전히 종속된 기관으로 바꾸는 것"에 있다(MEGA I/25, 21). 이는 현대 자본주의 사회시스템의 틀 안에서 사회국가를 재정의하는 데서 중요한 의미를 갖는다. 사회국가가 탈상품화 정책을 통해 아무리 경제적 형태규정을 상대화하더라도 중앙집권적 집행권력을 유지하고 대의제 민주주의를 전제로 하는 한, 그 자체로서는 어소시에이트한 사회시스템으로 이행할 수 없다. 바로 이런 의미에서 "노동자계급을 노예화하기 위한 정치적 도구는 그들을 해방시키기 위한 정치적 도구가 될 수 없다"(MEGA I/22, 100). 왜냐하면 자본주의의 정치적 형태를 취할 수밖에 없는 사회국가는 사회의 경제적 구조에서 노동자계급의 종속을 보완하는 것에 불과하기 때문이다. 이것이 바로 사회국가의 한계이며, 그렇기 때문에 노동자계급 어소시에이션을 보완하는 코뮌(공동체 형태)으로 대체될 필요가 있는 것이다.

본 장에서 강조했듯이, "자신들을 억압하는 조직화된 권력을 대신하여 자기 자신의 권력을 형성하는"(MEGA I/22, 56) 코뮌은 자본주의 국가와는 다른 독자적인 정치적 형태이며, "노동의 경제적 해방을 달성하는 것"(ibid., 142)을 자기 목적으로 한다. 이를 '사회국가'의 가능성과 한계라는 관점에서 재정식화하면 다음과 같이 결론을 내릴 수 있다. 즉, 국가의 구체적 제도가 사회로부터 어느 정도까지 자립할 수 있는지에 대한 정치적 형태규정은 그것과 얽혀 있는 경제적 형태의 권력구조에 결정적으로 의존하고 있다. 즉, 어소시에이트한 사회시스템으로의 과도기를 고찰할 때에도 지배·종속 관계의 정치적 형태와 생산관계의 경제적 형태는 양자의 '분리와 결합'에서 총체적으로 파악되어야만 한다. 따라서 자본주의 사회시스템하에서 형성되는 노동자계급의 어소시에이션은 형태분석의 관점에서 '사회국가'의 가능성과 한계를 파악한 다음, 부르주아 사회를 총괄하는 국가 형태 그 자체에 대항하는 공동체 형태를 자기조직할 필요가 있다. 장기에 걸친 어소시에이트한 사회시스템으로의 과도기에는 사회주의적 민주주의에 의한 계급투쟁을 통해 사회국가를 재구성해나가는 것이 매우 중요할 것이다.

7장

자본주의 세계시스템의 정치적 형태

'자본의 제국'과 지정학적 대립

제국주의론을 넘어

마르크스의 폴리티칼 이코노미 비판은 국가 비판을 경유하여 최종적으로는 세계시장을 분석하는 것이었다. 그러나 '도출논쟁' 당시의 1970년대, '제국주의'의 새로운 형태에 대한 분석은 뒷전으로 밀리는 경향이 있었다. 왜냐하면 국가도출 문제가 해결된 다음에야 세계시장 분석에 착수할 수 있다고 생각했기 때문이다. 그러나 자본주의 세계화가 진행된 오늘날 개별 국가는 국제 자본시장과 금융시장에 점점 더 의존하게 되었고, 초국적 자본의 '입지점'을 확보하는 '경쟁국가'로 변모하고 있다(Hirsch 2005, 141ff). 즉, 단일 국가를 모델로 한 국가 비판이 아니라 세계시장에서 행동하는 복수의 국가를 분석할 필요성이 점점 더 커지고 있다.

네그리와 하트는 21세기에 들어서면서 국가 간 대립을 초월하여 형성된 새로운 글로벌 질서를 『제국』이라고 명명했다(Hardt & Negri 2000). 그러나 세계화가 진행되면서 주권국가라는 시스템은 흔들리기는커녕 오히려 더욱 강화되는 것으로 보인다. 자본주의의 세계화는 오히려 지정학적 대립을 심화시키고 있으며, 제국주의론이 좌파들 사이에서 다시 각광을 받고 있을 정도다(중국은 제국주의인가 아닌가?). 마르크스주의 이론에서 제국주의는 직접적인 영역 확장 또는 간접적인 정치적·경제적·군사적 지배를 통해 국경을 넘어 자국의 권력을 확장하려는 국가의 정책 체계로 이해되고 있다(Heinrich 2010). 특히 1870년대 이후의 특수한 시기에 유럽 국가들, 그리고 미국이나 일본과 같은 강대국들은 제국주의 정책에 의해 다른 지역(아시아, 아프리카, 라틴아메리카 등)을 자국의 지배 영역에 병합하고 정치적·경제적 이해관계를 확대하려 했다. 이러한 제국주의의 고전 시기는 1960년대 탈식민지화에 의해 종결되었지만, '제3세계'에 대한 선진국의 영향력이나 직접적인 개입은 계속 남아 있다. 그러나 냉전기를 포함하여 현대의 국제질서를 '제국주의적'이라는 이름으로 지칭하는 것은 더 이상 가능하지 않다.

독일의 사회이론가 텐 브링크가 지적했듯이, 애초에 냉전은 자본주의와 사회주의라는 두 개의 이질적인 사회경제 시스템의 대립이 아니었다. "사회주의 국가는 자본주의 서방이 따르고 있던 것과 동일한 명령에 종속되어 있었다. 따라서 동서 대립은 비록 양자의 지배시스템이 다른 형태로 각인되어 있다 할지라도 두 개의 자본주의적 세계질서 모델의 대결로서 개념화할수 있다"(Ten Brink 2008, 202). 마르크스의 폴리티칼 이코노미 비판의 관점에서 볼 때, 구소련의 사회구조(부르주아 사회와 비부르주아 국가의 분리 및 결합)는 전후 제3세계에서 광범위하게 나타난 개발독재 체제와 마찬가지로 자본주의 사회시스템의 변종으로 분석된다(Chattopadhyay 1994). 실제로 동구권의 '정치적 자본주의'(밀라노비치)에서는 서구의 사경영적 자본주의에서 볼 수 있는 정치적인 것의 '특수화Besonderung'가 억제되어 있었다. 즉, 구소련이나 중국 등 '현존 사회주의' 국가에서는 사적 자본가가 아니라 생산수단의 집단적 소유자인 국가와 당의 관료가 지배적인 사회적 행위자가 되었다(Ten Brink 2008, 211). 국가적 심급은 사적 행위자들에 대해 긴밀한 관계를 행사했고, 정치적 행위자들은 그 자체로 기업적으로 활동했다는 것이다(Ten Brink 2013, 25). 그러나 이러한 '국가자본주의'도 자본주의 사회시스템임에는 변함이 없다. 또한 자본주의 세계체제하에서 '현존 사회주의' 국가도

'국가 간 시스템interstate system'에 편입되어 자본축적의 명령에 복종할 수밖에 없었다. "두 국가에서는 비록 모순된 방식일지라도 자본축적의 지속과 확대에 대해 결정적인 이해관계가 존재했고, 그러한 한에서 자본축적을 지정학적 및 사회공간적으로 방어하는 것이 목표였다"(Ten Brink 2008, 214).

최근에는 무역마찰로 나타나는 미중 대립이 '신냉전'으로 불리기도 하고, 중국의 경제적 대두를 배경으로 미중 양극체제 Chimerica로의 이행이 현실화되고 있다. 사실 '팍스 아메리카나'(콕스)나 '신제국주의'(하비) 같은 이론은 미국을 맹주로 하는 전후의 '브레튼우즈 체제'에서 1970년대 이후 신자유주의적 헤게모니까지 설명할 수 있었지만, 현재는 설득력을 잃고 있다(Ten Brink 2008, 47). 우드에 따르면, '자본의 제국'[1]은 자본주의의 외부가 여전히 존재했던 '제국주의'의 고전적 시기와는 다른 정치적 기능을 갖고 있다(Wood 2003, 153). 냉전 시기 미국의 압도적인 군사력은 국익national interest을 추구할 뿐만 아니라 복수 국가 시스템을 관리하는 역할을 수행했다. 즉, 미국은 '자본의 제국'을 담당하는 헤게모니 국가로서 자본주의 세계경제가 필요로 하는 시장과 자본의 원천을 보완하기 위해 주권국가 간의 형식적 평등을 활용했다. 하지만 극우 포퓰리즘의 확대로 인한 EU의 불안정화, 중국, 러시아 등 '국가자본주의' 국가의 부상과 지정학적 대립의 격화, '아랍국가 체제'의 동요 등 최근의 세계 정세는 자본주의 세계시스템에서 미국이 담당해온 '자본의 제국'이 그 정치적 기능을 제대로 수행하지 못하고 있음을 보여준다. 이른

---

1 또 우드의 '제국' 개념은 네그리-하트와는 반대로 세계화에서 국민적 국가의 역할이 더 강화된다는 것을 강조한다.

바 '글로벌 내전'이 중동과 북아프리카 등 '포스트식민지 국가' 간, 그리고 동유럽과 남동유럽의 구 '현존 사회주의 국가' 간에 지속적으로 전개되고, 2015년 이후 유럽에서 '난민 문제'가 심각해지는 등 주권국가 체제가 기능부전에 빠져들고 있다. 우리는 자본주의 세계시스템 자체의 정치적 형태를 파악하기 위해 복수 국가시스템이나 지정학적 대립을 정면으로 고찰해야 할 것이다. 텐 브링크가 말했듯이 '자본의 제국'이라는 것은 하나의 추상일 뿐이며, 그 형태규정성이 역사적·제도적으로 각인된 국가 간 시스템(특히 강대국 간의 지정학적 분쟁)을 역사적으로 검토해야 한다(Ten Brink 2008, 17).

도출논쟁을 총괄한 브라운뮐에 따르면, 전통적 마르크스주의의 '제국주의론'(레닌)이나 구 '이행논쟁'[2](Hilton ed. 1976)은 네이션nation 간의international 자본주의 경제를 전제로 한 나머지, 네이션을 **넘어선**transnational 자본주의 세계경제 자체를 고찰하는 데는 미치지 못했다(Braunmühl 1974). 다만, 아민 등의 종속론 학파는 1960년대 이후 남북 문제를 배경으로 '저개발의 발전'을 이론화했고,[3] 1970년대에 이르러서는 월러스틴이 중심·반주변·주변 국가들의 '부등가교환'을 기축으로 한 세계시스템론을 체계화하기에 이르렀다(Wallerstein 1974). 그러나 월러스틴이 강

2 '이행논쟁'에 관해서는『자본론』제3권 주요원고(MEGA II/4.2)를 검토하는 것으로 신구 '이행논쟁'을 총괄한 졸고(隅田 2016)를 참조.
3 종속이론은 마르크스의 '단선적 역사관'을 엄격하게 비판했다. 하지만 1860년대의 아일랜드 문제를 통해 마르크스 자신은 1840, 50년대 이래 견지했던 '단선적 역사관'을 근본적으로 수정했다. 현대의 마르크스 연구는『자본론』제1권 제2판, 프랑스어판의 비교 검토를 통해 마르크스의 '아일랜드 연구'의 이론적 의의를 구명했다(Anderson 2010, 190ff; 隅田 2014c).

조하는 '국가 간 시스템interstate system'은 기존의 국제관계론(이하 IR)과 마찬가지로 자본주의 세계시스템을 작동시키는 한에서 기술된 것에 불과하다. 월러스틴 자신이 애초에 '국가 간 시스템'론을 정식화했던 것은 스코치폴 등의 국가주의에 대한 비판을 수용했기 때문이다(星野 1997, 12f). 형태분석에서는 오히려 세계경제로서의 자본주의 세계시스템이 왜 복수 국가시스템을 필요로 하는지를 물어야 한다.

지금까지 살펴본 바와 같이 도출논쟁의 현대적 의의를 강조하는 홀로웨이는 국가를 단순한 '사물'(도구주의)이나 '실체'(국가중심주의), 혹은 '관계'(풀란차스)가 아니라 특정한 사회관계가 취하는 '형태'로 이해했다(Holloway 2002). 그러나 국가의 형태분석이 과연 자본주의 세계체제를 파악하는 데 도움이 될까? 예컨대 발리바르는 국가의 "국민적 형태를 자본주의적 생산관계로부터 '도출하는' 것은 전혀 실행 불가능한 일"이라고 비판한다(Balibar 1991, 89). 실제로 국민적 국가는 역사적으로 자본주의의 발전과 함께 성립되어왔다고 여겨지며, 현대에도 자본주의 국가는 대부분 국민적 국가로 구성되어 있다[4](Giddens 1985, 6장). 그러나 발리바르는 본성상 글로벌한 경향을 갖는 자본주의는 "논리적으로 특정한 단일 국가 형태를 띠지 않는다"고 강조한다(Balibar 1991, 89). 물론 자본주의 세계시스템하의 국민적 국가들을 고찰하기 위해서는 '자본주의의 정치적 형태'에 대한 추상적 분석을 좀 더 구체적으로 발전시켜야 할 것이다. 특히 제5장에서 보았듯이 자본주의 세계시스템의 정치적 형태에 관한 형태분석은 전

---

4 틸리가 강조했듯이 19세기 이후의 국민국가nation state는 16세기 이후의 영역적 개별국가, 즉 국민적 국가national state와 분명하게 구별된다.

자본주의 세계에 관한 역사적 고찰에 의해 보완되어야 한다. 실제로 거스텐버거 역시 '자본주의의 정치적 형태' 규정은 자본주의에 선행한 국가 간 경쟁이라는 지정학적 시스템과의 관계 속에서 파악되어야 한다고 주장한다(Gerstenberger 2011).

하지만 이러한 발리바르 등의 비판에도 불구하고 "충분히 발전된" 국민적 국가는 글로벌 자본주의적 생산관계의 산물로 간주할 수 있다(Hirsch 2005, 66). 왜냐하면 일정한 내셔널 영역을 통치하는 근대 국가는 근대 사회에 고유한 정치적 형태일 뿐만 아니라 자본주의 세계가 분열된 곳의 정치적 형태에 다름 아니기 때문이다[5](Holloway 1995). 브라운뮐도 정확하게 말했듯이 "부르주아적 국민국가는 선험적으로 세계시장에 통합된 부분으로만 파악할 수 있다"(Braunmühl 1976). 본 장에서는 폴리티칼 이코노미 비판의 연장선상에서 '세계시장' 자체를 경제학적으로 고찰할 수는 없지만, 국가 비판의 한도에서 자본주의 세계시스템의 정치적 형태를 분석하고자 한다. 이를 위해 1990년대 이후 마르크스주의 국제관계론에서 새로운 패러다임을 개척한 저스틴 로젠버그의 IR 비판과 그의 주장을 계승하면서 '국가의 역

---

5 홀로웨이는 이 점에서 자본주의 국가의 "정치적 공동성"이 단지 "환상적 공동성"(네이션)이기는커녕 "배타적 공동성"에 다름 아닌 이유를 발견한다. "정치적인 것의 국민국가들로의 분열은 모든 국가가 특정한 영역을 정의하고 그 때문에 그 영역 내에서 인민과 특수한 관계를 갖는다는 것, 즉 그 인민의 어떤 부분을 '시민'으로서 나머지 부분을 '외국인'으로서 정의한다는 것을 의미한다"(Holloway 1995, 124). 부르베이커도 명시적이진 않지만 국민적 국가의 국적 제도를 분석하면서 자본주의 세계체제의 "정치적 형태"에 주목한다. "따라서 국적(형식적으로 정의되고 외적으로 경계 지어진 성원 자격의 지위)은 근대국가의 내적 발전에 의해 생겨난 것은 아니다. 오히려 국적은 지리적으로 통일되고 문화적으로 통합되고 경제적으로 통일되고 정치적으로 (점진적이게) 통합된 국가 간 시스템 속에서 국가 간 관계의 동학으로부터 생겨난 것이다"(Brubaker 1988, 70).

사사회학'을 비판적으로 수용한 벤노 테시케의 논의를 다룰 것
이다. 왜냐하면 이들 선행연구는 도출논쟁의 성과인 형태분석을
계승하고 있음에도 불구하고 마르크스의 폴리티칼 이코노미 비
판과 관련하여 거의 고찰되지 않았기 때문이다. 예를 들어, '베
스트팔렌사관'을 재검토하는 테시케의 논의는 국제관계론이나
역사사회학에서 자주 인용되지만(山下 2016 참조), 그 자신이 '도
출논쟁'의 형태분석을 비판적으로 수용하고 있다는 점은 간과되
고 있다. 아래에서는 특히 '복수 국가시스템'과 '자본주의의 정
치적 형태'의 연관성을 이론적, 역사적으로 고찰하여 현대 자본
주의 지정학을 분석하기 위한 접근법을 생각해볼 것이다.

정치적 마르크스주의의 관점

로젠버그와 테시케는 모두 서섹스대학을 중심으로 한 '정
치적 마르크스주의' 연구 그룹에 속해 있다. 그들의 프로젝트의
주안점은 구조주의적 해석과 목적론적 역사관을 비판하고, 사
회적 행위 주체로서의 '계급' 개념에 의해 전통적 마르크스주의
를 재역사화·재정치화하는 데 있었다. 그 창시자는 1970년대 신
'이행논쟁'의 중심에 있었던 브레너이다. 브레너가 제기한 '사회
적 소유관계' 개념은 좁은 의미의 '생산관계' 개념을 경제적 결
정론이라고 비판하고, 전통적 마르크스주의와는 다른 의미에서
'계급구조'의 규정적 역할을 강조한다. 그리고 브레너의 논의를
이어받아 로젠버그와 테시케에게 가장 큰 영향을 끼친 것은 우
드이다. 우드는 정치적 마르크스주의의 선언이라 할 수 있는 논
문에서 도출논쟁의 형태분석과 마찬가지로 전통적 마르크스주

의의 '토대-상부구조론'을 비판하고, 자본주의 사회시스템에서 '정치와 경제의 분리 및 결합'을 정식화했다(Wood 1995, 1장). 로젠버그와 테시케는 정치적 마르크스주의가 독자적으로 분석한 '정치적 형태' 규정을 단서로 삼아 국제관계론과 역사사회학에 대한 비판으로 나아간 것이다.

여기서 이 책에서 고찰해온 '국가의 형태분석'을 다시 한번 확인해보자. 도출논쟁의 성과에 근거하여 국가는 상품이나 화폐와 같은 경제적 형태규정과 마찬가지로 여러 개인의 능동적 관여에 의해 무의식적으로 유지·재생산되는 '사회적 형태' 규정으로 이해되었다. 유물론적 국가 비판의 과제는 정치시스템론이나 정치체제론의 고찰 대상인 국가의 제도들(장치들)이나 기능들과 구별되는 국가의 '정치적 형태' 규정을 분석하는 것이다. 따라서 자본주의 국가는 단순히 '정당한 물리적 폭력 행사의 독점을 요구하는' 정치적 공동체(베버)를 의미하는 것이 아니다. 자본주의 국가는 일정한 내셔널 영역에서 폭력적 강제력을 행사할 수 있다고 해도 직접적으로 경제 구조를 형성할 수는 없다. 5장에서 살펴본 바와 같이, 앙시앙레짐하에서 형성된 근대 국가는 자본주의적 생산양식의 발전과 함께 국가 기능이 경제적 형태규정에 제약된 '자본의 국가'로 전환된다. 그러나 자본주의적 생산양식의 확립에 따라 '경제적 관계의 무언의 강제'가 관철되었다고 해서 정치적 지배 관계 자체가 소멸하는 것으로 이해해서는 안 된다. 오히려 직접적인 폭력 행사가 사적 경제 영역에서 철수함으로써 새로운 지배·종속 관계가 어떻게 형성되는지 밝혀야 한다. 이 점에 대해 로젠버그는 자본주의의 "독자적인 경제 형태"인 "노동력의 상품화"가 "직접적 생산자의 실제의 종속상태를 해소하는 것이 아님"을 정확하게 강조한다(Rosenberg 1994, 84).

> 오히려 노동력의 상품화는 자유로운(무소유적이며 구속되지 않
> 은) 노동력의 직접적이고 물질적인 의존을 매개로 유지되는
> 생산의 사적 영역을 무대로, 노동계약의 구조화된 불평등을
> 통해 직접적 생산자의 종속을 재편성한다. 따라서 우리는 자
> 본주의하에서 정치와 경제(혹은 국가와 시민사회[부르주아 사회])
> 의 형식적 분리를 **생산 영역으로부터의 지배 관계의 실질적**
> **철수로 착각해서는 안 된다.**(ibid.)

정치적 마르크스주의가 자유방임적 자본주의관에 반대하
며 강조했듯이, 자본주의 사회에서는 기존의 지배·종속 관계가
단순히 해소되는 것이 아니다. 오히려 정치적 지배·종속 관계(경
제 외적 권력)는 경제적 형태규정을 매개로 새롭게 재생산된다. 왜
냐하면 자본주의적 생산관계 자체가 새로운 지배·종속 관계를
만들어내고, 그것에 대응하여 새로운 정치적 형태도 만들어내
기 때문이다. 실제로 자본주의 사회에서 '무소유'의 노동자는 임
금노동자 즉 '물상의 인격화'로서 자신의 노동력을 판매하도록
강요받으며 사적 생산 영역에서 '물상의 인격화'인 자본가의 지
휘 명령하에 놓이게 된다. 그리고 이 '물상의 인격화'에 근거하
여 지배·종속 관계를 보장하는 '노동계약' 즉 법=권리 형태가 시
장시스템과 직접적 생산 과정을 매개하여 사회의 경제적 구조에
서 "노동자에 대한 자본가의 전제를 확정한다"(MEGA II/7, 655).
4장에서 자세히 설명했듯이, 자본주의적 생산관계는 '물상의 인
격화' 및 '법=권리 형태'를 매개로 독자적인 지배·종속 관계를 만

들어낸다.

그런데 '역사적 시스템'으로서 자본주의를 이해하는 월러
스틴은 자본주의적 생산관계에서 '물상의 인격화'로서의 '자유'
를 지배 관계의 실질적 해소라고 오해한다. **현실의** 자본주의 세
계시스템(근대의 흑인 노예제 등)에서 노동력 및 토지의 상품화라
는 자본주의의 전형적인 특징은 예외적인 것이며, 오히려 인격
적인 지배·종속 관계가 생산관계에서 압도적으로 지배적이라는
것이다. "자본주의 세계경제를 사실상 특징짓는 것은 노동자와
토지의, 자유로운 그것과 '자유롭지 못한' 그것과의 <u>결합</u>이다"
(Wallerstein 1979, 150). 그러나 거스텐버거가 강조하듯이 세계시
스템론에는 마르크스의 형태분석이 결여되어 있다. 애초에 마르
크스 자신이『자본론』제1권에서 언급했듯이, "일반적으로 유
럽에서 임금노동자의 은폐된 노예제는 신세계에서 노골적인 노
예제를 발판으로 삼았다"(MEGA II/7, 676). 역사사회학을 중시
하는 거스텐버거는 인격적으로 '자유로운' 임금노동이 자본주
의 경제의 필요에 의해 요청된 것이 아니라, 앙시앙레짐하의 정
치적 대항관계 혹은 특수한 국가통제의 산물이라고 주장한다
(Gerstenberger 2017, 3장). 따라서 인격적 자유 혹은 부자유가 자
본주의 세계시스템의 핵심적 특징이 아니다. 오히려 세계시장을
구성하는 중심국 및 식민지국 모두에서 물상화된 생산관계가 어
떤 지배·종속 관계를 만들어내는지 분석해야 한다.

형태분석의 관점에서 인종주의 비판을 전개한 슈미트 에그
너는 자본주의 세계시스템에서 중심국뿐만 아니라 식민지에서
도 '가치법칙'이 관철된다고 강조했다(Schmitt-Egner 1976). 슈미
트 에그너에 따르면, '부등가교환'론에서 강조하는 중심국과 식

민지국의 불평등은 우선 후자의 식민지적 생산관계에 유래한다. 자본주의적 식민지 생산관계에서는 확실히 월러스틴이 강조했듯이 직접적인 물리적 강제에 의해 타인의 노동력이 영유된다. 그러나 식민지국에서는 중심국처럼 생산력 발전을 통한 상대적 잉여가치의 생산을 지향하는 것이 아니라 오로지 노동일 연장을 통한 절대적 잉여가치의 생산이 추구된다고 한다. 따라서 식민지에서 노동력 상품은 본래의 가치 **이하로 영속적으로 저렴화**될 수밖에 없다(Egger 2019). 식민지의 생산 과정에서는 직접적인 물리적 폭력에 의한 착취가 진행되지만, 이것은 '시장' 원리의 침해를 의미하는 것이 아니라, 오히려 '등가교환'에 의해 정당화된다. 마르크스가 '영유법칙의 전회'론에서 말했듯이, 중심국에서는 '유통과정'에서 필연적으로 발생하는 법 물신주의fetishism(각 개인은 태어날 때부터 법적 인격이라는 자연적 속성을 갖는다)가 생산 과정에서의 자본과 임노동의 착취관계를 현실에서 은폐한다. 이에 반해 식민지에서는 동일한 세계시장의 '유통과정'을 통해 피식민지인은 태어날 때부터 '노동력'을 자유롭게 처분할 수 있는 인격**에 값하지 않는 존재로 자연화**된다. 그러나 여기서 인격적 자유·부자유는 어디까지나 법 물신주의의 차원을 의미하며, 직접적인 생산 과정에서의 지배·종속 관계를 간과해서는 안 된다. 자본주의적 생산양식에서는 자유로운 노동계약(임금노동)이든 부자유한 노동계약(근대적 노예노동)이든, 양자는 총체로서의 자본가계급에 의해 편성된 위계에 프롤레타리아트로서 종속될 수밖에 없는 것이다.[6]

6 물론 인종주의 비판에서는 바로 이 프롤레타리아트 내부의 분단이 문제가 된다. 왜냐하면 북아메리카의 자본주의적 노예제에서 보이듯이 다 같이 프롤레타

그렇다면 도출논쟁과 정치적 마르크스주의에 공통된 형태 분석의 관점에서 자본주의 세계시스템의 지정학은 어떻게 파악될 수 있을까? 여기서 '지정학' 개념은 지리적 결정론이 아니라 "어떤 사회질서가 더 큰 사회 편제의 일부를 구성할 때의 외적 관계"를 의미한다(Rosenberg 1994, 178). 그리고 지정학 자체는 자본주의 세계시스템의 정치적 형태(국제적인 것)와 엄밀하게 구별되어야 한다. 이미 살펴본 바와 같이, 파슈카니스는 전통적 마르크스주의의 계급국가론을 비판하면서 어떻게 경제적 형태규정으로부터 '자본주의의 정치적 형태'를 도출할 수 있는가, 라는 질문을 처음으로 제기했다. 이 문제구성은 도출논쟁에서 끊임없이 참조되었지만, 파슈카니스의 문제제기는 그것만이 아니었다. 사실 그는 국제법 연구의 문맥에서 지정학의 자본주의적 형태, 즉 국내의 주권적 위계와 구별된 국외의 지정학적 무정부성을 정식화했던 것이다.

> [국내와 달리] 강제력의 기능이 조직화되어 있지 않고, 그것이 양 당사자 위에 있는 특별한 기구의 관할에 속하지 않는 곳에서는, 이 기능은 이른바 상호성이라는 모습으로 나타난다. 세력균형이라는 조건하에서 상호성 원리는 지금까지 국제법의 유일한, 말하자면 매우 불안정한 기초가 되어 있다.(Paschukanis 2003, 134)

다만, 로젠버그가 월츠 등의 신현실주의 IR을 비판하면서

리아트라고 할지라도, "흰 피부의 노동자[자유로운 임금노동자]는 검은 피부의 노동자[노예]"와 서로 적대적인 관계에 놓여지기 때문이다(MEGA II/6, 301).

말했듯이, '국제적인 것' 즉 '세력균형'을 단지 '국내적인 것' 즉
'국가주권'으로부터 분리하여 이해하는 것만으로는 충분하지 않
다. 물론 IR이 전제하는 '복수 국가시스템'은 국내 주권보다 훨씬
더 사회구조로부터 분리·자립화된 정치적 영역으로 현상할 수 있
다. 이러한 국제정치 영역에서 각 주권국가들은 외교나 군사합동
훈련, 나아가 군사력 행사를 통해 국가안보를 경쟁적으로 추구할
수밖에 없다. 물론 지정학적 무정부성에서 경쟁적인 안보 추구는
반드시 제로섬 게임으로 끝나지 않고, 집단적 안전보장의 최대화
가 각국의 공통된 과제가 될 수도 있다. 그러나 중요한 것은 월츠
자신이 인정했듯이, 주권국가는 이러한 안전보장 게임과는 다른
게임을 항상 수행해야 한다는 점이다. 즉, 주권국가는 '세력균형'
과는 다른 논리에 따라 국내외에서 정치적 우위나 물질적 자원을
추구할 수밖에 없는 것이다(Rosenberg 1994, 26). 이리하여 주권국
가의 행동은 IR이 상정하는 '세력균형' 이외의 다양한 요인에 의
해 제약될 수밖에 없다. 따라서 로젠버그는 국내 사회구조로부터
분리·자립화된 '복수 국가시스템'에 초점을 맞추는 IR과는 다른
접근법을 제시한다. 그것이 바로 국내 사회구조와 국외의 지정학
적 시스템과의 **연속성**을 강조하는 문제구성에 다름 아니다. "국
제관계에 관한 어떤 이론도 주권과 무정부성 양쪽의 역사적 독자
성을 마르크스가 사회생활의 생산과 재생산의 자본주의적 양식
이라고 불렀던, 사회관계의 특징적 구성으로부터 발생하는 <u>사회
적 형태</u>로서 파악하는 데서 출발해야 한다"(ibid., 172). 로젠버그
는 마르크스주의적 국제관계 분석의 단서로서 '사회적 형태' 개
념을 강조하고 있다. 이를 통해 '국제적인 것'을 '국내적인 것'으
로부터 분리하여 자립화시키는 것이 아니라, 오히려 양자의 '분

리 및 결합'을 파악할 수 있다는 것이다.

세계시장과 복수 국가시스템

여기서 마르크스의 폴리티칼 이코노미 비판 플랜을 재확인해보자. 마르크스는 『자본론』 제1권에서 "전 상업세계가 일국nation으로 간주되고, 또 자본주의적 생산이 어디에서나 확립되어 모든 산업 부문을 정복한 것을 전제로"(MEGA II/7, 504f) 한다고 강조한 바 있다. 그러나 마르크스는 『자본론』에서 국가 간 시스템을 사상한 '자본일반'이라는 추상만을 분석한 것은 아니다. '자본의 일반적 분석'이라는 접근법에 근거하여 당초 플랜(① 자본 ②토지 소유 ③임금노동 ④국가 ⑤외국무역 ⑥세계시장)에 있던 '자본' 이외의 여러 주제들이 요소 요소에 포함돼 있다. 실제로 특히 『자본론』 제1권 프랑스어판에는 '식민지 문제'와 '외국무역'에 관한 역사적 예증이 여러 개 추가되어 있으며, '자본의 일반적 분석'의 한도 내에서 세계시장이 고찰되었다고 할 수 있다(Pradella 2011).

마르크스의 폴리티칼 이코노미 비판의 방식에 따르면, 논리적으로는 먼저 자본주의적 생산관계에 의해 트랜스내셔널한 경제적 형태규정(상품, 화폐, 자본)이 생성되지만, 이를 국내에서 자본주의 국가가 총괄함으로써 세계시스템으로서는 국제적인 international 복수 국가시스템을 매개로 한 세계시장이 성립한다. 그러나 『선언』에서 다음과 같은 서술은 마르크스가 복수 국가시스템을 무시하고 있는 것이 아니냐는 비판을 불러일으켜왔다. "여러 민족Völker이 국가로 분립하여 대립하는 상태는 부르주아지의 발전, 무역의 자유, 세계시장, 공업생산 및 그에 부합하는 생활 관계들과 함께 **소멸하고 있다**"(MEW 4, 479). 하지만 마르크스가 자본주의의 특징으로 트랜스내셔널한 세계시장을 강조했다고 해서 복수의 국민적 국가를 간과했다고 할 수 있을까? 예컨대『독일 이데올로기』여러 초고들에서 국가들은 "국내에 대하여" 부르주아 사회를 "총괄"할 뿐만 아니라, "국외에 대하여" 계급들의 소유권을 보장하는 정치적 형태로 파악되고 있다(MEGA I/5, 116f). 또한『자본론』제1권의 화폐장에서는 복수 국가시스템을 전제로 한 경제적 형태규정의 전개가 논의되고 있다. "금은이 주화로서 입고 세계시장에서는 다시 벗어버리는 다양한 국민적 제복 속에서 상품유통의 **국내적 또는 국민적 측면과 그 일반적인 세계시장 측면과의 분리**가 현상하고 있다"(MEGA Ⅱ/6, 147). 따라서 마르크스의 폴리티칼 이코노미 비판의 방식에 따르면, 우선 외국무역 등을 사상한 경제적 형태규정(상품, 화폐, 자본)에서 출발하면서도 궁극적으로는 복수 국가시스템을 매개로 한 세계시장을 분석해야 하는 것이다.

마르크스의 폴리티칼 이코노미 비판 플랜에서 볼 수 있듯이, 국가의 형태분석은 외국무역과 세계시장을 분석하는 데서 피할 수 없다. 전통적 마르크스주의에서는 일정한 내셔널한 영역을 통치하는 근대 국가가 주어진 전제가 되었지만, 경제적 형태규정과 정치적 형태규정의 '분리와 결합' 양식은 국민적 국가 내부뿐만 아니라 세계시스템 차원에서도 전개된다. 마르크스에 따르면 화폐는 그 트랜스내셔널한 존재, 즉 세계화폐에서 '화폐 개념'에 가장 부합하게 된다. 그리고 세계화폐와 마찬가지로 자본도 세계자본으로서 비로소 '자본 개념'에 완전히 합치된다. 도출논쟁에서도 알트파터 등은 "세계시장에서 자본의 발전은 국민적 및 국가적으로 경계지어진 공간에서 자본의 발전과 마찬가지 <u>형태</u>로 수행된다"고 강조했다(Altvater et al. 1971, 7). 실제로『요강』에서 언급되었듯이 "세계시장을 만들어내려는 경향은 직접적으로 자본 자체의 개념 속에 주어져 있다"(MEGA Ⅱ/1.2, 320). 이리하여 훗날 '국제가치논쟁'[7]에서는 세계시장에서도 가치법칙이 어떻게 관철될 수 있는가, 혹은 복수 국가시스템을 매개로 이 법칙이 어떻게 수정될 수 있는가 하는 것이 문제가 되었다. 마르크스 자신도 프랑스어판『자본론』에서 다음과 같이 말했다.

> 가치법칙은 그것이 국제적으로 적용될 경우에는 한층 더 수정된다. 왜냐하면 세계시장에서 더 생산적인 국민적 노동은, 더 생산적인 국민nation이 경쟁에 의해 자신의 상품 판매 가격을 그 가치 수준까지 인하하도록 강제되지 않는 한, 여전히 강도가 더 큰 국민적 노동으로 간주되기 때문이다.(MEGA Ⅱ/7, 484)

부하린은 세계경제를 국민경제의 집합체라고 도식적으로 파악하고 있기는 하지만, 세계시장을 통해 국제적인 차원에서 사회적 총노동이 어떻게 배분되는지를 일찌감치 문제화했다(ブハーリン 2008). 하지만 앞서 말했듯이 우리는 마르크스의 폴리티칼 이코노미 비판 중 '외국무역'이나 '세계시장' 항목에 대해 본

---

7 이 논쟁에 관해서는 엠마누엘 외(エマニュエルほか, 1981)나 나카가와(中川 2014, 3, 6장)를 참조.

격적으로 다룰 수 없다. 여기서는 말하자면 '자본주의 국가의 일반적 분석'의 한도 내에서 자본주의 세계체제의 정치형태를 살펴보고자 한다. 마르크스는 『고타 강령 비판』에서 "오늘날의 국민적 국가의 틀", 예를 들어 독일 제국의 "틀"은 그 자체로, 그리고 경제적으로는 "세계시장의 틀 안"에 있고, 정치적으로는 "복수 국가시스템 틀 안"에 있다고 말했다(MEGA I/25, 17). 그러나 월러스틴처럼 복수 국가시스템을 자본주의 세계경제의 단순한 '정치적 상부구조'로만 이해할 수는 없다. 물론 마르크스는 '복수 국가시스템'이라는 국제정치의 영역을 인식하고 있었지만(星野 1997, 17), 더 중요한 것은 세계자본의 형태분석이다. 자본 개념에 가장 적합한 '세계자본'은 일정한 내셔널한 영역을 통치하는 국가 형태하에 총괄되며, 세계시장에서는 복수 국가시스템을 매개로 하여 국민적 자본들로 분열될 수밖에 없다. 왜냐하면 자본주의 세계시스템에서는 국민적 국가들로 분열된 세계사회를 총괄하는 초국민적 국가, 즉 세계제국이 존재하지 않기 때문이다. 알트파터 등이 말했듯이, 자본을 비롯한 경제적 형태규정을 정치적으로 총괄하는 국가 형태는 세계시장에서의 자본의 발전을 내셔널한 차원에서 제약한다.

> 부르주아 사회가 그 내부로부터 정치적 형태로 발전시킨 부르주아 국가는 자본의 자유로운 이동성Beweglichkeit에 대해 한계를 설정한다. 세계시장에서 자본의 자유로운 이동성에 대한 이러한 제한의 경험적 표현이 관세입법, 수입제한, 자본수출 및 자본수입의 법률적 제한(외환관리)이다.(Altvater et al. 1971, 16)

노이쥐스가 강조했듯이 세계시장에서의 자본의 경쟁은 내셔널한 제한을 돌파하려는 자본의 필연적 경향이지만, 이러한 트랜스내셔널한 경제적 형태규정은 그 자체로 "국외에 대한" 국가권력의 기능을 구성한다. 왜냐하면 "국민적 국가의 형태는 국민적 자본이 세계자본으로 통일화하는 것에 저항하는 평형추"이기 때문이다(Neusüss 1972, 205). 즉, 국민적 자본들이 경쟁하는 세계시장에서 주권국가의 행동은 타국 자본에 대해 자국 자본의 이익을 보완하도록 규정되어 있다. 따라서 세계시장에서 경쟁하는 자본의 이해관계 대립은 복수 국가시스템하에서 필연적으로 정치적 형태를 띨 수밖에 없다. 다만, 복수 국가시스템은 IR과 같은 '세력균형'의 논리가 아니라 세계자본의 형태분석에 근거하여 설명되어야 한다. 즉, 국가 간 경쟁에서 제국주의의 '폭력'을 최종심급으로 이해해서는 안 된다. 왜냐하면 제국주의론은 국민국가에 경계 지어진 자본의 경쟁을 강조할 뿐이며, 내셔널한 경계를 경향적으로 돌파하려는 세계자본의 발전 경향을 분석할 수 없기 때문이다.

무정부적인 세계시장과 지정학적 무정부성

우리의 고찰은 어디까지나 국가 비판의 관점에서 자본주의 세계시스템의 정치적 형태를 검토하는 것에 한정되어 있다. 따라서 정치적 마르크스주의의 국제관계론 비판의 주제, 즉 세계시장(국제경제)과 복수 국가시스템(국제정치)의 관계로 돌아가보자. 로젠버그에 따르면, 자본주의의 '사회적 형태' 규정이 지정학적 무정부성이라는 영역적 공간을 만들어낸 것은 아니다. 오히려 "경계적으로 설정된 영역적 사법권이라는 공적 공간과 계약에 기초한 생산과 교환의 물질적 관계라는 사적 공간이라는 두 개의 병행적이고 상호 연관된 사회적 공간의 차원을 만들어낸다"(Rosenberg 2005, 23). 그러나 그에게 '공적' 국가주권은 단지 '형식적 중립성'을 의미하는 것이 아니라, 오히려 '사적' 생산 영역에서 '정치적 권력'의 강화를 촉진하는 계급권력을 의미한다. 그러나 우리의 형태분석에서 볼 때, 여기서 '사적 영역에서 정치권력'이라는 개념에는 유보가 필요하다. 왜냐하면 자본주의 사회에서의 '공과 사의 분리와 결합'은 사회 경제 구조에서 '사적' 소유권을 '공적' 국가가 외적으로 총괄한다는 의미로 엄밀하게 이해되어야 하기 때문이다. 로젠버그는 사적 생산관계에서 '물상의 인격화'에 기초한 지배·종속 관계를 계급론적 모델에 따라 곧바로 '정치적 권력'으로 이해하고 만다. 그러나 물상화된 생산영역에서의 지배·종속 관계는 정치적 계급권력 그 자체가 아니라 '물상의 인격화'나 그것을 보증하는 '법=권리 형태'로서 파악해야 할 것이다.

　　로젠버그가 강조하듯, 자본주의가 만들어내는 공과 사의 구조적 차이화는 네이션 **내부**뿐만 아니라 여러 네이션들을 **횡단하는**(트랜스내셔널한) 세계사회에서도 발견된다. 그것은 "복수 국가시스템의 관리에 관여하는 **공적인** 정치적 측면과 잉여의 착취와 중계를 담당하는 **사적인** 정치적 측면"(Rosenberg 1994, 131)에 다름 아니다.[8] 이리하여 로젠버그는 국제정치와 국제경제의 분

8　여기에서 로젠버그는 우드가 강조하는 "정치적 영역 내부에서 차이화(差異化)"를 참조한다. "자본주의에서 경제와 정치의 차이화는 더 정확하게 말하면 정치적 기능 그 자체의 차이화이며 그런 기능들을 사적인 경제 영역과 국가라는 공적 영역으로 나눈다. 이러한 분할은 잉여노동의 착취와

리 및 결합을 양자에 공통된 자본주의 세계시스템이라는 구조적 특질(형태규정성)로부터 도출한다. 즉, 국제정치에서 '세력균형'이라는 공적인 정치 영역과 국제경제에서 무정부적 시장이라는 사적인 경제 영역은 자본주의적 세계사회의 두 가지 형태에 다름 아니라는 것이다.

> 상위 권력이 결여된 독립된 주권국가의 복수성에도 불구하고 개별 국가의 통제를 벗어난 사회조직의 비인격적 메커니즘의 출현(세력균형과 시장의 보이지 않는 손)은 주권적 독립의 전제조건으로서 이러한 집단적 소외의 역설적 역할[사적 경제 영역에서의 물상화가 인격적 '자유'의 기초로 기능하는 것], 그리고 그러한 질서를 특징짓는 **새로운 형태의 국제적 권력**이다.(Rosenberg 1994, 150)

역사적으로 볼 때, 전자본주의 세계에서는 배타적 주권적 경계의 상호 인정이 지정학의 조직적 원리가 된 적이 없다. 로젠버그가 강조하듯이 '세력균형'에서 볼 수 있는 지정학적 무정부성은 국가를 넘어 경제적 형태규정이 관통하는 자본주의 세계시스템에서 비로소 성립한 것이다. 물론 여기서 말하는 '비인격적 메커니즘'은 이 책의 논의를 감안할 때 마르크스의 '물상

영유에서 직접 관계하는 정치적 기능이 더 일반적인 공동체적 목적과 관계하는 정치적 기능으로부터 분리되는 것을 반영한다"(Wood 1981, 82). 확실히 이러한 논의는 정치와 경제의 "분리"밖에 파악하지 못한 전통적 마르크스주의를 비판하는 한에서는 유효할 수 있다. 그러나 3장에서 보았듯이 정치와 경제의 분리 및 결합은 정치적 기능 그 자체의 분화로부터가 아니라 어디까지나 특정한 생산관계에서 노동의 사회적 형태로부터 설명되어야 한다.

의 인격화'로 엄밀하게 이해해야 할 것이다. 왜냐하면 '비인격적 메커니즘'이라는 개념에서는 단지 무정부성이라는 공통점만으로 세력균형과 시장의 보이지 않는 손이 동등하게 배치되기 때문이다. 사실 마르크스에게 있어 복수 국가시스템의 무정부성과 세계시장의 무정부성은 전혀 범주의 의미 내용이 다르다. 마르크스가 『자본론』에서 말한 후자의 무정부성은 자본주의적 생산에 내재한 가치법칙이 세계시장에서의 '물상의 인격화'인 '세계시민Kosmopolit'들에게는 무정부적 경쟁이라는 외적 강제법칙으로 관철될 수밖에 없다는 의미를 갖는다. 마르크스는 『경제학 비판』에서 '세계시장'에서는 상품 소유자의 세계시민주의 cosmopolitanism가 발전한다고 말했다.

> 화폐가 세계화폐로 발전하듯이 상품 소유자는 세계시민으로 발전한다. 인간 상호간의 세계시민적 관계는 본질적으로 단지 그들의 상품 소유자로서의 관계에 불과하다. 상품은 그 자체로 종교적, 정치적, 민족적, 언어적 모든 제한을 초월한다. 상품의 일반적 언어는 가격이며, 그 공동 존재는 화폐이다. 그러나 세계화폐가 국내 주화와 대립하여 발전함에 따라 상품 소유자의 세계시민주의가 인류의 물질대사를 방해하는 전래의 종교적, 국민적, 기타 편견과 대립하는 실천 이성의 신앙으로 발전한다.(MEGA II/2, 213)

세계화폐를 매개로 한 세계시민 상호 간의 관계는 세계제국이 존재하지 않기 때문에 세력균형으로 현상하는 국가 간 관계와는 분명히 다르다. 요컨대, 로젠버그의 무정부성 이해에서는 지정학적 시스템 자체와 자본주의 세계시스템의 정치적 형태를 구분할 수 없다. 사실 이러한 애매함도 있어서 정치적 마르크스주의 논의에는, 현실주의 IR이나 종속론 학파에서 볼 수 있듯이, 다음과 같은 강력한 반론이 존재한다. 즉, 특히 국제시스템에서는 마르크스가 강조한 트랜스내셔널한 경제적 형태규정이 아니라 "강제적인 정치적 폭력"(즉 제국주의)이 "상품 형태의 핵심"에 있다는 주장이다(Miéville 2005, 126). 영국의 마르크스주의자이자 저명한 SF 작가인 미에빌은 그의 국제법 연구에서 파슈카니스의 법=권리 형태분석을 비판하며, 애초에 계약, 즉 법=권리 형태는 강제력 없이는 존재할 수 없음을 강조한다.[9] 거스텐버거 역시 파슈카니스의 법=권리 형태분석을 국가체제에 접합시킨 미에빌을 평가하면서 다음과 같이 말하고 있다. "근대 국제법에서 모든 국가는 형식적으로 평등하고 국가들 간 관계는 사법화된다. […] 그러나 부르주아 사회의 상품 형태와는 대조적으로 국제법의 영역에서 법=권리 관계가 보증되는 것은 아니다. 법=권리와 법=권리 사이에서는 폭력이 결정한다"(Gerstenberger 2011, 76). 이리하여 '부등가교환'(엠마누엘)과 마찬가지로 세계제국이 존재하지 않는 복수 국가시스템에서는 제국주의야말로 자본주의를 지속시키기 위한 한 요소라고 결론 내릴 수 있다(ibid.). 그러나 우리는 세계시장에서의 경제적 형태규정의 기능을 과소평가하는 정치중심주의를 받아들일 수 없다.

　　로젠버그의 IR 비판은 마르크스의 폴리티칼 이코노미 비판과 마찬가지로 자본주의 세계시스템에서 '정치와 경제의 분

9　덧붙여 말하자면 미에빌의 대표작인 SF 소설 『이중 도시』는 그의 박사논문의 『동등한 법=권리 사이에서』(Miéville 2005)를 모티브로 쓴 것이다.

리와 결합'을 문제화했다는 점에서 탁월하다. 형태분석에서 볼 때, 국제시스템에서 정치적 강제력의 우위만을 강조할 것이 아니라 '복수 국가시스템'을 트랜스내셔널한 경제적 형태규정과의 관계 속에서 파악할 필요가 있다. 예를 들어, 전후 미국은 '자본의 제국'을 담당하면서 자본주의 이전의 제국이나 식민주의와 달리 정치적 종속이 아니라 정치적 독립을 추진함으로써 복수 국가시스템의 세계화를 촉진했다. "미국은 국제적인 차원에서 사적 영역과 공적 영역의 분리를 추진했다"(Rosenberg 1994, 169). 더욱이 미국을 헤게모니 국가로 하는 '자본의 제국'이 주권국가 간의 형식적 평등을 유효하게 이용할 수 있었던 것은 단순히 국가 간 경쟁에서 제국주의의 '폭력'이 최종심급으로 기능하기 때문이 아니다. 우드가 강조하듯이 고전적 '제국주의'는 폭력적 지배나 약탈과 같은 직접적인 정치적 강제력에 여전히 의존했지만, 2차대전 이후 자본이 세계시장 전체를 운동하는 단계로 발전하면서, 새로운 '자본주의적' 제국주의라는 형태를 띠게 된다(Wood 2003). 즉, '자본의 제국'에서 정치적 권력은 국제적인 차원에서 사적 생산 영역에서 경제적 형태규정의 관철을 촉진하고, 이를 공적 국가주권에 의해 외적으로 총괄하는 한에서 행사하도록 규정되어 있다. 하지만 이러한 자본주의 세계시스템의 정치적 형태는 여전히 추상적이고 기능주의적 규정에 불과하다. 따라서 5장에서 국가의 형태분석이 국가의 역사적 고찰에 의해 보완된 것처럼, 자본주의 세계시스템의 형태분석은 전(前)자본주의 세계의 지정학에 관한 역사적 고찰에 의해 보완되어야 한다.

자본주의적 지정학의 기원

로젠버그는 자본주의 세계시장과 복수 국가시스템의 연속성을 '무정부성' 개념에서 찾았다. 그러나 성급하게 양자의 구조적 등가성을 이해한 탓에 같은 정치적 마르크스주의 그룹인 테시케로부터 비판을 받게 된다. 테시케는 국가의 복수성이나 자본주의적 정치공간의 배타적 영역성을 로젠버그처럼 자본주의의 내적 동학으로부터 도출하는 것을 거부한다. 오히려 거스텐버거를 따라 자본주의 이전에 형성된 복수 국가시스템을 역사사회학적으로 파악하는 접근법을 중시한다.

자본주의의 확대는 일련의 계급 및 체제 전환을 필연적으로 수반했지만, 전자본주의적 국가 형성의 유산이라 할 수 있는 정치적으로 구성된 복수의 영역이라는 원리에 도전하지 않았다. 자본주의가 경제와 정치의 분리를 보편화한 것은 사실이지만, 국내와 국제의 분리를 뒤집은 것은 아니었다. 트랜스내셔널한 '시민사회의 제국'[로젠버그의 저서 제목으로 '자본의 제국'과 동의어]의 창조는 복수 국가시스템의 파괴를 동반하지 않았지만, 영역적으로 동일한 넓이를 갖는 정치적 제국의 건설도 수반하지 않았다. **자본주의는 영역적으로 분할된 복수 국가시스템을 만들지 않았고, 자신의 재생산을 위해 복수 국가시스템을 필요로 하지도 않았다.**(Teschke 2003, 266-267)

테시케에 따르면, 복수 국가시스템 혹은 세계제국과 같은 국제정치체제는 트랜스내셔널한 경제적 형태규정의 내적 필연성으로부터 비롯된 것이 아니다. 월러스틴은 복수 국가시스템을 자본주의 세계시스템의 '정치적 상부구조'로 기능주의적으로 파악했지만, 역사적 조건에 따라 '자본의 제국'이 세계제국으로 편성되는 것도 충분히 있을 수 있다는 것이다. 즉, "왜 자본주의가 영역적 및 국민적 경계를 따라 정치적으로 특징지어지는가" (Lacher 2006, 16)라는 문제는 '자본주의의 정치적 형태'에 관한 이론적 분석이 아니라 자본주의에 선행하는 역사적 사건으로 설명되어야 하는 것이다. 물론 IR이나 역사사회학은 17세기 이후 '베스트팔렌 체제'를 근대 주권국가 시스템의 기원으로 전제하지만, 테시케에게 중요한 것은 어디까지나 **자본주의적** 지정학의 기원일 뿐이다.

독일의 비교국가제도 사학자인 힌체는 근세 서유럽에서 지정학적 경쟁 모델을 발견했는데, 그것은 다음과 같이 요약된다. 즉, "국제시스템에서 경쟁 → 전쟁 → 군비의 증대 → 착취의 증대 → 새로운 증세·재정방식 → 군사기술의 쇄신 → 국가의 폭력수단 독점 → 국가의 중앙집권화·합리화"이다(Teschke 2003, 118). 확실히 이 '지정학적 경쟁 모델'은 전통적 마르크스주의가 간과한 "전쟁을 통한 국가 형성"(틸리)을 적절히 파악하고 있다 (Linklater 1990, 65). 그러나 테시케는 브레너와 우드를 따라 지정학적 시스템 속에서 잉글랜드 자본주의의 특수성을 중시한다. 5장에서 보았듯이 서유럽에서 17~18세기에 걸쳐 독자적으로 자본주의적 발전을 이룩한 것은 잉글랜드뿐이었다. 프랑스에서는 18세기 말 대혁명으로 근대적 '부르주아' 국가가 성립했지만, 자본주의가 확립되기까지 한 세기가 더 걸렸다. "18세기 유럽 정치의 외형적 통일성은 사실 서로 다른 지정학적 질서를 포함한다. 하나는 자본주의 잉글랜드, 다른 하나는 유럽 대륙의 왕조 국가들이었다"(Teschke 2003, 262). 즉, 자본주의 이전에 성립된 주권국가 체제는 어디까지나 왕조적=절대주의 시스템에 대응한 비자본주의적 '사회적 소유'(브레너) 관계를 전제로 한 것이다.

우리는 자본주의적 지정학의 기원을 파악하는 데 있어 자본주의의 발흥이 근세 잉글랜드 특유의 현상이었음을 염두에 둘 필요가 있다. 근대적 국제관계로의 결정적 전환은 왕조적=절대주의 시스템을 표현한 베스트팔렌 조약에 의해 획정된 것이 아니다. 그것은 테시케의 말처럼 '1648년의 신화'에 불과했다. 오히려 주권국가 체제는 17세기 이후 농업자본주의적 소유시스템이 확립되고, 대륙 유럽과 달리 일찍이 잉글랜드가 '재정=군사국가'(브루어)의 길을 걷기 시작한 데서 비롯된 것이다. "프랑스에서는 과세=관직국가가 전자본주의적 지주계급의 경쟁자이며, 관직매매를 통해 그들을 세습국가로 편입시킨 반면, 잉글랜드에서는 국가가 자본주의적 지주계급이 자신들의 공동사무를 공동으로 관리하기 위한 도구가 되었다"(Teschke 2003, 255). 이리하여 18세기 이후 잉글랜드의 자본주의 국가가 선도한 자본주의 경제의 압력에 의해, 전쟁에 의한 영역 확장을 지향하는 왕조적=절대주의 시스템은 점진적으로 침식되어갔다. 실제로 잉글랜드 국가는 영토 확장만을 추구하는 대륙의 지정학적 경쟁에 맞서 새롭게 세력균형과 해양주의 정책(유럽 대륙 밖으로의 식민주의적 확장)이라는 두 가지 외교정책을 내세웠다(山下 2016, 134). 즉, 자본주의에 앞서 17세기에 성립된 '베스트팔렌 체제'는 18세기 잉글랜드와 프랑스의 지정학적 불균등발전 속에서 19세기 이후에야 비로소 자본주의적인 지정학적 시스템으로 재편되었다.

이처럼 전자본주의 세계의 역사적 고찰을 중시하는 테시케는 로젠버그의 논의를 염두에 두면서 마르크스주의 국제관계론은 "국제적인 것 일반의 개념을 정식화해서는 안 된다"고 결론을 내린다(Teschke 2014). 로젠버그 역시 이러한 비판에 대해 자본주의 자체가 지정학적 단편화를 극복할 수 있는 내적 동학을 갖고 있지 않다는 점을 인정한다(Rosenberg 2005). 이후 로젠버그는 '자본주의 세계시스템의 정치적 형태' 규정을 파악하는 대신 트로츠키의 '불균등결합발전' 이론에 의존하면서, 역사 관통적 법칙으로서 '지정학적인 것'을 이해하려 한다(Rosenberg 2006). 결국 '자본주의의 정치적 형태' 규정으로부터 '국제적인 것'을 개념화하는 마르크스의 형태분석을 포기한 것이다. 테시케 역시 자본주의 세계시스템의 정치적 형태를 일반적으로 개념화하기보다는 "사회적으로 시공간이 다르고 지정학적으로 매개된 영역적 국가 형성의 궤적"을 강조하는 국제-역사사회학적 접근으로 기울고 있다(Teschke 2014). 테시케 등은 그 결과 역설적으로 비판의 대상이었던 IR의 복수 국가시스템 이해에 접근하고 만다. "자본주의는 그 자체로부터 자본주의 세계를 단편화하는 영역적 국가시스템을 발전시키지 않았다. 반대로 자본주의는 기존의 영역적 국가시스템을 배경으로 발생했기 때문에 국제시스템에 의해 구조화되어 있다"(Teschke & Lacher 2007).

자본주의가 지정학적 무정부성을 침식하는 내적 동학을 갖지 않는다고 말하는 것만으로, 복수 국가시스템이 자본주의를 구조화하고 있다는 것을 충분히 이해할 수는 없다. 왜냐하면 복수 국가시스템이 반드시 자본주의 세계경제를 총괄하는 '정치적 상부구조'로 기능하는 것은 아니기 때문이다. 자본주의 지정학의 기원에 대한 역사적 고찰은 결코 형태분석을 상대화하지 않는다. 로젠버그나 테시케처럼 마르크스의 폴리티칼 이코노미 비판을 단순한 추상적 분석으로 거부해서는 안 된다. 오히려 마르크스의 폴리티칼 이코노미 비판의 방식에 비추어 볼 때, 주권국가 체제 (지정학적 무정부성)와 지정학의 자본주의적 형태를 구분함으로써 자본주의 세계시스템의 형태분석을 더욱 발전시킬 수 있다.

'제도'로서의 복수 국가시스템

현대 독일에서도 '새로운 마르크스 읽기' 조류의 연구자들이 형태분석의 관점에서 풀란차스의 '권력 블록론'을 응용하여 유럽연합이나 '국가의 국제화'를 정력적으로 분석하고 있다 (Wissel 2015). 히르쉬와 카난크람도 테시케와 마찬가지로 "지정학적 복수적 세계의 발생과 자본주의 사이에 인과관계가 존재하지 않는다"는 점을 인정한 뒤, "국가의 복수성은 근대 자본주의의 재생산과 실존에 대해 본질적인 전제조건이다"라고 강조한다 (Hirsch & Kannankulam 2011). "국가가 다수 존재하는 것은 자본주의의 구성적 지표이지만, [⋯] 그 이유는 자본주의적 사회편제화 양식에 내재된 사회적 모순과 대립, 즉 계급 간 적대관계와 경쟁이 사회에 대한 국가의 '특수화Besonderung'로서 표현된다는 점에서만 구해지는 것은 아니다. 그 이유는 **국가의 '특수화'가 동시에 국가 간의 경쟁을 통해 실현된다**는 점에도 있다"(ibid., 59).

사실 "국가들의 '상호 의존'은 국가들에 대해 외적인 상호작용에 중심적일 뿐만 아니라, 가장 중요한 것은 '주권'의 국내적 행사에서 중심적인 것이다"(Picciotto 2011, 35). 물론 전자본주의 세계의 역사적 고찰을 감안한다면, '국가의 복수성' 자체를 '자본주의의 정치적 형태' 규정으로 이해할 수는 없다. 그러나 일정한 내셔널한 영역을 전제로 하는 '자본주의의 정치적 형태'는 복수 국가시스템을 매개로 한 세계시장과 밀접한 불가분의 관계에 있다. 중요한 것은 '국가의 복수성'과 '자본주의의 정치적 형태'의 개념적 구분을 어떻게 파악할 것인가 하는 것이다. 여기서 우리는 히르쉬를 따라 주권국가 체제가 '자본주의의 정치적 형태'와 구별되는 그 '제도적 표현'이라는 정의를 채택하고자 한다(Hirsch 2005, 60). 라허가 말했듯이 "자본주의의 정치적 형태는 후기 봉건 시대 이후 국가의 형성 과정에 의해 생성된 지배 **제도들로 구체화된다**"(Lacher 2006, 58). 즉, "정치적 형태는 하나의 추상으로 이해되어아 하지만, 이에 반해 사본주의적 영역석 개별 국가는 정치적 형태의 제도화된 표현이다"(Ten Brink 2008, 76). 물론 제도학파 경제학의 방법을 사용하여 주권국가 체제사를 연구한 스프루트처럼 정치형태를 전혀 고려하지 않고 복수 국가시스템을 단순한 "제도적 편제"로 이해해서는 안 된다(Spruyt 1994 참조). 마르크스의 형태분석에 따르면, 트랜스내셔널한 세계시장에서 "물상과 인격(소재)의 모순을 매개하는 제도"로 보아야 한다(佐々木 2021, 보론1). 우선 트랜스내셔널 차원에서 경제적 형태규정과 대립하는 인격이나 소재는 민족, 국어, 문화, 풍토 등의 "만들어진 전통"(홉스봄)이라는 네이션에 의해 묶인 생활세계를 의미한다.[10]

---

10 이 책에서는 민족주의나 인종주의라는 정치적 현상을 본격적으로 다루지 않는다. 네이션이나 에스니서티ethnicity를 경제적 형태규정과 물질대사의 대립으로부터 파악하는 접근에 관해서는 Anderson(2010)의 일본어판 '역자 해설'을 참조. 단 마르크스의 폴리티칼 이코노미 비판에서는 네이션과 인종race이 개념적으로 유착하는 경향이 있고 '사적 유물론'을 구성하는 '자연사적' 과정으로서

따라서 중요한 점은 이 책에서 강조해온 '형태규정'과 '제도'의 논리 차원을 트랜스내셔널한 차원에서 명확히 구분하는 것이다. 즉, 자본주의 세계시스템을 분석할 때에도 '정치적 형태' 자체와 '주권국가 체제'의 개념적 구분이 결정적으로 중요한 것이다. 물론 자본주의가 복수 국가시스템을 만들어낸 것도 아니고, 그것을 내적으로 필요로 하는 것도 아니다. 그러나 세계시장에서 경제적 형태규정과 네이션이 묶는 소재적 세계의 모순을 매개하는 '제도'로서는, 복수 국가시스템을 실재적으로 요청할 수밖에 없다. 따라서 테시케처럼 자본주의 세계시스템의 형태분석을 역사사회학적으로 비판하는 것만으로는 불충분하다. 오히려 세계시스템론의 결점인 기능주의적 이해, 즉 자본주의 세계시스템을 작동시키기 위해 주권국가 체제가 요청된다는 주장에 빠지지 않고, 복수 국가시스템에 의한 제도적 매개를 구체적으로 파악할 필요가 있다. 이 점에 대해서는 계급적 분파들의 동맹 및 헤게모니 관계라는 관점이지만, 히르쉬의 국제관계 분석이 참고할 만하다.

> [⋯] **글로벌한 가치증식과 축적의 연계 속에서** 서로 대립하는 계급들이 경쟁하는 개별 국가의 존재를 통해 <u>각 계급 자체의 내부에서 개별 국가로 정치적으로 분열한다</u>. 자본주의의 계급관계는 어떤 식으로든 서로 경쟁관계에 놓여 있는 계급의 구성원들이 국가의 차원으로 묶이고, 그렇게 함으로써 동

이해되는 경향이 있다. 졸고(隅田 2021b)에서는 '사적 유물론'이라는 지(知)의 역사적 형태의 한계를 고려하면서 네이션과 인종의 접합관계를 자본주의 사회의 통치 기술technology로서 파악한다.

시에 국가의 영역 밖에 있는 같은 계급과 대립하게 되는 방식
으로 **주권국가 시스템에 의해 수정된다**. 특히 이를 통해 개
별 국가 차원에서는 세계시장에서의 경쟁에서 공동의 이익을
확보하기 위해 <u>계급들에 걸친 동맹</u>이 형성될 가능성이 생긴
다.(Hirsch 2005, 60)

세계시장에서 자본이 전면적으로 운동하는 '자본의 제국'
에서 계급들의 적대관계 혹은 헤게모니 관계는 개별 국가의 형
태로 총괄됨과 동시에 복수 국가시스템이라는 제도를 통해 재
생산된다. 그러나 계급들의 권력 블록이나 계급적 힘관계를 "글
로벌한 가치증식과 축적의 연관성"과 분리해 이해해서는 안 된
다. 왜냐하면 이러한 풀란차스적 성치중심주의는 계급론적 헤게
모니 관계를 중시한 나머지 "국가와 자본 축적 과정의 관계가 국
가 행동에 부과하는 한계를 체계적으로 분석할 수 없기" 때문이
다(Holloway & Picciotto 1978, 10). 사실 이 접근법은 WTO나 EU
와 같은 국제제도를 계급들의 권력관계의 '응축'으로 상세히 분
석할 수 있을지는 몰라도(Brand et al. 2007), 마르크스의 형태분
석을 경시하는 경향이 있다. 물론 히르쉬는 풀란차스의 계급국
가론을 형태분석과 결합시켰기 때문에 국가의 제도적 장치와 그
정치형태를 개념적으로 동일시하지는 않는다. 그러나 결국 히르
쉬의 논의는 '정치의 자율성' 비판, 즉 '정치의 타율성'이라는 도
출논쟁의 문제구성을 배제해버렸다(Gerstenberger 2011). 즉, 복
수 국가시스템이라는 제도적 매개가 왜 어떻게 '자본의 제국'의
정치적 기능을 수행할 수 있는가라는 문제가 제기되지 못했다.
　형태분석에 따르면, 복수 국가시스템은 '자본의 제국'을 제

도적으로 매개하는 것으로 파악해야 한다. 최근 자본주의적 지정학의 동학이 보여주듯이, 국가 간 지정학적 대립이 반드시 자본주의를 기능시키는 것은 아니다. 물론 세계시스템으로서의 자본주의는 복수 국가시스템에 의해 구조화되어 있다. 그러나 자본주의 국가에 의한 외적 총괄과 복수 국가시스템에 의한 제도적 매개가 요청되는 것은 어디까지나 네이션을 횡단하는 경제적 형태규정이 여러 네이션들이 안고 있는 소재적 제약과 충돌하는 한에서다. 사실, 네이션이 묶는 소재적 세계가 철저하게 교란되는 경우(단적으로 '포스트식민지 국가' 등에서의 '내전'의 일상화), 경제적 형태규정을 외적으로 총괄하는 주권이나 '자본의 제국'을 제도적으로 매개하는 복수 국가시스템은 기능부전에 빠질 가능성이 있다. 더욱이 자본주의 세계화가 철저하게 진행된 현대에서 국내 주권을 구성하는 군사력이나 '법의 일반성', 그리고 형식적으로 평등한 국가 간 시스템을 구성하는 주권은 공적 정치영역에 존재하는 것이 아니라, 오히려 트랜스내셔널한 경제적 형태규정을 통해 사유화되고 있다. 예를 들어, 다국적기업에 의한 감옥이나 군사서비스의 민영화(Singer 2003)나 주권이 작동하지 않는 '파탄 국가'에서 비대화하는 '무기시장'(Avant 2005), 역외경제와 조세피난처에서 볼 수 있는 '주권의 상품화'(Picciotto 1999)와 같은 사태이다. 요컨대, 복수 국가시스템이라는 제도적 매개가 '자본의 제국'의 정치적 기능을 항상 수행할 수 있는 것은 아니다.

　　이제까지 '도출논쟁'과의 관련에서 정치적 마르크스주의의 IR 비판을 재검토함으로써 자본주의 지정학을 이론적, 역사적으로 분석했다. 트랜스내셔널한 경제적 형태규정의 전면적 운동이 여러 네이션들이 묶는 소재적 세계를 교란시킨 결과, '자본의

2부 '자본의 국가'를 넘어서

제국'을 제도적으로 매개해야 할 복수 국가시스템은 점점 더 기능부전 상태에 빠져들고 있다. 즉, '자본의 제국'에서 복수 국가시스템의 제도들은 국제적인 사적 경제 영역을 공적 국가주권에 의해 외적으로 총괄한다는 정치적 기능을 온전히 수행할 수 없게 된 것이다. 더욱이 현재의 '자본의 제국'에서는 국제적 차원에서 공적 정치영역과 사적 경제 영역의 분리 및 결합을 촉진하는 '헤게모니 국가'가 부재하다. 다만, 예를 들어 "개발독재형 국가자본주의" 중국의 부상을 '자본의 제국'을 담당했던 미국의 세계전략과는 다른 '정치적 우위의 패권주의'(渡辺 2016, 19)로 이해할 수 없다. 즉, 경제적 대두에 수반한 군사력 강화를 새로운 제국주의로 고찰하는 것만으로는 불충분하다. 중국이 아직 헤게모니 국가가 아님은 분명하지만, 리먼 쇼크 이후 '베이징 컨센서스'에 따라 추진된 인프라 투자 계획인 '일대일로'나 남중국해의 '글로벌 코먼즈'를 둘러싼 지정학적 확장 등은 '자본의 제국'의 정치적 기능과 권력 행사라는 관점에서 고찰되어야 한다.

8장

국가에 대항하는 민주주의

'어소시에이션의 정치적 형태'의 발명

우리는 5장에서 폴리티칼 이코노미 비판의 형태분석과 역사적 고찰의 관점에서 부르주아 국가와 자본주의 국가(자본주의의 정치적 형태)의 차이에 대해 논의했다. 현대의 자본주의 세계시스템에서는 권위주의 체제나 군사독재 체제 등이 일상화되어 있으며, 서유럽에 전형적인 자유민주주의 체제(부르주아적 법치국가)는 오히려 예외적이라고 할 수 있다. 또한 선진 자본주의 국가들에서 '장기 정체' 상황은 포퓰리즘 현상에서 볼 수 있듯이 의회제 민주주의의 공동화(空洞化)를 초래하고 있다. 이러한 정치체제의 다양성은 보통 각 국민국가에서 역사적·제도적으로 구성된 계급적 힘관계나 '권력 블록'을 전제로 설명된다(Crouch & Streeck 1997). 그러나 풀란차스의 권력 블록론이나 그람시의 헤게모니론에 근거한 정지분석은 통치형태나 지배 레짐을 의미하는 '국가 형태'와 '부르주아 사회를 총괄하는 국가'라는 정치적 형태규정을 혼동한다(Jürgens 1975, 410). 사실, 스트릭이 강조했듯이 자본주의 정치이론은 '국가' 일반을 문제 삼는 것이 아니라 역사적으로 현존하는 국가 및 국가 간 시스템을 대상으로 하는 "역사적 제도론"에 열려 있어야 한다(Streeck 2021, 서문). 그러나 그렇게 주장하는 스트릭 자신이 다른 곳에서 다음과 같이 형태분석으로 치우쳤다는 점은 흥미롭다. "비교정치경제학은 자본주의를 본질적으로 부동(不動)의 '다양성'을 가진 것으로 보고 있지만, 나의 관점이 강조하는 것은 자본주의의 다양한 제도적 구체화의 공통성이다. 더 정확히 말하면, 각국의 자본주의가 비슷한 궤적을 밟아온 역사의 배후에 있는 **공통의 역학**이다"(Streeck 2016, 221).

'자본주의의 정치적 형태'의 관점에서 보면, 자본주의 역사

에서 종종 등장하는 '부르주아 국가'로부터의 일탈 혹은 '권위주
의적 국가주의'(풀란차스)의 배경에는 분명 시공간을 초월한 '공
통의 역학'이 작동하고 있다. 이탈리아 출신의 정치이론가 요하
네스 아뇰리는 그의 대표작 『민주주의의 전환』(1968년)에서 형
태분석을 계급적 힘관계 분석의 중심에 놓음으로써 풀란차스보
다 더 분명하게 부르주아 국가의 한계를 지적하고 있었다. 그 중
심 테제는 다음과 같다. 즉, 전후 포디즘형 '안전보장 국가'가 성
립한 1960년대 말, 대다수 노동자계급 사이에서 부와 시민권이
확대되었음에도 불구하고 대중사회로의 이행에 의해 자유민주
주의 체제가 오히려 퇴화하고 있다는 것이다. 아뇰리가 진화의
반대 개념으로 제시한 '퇴화Involution'는 법치국가나 정당 등 정
치시스템이 전(前)민주주의적 혹은 반(反)민주주의적 형태로 후
퇴하는 복합적인 정치·사회적 과정을 의미한다. 6장에서 살펴
본 바와 같이 자본주의 경제가 고도로 발전하면 그에 상응하는
형태로 사회생활에서 중앙집권적 규격화가 진행된다. 포디즘
형 생산·재생산 주기에서 개인들은 끊임없이 변화하는 노동조
건에 적응하도록 요구받으며, 생산 과정의 외부에서도 끊임없
이 규율화되어야 한다. 즉, 자본축적 체제의 일반화는 생산 영역
에서는 규율 훈련된 노동자를, 재생산 영역에서는 표준화되고
조작 가능한 소비자를 필요로 한다. 이러한 관통적 자본주의화
Durchkapitalisierung는 주로 임금노동자 가구를 대상으로 한 사회정
책에 의한 사회통합을 가져왔지만, 동시에 전통적인 세대 구조
를 해체함으로써 역설적으로 사회적 적대성이 증대하는 "탈통
합Desintegration"의 계기를 낳았다(Adorno 2008, 112). 히르쉬에 따
르면, 이러한 사회시스템의 탈통합 경향에 반응한 것이 관통적

국가화Durchstaatlichung이다. 특히 중도정당과 노동조합의 국가화
에 의해 자발적 파업이나 풀뿌리 운동과 같은 자율적 정치조직
화가 저지되고 행정적 통제나 감시시스템이 증대한다는 것이다
(Hirsch 1986, 72).

『민주주의의 전환』으로부터 약 30년 후, 가속화되는 세계
화를 앞두고 아뇰리는 60년대 말과 마찬가지로 관통적 국가화가
급속히 진행될 것이라고 주장했다. 왜냐하면 세계 수준에서 운
동하는 자본의 사회적 재생산이 보장되기 위해서는 그 어느 때
보다 "경화된 정치적 형태"(Agnoli 2003, 25)가 요구되기 때문이
다. 최근 들어 스트릭도 아뇰리를 언급하면서 세계화 과정에서
새롭게 진행된 "자본주의적 민주주의의 자유주의적 퇴화"에 주
목하고 있다. "중도 우파"와 "중도 좌파"가 세계화라는 "통일전
선"에 합류함으로써 정치적 정체성을 상실한 결과, 전후의 "민
주주의 정치"는 세계시장의 경쟁조건에 적응하기 위한 실용주
의적 정책을 추구하는 것에 불과하게 되었다는 것이다(Streeck
2021, 1부). 자본주의와 민주주의는 근대 이후 '결혼'했다고 하지
만, 자본이 점점 더 '야만적'으로 세계시장을 운동하는 현대에는
글로벌 기업의 로비단체가 지배하는 '포스트 민주주의'(크라우치)
가 본격적으로 도래했다는 것이다. 특히 2008년 금융위기 이후
'장기 정체'에서 자본주의 국가에서 의회제 민주주의 체제의 한
계가 학계 안팎에서 주장되고 있다. 이 책을 마무리하면서 '부르
주아 국가'의 가능성과 한계를 염두에 두면서 민주주의의 **비**자
본주의적 형태를 재검토해보는 것은 무의미하지 않을 것이다.
물론 여기서 말하는 사회주의적 민주주의는 단순히 좁은 의미의
자본주의 경제를 개량하거나 극복하는 통치형태를 의미하지는

않는다. 오히려 '자본의 국가' 자체에 대항하는 '어소시에이션의 정치적 형태'가 갖는 민주주의 원리를 밝혀야 한다. 이 장에서는 형태분석의 관점에서 민주주의론을 전개한 아뇰리와 우드의 논의를 참조하면서, 그동안 마르크스주의 비판자들에 의해 간단히 정리되었던 민주주의의 사회주의적 형태를 다시 생각해보고자 한다.

의회제 민주주의의 비판-아뇰리의 경우

'도출논쟁'의 형태분석은 추상적인 이론 중심주의에 빠져 국가의 역사적 발전이나 계급 지배의 측면을 과소평가한다는 비난을 받아왔다. 그럼에도 불구하고 도출논쟁에서 (독일)파시즘론이 숨겨진 주제 중 하나였다는 점에 유의할 필요가 있다. 바이마르 공화국에서 '제3제국'에 이르는 '부르주아 국가'의 역사적 전개나 정치적 위기에서 계급적 적대관계 같은 문제가 분석 대상으로 되었던 것이다. 1장에서 언급했듯이, 도출논쟁의 배경으로 1960년대 서독에서는 파시즘의 재도래가 불안시되었던 사정이 있다. 연합국 점령기에 비나치화가 철저하게 이루어지지 않았기 때문에 네오나치 폭력 사건이 끊이지 않았고, 극우정당의 의회 진출이 현실화되고 있었다. 또한 반핵 평화에서 시작된 당시 항의 운동이 의회 밖의 직접민주주의에 의해 사회국가 환상을 실천적으로 극복하려 했다는 점도 중요하다. 당시 사회민주당SPD 좌파의 이론가 아벤트로트는 사회국가적 정책에 의한 민주적 사회주의 실현을 내걸었다(Abendroth 1954). 이에 대해 SPD와 의회 내 노동운동을 비판하는 학생운동은 의회시스템을 기축으로 하는 사회주의 전략이 과거 바이마르 체제와 마찬가지로 권위주의 국가로의 경향을 강화할 뿐이라고 비판했다(Demirović 1997 일본어판 33쪽). 그러나 이러한 풀뿌리 반파시즘 경향은 학생운동 뿐만 아니라 본래는 자율적인 노동운동에서도 찾아볼 수 있다.

독일에서 전후 초기에 부활한 노동운동은 전쟁 말기에 탄생한 SPD로부터 자율적이고, 코민테른 지도하의 독일공산당으로부터도 자율적인 반파시즘 통일전선의 흐름을 계승하고 있었다. '반파쇼 위원회 운동'으로 불리는 이 의회 밖 노동운동은 예를 들어 '비나치화 정책'으로 나치 간부를 독자적으로 수색·체포하고 그 재산을 몰수하여 생활이 어려운 사람들에게 분배하는 등의 활동을 각지에서 벌였다고 하는 기록이 남아 있다(筒井 1981). 이러한 풀뿌리 운동은 서방에서는 공산주의적이라는 이유로 단계적으로 금지되고 동방에서는 공산당으로 계열화되어 갔지만, 전쟁 중 스탈린주의가 저해했던 노동운동의 통일전선을 정당과 독립적으로 '아래로부터' 실현하려 했다는 점에서 특징이 있다(土肥 2016). 이러한 의회 밖의 반파시즘 운동은 나치의 부상에 대해 사민당과 노동조합이 무저항에 머물렀던 점, 그리고 코민테른의 '사회파시즘론'에서 비롯된 '위로부터의 반파시즘'이 독일의 공산주의 운동, 특히 평의회코뮤니즘을 와해시킨 것에 대한 반성으로부터 생겨난 것이다(Kinner 2000). 1960년대 후반 '거리의 압력'이라는 직접민주주의 의미를 내건 의회 외부 저항운동APO도 이러한 실천적 교훈을 바탕으로 전후 '분단국가'에 특유한 반공 이데올로기에 저항하면서 동독의 스탈린주의 체제를 비판하게 된다. 그리고 1970년대 이후에는 반파쇼위원회 운동과 APO의 흐름을 이어받은 K그룹과 자율주의Autonomy에 의

해 네오나치 정당의 대회 개최나 조직 재편성 등을 방해하는 비
폭력 직접행동이 전개되어 세계적으로도 그 전투성으로 유명한
반파시즘 운동이 성장하게 된다(井關 2016, 3장).

　　APO의 의회 밖 전략을 이론적으로 기초 지은 이가 아뇰
리이다. 아뇰리는 서독의 '도출논쟁'에서 예외적으로 계급분석
에 힘을 쏟은 논자였는데, 이는 그람시적 전통이나 오페라이즈
모 등 이탈리아 마르크스주의의 당시 논쟁에 큰 영향을 받았기
때문이다(Agnoli 2019, 6). 아뇰리의 형태분석에 기반한 정치 비
판은 의회제 민주주의의 위기를 전후 자본주의의 경제적 위기와
사회국가적 정책의 한계라는 관점으로부터 고찰한 것이다. 즉,
네오파시즘이라고도 할 수 있는 새로운 권위주의 체제가 결코
부르주아 사회에서 자본의 경제적 재생산을 파괴하는 것이 아니
라, 의회제 민주주의에 의해 정당화된 부르주아 국가를 대체할
수 있는 새로운 유형의 자본주의 국가를 재건하려 한다는 점에
주목한 것이다.

　　아뇰리는 의회제 민주주의에 의해 정당화되는 근대 부르주
아 국가가 단순히 자유민주주의적 정치시스템이 아니라 자본주
의 사회시스템의 정치적 형태에 지나지 않는다고 주장했다. 다
만 전통적 마르크스주의처럼 의회제도를 단순히 계급 지배의 도
구로 파악한 것은 아니다. 아뇰리에게 근대 부르주아 국가의 의
회제 민주주의는 본질적으로 자유롭고 민주적인 질서를 확립
하는 것이 아니라 오히려 자본주의 사회시스템을 보완하는 "입
헌적 과두정치"(Agnoli 2003, 23)에 불과했다. 다음 절에서 자세
히 살펴보겠지만, 고전고대 그리스에서 문자 그대로 '데모스(민
중)의 권력'을 의미했던 민주주의는 '앙시앙레짐' 이후 서구 사회

에서 큰 변화를 겪는다. 켈젠에 따르면, 근대 국가의 규모와 사
회적 분업의 발전에 따른 국가 업무의 다양성을 고려할 때, 근
대 사회에서 직접민주주의는 실현 불가능하며, 정치적 권리는
단순한 "선거권"으로 축소될 수밖에 없다(Kelsen, 1929년 일본어
판 41쪽). 근대 국가에서 민주주의는 선출된 대표라는 '의제(擬制,
Fiktion)'를 필연적으로 수반한다는 것이다. 그러나 아뇰리는 오
히려 의회제 민주주의 자체의 권력성, 즉 대의제 원리에 의해 인
민 다수에 대한 지배를 정당화한다는 점에 주목한다. 루소나 콩
시드랑의 전통을 따르자면, 대의제의 본질은 과두정치에 다름
아니며, 우선 인민 대다수를 국가의 권력 중심으로부터 멀리 떨
어뜨리는 데 있다(Agnoli 1990, 39). "선거라는 행위는 대중의 주
권을 표현하는 동시에 그 포기이다"(Michels 1957 일본어판 148쪽).
아뇰리에게 의회제도는 "인민의 자유"라는 의제 하에 인민의 인
민대의제에 대한 "무력(無力, Ohnmacht)", 그리고 인민대의제의
집행권력에 대한 무력을 보증하는 지배시스템인 것이다(Agnoli
1990, 66). 물론 국가권력은 헌법상 인민으로부터 유래한다고 하
지만, 제도적으로는 국민집회나 평의회가 아닌 인민대의제라는
의제로 체현된다(ibid., 77). 따라서 의회제 민주주의에서는 인민
의 권력이라는 민주정치가 아니라 오히려 인민의 무력화를 전제
로 한 과두정치 아래에서 국가권력이 공식적이고 법적으로 행사
되고 있다고 할 수 있다.

　아뇰리의『민주주의의 전환』에서 이러한 의회주의 비판은
모스카나 미헬스, 파레토 등의 이른바 '엘리트 이론'을 밑바탕
에 깔고 있다. 특히『정당의 사회학』(1911년)으로 유명한 미헬스
의 과두정치론은 전후 민주주의에서 동의형성 메커니즘이 기능

부전이었던 점을 배경으로 이탈리아 마르크스주의자들 사이에서 재평가되고 있었다(氏家 1994). 지배 엘리트론에 따르면, 대중이라는 다수자 스스로가 지배하는 것은 애초에 불가능하며, 정치적 지배는 역사적으로 '지도적 소수자'에 의해 이루어진다. 의회제 민주주의 체제하에서 대중의 정치적 투쟁은 지도자나 엘리트의 투쟁으로 환원될 수밖에 없기 때문에, 엘리트론자들에게 이 과정은 민주주의가 의제라는 증명이 된다(Agnoli 1990, 98). 물론 아뇰리는 파레토 등의 과두정치론을 사실 인식으로서 평가한다. 그러나 아뇰리에게 의회주의적인 통치형태는 평의회 코뮤니즘이나 아나코-생디칼리즘과 같이 어떤 근원적인 직접민주주의로 대체되어야 할 것이었다. 이에 반해 엘리트주의자들은 오히려 의회제 민주주의가 권위주의적이고 엘리트주의적인 체제, 즉 근본적으로 대중에 적대적인 체제에 의해 해소되어야 한다고 주장했다. 아뇰리가 보기에 엘리트주의자들은 슈미트와 마찬가지로 권력에 대한 구체적 접근으로부터 대중을 차단하는 것을 목적으로 하는 반민주주의론자였다. 따라서 현대에도 종종 오해되고 있지만, 아뇰리는 단순히 '정치적인 것'을 계급적 적대성으로 환원하는 슈미트주의적 마르크스주의자가 아니었다(Narr und Stöss 2007).

반면 아뇰리는 켈젠이나 슘페터와 같은 서구적 민주주의 옹호자들이 엘리트 이론을 민주주의 학설의 하나로 자리매김하는 것에 대해 강하게 반대한다. '민주적 엘리트론'에서 기존 지배구조 내부에서 지도자 지위의 배분을 요구하는 엘리트의 투쟁은 반민주주의적인 것이 아니라 오히려 '민주적 의사형성'의 규범적 모델로 간주된다. 맥퍼슨도 공식화했듯이, 대중이 직접 정치에 참여하지 않더라도 의회제도에서 엘리트 간의 경쟁이 '권력과 합의의 균형'을 만들어낸다는 것이다. 그러나 어디까지나 엘리트 이론의 의의는 의회제 민주주의가 대중에 대한 '지도적 소수'의 지배라는 정치적 과두정치를 분식(粉飾)하고 있다는 것을 폭로했다는 점에 있다. "근본적인 분리제약(한편에는 소유와 권력, 다른 한편에는 종속자 대중)에 의해 규정된 사회"는 "지배자의 폭력 적용과 피지배자의 동의 사이의 배분관계가 그때그때 바뀔 수 있는 국가에서만 성공적으로 조직될 수 있다"(Agnoli 1990, 56). 나아가 아뇰리는 지배 엘리트론을 독자적인 형태분석의 관점에서 발전시킨다. 즉, 의회제 민주주의라는 의제는 단순히 정치적인 지배계급 시스템을 분식할 뿐만 아니라, 자본주의의 사회적 재생산 영역에서 계급적 적대성을 **탈정치화한다**는 것이다.

5장에서 보았듯이, 국가권력이 그 특수한 부르주아적 형태, 즉 의회제 민주주의 체제로 전환한 것은 분명 서구 사회의 특징적인 일이었다. 그러나 아뇰리는 서구의 부르주아 국가를 이상화하여 '자본주의의 정치적 형태'를 분석한 것은 아니다. 오히려 그를 움직인 것은 파시즘 체제는 물론이고 전(前)파시즘의 자유주의 국가와 포스트파시즘의 신자유주의 국가에 공통적으로 '강한 국가'(슈미트)가 왜 반복적으로 등장하는가에 대한 물음이다. 사실 도출논쟁에 참여한 아뇰리에게 파시즘 체제는 '부르주아 국가와 그 사회'를 근본적으로 부정하는 것은 아니었다. 애초에 형태분석의 과제는 프랑크푸르트 학파와 마찬가지로 '자본주의와 파시즘의 공생'(舟越 1985)을 분석하는 데 있었다. 실제로 블랑케나 카드리츠케와 같은 도출론자들은 아뇰리와 함께 나치 정치와 부르주아 경제의 '분리 및 결합' 양식을 파악하고자 했

다(Kadritzke 1976, Intro, Agnoli 1997, 29). "파시즘은 의회주의적
으로 지배되는 <u>형태</u>와 싸웠을 뿐이며, 지배가 부르주아적이라는
<u>사회적 내용</u>이나 인민은 스스로를 지배할 수 없기 때문에 인민
은 [지도적 소수에 의해] 지배되어야 한다는 <u>정치적 내용</u>과 싸운
것은 아니다"(Agnoli 1990, 104). 즉, 파시즘은 어디까지나 의회시
스템을 기축으로 하는 정치체제를 해체하려 했을 뿐, 생산관계
및 정치적 지배 관계 자체가 자본주의적으로 편성된다는 사회적
형태규정을 부정한 것은 아니었다.

이리하여 아뇰리는 당시의 파시즘 체제나 현대의 네오파
시즘이라고도 할 수 있는 새로운 권위주의 체제의 맹아를 의회
제 민주주의에 의해 의제(擬制)된 부르주아 국가 그 자체에서 찾
는다. 아뇰리에 따르면, 입헌적 과두정치로서의 의회민주주의는
자본주의 사회의 근본적인 계급 대립을 다원적 이해관계 행위자
들 간의 분배를 둘러싼 대립으로 전환시킨다. 분배 영역에서의
다원주의가 생산 영역에서의 임노동-자본 관계, 나아가 사회적
적대성을 은폐한다는 주장은 '도출논쟁'에서 플라토와 휘스킨
이 제시한 논점과 유사하다. 그들은『자본론』제3권의 '삼위일
체 공식'론을 소재로 사회의 모든 구성원이 소득원천의 소유자
라는 공통된 입장에서 하나의 공통된 이해관계를 가진다고 생각
했다. 각각 소득(이윤·지대·임금)이 다른 계급들 사이에는 경쟁관
계가 존재하지만, 소득원이라는 "재산의 소유자"로서는 공통의
이해관계를 가지고 있다(Flatow & Huisken 1973, 90). 따라서 분
배관계로 현상하는 부르주아 사회의 표층은 단순한 환상 이상의
것이다. 즉, **실제로** 부르주아 사회의 외관으로부터 이데올로기
가 생성되어 사회적 재생산 과정에서 정치적 지배를 정당화한다

(Läpple 1976, 139). 이러한 부르주아 사회의 표층 분석은 물신화된 외관에 주목한 나머지 "자본관계의 적대적 계급구조"를 파악하지 못한다는 비판을 받아왔다(Reuten & Williams 1989, 183). 그러나 아뇰리에게 있어 사회 차원에서의 계급투쟁이 정치적인 분쟁·대립으로 전환될 때, 이 분배 차원의 다원성이 결정적인 역할을 한다. 자본주의 사회시스템에서 모든 개인들은 생산 차원에서 계급적 지위와 상관없이 분배 차원에서는 '재산 소유자'로서 자신의 특수한 사적 이익을 추구할 수밖에 없다. 이러한 분배 차원에서의 다원적 이해관계를 고려하지 않고서는 왜 대의제에 의해 사회적 적대성이 정치적 다원성으로 환원되는지를 이해할 수 없다.

아뇰리에 따르면, 의회제 민주주의 체제에서 의회정당 간의 정치적 경쟁 또는 연합은 일단 부르주아 사회의 경제 활동으로부터 분리되어 있다. 거기서 의회정당도 미헬스가 노동자정당에서 전형적으로 발견한 것처럼 그 사회적 기반으로부터 분리되어 구체적인 집단적 계급이해를 대표하지 않게 된다. 이리하여 노동자계급의 정치투쟁 역시 오로지 의회제도에서 노동자정당의 지위 확대로 귀착되고, 정치연합에서의 지도를 둘러싼 선거투쟁으로 전환된다. 계급투쟁은 단지 "지도간부층의 순환"(파레토) 및 권력의 배분경쟁으로 축소된다(Agnoli 1990, 63). 그러나 의회정당 간의 경쟁은 특정 집단의 특수한 이익이 아니라 환상적이기는 하지만 "네이션"[1]의 일반적 이익을 실현하는 것을 보

---

1 우리는 와타나베(渡辺 2010)에 의거해서 네이션을 "일정한 영토에서 분열된 개인들이나 계급들을 묶어주는 환상적 공동성"으로 정의하고 19세기의 국민국가화 이후에 네이션 통합의 사상으로서 등장한 민족주의nationalism와 구별한다.

증한다. 자신들은 국민정당으로서 일반적 이익을 결단하며, 민
주주의의 번영과 네이션의 장래에 복무한다는 것이다(ibid., 50).
여기서 근대적 네이션은 단순히 "계급투쟁을 은폐하는 허구"
(Benner 1995, 52)가 아니라 현실에서 "정치적 공동성"을 체현
한다. 왜냐하면 "국가는 <u>실제로</u> 상위의, <u>실제로</u> 여러 집단들의
불화(不和)로부터 해방된 권력으로 현상하기" 때문이다(Agnoli
1990, 59). 아뇰리에 따르면, 대의제의 기능으로 인해 개인들의
이해관계에서도 국가화가 필연적으로 발생하며, 국가가 계급들
의 대립과는 무관한 공적 권력으로 현상한다. 즉, 적대적인 계
급들의 정치적 통합에 의해 사회적 적대성은 국가 차원으로 옮
겨져 국가 시민들 간의 다원적 이해관계 대립으로 현상할 수밖
에 없다는 것이다. "사회적 변증법(계급투쟁, 마찬가지로 상층과 하
층 사이의 정치적 양극성)이 존재하지 않는 국가적 매개에서 국가 시
민들은 곧장 더 이상 계급국가는 존재할 수 없다고 결론짓는다"
(ibid.).

　　아뇰리의 이론적 기여는 부르주아 국가가 실제로는 정치
적 과두정에 불과하며, 끊임없이 권위주의 국가로 퇴행하는 경
향을 지니고 있다는 점을 밝힌 데 있다. 자본주의 사회시스템에
서 계급적 적대성은 정치조직의 국가화(의회정당으로의 계열화)에
의해 오히려 탈정치화된다. 즉, 사회적 권력관계를 둘러싼 정
치투쟁의 모든 것이 의회제도에서의 대립과 의회정당 간의 투
쟁으로 환원되는 것이다. '자본주의의 정치적 형태'로서의 입헌
적 과두정은 단순히 의회 내부에서 지도적 소수에게 권력이 집
중되는 것뿐만 아니라, 의회 외부에 존재하는 지배층과 정치적
엘리트의 결합을 가능하게 한다(ibid., 70). 물론 이것은 다음 슈

미트의 의회제 비판과 겹쳐 보면 그 좌파적 표현에 불과한 것으로 보인다. "정당들 또는 정당연합의 소수의 사람이, 또 그보다 더 적은 극소수 사람들의 위원회가 닫힌 문 뒤에서 결정을 내리며, 대자본의 이익 콘체른의 대표들이 극소수 사람들의 위원회에서 결정하는 것이 수백만 명의 일상적 삶과 운명에 대해 의회의 정치적 결정들보다 더 중요하다"(Schmitt 1923 일본어판 60쪽). 그러나 아뇰리에 따르면 "동종성(同種性)"(슈미트)에 기반한 정치적 통일을 새롭게 창출한 나치즘은 독일 민중Volk을 정치화한 것이 아니었다(Agnoli 1990, 79). 왜냐하면 나치즘은 "건전한" 자본주의 경제와 공존하는 "강한 국가"를 재건하려 했다는 점에서 부르주아 국가를 파괴하는 것이 아니었기 때문이다(Bonefeld 2017). 마르크스주의자인 아뇰리에게 대중이 정치화되는 깃은 자신들이 말려들어가 있는 사회적 분쟁, 그리고 계급적 적대성을 자각하고 정치적 자기조직화로 나아갈 때이다. 파시즘의 반의회주의는 실제로는 결정 권한을 의회로부터 정당이라는 폐쇄적인 엘리트 집단으로 옮기고, 인민의 집행권력에 대한 무력을 확대한 것에 불과하다(Agnoli 1990, 136). 외견상 '정치의 우위'를 보이는 파시즘이라 할지라도 부르주아 국가의 사회적 기초가 온존되는 한, 대중의 탈정치화를 막을 수 없는 것이다. 그렇다면 사회적 적대성이 단순히 '자본의 국가'의 구성부분에서 지배권력을 추구하는 정치투쟁으로 전환되는 사태를 어떻게 피할 수 있을까?

아뇰리는 당시 네오파시즘이라고도 할 수 있는 정치적 위기에 대응하기 위해 국가의 사회정책에 의해 민주적 사회주의를 지향하는 것이 아니라, 의회 밖의 직접민주주의를 발전시킬 필

요가 있다고 지적한다. 왜냐하면 "의회의 장난에 깊이 빠져 지배
를 둘러싼 분쟁의 본질적 수단으로서 의회 밖 투쟁을 더 이상 실
천하지 않는 한, 반대파 정당은 그 해방적 성격을 상실하고 관료
적 통합 장치로 전환하기" 때문이다(ibid., 82). 의회 내 반대파(야
당)가 아니라 근본적으로, 즉 의회 밖의 반대파 정치조직만이 입
헌적으로 보호된 사회구조와 모든 종류의 과두정치적 전환에 대
항할 수 있다는 것이다. 다만 아뇰리는 APO가 말 그대로 의회
밖의 자기조직 운동이지, 혁명적 생디칼리즘처럼 반의회를 지향
하는 것은 아니라고 강조한다(Agnoli 1995, 140). 또한 APO는 정
치적 조직화 자체를 거부하는 아나키즘적 입장과도 다르다. 왜
냐하면 "조직화된 'No'만이 국가 시민적이며 의회적인 강제적
동질화Gleichschaltung의 족쇄를 파괴하고, 지도를 둘러싼 분쟁을
지배를 둘러싼 분쟁으로 다시 확대할 수 있기 때문이다"(Agnoli
1990, 82). 의회제 민주주의 옹호자나 의회정당 지지자들은 종종
의회 밖 반대파를 반민주주의라고 비판하지만, 그것은 민주주
의를 의회주의와 동일시하고 있기 때문이다. "대의제 민주주의
의 물신숭배화에 의해 민중이 의회 밖의 모든 활동을 하는 데 있
어 법=권리적으로 정당화하기 어려운 투쟁수단이 만들어지고,
민주적 법=권리의 실현이 오로지 국가권력이나 헌법제도에 맡
겨지게 된다"(Negt 1976, 40). 그러나 아뇰리에 따르면, 오히려 의
회 밖 반대파의 "사회적" 계급투쟁이야말로 의회정당의 "사회
적 가능성"을 보여준다. 물론 그것은 의회에서의 대결이 사회
적 재생산 영역에서의 대결을 효과적으로 반영하는 한에서이다
(Agnoli 1990, 140).

근대적 시민권 비판-우드의 경우

우드도 아뇰리와 마찬가지로 의회제 민주주의가 '민중의 권력'이라는 의미의 민주주의를 부정하고 있다는 점에서 근대적 '부르주아 민주주의'를 비판한다. 하지만 기원전 5세기 전반부터 그리스 각지에서 채택된 민주정은 애초 인민 대다수가 주권자인 국가제도로 이해되지 않았다(Aristotle 1977, 4권 4장). 그리스의 데모스(민중, 인민)는 단순히 정치적 범주일 뿐만 아니라, 재산 소유를 기준으로 하는 사회적 계급을 의미했다. 즉, "재산 소유자"가 주권자인 과두정에 반해, 민주정이란 자유로운 빈민이 정치적 권리를 보유하는 국가제도였다(Wood 2020). 따라서 이후 수세기 동안 재산 소유지를 비롯한 지배계급에 대해 민주주의란 증오와 공포의 대상이었다. 그러나 우드에 따르면, 18세기에 이르러 미국의 '건국의 아버지들'은 민주주의의 본질은 "인민의 대표자"에게 권력을 양도하는 데 있다는 정의를 확립했다(Wood 2012, 196). 대의제는 일반적으로 생각하는 것처럼 결코 근대 사회의 규모와 복잡성에서 비롯된 타협적 제도가 아니었다. 당초 연방주의자들은 자신들의 통치형태를 공화정이라고 부르며 당시 이해되던 민주정에 분명하게 대항했다. 그러나 매디슨과 해밀턴 사이에서 헌법 논쟁이 격화되면서 공화정을 대의제 민주주의로 표현하기 시작한다. 우드는 여기서 고전고대와 정반대인 "인민의 권력 양도"라는 근대 민주주의로의 전환을 발견한다. 즉, 민주주의가 사회적 차원에서 말 그대로 '인민의 권력'을 확장하는 것이 아니라, 오로지 정치적 차원에서 헌법상의 법=권리를 확장하는 것으로 환원되었다. 이리하여 19세기에 이르러 민주주의는 자유주의와 동일시되기 시작했다. 즉, 입헌주의적으로 국가권력을 제한하거나 '다수파의 전제'(J. S. 밀)를 방지하기 위해 '인민의 권력'을 오히려 제한하는 것이 '민주주의'로 이해되기에 이르렀다.

현대사회에서 자유주의와 민주주의가 어떻게 결합하여 자유민주주의가 되었는가? 이 질문을 던진 사람은 참여민주주의론으로 유명한 맥퍼슨이다. 17세기부터 19세기까지 서유럽에서 형성된 '부르주아적 법치국가'가 처음부터 민주적 제도를 갖춘 것은 아니다. 실제로 임금노동자나 빈민과 같은 '프롤레타리아트²'는 자본주의 사회가 성립한 이후에도 재산 소유를 자격으로 하는 시민권을 부여받지 못했으며, 정치적 시민으로 인정받은 것은 19세기 국민국가화 이후였다(後藤 2001, 168). 또한 근대 민주주의는 고전고대의 '민중의 권력'을 의미하는 것이 아니라 자본주의 발전에 대응하면서 경쟁적·개인주의적·시장적 사회 토양에서 형성되었다고 맥퍼슨은 강조한다. 요컨대, 하층계급에 의한 시장경제의 전복이라는 또 다른 민주주의의 가능성은 애초부터 배제되어 있었다는 것이다. 반면 자유주의 국가는 '법 앞의 평등'과 정치적 권리를 보장하고 인민대중을 경쟁적 정당제로 끌어들임으로써 점점 더 자신과 시장사회를 강화해나갔다. 이리하여 "자유주의가 민주화됨과 동시에 민주주의가 자유화된" 귀결이 바로 근대 이후의 자유민주주의에 다름 아니다(Macpherson 1965, 11).

맥퍼슨의 문제의식은 J. S. 밀로 대표되는 서구 휴머니즘 전

2　또 고전고대 로마에서 유래하는 "프롤레타리아트" 개념은 폴리티칼 이코노미 비판의 문맥에서는 "노동하는" 무소유자인 임금노동자뿐만 아니라 자본에 대해 "산업예비군"인 실업자나 "수급 빈민"을 포함한다. 『마르크스 자신의 손으로 쓴 『자본론』입문』(Most 1985) 중 오타니 데이노스케(大谷禎之介)의 '역주' 참조.

통이 주장한 또 하나의 자유주의, 즉 '개인의 제반 능력을 극대화한다'는 의미에서, 시장사회 이전의 자유주의를 구출하는 데 있다. 우드는 자유주의와 민주주의의 또 다른 접합 가능성이라는 문제제기에 감화되어 마르크스주의 정치이론에서 자유민주주의의 중요성을 재고한다. 물론 자유민주주의는 시장경제의 근간인 생산관계 자체를 건드리지 않는다는 점에서 자본주의와 양립 가능하다(Wood 1986, 135). 그러나 "법학적·정치적 자유와 평등이 자본주의적 생산관계와 지배계급의 지위를 유지하는 데 어떻게 기능하는지를 넘어, 자유민주주의의 정치적 형태가 종속계급에 대해 갖는 의미를 고려해야 한다"(ibid., 148). 왜냐하면 "자유민주주의는 자본주의적 착취의 원리와 완전히 분리될 수는 없지만, 그렇다고 그것으로 환원될 수도 없기 때문이다"(Wood 1978, 230). 이리하여 우드는 맥퍼슨과는 다른 방식으로 '소유적 개인주의'를 정당화하기는커녕 이에 저항하는 '자유민주주의'의 가능성을 추구한다. 그녀는 E. P. 톰슨을 인용하면서 '자유민주주의'라는 통치 형태가 얼마나 하층·종속계급의 역사적 투쟁의 산물인지 다시 묻고 있다. 즉, 노동자계급의 선거권을 확대한 차티즘이나 노동자계급의 단결권·파업권 등과 같이 자본주의 사회의 역사적 계급투쟁을 고찰할 때 비로소 '자유민주주의'의 의의를 이해할 수 있다는 것이다. 따라서 자유주의나 민주주의는 자본주의적 형태를 취하고 있기는 하지만, 전통적 마르크스주의처럼 '부르주아적'이라는 경멸의 대상으로만 치부할 수는 없다. 그러나 자유민주주의의 비사회주의적 형태가 지닌 내용을 이해하기 위해서는 시민권 사상사라는 관점에서 민주주의의 계보를 짚어볼 필요가 있다. T. H. 마샬의 『시민권과 사회적 계급』(1950년) 이후 근대에서 국가의 구성원이 된다는 것은 이 지위에 상응하는 권리들을 행사할 수 있는 자격을 갖는 것으로 간주된다. 그러나 정치사상사에서 고전고대 그리스의 폴리스에서 유래한 시민권 개념은 자유로운 인간이 스스로의 동격자들과 함께 정치적 공동체에 참여하는 것을 의미했다(柏崎 2018). 2장에서 살펴본 바와 같이, 고전고대의 폴리스(정치적 공동체)는 노예에게 위탁할 수 있는 오이코스(경제적 공동체)와 명확히 구분되었고, 폴리스와 오이코스의 대항관계는 공적인 것과 사적인 것의 대립으로 나타났다. 그러나 페미니즘에 의한 근대 비판 이후 이러한 아리스토텔레스『정치학』에서 유래한 고전적 공과 사의 경계선을 정치학적 틀의 전제로 삼는 것은 엄중한 비판의 대상이 되고 있다(岡野 2007). 전후 선진 자본주의 국가에서는 근대 국가뿐만 아니라 시민사회에서도 임금노동을 하는 남성에 의해 공적 영역이 독점되고, 가정 내에서 무상노동을 하는 여성은 사적인 영역에 갇혀 있었다. 페이트먼이 말했듯이 "여성은 사적·공적 영역 모두에서 남성에게 종속되어 있다. 바로 남성의 가부장제적 권리가 두 영역을 사회 전체로 결합하는 주요한 구조적 지주인 것이다"(Pateman 1988, 113). 따라서 영역 고정적으로 공과 사의 이원주의를 파악하는 것이 아니라, "사적인 것personal은 정치적이다"라는 슬로건에서 보듯이, 오히려 '양자의 분리 및 결합'을 파악할 필요가 있다.

　　잘 알려진 바와 같이, 고전고대(특히 그리스 폴리스)에서는 오이코스의 노예제도가 폴리스의 기초이며, 그 민주정은 노예와 여성의 시민권을 부정했다. 공적 영역에서의 민주정은 사적 영역에 여성과 노예의 하인 노동을 가둬놓음으로써 비로소 성립된 것이다. 그러나 우드가 말했듯이, 그렇다고 해서 고전고대 사회를 단순히 "노예제적 생산양식"으로만 정식화할 수는 없다. 왜냐하면 농민이 주체인 그리스 폴리스에서는 노예뿐만 아니라 "노동하는 시민"도 생산적 "토대"의 중심에 위치했기 때문이다 (Wood 1988, 80). 우드에 따르면, 아테네의 민주적 폴리스의 특징은 그 경제적 영역인 오이코스가 노예 노동에 얼마나 의존하고 있느냐 하는 점에만 있는 것이 아니다. 오히려 중요한 것은 소농과 기타 직접적 생산자들이 정치적 강제력을 배제하고 자유롭고 독립적인 노동을 하고 있었다는 점이다. 즉, 노예를 제외한 피지배계급이 자유인으로서 정치적 강제로부터 해방되면서도 생산수단을 소유하면서 노동하는 소농으로서 시민권을 획득하고 있었다(Wood 2012, 183ff).

마르크스도 『요강』「제형태」에서 아테네뿐만 아니라 로마의 폴리스를 상정하고 있지만, 비슷한 논의를 전개하고 있다. 거기에서는 공동체의 고전고대적 형태는 "자유롭고 평등한 사적 소유자 상호 간의 관계"(MEGA II/1, 382)로 정의되고 있다. 역사적으로 공동체의 토지를 점유하고 있던 것은 "상당한 정도로 공동사회를 대표하는repräsentieren"(ibid., 387) 귀족patricii이었으며, 귀족들은 자신들에게 종속된 피보호민clientes 등을 사용해 토지를 이용했다. 이후 봉토를 부여받은 피보호민 출신의 평민plebes이 계급투쟁을 거쳐 로마 시민으로서 정치적 권리를 획득하고 공동체의 토지 소유권을 양도받게 된다.[3] 마르크스는 이러한 '로마적 형태'의 모티브를 니부르의 『로마사』에서 구상했는데, 고대 로마의 신분과 계급에 대해 '귀족'의 존재를 강조한 몸

3 몸젠(2005, 6장) 참조.

젠과 달리 니부르의 서술에서는 '자유농민'에 방점이 찍혀 있다. 즉, 마르크스는 로마의 민주적 폴리스에서 공유지를 배분받은 노동하는 소농이 귀족과 함께 시민권을 획득하고 있었다는 점을 강조했다. 나중에 『자본론』 제3권에서도 서술되고 있듯이 "고전고대 세계에서는 생산자에 의한 자신의 생산 조건의 소유가 동시에 정치적 관계의 기초, 시민의 자립의 기초였다"(MEGA II /4.2, 649).

물론 최근 연구에서는 로마 공화정은 그리스 민주정과 달리 부자에 의한 과두정이었다고 본다(橋場 2022). 그러나 마르크스 자신이, 전통적 마르크스주의의 '노예제적 생산양식'론과 달리, 로마의 다양한 사회집단—노예, 자유민, 가난한 평민, 부유한 평민, 귀족 등—의 관계를 세심하게 고찰했다는 점은 중요하다.[4] 이를 감안하면, 비생산자(지주나 귀족 등)가 지배계급인 가부장제적 노예제나 과두정과 달리, 민주적 폴리스는 생산자 자신들에 의해 구성된 시민적 공동체였다는 점이 중요하게 부각된다. 즉, 이 통치 형태에서는 노동하는 노예나 가내 여성은 배제되었지만, 노동자/비노동자나 빈민/부자 등 **계급 분할과는 무관하게** 시민권이 부여되었다는 것이다. 따라서 그리스 민주정의 이른바 사회주의적 경향은 인민 대다수(더군다나 재산 소유자)가 정치를 담당한 것이 아니라, 노동하는 하층 계급에 의해 자기통치가 이루어졌다는 점에서 찾을 수 있다.

나아가 우드는 자본주의적 민주주의의 정치적 한계를 밝히기 위해 고전고대와 근대의 시민권 개념의 이질성을 정리한다.

---

4 케빈 B. 앤더슨은 만년의 마르크스가 '로마 노트'에서 공동체론을 더욱 심화시킨 것에 주목한다. Anderson(2010)의 일본어판 서문 참조.

시민권이라는 개념은 고전고대의 민주적 폴리스, 즉 '자기통치적 시민 공동체'에서 유래했지만, 애초에 다음과 같은 생산 시스템 하에서 성립된 것이었다. 고전고대 사회에서 지배계급(지주·귀족)은 기본적으로 피지배계급인 소농 생산자의 잉여노동을 지대나 세금으로 영유하기 위해 정치적 강제력에 의존할 수밖에 없었다. 요컨대, 근대 사회와 같은 '정치와 경제의 분리'는 존재하지 않았고, 잉여노동의 경제적 착취는 정치적 강제력과 밀접한 불가분의 관계였다. 반면 근대 부르주아 사회에서 지배계급(자본가·토지 소유자)은 정치적 강제력에 의존하지 않고 시장의 경제적 강제력을 통해 임금노동자의 잉여노동을 영유할 수 있다. 여기서 직접적 생산자인 노동자계급은 고전고대의 소농민과 달리 인격적 유대와 생산수단으로부터 분리된 무소유자가 된다. 따라서 노동자계급, 나아가 생산수단에 대한 '본원적 소유'를 부정당한 사적 개인들은 모두 자신의 정치적 지위나 특권과 직접적 관련이 없는 경제적 강제력에 복종할 수밖에 없었다.

이러한 생산시스템의 차이를 바탕으로 우드는 고전고대와 근대의 통치형태의 차이를 정식화한다. "고대 세계에서는 정치적 권력과 경제적 권력이 불가분의 관계에 있었기 때문에, 고대 그리스 민주주의처럼 일반 민중이 정치적 권리를 획득한 경우에는 노예제나 농노제 혹은 채무노예와 같은 매우 일반적인 착취 형태로부터 해방되었다. 왜냐하면 이 착취 형태는 노동하는 계급이 법적 또는 정치적 특권을 가진 계급에게 법적, 정치적으로 종속되는 것에 의존하고 있었기 때문이다"(Wood 2020, 55). 고전고대의 민주정은 비생산계급에 의한 잉여노동의 영유를 보증하는 과두정과는 대조적으로, 생산계급이 비생산계급에 의한 착취에 대항하기 위한 통치 형태였다. 즉, 시민적 공동체를 구성함으로써 생산계급(소농·기타 직접적 생산자) 자신이 기존의 지배계급(지주·귀족)에 대항하려 했던 것이다. 이 때문에 우드는 고전고대에서 발명된 "민주주의의 의의는 정치적임과 동시에 경제적이었다"고 결론짓는다(ibid.).

　　반면, 서구 근대에 확립된 '자유민주주의'는 생산계급을 정치적 구성원으로 포섭하지만, 비생산계급에 의한 착취, 즉 자본-임금노동의 계급적 적대관계를 전혀 훼손하지 않는다. "자본주의는 역사상 처음으로 정치적 권리를 사회적 권력 및 경제적 권력의 배분과 거의 무관한 것으로서 파악할 수 있게 했다. 나아가 다음과 같은 정치적 영역을 상상할 수 있게 했다. 즉, 모든 시민이 형식적으로 평등한 특수한 정치적 영역, 그리고 정치적 영역 외부에 있는 부와 경제적 권력의 불평등으로부터 추상화된 정치적 영역이다"(ibid., 56). 따라서 고전고대 민주주의와 근대 자유민주주의는 시민권이 생산계급인가 비생산계급인가라는 **경제적 지위에 좌우되지 않는다**는 점에서 공통점이 있다. 그러나 고전고대의 시민권이 경제적 영역에서의 지배구조를 **무효화했던** 것에 비해, 근대의 시민권은 경제적 영역에서의 자본의 권력, 그리고 부의 불평등에 대해 **직접적으로는** 영향을 미치지 않는다. 즉, 정치적 자유와 평등이 법=권리상 얼마나 확장되든, 그 본성상 시장과 자본의 경제적 권력과 같은 근본적인 지배구조를 침해하지 않는다.

국가에 대항하는 정치적 공동체

우드에 따르면 사회주의적 민주주의란 '부르주아 민주주의'의 원리를 '경제적 영역'에 적용함으로써 직접적 생산자 자신의 민주적 자기결정에 시장이나 자본의 전제 권력을 종속시키는 것을 의미한다(Wood 1995, 283). 그러나 이것은 단순히 노동자계급의 계급투쟁에 의해 시장과 자본을 민주적으로 통제하는 것만을 의미하지는 않는다. 우드가 제안한 것처럼, 경제적 영역의 지배구조를 무력화시킨 고전고대의 시민권을 새로운 형태로 재구성하는 것이 요구된다. 진정한 민주주의적 '경제'를 실현하기 위해서는 '경제적 영역'을 공동체의 정치적 생활에 재통합해야 한다는 것이다. 그렇다면 이러한 사회주의적 의미의 민주주의를 가능케 하는 정치적 공동체는 어떤 것일까? 아벤수르는『독불연보』 이후 마르크스의 "진정한 민주정"을 "정치적 국가의 소멸"로 이해할 뿐만 아니라, 국가에 대항하는 정치적 투쟁 속에서 구성되는 것으로 생각했다(Abensour 2012, 3). 여기에는 '국가 없는 사회' 혹은 국가의 기원을 고찰하는 것이 아니라 '국가에 대항하는 사회'라는 테제로 유명한 프랑스 인류학자 피에르 클라스트르의 문제구성이 마르크스적 해석에 적용되고 있다. 그리고 6장에서 보았듯이 여기서 말하는 "진정으로 민주적인" 정치형태란 "자본의 지배에 대항하는 노동의 사회적 해방"을 실현하기 위한 생산자 협동조합을 전제로 하고 있다. "따라서 시민사회[부르주아 사회]를 재정치화하는 것은 국가의 외부에 있고 국가에 대항하는 정치적 공동체의 가능성을 발견하는 것에 다름 아니다"(Abensour 2012, 24f).

여기서는 아벤수르를 따라 초기 마르크스의 정치 비판으로 돌아가 '국가에 대항하는 정치적 공동체'에서의 시민권을 고찰해보고자 한다. 『독불연보』에 실린 「유대인 문제에 관하여」는 "정치적 해방"의 한계를 지적하는 "명료함"뿐만 아니라, "난해함"을 지니고 있다(植村 1993, 209). 전자와 관련하여 기존의 시민권 연구에서는 마르크스가 시민권의 형식적 성격을 비판한 것으로 이해되어왔다.[5] 즉, 근대 국가에서의 정치적 자유나 시민권은 경제적 자유를 보완하는 동시에 계급 대립을 은폐하는 것에 불과하다고 마르크스가 고발했다고 이들은 주장한다. 그러나 우드가 강조했듯이 "마르크스 자신은 아무리 한계가 있더라도 '부르주아적' 자유는 획득하고 유지해야 할 것이라는 확신을 결코 포기하지 않았다"(Wood 2020, 56). 즉, 오히려 중요한 것은 마르크스 자신이 '정치적 해방'에 대해 양가적인 평가를 내리고 있다는 것이다. 우리는 아벤수르의 명제를 차용하여, 근대 국가가 승인한 인권과 '국가에 대항하는 정치적 공동체'의 시민권을 마르크스가 실질적으로 구분했던 것은 아닐까라는 질문을 제기해보고자 한다. 2장에서도 인용한 문장인데, 부분적으로 다시 인용하겠다.

완성된 정치적 국가는 그 본질상 인간의 <u>유적 생활</u>이며, 인간의 물질적 생활에 <u>대립</u>한다. 이 이기적인 생활의 모든 전제는 국가의 영역 <u>외부</u>에, <u>부르주아 사회</u> 안에, 그것도 부르주아 사회의 특성으로 존속하고 있다. 정치적 국가가 진정으로 성숙

---

5 Heater(1999)나 Schnapper(2000) 등을 참조.

한 곳에서는 인간은 단지 사상과 의식에서뿐만 아니라, <u>현실</u>
<u>성</u>에서, <u>생활에서</u> 천상과 지상의 이중의 생활을 영위한다. 천
상의 생활이란 <u>정치적 공동체</u>Gemeinwesen에서의 생활이며, 그
속에서 인간은 자신을 공동적 존재Gemeinwesen로 간주한다. 지
상의 생활이란 <u>부르주아 사회</u>에서의 생활이며, 그 속에서 인
간은 <u>사인</u>(私人)으로 활동하며 다른 인간을 수단으로 간주하
고 자신도 수단으로 전락시켜, 소원한 힘들의 놀이 도구가 되
고 있다.(MEGA I/2, 157)

마르크스는 국가(천상)를 부르주아 사회(지상)의 종교에 비
유한 뒤, 근대의 이원론에서 인간이 "공인과 사인으로 분열"되
고 시민이자 부르주아로시 이중의 생활을 영위할 수밖에 없다고
말한다. 시민권의 사상사적 관점에서 주목해야 할 것은 천상의
세계라는 정치적 공동체=국가에서 인간들이 자신을 환상적으로
공동적인 구성원('비현실적 일반성')으로 간주하고 있다는 점일 것
이다. 마르크스는 우선 정치적 권리 즉 정치적 자유를 정치적 공
동체=국가에의 참여로 이해했다(ibid., 156). 그리고 북미와 프랑
스 헌법의 '인권선언'의 조문을 인용하면서, 정치적 공동체 구성
원으로서 시민의 권리와 명확히 구별되는 '인간의 권리'[6]라는 개
념에 주목한다.

<u>인간의 권리</u> 즉 인권은 그 자체로서는 <u>시민의 권리</u> 즉 국가시
민권Staatsbürgerrecht과 구별된다. <u>시민</u>으로부터 구별되는 인간

6 이하 시민권론의 문맥에서는 능동적인 멤버십이라는 관점을 강조하기
위해 Recht를 권리(주권법)라고 번역한다.

이란 누구인가? <u>부르주아 사회의 구성원</u>에 다름 아니다. 왜 부르주아 사회의 구성원은 '인간', 그냥 인간이라고 불리며, 왜 그의 권리는 <u>인권</u>이라고 불리는 것일까? 이 사실을 우리는 어디서부터 설명할 것인가? 부르주아 사회에 대한 정치적 국가의 관계로부터이며, 정치적 해방의 본질로부터이다.

무엇보다도 먼저 우리는 먼저 사실을 확인하자. 즉, 소위 <u>인권</u>, 즉 <u>시민의 권리로부터</u> 구별되는 <u>인간의 권리</u>는 <u>부르주아 사회 구성원</u>의 권리, 즉 이기적 인간의 권리, 인간과 공동체로부터 분리된 인간의 권리에 지나지 않는다.(ibid., 157)

여기서 마르크스는 근대 국가의 헌법에서는 정치적 국가의 구성원으로서의 시민이 아니라 부르주아 사회 구성원으로서의 부르주아가 '본래의 인간'이나 '필연적으로 자연적인 인간'으로 현상할 수밖에 없다고 말한다. 왜냐하면 근대의 이원주의에서는 정치적 국가에서 비현실적 공인(公人)이 아니라 부르주아 사회에서 현실적 사인(私人)이야말로 토대이자 전제이기 때문이다. 그리고 근대 국가는 스스로의 자연적 토대로서 부르주아 사회의 인간을 "모든 인권[평등·자유·안전·소유권]에서 승인한다"(ibid., 161). 이 점은 「유대인 문제에 관하여」와 마찬가지로 '유대인 문제 논쟁'에 대한 개입의 산물이기도 했던 『성가족』에서 더욱 분명하게 언급되고 있다.

근대 국가는 그러한 것으로서 스스로 이 자연적 토대[부르주아 사회의 인간]를 <u>일반적 인권</u>의 형태로 승인했다. 그러나 국가가 이를 만들어낸 것은 아니다. 국가는 그 자신의 발전을 통

해 낡은 정치적 유대를 넘어서 구축된 부르주아 사회의 산물
이었는데, 이제 국가는 <u>인권의 선언</u>을 통해 자신의 출생의 장
소와 기초를 승인했다. 그래서 유대인이 <u>정치적으로</u> 해방되는
것과 그들에게 '인권'이 주어지는 것은 서로 제약하는 행위이
다.(MEGA I/4, 115)

마르크스에게 근대 국가의 헌법에서 승인된 '인권'은 부르
주아적 권리가 '인간의 권리'로 현상한 것에 다름 아니다. 근대
의 정치적 혁명(정치적 해방)이 "모든 신분, 직업단체, 동업조합,
특권"(MEGA I/2, 161)을 분쇄한 결과, 고전고대 이래 정치공동체
에서 시민적 권리는 부르주아적 권리의 '수단' 혹은 '하인'이 되
고 있다. 이 때문에 마르크스는 루소의 『사회계약론』을 참조하
면서 근대 부르주아 사회에서 "현실의 개인적 인간이 추상적인
국가시민을 자신 안에 되찾기"(ibid., 162) 위해서는 "정치적 해
방"이 아니라 "인간적 해방"을 완수해야 한다고 결론짓는다. 물
론 여기서 마르크스는 루소의 직접민주주의론에 대한 비판과 계
승으로 부르주아 사회 자체에서 "부르주아의 시민화"를 요구하
고 있는 것처럼 보인다(山中 1972, 152). 그러나 이미 확인했듯이,
자본주의 사회에서는 단순한 '정치적 해방'에 의해 '추상적인 국
가시민을 자신 안에 되찾는 것'에 애초부터 한계가 있다.

마르크스 자신은 「유대인 문제에 관하여」에서 명확하게 정
식화하지는 않았지만, 보조선을 하나 그어보자. 마르크스의 정
치적 해방론이 갖는 양면성을 이해하기 위해서는 근대 국가의
구성원(국가시민)으로의 시민과 '국가에 대항하는 정치적 공동체'
구성원으로서 시민을 사실상 구분할 필요가 있다. 종종 오해되

어왔지만, 마르크스는 근대 국가가 승인한 제반 인권을 단순히 '부르주아적'이라고 비판한 것은 아니다. 물론 마르크스는 국가 시민권의 형식적 성격을 비판하고 '정치적 해방'이 아닌 '인간적 해방'에 의해 그 실질화를 요구했던 것으로 보인다. 그러나 더 중요한 것은 '국가에 대항하는 정치적 공동체'의 구성원 자격을 실질적인 시민권으로 정의하고, 마르크스 고유의 '정치적인 것'의 개념을 적극적으로 전개하는 것이다. 즉, "국가를 사회의 상위에 있는 기관으로부터 사회에 완전히 종속된 기관으로 바꾸는"(MEGA I/25, 21) 어소시에이션의 정치적 차원(=코뮌)에서 시민권의 사회주의적 형태를 위치 지어야 한다.[7]

하지만 마르크스의 사회주의적 민주주의론은 어디까지나 '정치의 타율성'이라는 관점에서 재구성되어야 한다. 카스토리아디스도 말했듯이 "사회주의의 자치란 사람들 자신의 활동과 생산물에 대한 의식적 지배이며, 이 자치는 단지 정치적 자치일 수 없다는 것도 분명하다"(Castoriadis 1979 일본어판 142쪽). 그러나 아벤수르는 '국가에 대항하는 정치적 공동체'를 마르크스 자신의 민주주의론으로 정확하게 명시화했음에도 불구하고, 폴리티칼 이코노미 비판의 의의를 간과했다. 그래서 어소시에이션의 정치적 형태(코뮌)가 '국가'뿐만 아니라 '부르주아 사회'(상품 생산·교환 시스템)에 대항하는 정치공동체라는 점을 경시했다. 즉, 국가와 다른 정치적 공동체의 가능성을 강조하는 것만으로는 또다시 '정치의 자율성'이라는 함정에 빠지게 된다. 그래서 다시 우리는 파슈카니스의 법학 비판을 예시로 참조한다. 파슈카니스는 「유

---

7 "국가 그 자체에 대항하는" 어소시에이션의 현대적 함의에 관해서는 타바타 (田畑 2015, 보론 제2장)을 참조.

대인 문제에 관하여」를 인용하여 'Recht의 이중성'을 논하고 있는데, 이 부분은 폴리티칼 이코노미 비판의 연장선상에서 마르크스의 시민권론을 재구성하는 데 유익하다.

> 주관적 법은 '자신의 사적 이익이나 자신의 사적 자의(恣意)에 갇혀 사회로부터 분리된 개인이 된' 이기적 인간, 즉 부르주아 사회 구성원의 특징을 드러내는 것이다. 객관적 법은 '자신을 정치적 국가로 느끼며, 자신을 구성하는 요소들과의 대립 속에서만 그 일반성을 통용하는' 전체로서의 부르주아 국가의 표현이다.(Paschukanis 2003, 102)

자본주의 사회에서는 정치적 국가의 구성원으로서의 국가시민권과 '물상의 인격화'로서의 부르주아적 권리가 분열되어 있으며, 이에 따라 법 또한 객관적 법(규범)과 주관적 법(권리)으로 나뉜다. 이렇게 인간들은 공인(국가시민)과 사인(사적 소유자)으로 분열하는데, 전자의 국가시민권을 규정하는 것은 "경제적 관계가 반영된" 사적 소유자끼리의 법=권리 관계에 다름 아니다(MEGA II/6, 113f). 자본주의 사회에서의 '사적' 개인들은 시장에서 비로소 상품 소유자로서 사회적으로 인정받고, 그러한 한에서만 '자유롭고 법적으로 평등한' 인격이다. 즉, 자본주의 사회에서 개인의 자유 및 평등은 국가시민권으로 바로 실현되는 것이 아니다. 왜냐하면 근대 사회에서는 "시민의 권리 승인이라는 것에 기반을 두고 성립된 법=정치적 질서와 대규모의 물질적 궁핍 및 도덕적 퇴폐를 초래한 경제적 질서가 거의 전면적으로 분열"되어 있기 때문이다(Castel 1995, 18). 즉, 임금노동자(주로 남성)이든 가사노동자(주로 여성)이든, 사적 소유자로서 시장사회에서 인정받을 때 비로소 개인들의 법=권리가 발생한다.

따라서 상품 생산·교환 시스템이 '물상의 인격화'로서 부르주아적 권리를 발생시키는 것이며, 국가시민권은 부르주아적 권리를 정치적 국가에서 승인한 것에 불과하다. 그런 의미에서 근대 국가가 승인한 '정치적 권리'는 자본주의적 생산양식에서 자본-임금노동 관계, 그리고 '물상의 인격화'로서의 부르주아적 권리를 보완하는 것이다. 그렇다면 형식적 시민권(근대 국가의 구성원 자격)으로부터 구별되는 실질적 시민권(국가에 대항하는 정치적 공동체의 구성원 자격)은 자본주의적 생산양식과의 관계에서 어떻게 자리매김될 수 있을까? 즉, 우드가 정식화한 의미의 시민권(직접적 생산자에 의한 자기통치)은 '물상의 인격화'로서의 부르주아적 권리와 어떤 관계에 있는가? 여기서 시사점을 주는 것은 미국 남북전쟁 당시 마르크스가 집필한 인터내셔널의 편지(① 링컨 대통령에게 보낸 편지, ② 링컨 암살 후 존슨 대통령에게 보낸 편지)이다.

① 북부의 진정한 정치권력자인 노동자들은 노예제도가 그들 자신의 공화국을 해치는 것을 허용하는 동안, 그리고 그들이 자신의 동의 없이 주인에게 소유되거나 팔려가는 흑인에 비해 스스로 자신을 팔고 스스로 주인을 선택하는 것이 백인 노동자 최고의 특권으로 여겨 의기양양하는 동안은, 그들은 **진정한 노동의 자유**를 획득할 수도 없었고, 혹은 유럽의 형제들의 해방투쟁을 도울 수도 없었다.(MEW 16, 18f)

② 오늘날 당신들의 시민citizen은 자유롭고 평등하다는 것을

유보 없이 선언하고 싶습니다. 만약 그들에게 시민의 의무를
요구하면서 시민의 권리를 주지 않는다면, 다시 한번 당신들
의 나라를 당신들 인민의 피로 더럽히게 될, 미래를 향한 투쟁
이 벌어질 것입니다.[8]

마르크스는 『자본론』 제1권 '노동일' 장에서도 "북아메리
카 합중국에서는 노예제도가 공화국의 일부를 지배하고 있는 동
안 자립적인 노동운동은 모두 마비된 상태였다. 하얀 피부의 노
동자[자유임금노동자]는 검은 피부의 노동자[노예]가 낙인찍힌
곳에서는 자기 자신을 해방시킬 수 없다"(MEGA II/6, 301)라고
말했다. 여기서 주목해야 할 것은 노동력 상품의 담지자 및 그
인격화로서의 부르주아적 권리(백인 노동자의 유니온주의)와 "자본
주의적 노예제"[9](ibid.)에 대항하는 시민권(흑인 노예의 해방운동)
이 명백히 대립하고 있다는 점이다. 즉, '진정한 노동의 자유'로
서의 어소시에이션을 실현하기 위해서는 '부르주아적 권리'에
머무르지 않고, 오히려 이에 대항하는 '시민적 권리'를 요구하는
것이 필수불가결하다. 따라서 시민권을 획득하기 위한 투쟁은
자본주의적 생산양식에서의 **'물상의 인격화'를 상대화하여 경제**

8 케빈 B. 앤더슨에 따르면 이 편지는 마르크스가 그 작성에 깊이 관여했음에도
   불구하고 MEW나 MEGA에 수록되어 있지 않다(Anderson 2010, 113).
9 마르크스 자신은 『자본론』 제1권에서 노예제의 위에 "접목된" 자본주
   의적 생산양식, 즉 자본주의적 노예제를 다음과 같이 정식화한다. "하지
   만 그 생산이 아직 노예나 농노 등과 같은 저급한 형태로 이루어지고 있
   는 민족들이 자본주의적 생산양식이 지배하는 세계시장에 편입되어 세
   계시장이 그들의 생산물의 외국으로의 판매를 주요한 이해관계로까지
   발달시킨다면, 거기에서는 노예제나 농노제 등의 야만 위에 과도노동이
   라는 잔학, 즉 문명화의 산물이 접목된다"(MEGA II/7, 195).

영역의 지배구조를 무효화하는 한에서 극히 중요하다.

그러나 여기서 말하는 시민권을 근대 부르주아 사회를 구
조적으로 보완하는 국가시민권으로 이해할 수는 없다. 국가시민
권은 부르주아적 권리를 정치적 국가에서 승인하는 '인권'인 한
에서 자본주의적 계급관계를 재생산하는 데 필요한 기능이 될
수 있다. 또한 국민국가하에서 실현된 형식적인 정치적 평등은
계급적 착취관계라는 경제적 불평등과 연결되어 있을 뿐만 아니
라 국경 안팎의 인종주의[10]나 '젠더 위계'[11](MacKinnon 1987, 107)
를 전제하고 있다. 이에 반해 '국가에 대항하는 정치적 공동체'
의 시민권을 요구하는 투쟁은 부르주아적 권리를 상대화함과 동
시에 계급분할은 물론 '젠더 위계'나 인종주의를 횡단하는 형태
로 국가시민권을 어느 정도 보편화할 수 있다.[12] 여기서도 의회
밖 직접민주주의의 중요성을 확인할 수 있다. 실제로 1960년대
후반 미국에서는 공민권운동이나 페미니즘 운동과 같은 새로운

10 졸고(隅田 2021b)에서는 인종주의를 단순한 이데올로기가 아니라 자본주의의
지배형태로 자리매김한다.
11 확실히 마르크스의 폴리티칼 이코노미 비판은 시장 외부의 가족 내 노동이나
"생식적 양성관계"를 본격적으로 분석하지 않았다. 그러나 이것은 마르크스
주의 비판자가 주장하듯이 마르크스 자신이 "젠더 위계"를 무시했음을 의미하
지 않는다(靑柳 2010, 179). 최근 만년의 마르크스에 관한 MEGA 연구(Brown
2013)는 엥겔스의『가족, 사적 소유, 국가의 기원』(MEGA I/25)으로 정식화
된 계급환원적 젠더 평등론과는 달리, 마르크스 자신이 페미니즘에 고유한 문
제에 주목했음을 구명했다. 예컨대 마르크스는 물상화된 자본주의적 생산관
계하에서 자본의 가치증식 욕구야말로 "자연력" 및 "여성의 생식능력"을 "무
상으로" 이용한다는 점을 강조했다(Werlhof 1983, 後藤 2009). 최근 독일어
권에서는 폴리티칼 이코노미 비판의 연장선에서 "유물론적 페미니스트 국가
론"(Sauer 2001, Löffler 2011)이 전개되고 있으며, 거기에서는 시장 외부의
"subsistence 경제"(Mies et al. 1988, 49)가 포괄적으로 고찰된다.
12 자본주의 국가에서 반인종주의 투쟁의 의의를 이론적으로 고찰한 것으로서 졸
고(隅田 2021a)를 참조.

사회운동이 의회 밖의 직접행동을 통해 새로운 시민권을 구상했다. 우드가 지적했듯이, 어소시에이트한 생산방식에 기반한 독자적인 정치적 공동체는 생산자 자신에 의한 자기통치라는 고전고대의 민주정을 새로운 형태로 재건하는 것이었다. 실제로 최근 BLM 운동 속에서 재평가되고 있지만, 당시 무장집단으로 각광을 받았던 블랙팬더당은 빈곤가정을 위한 무료 급식프로그램, 무료 건강클리닉 등 사회적 프로그램을 구축했다(Negri & Hardt 2017, 211). 즉, 「10 항목 강령」에서 볼 수 있듯이 사회경제적 불평등을 시정하기 위해 의회를 통한 사회국가적 정책을 요구했던 것이 아니라, 커뮤니티에 의한 자기통치가 주요한 과제였다. 이런 의미에서 '국가'를 포함한 '자본주의'에 대항하는 민주주의는 오로지 형식적·법학적 관점에서 고찰된 '자유민주주의'와는 달리 경제적 영역에서의 지배구조, 그리고 부르주아적 권리를 승인한 국가시민권과는 근본적으로 양립할 수 없다. 따라서 '국가에 대항하는 정치적 공동체'의 멤버십이나 정치적 자유, 평등은 **부르주아적 권리 및 국가시민권 양자에 대항하는** 어소시에이션의 차원에서 구성될 수밖에 없다.

이제까지 근대 국가의 구성원(국가시민)으로서 시민과 '국가에 대항하는 정치적 공동체' 구성원으로서의 시민을 구분하고, 후자를 어소시에이션적 차원에서 파악하고자 했다. 거듭 강조했듯이 자본주의 사회시스템하에서는 부르주아적 권리를 상대화하지 않고서는 시민권이 실재화될 수 없으며, "애초에 실제로 존재하는 한에서의 인권은 실제로는 항상 국가시민의 제반 권리로서만 효력을 갖는" 것에 불과하다(Hirsch 1995, 42). 따라서 '국가에 대항하는 정치적 공동체'는 상품이나 화폐, 자본과 같은 경

제적 형태뿐만 아니라 자본주의 사회에 고유한 법=권리 형태 및
국가 형태를 점차 해소하는 한에서 구성되는 통치 형태라고 볼
수 있다. 그러나 그것이 법=권리는 물론 정치적 공동체 자체의
소멸로 이해되어서는 안 된다. 우드가 말했듯이, "사회적 생산
관계의 계획은 모든 사회 수준에서 정치적 계획, 즉 지배와 착취
관계의 재생산을 예방하는 제도적 조치를 포함하지 않을 수 없
다"(Wood 2012, 295). 그 때문에 시민권의 사회주의적 형태가 갖
는 내용은 정치적 자기조직화의 구성 원리에 다름 아니다. 그런
의미에서 우리의 과제는 '어소시에이션의 정치적 형태'에서 민
주주의 원리를 새롭게 발명하는 것이다.

결론: 가능한 어셈블리 코뮤니즘으로

"만약 협동조합적 생산이 자본주의 시스템을 대체할 수 있다면, 만약 연합한 협동조합 사회들이 하나의 공동계획에 따라 전국의 생산을 조정하고, 이렇게 해서 그것을 자신의 통제하에 두고, 자본주의 생산의 숙명인 부단한 무정부성과 주기적 경련을 종식시킨다면—여러분, 그것이야말로 코뮤니즘, '가능한' 공산주의가 아닌가요?"(MEGA I/22, 143) 공산주의에 대해 구체적인 설명을 남기지 않은 마르크스는『프랑스 내전』에서 '파리 코뮌'을 '가능한' 공산주의라고 불렀다. 마르크스에게 파리 코뮌은 "영유자 계급에 대한 생산자 계급의 투쟁의 산물이며, 노동의 경제적 해방을 이루기 위해 마침내 발견한 정치적 형태였다"(ibid., 142). 6장에서 살펴본 바와 같이 폴리티칼 이코노미 비판의 관점으로 바꾸어 말하면, 어소시에이트한 생산관계에 기초한 공동체 형태(코뮌)는 화폐나 자본과 같은 경제적 형태규정을 해소하기 위한 정치적 형태에 다름 아니다. 이 정치적 공동체에서는 그 구성원인 어소시에이트한 생산자 스스로가 민주적인 집단적 자기결정에 기초하여 생산관계를 통제할 것을 요구받는다. 따라서 마르크스의 코뮤니즘은 우드가 강조했듯이 고전고대에 탄생한 직접민주주의의 계보에 있다고 할 수 있을 것이다. "영유자 계급"에 의한 "생산자의 사회적 노예제"인 자본주의 체제는 "생산자에 의한 정치적 지배"라는 사회주의적 민주주의에 의해 극복되어야 한다는 것이다(ibid.).

그러나 이 책에서 거듭 강조했듯이, 마르크스의 코뮤니즘은 모종의 민주정 국가를, 더구나 과도기에서 '프롤레타리아트 독재'를 이유로 공산주의 국가라는 것을 세우려는 것이 아니었다. 자본주의 시스템을 대체할 협동조합 사회들은 자본주의 사회시스템에 국가가 포함되어 있는 한, **국가 없는** 공산주의 사회시스템이어야만 한다. 파리 코뮌이 '가능한 코뮤니즘'으로 간주된 것은 그것이 화폐나 자본과 같은 경제적 형태규정을 해소할 뿐만 아니라 자본주의 사회에 고유한 국가 형태를 해소하는 한에서 구성된 통치 형태였기 때문이다. 즉, 마르크스 자신이 바로 국가에 대항하는 정치적 공동체로서, 즉 '어소시에이션의 정치적 형태'로서 파리 코뮌을 '발견'했던 것이다. 이는 파슈카니스와 '도출논쟁'을 참조하면서 이 책에서 거듭 주장한 테제이다. 20세기 이후 마르크스-레닌주의나 '현존 사회주의' 체제의 권력작용으로 인해 지금도 여전히 마르크스의 코뮤니즘은 국가권력에 의해 주도되는 것, 혹은 주도될 수밖에 없는 것으로 정치중심주의적으로 이해되고 있다. 그러나 21세기에 MEGA를 통해 마르크스를 다시 읽는다는 것은 마르크스를 신격화하는 것이 아니라, 오히려 마르크스주의의 '공산주의적 세계관'(엥겔스)과 거리를 두는 것을 의미한다. 마르크스는 분명 그 바쿠닌조차도 그 재능을 인정할 수밖에 없었던 것처럼 폴리티칼 이코노미의 비판적 연구에서 타의 추종을 불허했다. 그러나 마르크스 자신은 '자본의 전제'에 국가권력을 통하지 않고 연합한 어소시에이션으로 대항하려 했던 수많은 사회주의·공산주의 사상가들 중 한 명에 불과했다(Korsch 1970).

이 의미를 19세기 사회주의의 역사적 문맥에서 조금 더 설명해보자. 『자본론』 제1권 출간 몇 년 후 발발한 파리 코뮌(1871년) 혁명이 주로 프루동주의자나 바쿠닌주의자들에 의해 주도되었다는 것은 잘 알려져 있다. 마르크스는 그들의 혁명을 실천적으로는 높이 평가했지만 이론적 입장은 달랐다고 흔히 이야기된다. 그러나 이것이 제1인터내셔널에서 마르크스주의자와 아나키스트의 '대립'을 의미하는 것은 아니다. 당시 사회주의자나 아나키스트들 사이에서는 자신들의 정치적 조직(국제노동자협회)에 관한 실천적 지침은 달랐지만, 현존하는 자본주의 국가를 어소시에이션이나 코뮌으로 대체한다는 '사회혁명'관이 공유되고 있었다(森 2023, 203). 즉, 국가 폐지라는 정치적 과제, 그리고 어소시에이션을 통한 '자본의 독재'에 대한 대항에는 이견이 없었고, 오히려 상품 생산·교환 시스템을 어떻게 해소할 것인가가 쟁점이 되었다. 이런 관점에서 최근 크리스틴 로스는 '파리 코뮌' 론에서 집단적 소유를 중시하는 집단주의적 아나키즘collectivist anarchism(프루동, 바쿠닌)과 시장 폐지를 중시하는 아나키스트 코뮤니즘anarchist commuism(르크루, 크로포트킨)의 대립이라는 또 다른 대립축을 설정하고 있다. 로스는 오히려 아나키즘의 여러 흐름 속에서 화폐경제나 임금노동에 대한 견해 차이를 발견함으로써 마르크스주의자와 아나키스트의, 말하자면 20세기적인 대립을 소거한다. 따라서 '파리 코뮌'에서 "국가에 대항하는 사회혁명"을 읽은 마르크스는 바로 "지역 수준에서 자유로운 어소시에이션들에 근거한 자발적 연합"을 중시했다는 점에서 아나키스트 코뮤니즘으로 자리매김된다(Ross 2015, 4장).

이렇게 마르크스의 '아나키즘적 계기moment'를 강조하는 것은 기이하게 들릴 지도 모른다. 마르크스의 코뮤니즘은 어디까지나 물상화된 생산관계를 극복하기 위한 정치적 공동체, 즉 민주주의의 사회주의적 형태를 구상한 것이지, 아나키즘처럼 정치적 자기조직화 자체를 거부한 것은 아니기 때문이다. 그러나 이 책에서 논의해온 포인트 중 하나는 자본주의 사회시스템 내부에서 시작될 수밖에 없는 정치적 자기조직화가 경제적 형태규정의 해소를 지향하는 것이 아니라 오히려 그것을 보완하는 정치적 형태의 논리에 의해 끊임없이 침식될 위험성을 지적하는 것이었다. 따라서 아나키즘과의 경계를 말하자면 아슬아슬하게 다시 그어 '정치의 자율성'에 빠진 마르크스주의에 '국가에 대항하는 마르크스'를 대치시킬 필요가 있었다.

이런 관점에서 최근 MEGA 연구에서 주목받고 있는 후기 마르크스의 공동체 연구도 재고되어야 할 것이다. 특히 마르크스가 나로드니즘에 접근했다고 알려진 러시아 공동체론이다. 케빈 앤더슨이 설득력 있게 밝힌 것처럼 그것은 '자본의 문명화 작용'이 러시아뿐만 아니라 자본주의 외부에 있는 비서구 사회를 어떻게 파괴·재편하는지를 분석한 것이었다. 그러나 이 책의 입장에서 보면 '자본에 대한 새로운 저항의 장'으로서의 공동체론은 동시에 '국가에 대항하는 정치적 공동체'로 이해되어야 한다. 마르크스는 폴리티칼 이코노미 비판을 전개하면서 자본주의 이전의 공동체가 어떻게 물상적 관계들을 억제했는지, 즉 각각의 공동체 형태에 고유한 제한들(인격적 관계의 유대 정도, 공유지의 공동 점유, 영세농업과 가내공업의 통일 등)에 주목했다. 실제로 『요강』에서는 제3장에서 언급한 아시아적 형태나 로마적 형태와 함께 공동체의 게르만적 형태가 "자본주의적 생산에 선행하는 제형태"로 위치 지어져 있는데, 앞의 두 형태에 대해 게르만적 형태는 '국가에 대항하는' 공동체로 정의되고 있다. 게르만적 형태에서 시사적인 것은 구성원이 본질적으로 '소유자'로 재생산되는 공동체가 아시아의 전제국가나 로마의 폴리스처럼 정치적 국가로 조직되어 있지 않다는 점이다. 마르크스는 '국가에 대항하는 게르만적 공동체'의 특징을 「제형태」에서 다음과 같이 말했다.

> 개개의 가부장들이 여기저기 숲속에 멀리 흩어져 정주하고 있는 게르만인의 경우, 그들의 즉자적으로 존재하는 통일성이 혈통, 언어, 공통의 과거와 역사 등의 형태로 규정되어 있기는 하지만, 외견으로 보기만 해도 알 수 있듯이, 공동체는 단지 공동체 성원들이 그 때마다 연합화Vereinigung함으로써 존재하고 있을 뿐이다.(MEGA II/1, 388)

국가시민의 연합체Verein인 로마적 형태와 달리 게르만적 형태에서는 도시로의 집중적인 거주가 나타나지 않기 때문에 정치적 공동체가 국가로서 사회로부터 분리되지 않는다. 그 이유를 마르크스는 공동체의 경제적 조건으로부터 설명한다. 게르만적 공동체에서 그 경제적 기초는 어디까지나 정치적 공동체로서의 국가가 아니라 개별 소가족에 자립적으로 존재했다. "개개인의 소유가 공동체에 의해 매개되어 나타나는 것이 아니라, 공동체 및 공동체 소유의 존재가 매개된 것으로, 즉 자립적 주체들의 상호 간의 연관으로 나타난다"(ibid., 388). 로마적 형태에서는 공동체 소유를 바탕으로 구성원(자유농민)의 사적 소유가 성립하지만, 게르만적 형태의 공동체 소유는 구성원(소가족)의 토지 소유의 단순한 보완화Ergänzung로서만 나타난다. 즉, "공동체는 이러한 개인적 토지 소유자 자체의 상호 간의 연관 속에서만 존재한다"(ibid., 389). 나아가 마르크스는 두 형태를 다음과 같이 대비

시킨다. 로마적 형태에서는 도시에서 군사적으로 조직된 국가를
세움으로써 다른 부족 공동체에 관여했다. 반면 게르만적 형태
에서는 도시가 아닌 농촌에서 여러 가족들이 필요에 따라 집회
Versammlung를 개최하여 연합함으로써 다른 부족 공동체에 관여
했다. 즉, 게르만적 형태는 로마적 형태보다 인격적 유대가 느슨
하기 때문에 공동체가 로마처럼 국가기구라는 연합체Verein로서
가 아니라, 자립적 주체로서 가족들에 의한 연합Vereinigung으로
서, 즉 "때와 장소를 가리지 않고 열리는 집회"(ibid.)로서 존재할
뿐이었다.

　　게르만적 형태는 '자본주의적 생산에 선행하는 제형태'로
서 아시아적 형태나 로마적 형태와 함께 마르크스가 추출한 공
동체였다. 그러나 공동체의 세 가지 형태 중 유일하게 게르만적
형태만이 '국가에 대항하는 정치적 공동체'로 정의되고 있다는
점은 주목할 만하다. 이는 전통적 마르크스주의의 사적 유물론
을 비판한 '국가에 대항하는 사회'라는 크라스트르의 테제를 떠
올리면 쉽게 이해할 수 있다. '국가에 대항하는 마르크스'는 마
르크스의 폴리티칼 이코노미 비판에도 분명히 존재한다. '게르
만적 형태'에서 정치적 공동체는 그 구성원인 소토지 소유자들
에 의해 필요에 따라 열리는 '집회'로서 존재할 뿐이다. 즉, 고정
화된 국가기구가 아니라 역동적인 연합화로서의 어셈블리인 것
이다. 이를 통해 아시아의 전제국가나 로마의 폴리스처럼 국가
가 사회로부터 분리되어 정치적 공동체가 오로지 국가로 중앙집
권화되는 것을 예방했다. 이러한 '국가에 대항하는' 게르만적 공
동체는 6장에서 살펴본 바와 같이 과도기 사회의 국가 형태, 그
리고 어소시에이션의 정치적 형태로서의 코뮌을 이해하는 데 매

우 시사하는 바가 크다.

　『프랑스 내전』에서 마르크스는 파리 코뮌을 부르주아 사회로부터 분리되어 중앙집권화된 국가권력이 인민대중에 의해 재흡수된 자기통치 형태라고 보았다. 인민대중의 집행권력에 대한 무력(無力)을 전제로 한 자본주의 국가에 대해, 코뮌은 바로 '국가에 대항하는 정치적 공동체'를 구성함으로써 '인민의 권력'을 회복하는 것이었다. 그러나 그것은 단순한 무정부성, 즉 무지배(無支配)를 의미하는 것은 아니다. 코뮌은 정치적 공동체의 본성에서 유래하는 일반적 사업, 그리고 다양한 행정적 기능을 인민 대중의 공동의 이익을 체현하는 형태로 수행해야 했다. 그래서 파리의 코뮌은 선거인의 의사를 단지 대표할 뿐인 의회제와는 달리 인민대중이 서로 지배하고 지배되는 파견제를 채택한 것이다. "각 지구의 농촌(지역)의 코뮌은 중심 도시에 있는 파견위원들의 집회assembly를 통해 그 공동적 사업을 운영하게 되어 있고, 이러한 지구의 집회가 이어서 파리의 전국 파견단에 대리인을 보내게 되어 있었다"(MEGA I/22, 140). 이러한 '파견제'와 '어셈블리'에서 볼 수 있는 직접민주주의에 의해서만 정치적 공동체의 모든 행정적 기능이 각 코뮌 조직에 의해 자기통치되는 조건이 만들어진다. 이런 의미에서 마르크스는 "노동자계급은 기성 국가기구를 단순히 장악하여 그것을 자신의 목적을 위해 행사할 수 없다"고 강조했다(ibid., 137).

　마르크스가 전개한 코뮤니즘을 이렇게 이해한다면, 말년의 「자술리치에게 보낸 편지」의 초고들(1881년)에서도 '국가에 대항하는 정치적 공동체'로서 코뮌론을 읽어낼 수 있을 것이다. 마르크스는 「자술리치에게 보낸 편지」 초고에서 마우러의 마르크 공동체론에 근거한 고대 게르만 공동체의 3단계 구분(보다 태고적 공동체, 농업공동체, 새로운 공동체)을 논했다. 여기서는 「제형태」단계의 '아시아적 형태'가 더 이상 어떤 부족일지라도 경과해야 하는 가장 오래된 형태로 간주되지 않고, 오히려 "다양한 태고적 구성의 최신 유형"으로 재규정된다. 다만, 「제형태」단계의 게르만적 공동체에서 발견되는 '국가에 대항한다'는 아나키즘적 계기는 '본원적 축적'이 진행 중이던 당시 러시아 사회의 문맥에서 더욱 강조되었다. 러시아의 "농업공동체commune agricole"는 선행한 "태고적 공동사회"로부터 토지의 공동소유를 계승했지만, "경작지는 농업공동체의 구성원 사이에서 정기적으로 분할되었고, 따라서 각 경작자는 자신에게 할당된 토지를 자신의 계산으로 이용하고 그 성과를 개인적으로 영유했다"(MEGA I/25, 223). 그러나 태고적 공동사회와 달리 농업공동체에서는 "개체성의 비약"(ibid., 237)이 가능했던 반면, 러시아의 전제주의despotisme, 즉 중앙집권화된 국가권력에 의해 그 정상적인 발전 조건이 훼손되고 있다고 마르크스는 강조했다.

> 국가의 조세 수탈로 피폐해진 러시아 공동체는 부정매매와 토지 소유, 고리대에 의해 쉽게 착취될 수 있는 무기력한 물질이 되어버렸다. 외부로부터의 이러한 억압은 공동체 자체의 내부에서 이미 존재했던 이해관계들의 충돌을 폭발시켰고, 급속하게 분해의 맹아를 성장시켰다. […] 이리하여 국가는 [농업의 성과를 약탈하기 위해 서구 자본주의 시스템의 여러 부문들 중 주식시장, 투기, 은행, 주식회사, 철도 등을 온실 속에서 키워냄으로써] 그렇지 않아도 이미 심하게 쇠퇴한 '농촌공동체

commune rurale'의 피를 빨아먹는 새로운 자본주의적 기생충을 살찌우는 데 협력했다.(ibid., 226)

말년의 마르크스는 러시아의 농업공동체를 그저 순진하게 '자본에 대한 새로운 저항의 장'으로만 칭송하지는 않았다.「자 술리치에게 보낸 편지」에서 한편으로는 서구의 자본주의 시스 템과 동시에 존재함으로써 러시아 농업공동체는 자본주의 시스 템을 경유하지 않고도 그 고도의 생산력이라는 긍정적인 성과들 을 통합할 수 있다고 했다. 그러나 다른 한편으로는 바로 그 같 은 이유로부터 세계시장에 편입된 러시아에서는 서구의 자본주 의 시스템을 이식하는 '본원적 축적' 과정이 진행되기 시작했다. 즉, 국가가 "증권투기나 근대적 은행지배"(MEGA II/7, 672)를 통 해 직접적 생산자인 소농을 탈소유화(수탈)했다는 것이다. 이리 하여 마르크스는 러시아의 농업공동체는 국가의 수탈에 의해 이 미 "협동노동의 기초로서 공동적 소유의 경제적 우월성"을 잃어 가고 있다고 결론짓는다(MEGA I/25, 234). 따라서 이러한 국가에 의한 '본원적 축적' 과정에 저항하기 위해서는 러시아의 전제주 의에 대항하는 혁명이 필수적이라는 것이다. 이 말은 흔히 오해 되고 있지만, 서유럽의 노동자혁명과 결합된 러시아 혁명이 국 가권력을 통해 수행되어야 한다는 정치혁명론을 의미한 것이 아 니다. 오히려 마르크스가 '파리 코뮌'에서 발견한 것처럼, 바로 러시아에서도 '국가에 대항하는' 농업공동체에 고유한 정치적 형태가 발견되어야 한다는 것이다.

마르크스는 러시아 '농업공동체'의 약점으로 공동체들의 결속력이 결여되어 있다는 것, 따라서 공동체의 고립상태('국지적 소우주')로부터 전제주의가 출현하는 경향이 있다는 것을 지적하였다. 이는 3장에서 살펴본 바와 같이 아시아적 전제국가의 특징이기도 하다. 동양에서는 광대한 영토에도 불구하고 서구와 같은 사적 기업의 어소시에이션이 취약하기 때문에 중앙집권화된 국가의 전면적인 개입이 요청된다는 것이다. 그러나 농업공동체를 적극적으로 평가한 만년의 마르크스는 러시아 공동체에서 어소시에이션적 계기의 결여를 지적하기는커녕 오히려 토지의 공동소유와 경작자의 소경영에 의해 '개체성'이 발전하고 있음을 강조했다. 드레이퍼가 말했듯이, 마르크스는 『프랑스 내전』에서도 어소시에이트한 노동과 소농경영의 연속성을 언급했다 (Draper 1978, 433f).[1]

마르크스가 거듭 강조했듯이, 자본주의적 사적 소유 이외의 소유형태의 기초가 되는 소경영적 생산에서는 인격적 지배·종속 관계가 있든 없든 '생산 과정에서의 자립성'이 보장되어 있으며, 생산수단에 대해 긍정적으로 관여할 수 있다(隅田 2014b). 따라서 소경영적 생산양식은 자본주의적 생산양식에 비해 "보다 혜택받은 관계"라는 점을 간과해서는 안 된다(MEGA Ⅱ/3, 2288). 실제로 마르크스는 프랑스의 소농에 대해 다음과 같이 말했다. "코뮌은 소농의 명목상의 토지 소유를 그들 자신의 노동의 과실의 진정한 소유로 전환시킬 수 있으며, 진정한 독립생산

---

1 그러나 마르크스는 러시아 농업공동체와 마찬가지로 자본주의적 생산양식의 발전으로 인해 소농경영의 정상적인 발전조건이 상실되고 있다고 지적했다. "소농적 소유는 이미 오래전에 그 정상적인 단계, 즉 소농적 소유가 현실이었던 단계, 그것이 사회의 경제적 필요에 부응하고 농촌의 생산자 자체를 정상적인 생활 조건의 기초로 삼는 생산양식, 소유형태였던 단계를 넘어 발전하여 쇠퇴기에 접어들었다"(MEGA I/22, 62).

자로서 소농의 지위를 파괴하지 않으면서도, 근대 농학의 은혜
[…]에 소농을 맡길 수 있는 유일한 정부 형태이다"(MEGA I/22,
62). 여기서 마르크스는 어소시에이트한 노동자계급의 권력에
의해 관통적 자본주의화(러시아에서는 본원적 축적)에 의한 '소농의
수탈'을 저지하고, 소농과 소경영적 생산양식의 '긍정적'인 측면
을 새롭게 재건하는 것을 염두에 두었다.

마르크스는 러시아의 농업 공동체에 대해서도 이렇게 말
했다. "토지 소유는 공동적이지만, 각 소농은 서양의 소농과 마
찬가지로 자신의 계산으로 자신의 밭을 경작하고 이용한다"
(MEGA I/25, 233). '파리 코뮌'의 소농론에서 알 수 있듯이 「자술
리치에게 보낸 편지」에서도 코뮌의 담당자인 직접적 생산자는
노동자계급에 국한된 것이 아니다. '국가에 대항하는 정치적 공
동체'의 구성원은 어소시에이트한 생산자뿐만 아니라, 말하자
면 코뮌적 소농으로 확장되어야 한다는 것이다. 실제로 마르크
스는 「자술리치에게 보낸 편지」에서 농업공동체의 정치적 형태
에 대해 다음과 같이 지적했다. "[농업공동체 위에 출현한 중앙
집권적 전제주의를 제거하기 위해서는] 정부 조직인 보로스치
BOJIOCTь를, 각 공동체에 의해 선출되고 그 공동체의 이익을 위해
경제적·행정적 기관으로 봉사하는 소농들의 집회assemblèe로 대
체할 필요가 있다"(MEGA I/25, 225). 이 인용문에서 전제국가에
대항하는 농업공동체의 '정치적 형태', 즉 각 공동체에서 선출된
소농들의 어셈블리가 바로 직접민주주의를 체현하는 것으로 간
주된다. 전제주의와 결합된 자본주의 시스템에 대항하기 위해서
는 바로 소농을 비롯한 직접적 생산자들에 의한 민주적인 정치
적 자기조직화가 필요 불가결하다는 것이다.

　이 책에서는 파슈카니스와 '도출논쟁'을 따라 20세기 이후 '현존 사회주의' 체제가 국가자본주의로 귀착된 원인을 마르크스주의에서 '국가 비판의 부재'에서 찾았다. 그래서 라쌀레나 생시몽주의자들의 국가사회주의보다 아나키즘과의 근접성을 강조함으로써 국가에 대항하는 마르크스의 코뮤니즘 사상, 말하자면 어셈블리 코뮤니즘론을 구출할 필요가 있었다. 그러나 애초에 레테Räte나 소비에트 등 노동자평의회의 시도 역시 '국가에 대항하는 정치적 공동체'를 지향했던 것임을 잊어서는 안 된다. 즉, 20세기 양차 세계대전 간기의 레테 코뮤니즘은 어소시에이션의 정치적 형태로서 재평가될 필요가 있다. 실제로 네덜란드의 판네쿠크나 독일의 마틱과 같은 당시 레테 코뮤니스트들은 "마르크스의 자유롭고 평등한 생산자에 의한 이소시에이션이라는 사상은 자코뱅주의적 조직의 지배 체제에 직접 대치되는 것이며 […] 볼셰비키의 사회주의는 국가적으로 조직된 자본주의다" 라고 이해했다(Pannekoek & Mattick 2008, 35). 즉 그들이 보기에는 단지 생산수단의 통제권을 사적 소유로부터 국가로 이전하고 '자본의 국가'에 의해 생산관계를 통제하는 것은 상품 생산의 기초와 임노동–자본관계를 그대로 유지하는 것에 다름 아니었다. 그래서 자코뱅주의나 볼셰비즘과 같은 정치혁명으로서의 '프롤레타리아트 독재'가 아니라, 어소시에이트한 모든 생산자가 자유롭고 평등하게 결정하고 참여하는 평의회 민주주의가 구상된 것이다.

　하지만 에른스트 프랭클이 비판했듯이, 레테 코뮤니즘은 우선적으로 노동자계급의 노동권에서만 자율적이고 집단적인 민주주의 원리를 구상했을 뿐이다(Fraenkel 2015, 19). 즉, 레테는 기본적으로 공장 내부에서 조직된 것이며, 평의회의 시민권 역시 협의의 직접적 생산자로 한정되어 있었다. 이에 반해 마르크스의 코뮤니즘은 『프랑스 내전』에서 강조했듯이 "**모든 인간**이 노동자가 되고 생산적 노동이 계급적 속성이지 않게 되는" 때까지의 "노동의 해방"을 지향하는 것이었다(MEGA I/22, 142). 실제로 『고타강령 비판』의 유명한 구절에서는 법=권리의 부르주아적 형태가 해소된 후, 어소시에이트한 사회시스템에서 법=권리가 자유로운 개인들에게 적응한다는 의미에서 "불평등한" 형태를 취할 수밖에 없다고 언급하고 있다. "공산주의 사회의 보다 높은 국면에서, 즉 개인들이 분업에 노예처럼 종속되지 않게 되고 […] 노동이 단지 생활을 위한 수단일 뿐만 아니라 노동 자체가 제1의 생명욕구가 된 후, 개인들의 전면적인 발전과 더불어 그 생산력도 증가하고, 협동적genossenschaftlich 부의 모든 샘이 용솟음친 후, 그때야 비로소 부르주아적 법=권리의 좁은 지평을 넘어설 수 있다"(MEGA I/25, 15). 즉, '국가에 대항하는 정치적 공동체'의 차원에서는 코뮌적 소농을 포용할 뿐만 아니라, 노동에 결부되지 않은 시민권, 그리고 '젠더 위계'와 인종주의에도 대항하는 다원적 멤버십이 요청된다.

사회변혁에서 '국가권력을 지향하지 않는' 사파티스타나 월가 점령 시위, 그리고 네그리-하트의 다중mulitude론은 최근 위기적 상황에서 '소박한 정치folk politics'로 치부되는 경향이 있다. 그러나 정치중심주의적 좌파 포퓰리스트나 주권론자들은 '소박한 정치'보다 훨씬 더 정치적인 '로자바Rojava의 혁명'을 거의 언급하지 않는다. 그것은 2011년 민주화운동 '아랍의 봄'이 전개되는 가운데 시리아 북부에서 탄생한 이 혁명이 국가권력으로부터 오히려 거리를 두면서 비주권적 정치공동체를 구성해왔기 때문이다. 로자바 혁명은 2014년 9월 이후 약 6개월에 걸쳐 이슬람국가에 군사적으로 저항하고 승리함으로써 세계의 주목을 받았는데, 이것은 바로 각 지역 수준에서 평의회 민주주의를 자생적으로 조직한 것이었다. 그 배경으로서 2005년 이후 쿠르드족의 민족해방운동이 이른바 '아나키즘적 전환'을 이뤘다는 점이 지적되고 있다. 터키 정부로부터 분리 독립을 목표로 했던 쿠르드노동자당PKK도 1992년 창설자 압둘라 오자란의 어셈블리 민주주의나 생태, 젠더에 관한 저술에 영향을 받아 기존의 마르크스-레닌주의를 포기하고 '민주적 연합주의Confederalism'나 '민주적 자치(자율성)'라는 새로운 강령을 내걸고 국가에 대항하는 비주권적 통치형태를 지향하게 되었다. 실제로 로자바 각 주에서는 PKK의 원리를 공유하는 민주통일당PYD이 2011년 서부 쿠르디스탄 인민평의회를 창설했는데, 이곳에서는 상향식으로 조직된 협동조합과 코뮌을 기초로 세 가지 수준(촌락, 지구, 지역)에서 각 평의회가 행정적 기능을 조정하고 있다. 이는 "다원적 에스닉 ethnic으로 이루어진 평의회, 법정, 치안부대, 군부대, 여성조직, 경제적 협동조합의 건설이 수개월 동안 지속되어 로자바 전역으로 확산된" 결과였다(Knapp et al. 2016, 일본어판 111쪽). 로자바에서는 혁명 이후 10년이 넘은 지금도 터키 정부의 정치적·군사적 공격에 끊임없이 노출되면서도 국내외의 국가 주권에 저항하는 정치적 자기조직화의 실천이 쌓여가고 있다. 그런 의미에서 이 혁명은 현대의 '가능한' 어셈블리 코뮤니즘의 모습이라고 할 수 있다.

후기

이 책은 2018년 중반에 히토츠바시대학 대학원 사회학연구과에 제출한 박사학위 논문 「자본주의의 정치형태-마르크스의 유물론적 국가론」 이후 출간한 논문 등의 내용을 담으면서 '국가에 대항하는 마르크스'라는 새로운 문제 설정으로 전체를 재구성하고 대폭 수정한 것이다. 처음 출판된 지면은 다음과 같다.

제1장 새로 집필
제2장 隅田聡一郎(2020a)를 부분적으로 수정
제3장 새로 집필한 것과 隅田聡一郎(2020b)를 부분적으로 전재
제4장 새로 집필한 것과 隅田聡一郎(2021b)를 부분적으로 전재
제5장 새로 집필
제6장 隅田聡一郎(2020c)를 부분적으로 가필
제7장 隅田聡一郎(2017)를 대폭 수정
제8장 새로 집필한 것과 隅田聡一郎(2020d)를 부분적으로 전재

이 책과 그 원작인 나의 박사학위 논문은 오랜 기간 많은 분들의 조언과 지원 없이는 집필할 수 없었다.

히토츠바시대학에서 석사·박사 과정을 지도해주신 타이라코 토모나가(平子友長) 선생으로부터는 원서 강독 수업과 연구 세미나를 통해 마르크스를 MEGA로 읽을 수 있는 어학 능력과 문헌 독해력, 그리고 고전고대로부터 근대에 이르는 유럽 사회사

상·사회사에 관한 장대한 시점을 교시받았다. 아무래도 문제 관심이 앞서기 쉬운 내가 연구자로서 기본적인 마음가짐을 배운 것도 타이라코 선생으로부터였다. 또한 박사학위 논문의 주심을 맡아주신 오코치 타이쥬(大河內太樹) 선생은 헤겔을 비롯한 독일 고전철학과 비판이론에 대해 많은 것을 가르쳐주었고, 논문을 완성하는 과정에서도 많은 코멘트를 해주었다. 키쿠타니 카즈히로(菊谷和宏) 선생은 부임 직후부터 세미나에 소속되어 전문 분야가 아님에도 불구하고 논문 지도위원을 흔쾌히 맡아주었다. 최종시험에서 여러 선생들이 제시한 문제점은 그 후의 연구와 본서의 수정 과정에서 많은 참고가 되었음을 함께 적어둔다.

내가 대학원에서 히토츠바시대학을 지망한 것은 히토츠바시대학의 사회(과)학부에 사회사상사나 사회사의 두터운 학문적 축적, 그중에서도 스미스, 헤겔, 마르크스를 중심으로 전개된 '시민사회론'으로 널리 알려진 전통이 있었기 때문이다. 현재는 안타깝게도 그 계보가 끊어지고 있다. 그래서 학외에서 어소시에이션을 만들어보자는 생각으로 박사과정 재학 중이던 2016년 마르크스 연구자 선배들과 함께 '마르크스 연구회'를 발족했다. 내가 2011년 동일본대지진 이후 반원전 운동에 참여하면서 특히 친분을 쌓은 이와사 시게루(岩佐茂) 선생은 일본 마르크스 경제학의 한계와 환경사상에 대해 많은 것을 가르쳐주었고, 타이라코 선생과 함께 마르크스연구회의 공동대표를 맡아주었다. 또한 사무국장을 맡아준 아카시 히데토(明石英人) 씨는 나의 박사학위 논문의 외부 심사위원으로도 참여해주었고, 연구회나 독서회에서 항상 정확한 코멘트와 친절한 조언을 해주었다.

사사키 류지(佐々木隆治) 씨와 사이토 고헤이(斎藤幸平) 씨는 내가 석사과정에 재학 중일 때부터 온라인으로 『자본론』과 관련 초고에 관한 독서모임을 진행했고, 미하엘 하인리히나 케빈 앤더슨 등 해외의 새로운 마르크스 연구를 일본에 소개하는 등 다양한 형태로 연구 교류를 해왔다. 특히 사사키 씨가 박사논문에서 제시한 정교한 물상화론과 만년의 마르크스의 '소재의 사상', 그리고 사이토 씨가 그 아이디어를 바탕으로 MEGA의 발췌 노트를 편집하면서 독일에서 박사논문을 쓴 것은 나의 연구에서도 현재까지 큰 자극이 되고 있다. '마르크스 연구회'의 정례 연구회를 비롯해 독서회나 강연회에서 토론한 분들의 이름을 다 나열할 수는 없지만, 이해하기 어려운 나의 문장이 조금 더 잘 이해될 수 있는 문장으로 된 것은 마르크스의 자본주의(와 국가) 비판에 관심을 가진 많은 분들과의 대화 덕분이다. 다시 한번 감사드린다.

박사학위 논문을 쓴 지 벌써 4년이 넘는 세월이 흘렀다. 2019학년도부터 '서문'과 제3장을 중심으로 책으로 만들기 위해 계속 수정 작업을 해왔지만, 시간강사 강의와 취업 준비 등이 겹치면서 좀처럼 시간을 낼 수 없었다. 다행히 2020학년도부터 일본학술진흥회의 '해외특별연구원'으로 채용되었고, 처음 3개월 동안은 코로나 사태로 인한 입국 규제로 독일에 갈 수 없었지만, 2022년도 말까지 독일에서 연구를 할 수 있었다. MEGA 편집의 거점인 베를린 브란덴부르크 과학아카데미에서는 초청 연구기관은 아니었지만, 코로나 사태로 인한 록다운으로 대학 도서관을 사용할 수 없게 된 상황에서 개인 연구실을 흔쾌히 제공

해 주었다. 이 아카데미에서는 나처럼 마르크스의 MEGA 연구
에 매진하는 젊은 연구자들과 친분을 쌓고, 편집 작업과 연구회,
그리고 카페와 식당에서 나누는 대화에서 최신 연구동향을 들을
수 있었다. 또한 '국가에 대항하는 마르크스'라는 아이디어를 전
면에 내세워 수정할 동기가 높아진 것은 베를린과 라이프치히에
서 의회 외부 저항운동APO의 흐름을 따르는 수많은 '안티파'(반파
시즘-옮긴이)와 아우토노미의 좌파 활동가·지식인들과 교류할 수
있었기 때문이다. 코로나 사태 속에서도 베를린에서는 기후위
기, 반인종주의, 난민 수용을 호소하는 수많은 시위(특히 백신 반대
와 신우익 운동도)가 매주 열리고 있었다. 특히 2020년 2월 한나우
에서 발생한 혐오 범죄 사건 이후 결성된 미그란티파(이민의 안티
파) 시위대가 아랍어 얄라(Yallah, 독일어로 Los geht's)라고 계급투
쟁을 외치는 장면은 매우 인상적이었다. 자본주의 국민국가 중
에서도 '특이한 인종주의 국가'인 일본에서는 이런 이민자 '멀티
튜드'가 주도하는 계급투쟁을 체감하기 어려웠을 것이다.

　한편, 나 자신은 해외 장기체류가 처음이고 첫해는 록다운
을 겪은 탓에 올해 초까지는 좀처럼 이 책의 수정 작업에 집중할
수 없었던 것도 사실이다. 사실 집필이 잘 진행되지 않았던 이유
는 지구환경 파괴와 팬데믹의 확산, 지정학적 대립의 격화(특히 귀
국 직전 러시아의 우크라이나 침공) 등 심각한 '복합위기'가 연쇄적으
로 진행되는 가운데, 내가 박사학위 논문에서 제시했던 논의가
이미 어딘가 낡은 것으로 느껴졌기 때문인지도 모르겠다. 책으로
출판하는 것이 얼마나 의미가 있을까 혼자 고민하던 중, 호리노
우치(堀之內)출판사의 편집자인 스즈키 요스케(鈴木陽介) 씨를 비
롯해 많은 사람들로부터 이 책의 간행을 기다리고 있다는 연락을

받았다. 독일 유학 중 탈고가 늦어진 것에 대해 이 자리를 빌려 사과드리며, 주변 친구들의 격려에 진심으로 감사드린다.

2022년 10월
스미다 소이치로

마르크스 국가론의 최고봉: 장대한 사상사적 콘텍스트에 파고들다

마르크스의 국가론은 전통적으로 토대-상부구조론의 틀 안에서 국가 기능의 '상대적 자율성'이나 토대에 대한 반작용이 논의되는 경우가 많았다. '계급 지배의 도구'로서의 국가라는 관점도 자주 강조되었다. 이러한 것들은 마르크스 국가론에 대한 잘못된 이해라고 할 수는 없지만, 알려진 바와 같이 엥겔스의 담론에 크게 영향을 받은 논의이다. 『신 마르크스-엥겔스 전집』(MEGA)의 출간이 진행되고, 마르크스와 엥겔스의 지적 관계가 더욱 면밀히 검토되었지만, 마르크스의 국가론이 가진 위치는 해결되지 않은 난제로 남아 있었다. 이러한 논쟁사·연구사의 두터운 축적에 대해, 본서는 강렬한 충격을 가한다. 정확한 원전의 독해, 논리적인 전개력, 스케일의 크기 등 어느 부분에서나 탁월한 저작이다.

2017년에 출간된 MEGA 제1부문 제5권(『독일 이데올로기』 초고들 수록)의 편집자들은 '해제'에서, 마르크스의 이론적 작업의 '콘텍스트'에 주목할 필요성을 강조하고 있다(菊地賢 訳, 2019). 마르크스는 종종 다른 사상가들을 강렬하게 비판하지만, 그것을 사상사적 '콘텍스트'에서 재고해보면, 마르크스가 그들과 기본적으로 문제를 공유하고 있는 경우가 적지 않다. 본서가 주목하고 있는 '어소시에이션'이나 '아나키즘', '코뮌' 등의 논점에서 '국가에 대항하는' 마르크스는 프루동 등과 가까운 입장을 취하면서도 동시에 그들에게 근본적인 비판을 가하고 있다. 마치 마르크스는 접근전을 펼치고 있는 듯하며, 이는 마르크스만을 읽어서는 충분히 파악할 수 없는 것이다. 사카가미 타카시(阪上孝 2023) 등을 병행해서 읽으면, 그 사실을 절감하게 될 것이다. 본서가 시도한 것은 사상사적 '콘텍스트'에 파고들어, 개념 규정을 완전히 검토하는 것이다.

　본서의 논리 전개는 단순하지 않지만, 핵심은 자본주의 시스템에서의 '정치와 경제의 분리와 결합'과 '경제적 형태규정'이다. '형태규정'이란 저자가 1970년대의 구 서독을 중심으로 전개된 '국가 도출논쟁' 등을 검토하면서 새롭게 조명한 개념이다. 한마디로, 전반적인 상품화를 통한 자본주의의 특유한 사회 편성의 방식으로, 사회 총체에서 분산되어 이루어진 노동, 생산수단으로부터 분리되어 자본에 포섭된 임금노동, 상품이나 화폐를 매개로 한 사회적 관계성의 창출 등의 요소를 포함하고 있다. '형태규정'에서 발생하는 것은 각 개인이 상품이나 화폐의 소유자로 간주되며, 그것이 공적으로 승인·보장되는 '법=권리Recht' 관계이다. 즉, 봉건사회 등에 국한되지 않고, 오늘날의 사회에서도, 현실의 소유·점유 관계는 복잡하게 얽혀 있지만, 그것을 원자적 관점에서 축소시켜, 개인의 배타적 소유권을 자명한 것으로 여기는 관념이 성립된다. 또한, 자본주의적 '정치적 형태규정'이 경제로부터 분리된 형태로 발생하며, 형식적 자유와 평등을 중심으로 하는 자유민주주의가 선전된다. 표면적으로는 '법=권리' 관계를 공적·중립적으로 외부에서 보완하는 것이 자본주의적 국가이며, 국가나 법률에 의해 '경제적 형태규정'이 생산되는 것이 아니다. 국가권력을 장악하여 외부에서 '경제적 형태규정'을 바꾸는 것에는 근본적인 한계가 있으며, 그 의미에서 '정치의 타율성'이 언급되고 있다.

　또한, '형태규정'과는 논리적으로 구별되면서도 밀접하게 관련된 계기를 저자는 세심하게 다룬다. 근대 국가에서 '자본의 국가'로의 역사적 이행, 사회국가(복지국가)나 개발주의 국가 등과 계급투쟁과의 관계, 지정학적인 국가 간 시스템의 문제 등이 '형태규정'과 어떻게 관련되는지가 검토되고 있다. 이 과정에서 마르크스주의적인 문헌에 국한되지 않는 광범위한 연구사의 '콘텍스트'를 종횡무진 검토하고, 그것들을 논리적으로 묶어낸 것도 본서의 큰 공헌이다. 일본에서 잘 알려진 연구자(하버마스나 에스핑 안데르센 등)에서 거의 알려지지 않은 논자(특히 거스텐버거)에 이르기까지, 저자는 세심하게 대응하고 있다. 미국이나 독일 등에서의 사회운동의 '콘텍스트'에까지 서사의 코멘트가 미치고 있는 것은 매우 인상적이다

　그람시는 '강제의 갑옷을 입은 헤게모니'로서 넓은 의미의 국가와 좁은 의미의 국가(및 시민사회)의 구별과 연관을 보여주려 했다(『옥중수고』). 그러나, 저자의 관점에서 볼 때, 그람시에게는 '형태규정'이라는 관점이 약했다고 할 수 있다. 반면에, 헤겔이 『정신 현상학』의 '법=권리 상태'라는 절에서, 실질적으로 소유권 이데올로기를 언급하고 있는 점, 또한 '교양과 그 현실의 나라' 절에서는 앙시앙레짐 시기의 '국가권력'과 '재부'가 구조적으로 분리되는 것을 묘사하고 있는 점, 더 나아가 초기 마르크스가 이들에 주목했던 흔적이 있는 점에 대해 언젠가 저자의 견해를 들어보고 싶다.(『도쿄심분図書新聞』 3617호, 2023년 12월 2일 전재)

아카시 히데토(코마자와대학 경제학부 교수)

옮긴이의 말

국가주의를 넘어선 어소시에이션의 정치를 위하여

이 책은 스미다 소이치로(隅田聡一郎, 1986~)의『국가에 대항한 마르크스: 정치의 타율성에 관하여』(『國家に抗するマルクス: 政治の他律性について』, 堀之內出版, 2023)를 완역한 것이다. 원서는 저자가 2018년 히토츠바시대학에 제출한 박사학위 논문인「자본주의의 정치적 형태-마르크스의 유물론적 국가론」(「資本主義の政治的形態-マルクスの唯物論的國家論」)에 저자가 이후 출판한 다른 논문들의 내용도 포함하여 대폭 수정·보완한 것이다. 이 책은 제목과 목차만 봐도 알 수 있듯이 마르크스주의 국가론 연구 최신의, 최첨단의 역작이며,「추천의 글」에서 아카시 히데토(明石英人) 교수가 말한 대로 "마르크스 국가론 연구의 최고봉"이다.

옮긴이 중 정성진은 2015년 도쿄에서 열린 MEGA 학술대회에서 저자를 처음 만나 교류를 이어가던 중 2023년 6월 저자의 첫 단행본인 본서가 출판된 것을 알고 바로 입수해서 읽고 번역에 착수했다. 사실 옮긴이는 저자의 이전 다른 논문들로부터 많은 것을 배우고 있었기에, 저자의 단행본 출간을 기다리고 있었는데, 이 책은 기대를 훨씬 뛰어넘었다. 무엇보다 이 책은 포스트자본주의, 코뮤니즘으로의 이행은 국가주의가 아니라, '국가에 대한 대항', 나아가 '국가의 어소시에이션으로의 흡수'를 통해서만 가능하다는 테제를 마르크스의 '폴리티칼 이코노미 비판'의 방법론(저자는 이를 물상화 및 사회적 형태 분석을 중심으로 재구성한다)에 기초한 '신MEGA'(새로운 마르크스 엥겔스 전집) 텍스트 해석과 마르크스 이후 21세기 최근에 이르기까지 마르크스주의 국

393

가론 논쟁사와의 비판적 대결을 통해 훌륭하게 논증했다. '정치의 타율성'이라는 이 책의 부제에서 시사되는 어소시에이션 대안 역시, 최근 옮긴이도 마르크스의 포스트자본주의 대안으로 역설해온 바이지만, '정치의 자율성'(알튀세르)과 정치중심주의, 국가집권주의, '사회국가' 환상이 특히 득세하고 있는 우리나라 진보진영에 대한 건강한 해독제가 될 수 있다고 생각하였다. 그동안 마르크스의 어소시에이션 대안은 주로 마르크스의 폴리티칼 이코노미 비판이라는 원리적 차원에서 경제적 측면을 중심으로, 또 마르크스의 텍스트 해석을 중심으로 높은 추상 수준에서 논의되었다. 하지만 저자는 이 책에서 자본주의에서 물상화와 국가 형태 비판 방법에 의거하여 마르크스의 미완성 프로젝트였던 '정치학 비판'을 결정적으로 진전시키고, 이에서 너 나아가 포스트자본주의 대안으로서 어소시에이션의 정치적 형태와 제도를 구체적으로 전개한다. 이는 마르크스주의 정치학 및 대안 사회 연구에서 획기적인 독창적 기여이다. 저자는 이 책의 결론으로 '아나키스트 코뮤니즘'과 '의회 외부 직접민주주의', '어셈블리 코뮤니즘' 대안을 제시하고, 기존 좌파들의 의회주의, 국가집권주의, '사회국가' 접근과의 비판적 접점('급진적 개량주의')을 탐색하는데, 이는 21세기 포스트자본주의 실천 전략에 대한 참신하고 귀중한 제안이다. 또 이 책을 통해 21세기 들어서 구미와 일본에서 마르크스주의 국가론 연구가 새롭고 다양하게 발전하고 있음을 알 수 있는데, 이는 1991년 소련 붕괴 이후 우리나라에서 마르크스주의 국가론 연구가 아예 폐기·망각된 것과 극명하게 대조된다. 우리나라에서 특히 극심한 정치중심주의와 국가집권주의, '사회의 국가로의 흡수', '정치계급'(혹은 '국가계급')

의 새로운 지배계급으로의 대두, 이에 따른 좌파 정치 일반의 주 변화는 역설적이게도 좌파 자신이 마르크스주의 국가론을 폐기·망각한 것과 무관치 않다. 이 책은 마르크스주의 국가론에 대한 관심을 환기함으로써 고사 직전의 우리나라 마르크스주의 정치 의 재출발에도 기여할 수 있을 것이다.

이 책의 저자 스미다 교수는 1986년생으로 도쿄대학 법학 부정치학과를 졸업하고, 2018년 히토츠바시대학 사회학연구 과에서 박사학위를 취득했다(지도교수: 타이라코 토모나가平子友長). 2012년 이후 '일본 MEGA 편집위원회' 편집위원으로 참여하고 있으며, 2020-21년 독일의 올덴부르크대학과 베를린-브란덴부르크 과학아카데미의 객원연구원으로 가 있다가, 2022년부터 오사카경제대학 경제학과 전임강사로 재직하고 있다. 저자는 2016년 비판적 마르크스주의 경제학파인 '구루마-오타니(久留間-大谷) 학파'의 차세대 마르크스 연구자 조직인 '마르크스연구 회'의 창립을 주도했다. 저자 외에 이 연구회의 핵심 멤버는 아카시 히데토, 사사키 류지(佐々木隆治), 사이토 고헤이(斎藤幸平) 교수 등인데, 옮긴이 중 정성진은 이들 중 사사키 교수의 책『한 권으로 읽는 마르크스와 자본론』(산지니, 2020)과 사이토 교수의 책『제로에서 시작하는 자본론』(Arte, 2024)을 번역 소개한 바 있다.

옮긴이 중 서성광이 저자를 처음 만난 것은 2019년 이 '마르크스연구회'에서였다. 그의 젊음도 한 몫했겠지만, 저자에게 는 다른 마르크스주의자 또는 마르크스경제학자와는 다른 특 유의 유쾌함이 돋보였다. 하지만 그런 쾌활함 뒤에 국가론이라 는 무거운 주제에 대한 연구를 하고 있음을 나중에 알게 되었다. 그의 연구에서는 그의 면모와는 다른 진지함과 예리함이 묻어나온다. 저자는 2019년 5월과 2023년 9월 서울에서 열린 경상국립대 SSK 연구단 주최 학술대회에서 발표를 한 적이 있다. 앞으로도 저자가 한국에서 발표를 할 때, 저자 특유의 유쾌함과 진지함을 독자들도 느낄 수 있기를 바란다.

저자가 스스로에게 자문했듯이, 국가 분석 및 비판은 어떤 이유에서 필요한 것이었을까? 저자가 서문에서 푸코를 인용했듯이, 마르크스는 자본주의의 모순에 직면했을 때 즉각적인 사회고발에 참여하는 것이 아닌, 생산의 분석이라는 심층으로 파고 들어갔다. 이는 저자에게도 마찬가지이며, 그의 국가 비판은 단순한 사회고발이나 일반적 설명에 그치는 것이 아닌, 자본주의적 생산양식과 '사본의 국가'에 대한 분석 및 비판의 심층으로 파고들어 가는 통로였던 것이다. 때문에 자본주의 비판을 기초로 『국가에 대항하는 마르크스』라는 제목의 책이 탄생하게 되었으며, 이는 이 책의 가장 핵심적인 키워드다.

이 책의 두 번째 키워드는 물론 책의 부제인 '정치의 타율성'일 것이다. 저자에 따르면, 전통적 마르크스주의는 국가론 및 경제적 형태규정에 기초한 폴리티칼 이코노미 비판이 결여된 채, 자본주의와 독립된 국가라는 존재를 상정하는 '정치의 자율성'론에 매몰되어 있었다. '정치의 타율성'은 이러한 '정치의 자율성'에 맞서는 저자의 핵심 개념이다. '정치의 타율성'을 강조함으로써 우리는 국가가 가진 한계점을 크게 두 가지로 요약할 수 있다. 첫째, 이론적 측면에서 현대의 국가(형태)가 자본주의적 생산양식과는 독립적으로 존재할 수 없다는 점, 둘째, 실천적 측면에서 정치적 형태규정에 기초한 국가의 재정정책이 경제적 형태규정에 기초한 자본주의의 상품생산에 개입하는 것은 제한적이라는 점이다. 즉, 저자는 '정치의 타율성'론을 통해, 국가는 폴리티칼 이코노미 비판의 분석 대상이며 동시에 경제적 원리를 기초로 타율적으로 형성되고 운영되는 '형태'임을 강조한다.

하지만 이때 역으로 두 가지 의문이 발생할 수 있다. 첫째, '정치의 타율성'에 대한 강조가 경제적 원리에 기초한 경제결정론 및 경제환원주의로 빠지는 점이다. 둘째, 국가의 형성 및 그 형태에 대한 분석을 위한 '정치의 타율성'이 사회구조의 변혁을 원하는 우리들의 실천적 자율성을 제한한다는 점이다. 첫째 문제에 대해서 저자도 이를 의식한 듯, '정치와 경제의 분리 및 결합'을 강조하며, 상품경제 영역과 정치영역 사이에서 전자가 후자를 기초 지으면서도, 후자가 전자를 보완하는 둘의 긴장관계를 그려내, 경제결정론으로부터 거리를 두었다. 둘째 문제에 대해서는 타율적 영역인 정치 문제로 우회하는 것이 아닌, 폴리티칼 이코노미 비판과 어소시에이션을 통해서 경제 문제로 직접 침투하며, 사회변혁을 위한 우리들의 실천적 '자율성'이 가진 가능성을 도출해냈다.

이러한 과정을 통해, 저자는 국가 '도출논쟁'의 형태 분석이 지니는 특유의 '추상적인 이론 중심주의'에서 벗어나, 이론과 역사의 대화를 시도하며, 마침내 '자본의 국가'를 넘어서는 담론을 생성해내고 있다. 이는 저자도 인식하고 있겠지만, 이론과 역사, 실천 사이의 적극적 대화라고도 볼 수 있을 것이다.

이 책은 2부 구성으로 이루어져 있으며, 1부에서는 마르크스의 국가 비판을 정리하고 기존 연구들을 비교·검토한다. 서장에서는 마르크스의 자본주의 비판과 국가 비판이 긴밀하게 연결되어 있음을 강조하며, 푸코의 권력 분석을 통해 국가가 권력의 복잡한 네트워크 내의 한 지점에 불과함을 주장한다. 이는 현대 자본주의에서 국가의 역할을 재확인하며, 국가 비판이 자본주의 비판의 핵심임을 강조한다.

1장에서는 1970년대 마르크스주의 국가론 논쟁을 통해, 국가에 대한 마르크스의 이론이 『자본론』의 폴리티칼 이코노미 비판의 연장으로 이해되어야 함을 논의한다. 또한 서독의 '국가도출논쟁'과 그 배경을 설명하며, 국가가 자본주의 사회에서 어떻게 정의되고, 사회주의로의 이행 가능성과 어떻게 연결되는지 탐구한다.

2장에서는 초기 마르크스의 정치학 비판을 통해 근대 국가와 부르주아 사회의 '이원주의'를 다루며, 국가의 다양한 형태와 부르주아 사회와의 관계를 분석한다. 또한 마르크스는 국가와 정치 형태의 변화가 자본주의 사회의 경제적 구조와 밀접하게 연결되어 있음을 강조한다.

3장은 마르크스의 폴리티칼 이코노미 비판을 통해 자본주의 사회의 국가와 정치 형태를 분석하고, 자본주의 내에서 경제적 형태뿐만 아니라 정치적 형태의 중요성을 강조한다. 이는 무산국가인 자본주의 국가가 어떻게 경제적 형태에 의해 형성되고 제한되는지를 설명한다.

4장에서는 자본주의 사회의 국가와 법의 형태 및 그 이데올로기에 대한 마르크스와 파슈카니스의 분석을 다룬다. 이는 자본주의 사회에서 법과 국가가 어떻게 계급 지배를 유지하고 재생산하는지에 대한 깊은 이해를 제공한다.

2부에서는 1부에서 분석된 국가론을 배경으로 '자본의 국가'를 넘어서기 위한 구체적인 현상분석 및 포스트자본주의론을 탐구한다.

5장은 마르크스주의 국가론과 관련된 핵심적인 논쟁들과 다양한 학자들의 기여를 다루며, 국가의 역사적 발전과 '국가의 역사사회학'적 이해에 대한 중요성을 강조한다. 이는 국가론의 현재와 미래에 대한 이해를 심화시키고, 복잡한 이론적 논쟁들을 분석하는 것이다.

6장에서는 '사회국가'의 가능성과 한계를 탐구하며, 계급투쟁과 권력관계가 어떻게 국가의 사회정책에 반영되는지를 다룬다. 이는 자본주의 국가의 구조적 모순과 사회국가의 정치적 정당성에 대한 이해를 증진시킨다.

7장은 자본주의 세계화가 국가의 역할 변화를 초래하고, 제국주의가 경제적·정치적 지배를 통해 국가의 권력을 확장하는 정책 체계로 이해되는 방식을 설명한다. 이는 국가 간의 경쟁과 협력이 글로벌 질서 형성에 중요한 역할을 한다고 강조하는 것이다.

8장에서는 자본주의와 민주주의의 관계를 다루며, 현대 자본주의 국가들의 정치적 형태와 그 한계에 대해 탐구한다. 동시에 민주주의의 원리를 재검토하고, 실질적인 사회주의적 민주주의를 구현하는 것을 목표로 한다.

결론에서는 마르크스가 상상한 어소시에이션에 기초한 국가 없는 공산주의 사회 ('아나키스트 코뮤니즘')의 가능성을 탐구하며, 자본주의를 대체할 수 있는 다양한 자율적인 집단적 자기결정('어셈블리 코뮤니즘')을 통한 사회 변혁을 지향하는 마르크스주의의 비전을 제시한다.

이 책의 번역은 2023년 여름 원서 출간 직후 정성진이 기획했지만, 실제로는 2024년 초 서성광이 공역자로 참여하면서 시작되었다. 원서의 전반부(서장과 1부)와 「추천의 글」은 서성광이, 후반부(2부 및 결론)와 「한국어판 서문」은 정성진이 번역했다. 하지만 번역문 원고를 서로 돌려 읽고 수정했으므로 번역에 대한 책임은 공동으로 진다. 번역 관련한 저자 및 출판사와의 교신은 서성광이 담당했다. 이 책을 위해 한국어판 서문을 새로 집필하고, 원문 관련 문의에 신속하게 회신해 도움을 준 스미다 교수와 원서에 대한 서평을 한국어판 추천사로 전재할 수 있도록 허락해준 아카시 교수에게 감사드린다. 끝으로 이 책의 번역 출간 제안을 흔쾌히 받아준 산지니의 강수걸 대표와 번역 출간 계약을 위해 애쓰신 이소영 편집자, 번역 원고를 훌륭하게 편집하고 교정해준 이혜정 편집자께 감사드린다. 아무쪼록 이 책이 그동안 우리나라에서는 소멸한 것으로 간주되어온, 혹은 국가집권주의의 좌파적 버전으로 오해되어 온 마르크스의 국가론에 대한 관심을 촉발하고, 이를 통해 정치중심주의를 넘어선 어소시에이션의 정치가 이 땅에도 뿌리내리는 계기가 되기를 기대한다.

2024년 4월 15일
정성진, 서성광

참고문헌

외국어문헌

Abendroth, W.(1954), »Zum Begriff des demokratischen und sozialen: Rechtsstaates im Grundgesetz der Bundesrepublik Deutschland«, in: *Rechtsstaatlichkeit und Sozialstaatlichkeit*, Darmstadt.

Abensour, M.(2012), *La Democratie contre l'Etat: Marx et le moment machiavelien*, Editions du Félin, Paris.(松葉類・山下雄大 訳『国家に抗するデモクラシー——マルクスとマキァヴェリアン・モーメント』法政大学出版局、2019年)

Adler, M.(1922), *Die Staatsauffassung des Marxismus: Ein Beitrag zur Unterscheidung von soziologischer und juristischer Methode*, Wiener Volksbuchh, Wien.(山本琴 訳『マルキシズム国家観』改造図書出版販売、1977 年)

—— (1926), *Politische oder soziale Demokratie: Ein Beitrag zur sozialistischen Erziehung*, E. Laub, Berlin.(小山博也 訳『政治的デモクラシーか社会的デモクラシーか』同時代社、2013 年)

Adorno, T.(1965), »Gesellschaft«, in: *Gesammelte Schriften*, 13d.8, Suhrkamp, Frankfurt/M.

—— (1968), *Einleitung in die Soziologie*, Suhrkamp, Frankfurt/M.(河原理ほか 訳『社会学講義』作品社、2001 年)

—— (1990), »Beitrag zur Ideologienlehre«, in: *Gesammelte Schriften*, Band 8, Suhrkamp, Frankfurt/M.

—— (2008), *Philosophische Elemente einer Theorie der Gesellschaft*, Suhrkamp, Frankfurt/M.

Agnoli, J.(1990), *Die Transformation der Demokratie und andere Schriften zur Kritik der Politik*, ça-ira-Verlag, Freiburg.

—— (1995), *Der Staat des Kapitals: und weitere Schriften zur Kritik der Politik*, ça-ira-Verlag, Freiburg.

—— (1997), *Faschismus ohne Revision*, ça-ira-Verlag, Freiburg.

—— (2003), »Die Verhärtung der politischen Form: Das Kapital und die Zukunft des Faschismus am Ende der liberaldemokratischen Epoche«, in: Grigat, S., ed., *Transformation des Postnazismus*, ça-ira-Verlag, Freiburg.

—— (2019), *Staat und Kapital: Theorie, Kritik und Alternativen. Eine*

Einfuhrung, Schmetterling Verlag, Freiburg.

Althusser, L.(1994), *Ecrits philosophiques et politiques Tome I*, Éditiuns Stock, Paris.(市田良彦・福井和美 訳 『哲学・政治著作集 1』 藤原書店、 1999 年)

── (1965), *Pour Marx*, La Découverte, Paris.(河野健二ほか 訳 『マルクスの ために』 平凡社ライブラリー、1994 年)

── (1995), *Sur la Reproduction*, PUF, Paris.(西川長夫ほか 訳 『再生産につい て──イデオロギーと国家のイデオロギー諸装置(上・下)』 平凡社ライブラリ ー、2010 年)

Althusser, L. et al.(1965), *Lire le Capital*, Éditions François Maspero, Paris. (今村仁司 訳 『資本論を読む(上・中・下)』 ちくま学芸文庫、1996 年)

Altvater, E.(1969), *Die Weltwahrungskrise*, Europäische Verlagsanstalt, Hamburg.(鈴木清之輔・林倬史 訳 『世界通貨危機』 亜紀書房、1982 年)

── (1972), »Zu einigen Problemen des Staatsinterventionismus«, in: *PROBLEME des Klassenkampfs*, 3, S. 1-55.

Altvater, E., Neusüss, C., Blanke, B.(1971), »Kapitalistischer Weltmarkt und Weltwährungskrise«, in:*PROBLEME des Klassenkampfs*, 1.(野口祐 監 訳 『通貨危機の経済学』 亜紀書房、1979 年)

Altvater, E., Kallscheuer, O.(1979), »Socialist politics and the crisis of Marxism«, in:*Socialist Register*, 16.

Anderson, K.(2010), *Marx at the margins: on nationalism, ethnicity, and non-Western societies*, The University of Chicago Press, Chicago.(平 子友長 監訳 『周縁のマルクス』 社会評論社、2015 年)

Anderson, P.(1974), *Lineages of the Absolutist State*, New Left Books, London.

── (1976), *Considerations on Western Marxism*, Verso, London.(中野実 訳 『西欧マルクス主義』 新評論、1979 年)

── (2017), *The Antinomies of Antonio Gramsci*, Verso, London.

Aristotle(1977), *Politics*, The Loeb Classical Library, Cambridge.(山本光雄 訳 『アリストテレス全集』 岩波書店、1988 年、所収)

Arndt, A.(2011), *Karl Marx: Versuch uber den Zusammenhang seiner Theorie*, Akademie-Verlag, Berlin.

── (2014), »„...unbedingt das letzte Wort aller Philosophie" Marx und die hegelsche Dialektik«, in: *Karl Marx: Perspektiven der Gesellschaftskritik*, De Gruyter, München.

Avant, D.(2005), *The Market for Force: The Consequences of Privatizing Security*, Cambridge University Press, Cambridge.

Avineri, S.(1968), *The Social & Political Thought of Karl Marx*, Cambridge University Press, Cambridge.(中村恒矩 訳『終末論と弁証法―マルクスの社会・政治思想』法政大学出版局、1984 年)

Backhaus, H-G.(1997), *Dialektik der Wertform: Untersuchungen zur Marxschen Okonomiekritik*, Ça-ira-Verlag, Freiburg.

Badie, B., Birnbaum, P.(1979), *Sociologie de l'Etat*, Grasset, Paris.(小山勉・中野裕二 訳『国家の歴史社会学〈再定訳版〉』吉田書店、2015 年)

Balibar, E.(1976), *Sur la Dictature du Proletariat*, François Maspero, Paris.

―― (1997), *La Crainte des masses: Politique et philosophie avant et apres Marx*, Galilée, Paris.

―― (2008), »Racism Revisited: Sources, Relevance, and Aporias of a Modern Concept«, in:*PMLA*, Vol. 123, No. 5.(佐藤嘉幸 訳「レイシズムの構築」鵜飼哲ほか 著『レイシズム・スタディーズ序説』以文社、2012 年)

Balibar, E., Wallerstein, I.(1991), *Race, Nation, Class*, Verso, London.(若森章孝ほか 訳『人種・国民・階級』唯学書房、2014 年)

Baran, P. Sweezy, P.(1966), *Monopoly capital: an essay on the American economic and social order*, Monthly Review Press, New York.(小原敬士 訳『独占資本―アメリカの経済・社会秩序にかんする試論』岩波書店、1967 年)

Barker, C.(1998), *Industrialism, Capitalism, Value, Force and States: Some Theoretical Remarks, Anglo-Bulgarian Comparative History Seminar*, Wolverhampton University.

Bartelson, J.(2001), *The Critique of the state*, Cambridge University Press, Cambridge.(小田川大典ほか 訳『国家論のクリティーク』岩波書店、2006 年)

Basso, L.(2015), *Marx and the common: from capital to the late writings*, Brill, Leiden and Boston.

Bauer, O.(1936), *Zwischen zwei Weltkriegen?: Die Krise der Weltwirtschaft, der Demokratie und des Sozialismus*, Eugen Prager-Verlag, Bratislava.(酒井晨史 訳『二つの大戦のはざまで』早稲田大学出版部、1995 年)

Benner, E.(1995), *Really Existing Nationalisms*, Clarendon Press, Oxford.

Best, B., Bonefeld, B., O'Kane, C.(2018), *The SAGE Handbook of Frankfurt*

School Critical Theory, SAGE Publications, London.

Blanke, B.(1969), »Thesen zur Faschismus-Discussion«, in: *Sozialistische Politik*, 3.

—— (1975), »Der deutsche Faschismus als Doppelstaat«, in: *Kritische Justiz*, Vol. 8, No. 3.

Blanke, B., Jürgens, U., Kastendiek, H.(1974), »Zur neueren marxistischen Diskussion über die Analyse von Form und Funktion des bürgerlichen Staates: Überlegungen zum Verhältnis von Politik und Ökonomie«, in: *Probleme des Klassenkampfs*, 14/15, S.51-104.

—— (1975), »Das Verhältnis von Politik und Okonomie als Ansatzpunkt einer materialistischen Analyse des biirgerlichen Staates«, in: *Kritik der politischen Wissenschaft: Analysen von Politik und Okonomie in der burgerlichen Gesellschaft*, 2 Bde., Campus, Frankfurt/M.

Blaschke, J., Hg.(1983), *Perspektiven des Weltsystems: Materialien zu Immanuel Wallerstein, "Das moderne Weltsystem"*, Campus, Frankfurt/M., S. 80-111.

Bloch, M.(1939, 1940), *La societe feodale: I. La formation des liens de dependance, & II. Les classes et le gouvernement des hommes*, Albin Michel, Paris.(新村猛・大高順雄 訳『封建社会(1・2)』みすず書房、1973・1977 年)

Blumenfeld, J., Bottici, C., Critchley, S.(2013), *The Anarchist Turn*, Pluto Press, London.

Bonefeld, W.(2017), *The Strong State and the Free Economy*, Rowman & Littlefield International, London.

Bonefeld, W., Gunn, R., Psychopedis, K.(1992a), *Open Marxism*, Vol. 1, Pluto Press, London.

—— (1992b), *Open Marxism*, Vol. 2, Pluto Press, London.

—— (1995), *Open Marxism*, Vol. 3, Pluto Press, London.

Brand, U., Görg, C., Wissen, W.(2007), »Verdichtungen zweiter Ordnung: Die Internationalisierung des Staates aus einer neopoulantzianischen Perspektive«, in: *PROKLA*, 147, Vol. 37, No. 2.

Braunmühl, C.(1973), »Weltmarktbewegung des Kapitals, Imperialismus und Staat«, in: *Probleme einer materialistische Staatstheorie*, Suhrkamp, Frankfurt/M.(田口富久治ほか 訳『資本と国家』御茶の水書房、1983 年、所収)

—— (1974), »Kapitalakkumulation im Weltmarktzusammenhang: Zum methodischen Ansatz einer Analyse des bürgerlichen Nationalstaats«, in: *Gesellschaft. Beitrage zur Marxschen Theorie*, 1, Suhrkamp, Frankfurt/M., S. 30–51.

—— (1976), »Die nationalstaatliche Organisiertheit der bürgerlichen Gesellschaft: Ansatz zu einer historischen und systematischen Untersuchung«, in: *Gesellschaft: Beitrage zur Marxschen Theorie*, 8/9, Suhrkamp, Frankfurt/M., S. 273–334.

Braverman, H.(1974), *Labor and Monopoly Capital: The Degradation of work in the Twentieth Century*, Monthly Review, New York.(富沢賢治 訳『労働と独占資本— 20 世紀における労働の衰退』岩波書店、1978年)

Bremmer, I.(2010), *The End of the Free Market: Who Wins the War Between States and Corporations?*, Portfolio, New York.(有賀裕子 訳『自由主義の終焉—国家資本主義とどう闘うか』日本経済新聞出版社、2011年)

Brenner, R.(1972), »The Social Basis of English Commercial Expansion, 1550–1650«, in: *The journal of economic history*, No. 1, Cambridge University Press, Cambridge, pp. 361–384.

—— (1977), »The Origins of Capitalist Development: a critique of Neo-Smithian Marxism«, in: *New Left Review*, No. 104, pp.25–92.

—— (1985), »The Agrarian Roots of European Capitalism«, in: Aston, T. H., Philpin, C. H. E., eds., *The Brenner Debate*, Cambridge University Press, Cambridge.(長原豊 監訳『所有と進歩—ブレナー論争』日本経済評論社、2013年、所収)

—— (2006), »What is, and what is not, imperialism?«, in: *Historical Materialism*, Vol. 14, Brill, Leiden, pp. 79–106.

—— (2007), »Property and Progress: Where Adam Smith Went Wrong«, in: Wickham, C., ed., *Marxist History-Writing for the Twenty-first Century*, Oxford University Press, Oxford(長原豊 監訳『所有と進歩—ブレナー論争』日本経済評論社、2013年、所収)

Brentel, H.(1989), *Soziale Form und okonomisches Objekt: Studien zum Gegenstands- und Methodenverstandnis der Kritik der politischen Okonomie*, Westdeutscher Verlag, Opladen.

Brewer, J.(1989), *The Sinews of Power: War, Money, and the English State,*

1688-1783, Routledge, London.(大久保桂子 訳『財政＝軍事国家の衝撃—戦争・カネ・イギリス国家 1688-1783』名古屋大学出版会、2003 年)

Brown, H.(2013), *Marx on Gender and the Family: A Critical Study*, Haymarket Books, Chicago.

Brubaker, R.(1998), *Citizenship and nationhood in France and Germany*, Harvard University Press, Cambridge.(佐藤成基・佐々木てる 監訳『フランスとドイツの国籍とネーション—国籍形成の比較歴史社会学』明石書店、2005 年)

Brunner, O.(1968), *Neue Wege: Der Verfassungs und Sozialgeschichte*, Vandenhoeck und Ruprecht, Göttingen.(石井紫郎ほか訳『ヨーロッパ—その歴史と精神』岩波書店、1974 年)

Buckel, S.(2007), *Subjektivierung und Kohasion: Zur Rekonstruktion einer materialistischen Theorie des Rechts*, Velbrück Wissenschaft, Weilerswist.

Buckel, S., Kannankulam, J.(2018), »Von der Staatsableitung zur Formanalyse: Zur formanalytischen Begründung des Staates bei Joachim Hirsch-und der Notwendigkeit einer rechtsformanalytischen Erweiterung«, in: Ulrich, B., Christoph, G., Hg., *Zur Aktualitat Der Staatsform: Die Materialistische Staatstheorie Von Joachim Hirsch*, Nomos, Baden-Baden.

Carchedi, G., Roberts, M.(2022), *Capitalism in the 21st Century*, Pluto Press, London.

Carver, T.(1983), *Marx and Engels: The Intellectual Relationship*, Wheatsheaf, Brighton.(内田弘 訳『マルクスとエンゲルスの知的関係』世界書院、1995 年)

Castel, R.(1995), *Les metamorphoses de la question sociale: une chronique du salariat*, Fayard, Paris.(前川真行 訳『社会問題の変容—賃金労働の年代記』ナカニシヤ出版、2012 年)

Castoriadis, C.(1957=1979), *Sur le contenu du socialisme II*, Union Générale d'Éditions, Paris.(江口幹 訳『社会主義か野蛮か』法政大学出版局、1990 年)

Cedillo, R. S.(2023), *Dieser Krieg endet nicht in der Ukraine: Argumente für einen konstituierenden Frieden*, transversal texts, available at: https://transversal.at/books/dieser-krieg-endet-nicht-in-der-ukraine

Chattopadhyay, P.(1994), *The Marxian Concept of Capital and the Soviet*

Experience: Essay in the Critique of Political Economy, Praeger, London.(大谷禎之介ほか 訳『ソ連国家資本主義論―マルクス理論とソ連の経験』大月書店、1999 年)

Cogoy, M.(1973), »Werttheorie und Staatsausgaben«, in: *Probleme einer materialistische Staatstheorie*, Suhrkamp, Frankfurt/M(田口富久治ほか 訳『資本と国家―唯物論的国家論の諸問題』御茶の水書房、1983 年、所収)

Comninel, G.(1987), *Rethinking the French Revolution: Marxism and the Revisionist Challenge*, Verso, London.

Cox, R.(1987), *Production, Power, and World Order: Social Forces in the Making of History*, Columbia University Press, New York.

Crouch, C., Streeck, W., eds.(1997), *Political Economy of Modern Capitalism: Mapping Convergence and Diversity*, SAGE publications, London.(山田鋭夫 訳『現代の資本主義制度―グローバリズムと多様性』NTT 出版、2001 年)

Deleuze, G., Guattari, F.(1980), *Mille Plateaux: Capitalisme et schizophrenie*, Éditions de Minuit, Paris.(宇野邦一ほか訳『千のプラトー――資本主義と分裂症』河出書房新社、1994 年)

Demirović, A.(1997), *Demokratie und Herrschaft: Aspekte kritischer Gesellschaftstheorie*, Westfälisches Dampfboot, Münster.(仲正昌樹ほか 訳『民主主義と支配』御茶の水書房、2000 年)

―― (1999), *Der nonkonformistische Intellektuelle: Die Entwicklung der Kritischen Theorie zur Frankfurter Schule*, Suhrkamp, Frankfurt/M.(仲正昌樹 監訳『非体制順応的知識人』御茶の水書房、2009-2011 年)

Doyle, W.(2001), *The Ancien Regime: Studies in European History*, Palgrave, London.(福井憲彦 訳『アンシャン・レジーム (ヨーロッパ史入門)』岩波書店、2004 年)

Draper, H.(1978), *Karl Marx's Theory of Revolution, Vol. 2: The Politics of Social Classes*, Monthly Review Press, New York.

―― (1990), *Karl Marx's Theory of Revolution, Vol. 4: Critique of Other Socialisms*, Monthly Review Press, New York.

Dunayevskaya, R.(1958), *Marxism and Freedom: From 1776 Until Today*, Bookman Associates, New York.

Eagleton, T.(1994), *Ideology*, Routledge, London.

Ebbinghausen, R., Winkelmann, R.(1974), »Zur aktuellen politischen

Bedeutung der Theorie des staatsmonopolistischen Kapitalismus und zum Stellenwert einer Kritik ihrer Marx-Rezeption«, in: *Monopol und Staat: Zur Marx-Rezeption in der Theorie des staatsmonopolistischen Kapitalismus*, Suhrkamp, Frankfurt/M., S. 9-42.

Egger, L.(2019) »Ideologietheorie und Ideologiekritik als Grundlagen einer kritischen Rassismustheorie«, in: *Austrian Journal of Political Science*, Bd. 48, Nr. 3.

Eich S.(2022), *The currency of Politics: The Political Theory of Money from Aristotle to Keynes*, Princeton University Press, Princeton.

Elbe, I.(2008), »Rechtsform und Produktionsverhältnisse: Anmerkungen zu einem blinden Fleck in der Gesellschaftstheorie von Nicos Poulantzas«, in: Lindner, U., Nowak, J., Paust-Lassen, P., Hg. *Philosophieren unter anderen: Beitrage zum Palaver der Menschheit*, Westfälisches Dampfboot, Münster.

——— (2010), *Marx im Westen: Die neue Marx-Lekture in der Bundesrepublik seit 1965*, Akademie Verlag, Berlin.

Elias, N.(1976), *Uber den Prozeß der Zivilisation: Soziogenetische und psychogenetische Untersuchungen*, Suhrkamp, Frankfurt/M(赤井慧爾ほか 訳『文明化の過程〈改装版〉(上・下)』法政大学出版局、2010 年)

——— (1983), *Die hofische Gesellschaft*, Suhrkamp, Frankfurt/M.(波田節夫・中埜芳之・吉田正勝 訳『宮廷社会』法政大学出版局、1981 年)

Esping-Andersen, G.(1985), *Politics against Markets: the Social Democratic Road to Power*, Princeton University Press, Princeton.

——— (1990), *The Three Worlds of Welfare Capitalism*, Polity Press, Cambridge.(岡沢憲芙・宮本太郎 監訳『福祉資本主義の三つの世界—比較福祉国家の理論と動態』ミネルヴァ書房、2001 年)

Esping-Andersen, G., Friedland, R., Wright, E. O.(1976), »Modes of Class Struggle and the Capitalist State«, in: *Kapitalistate*, 4-5, pp. 186-220.

Esser, J.(1975), *Einfuhrung in die materialistische Staatsanalyse*, Campus, Frankfurt/M.

Fisahn, A.(2016), *Die Staat des Kadmos: Staat, Demokratie und Kapitalismus*, Westfälisches Dampfboot, Münster.

Flatow, S., Huisken, F.(1973), »Zum Problem der Ableitung des bürgerlichen Staates: Die Oberfläche der bürgerlichen Gesellschaft, der Staat und die allgemeinen Produktionsbedingungen«, in: *Probleme des Klassenkampfs*, Bd. 3, Nr. 7, S. 83-153.

Forgacs, D., ed.(1988), *A Gramsci reader*, Lawrence and Wishart, London(東京グラムシ研究会 監訳『グラムシ・リーダー』御茶の水書房、1995 年)

Forsthoff, E., ed.(1968), *Rechtsstaatlichkeit und Sozialstaatlichkeit*, Wissenscheftliche Buchgesellschaft, Darmstadt.

Foucault, M.(1966), *Les mots et les choses: Une archeologie des sciences humaines*, Gallimard, Paris.(渡辺一民・佐々木明 訳『言葉と物—人文科学の考古学』新潮社、1974 年)

—— (1975), *Surveiller et punir: Naissance de la prison*, Gallimard, Paris. (田村俶 訳『監獄の誕生—監視と処罰』新潮社、1977 年)

—— (1976), *La volonte de savoir: Histoire de la sexualite I*, Gallimard, Paris(渡辺守章 訳『性の歴史 I　知への意志』新潮社、1986 年)

—— (1994), *Dits et ecrits, tome I-IV*, Gallimard, Paris.(蓮實重彦・渡辺守章 監修『ミシェル・フーコー思考集成(I〜X)』筑摩書房、2002 年)

—— (1997), ≪*Il faut defendre la societe*≫: *cours au College de France (1975-1976)*, Gallimard, Paris.(石田英敬・小野正嗣 訳『社会は防衛しなければならない—コレージュ・ド・フランス講義1975-1976』筑摩書房、2007 年)

—— (2004a), *Securite, Territoire, Population: cours au College de France, 1977-1978*, Gallimard, Paris(高桑和巳 訳『安全・領土・人口—コレージュ・ド・フランス講義1977-1978』筑摩書房、2007 年)

—— (2004b), *Naissance de la biopolitique: cours au College de France (1978-1979)*, Gallimard, Paris.(慎改康之 訳『生政治の誕生—コレージュ・ド・フランス講義1978-1979』筑摩書房、2008 年)

—(2013), *La societe punitive: cours au College de France (1972-1973)*, Gallimard, Paris(八幡恵一 訳『処罰社会—コレージュ・ド・フランス講義1972-1973年度』筑摩書房、2017 年)

Fraenkel, E.(1941), *The Dual State: A Contribution to the Theory of Dictatorship*, Oxford University Press, Oxford.(中道寿一訳『二重国家』ミネルヴァ書房、1994 年)

—— (2008), *Deutschland und die westlichen Demokratien*, Suhrkamp, Frankfurt/M.

Fraser, N.(1989), *Unruly Practices: Power, Discourse, and Gender in*

Contemporary Social Theory, University of Minnesota Press, Minneapolis.

Funken, K.(1973), »Überlegungen zu einer marxistischen Staatstheorie«, in: *Probleme einer materialistische Staatstheorie*, Suhrkamp, Frankfurt/M.(田口富久治ほか 訳『資本と国家―唯物論的国家論の諸問題』御茶の水書房、1983 年、所収)

Furet, F.(1978), *Penser la Revolution francaise*, Gallimard, Paris.(大津真作 訳『フランス革命を考える』岩波書店、1989 年)

―― (1986), *Marx et la Revolution francaise*, Flammarion, Paris.(今村仁司・今村真介 訳『マルクスとフランス革命』法政大学出版局、2008 年)

―― (1995), *Le Passe d'une illusion: Essai sur l'idee communiste au xxe siecle*, Robert Laffont et Calmann-Lévy, Paris.(楠瀬正浩 訳『幻想の過去― 20 世紀の全体主義』バジリコ、2007 年)

Gerstenberger, H.(1973), »Zur Theorie der historischen Konstitution des bürgerlichen Staates«, in: *PROKLA*, 8/9.

―― (1975), »Klassenantagonismus, Konkurrenz und Staatsfunktionen«, in: *Gesellschaft*, 3, Suhrkamp, Frankfurt/M.

―― (1977), »Zur Theorie des bürgerlichen Staates, der gegenwärtigen Stand der Debatte«, in: Brandes, V., et al., Hg., *Handbuch 5-Staat*, Europäische Verlagsanstalt, Frankfurt/M.

―― (1992), »The Bourgeois-State Form Revisited«, in: *Open Marxism*, Vol. 1, Pluto Press, London.

―― (1995), »La violence dans l'histoire de l'Etat, ou la puissance de définir«, in: *Lignes*, No. 25.

―― (1996), »Ancien Régime und Neue Welt. Elemente gesellschaftlicher und politischer Formation in Nordamerika vom 16. Bis zum 18. Jahrhundert«, in: Edelmayer, F., Hausberger, B., Weinzierl, M., Hg., *Die Beiden Amerikas: Die Neu Welt unter kolonialer Herrschaft*, Brandes & Apsel, Frankfurt/M., S. 81-95.

―― (2006), *Die subjektlose Gewalt: Theorie der Entstehung burgerlicher Staatsgewalt*, Westfälisches Dampfboot, Münster.

―― (2007), »Fixierung und Entgrenzung: Theoretische Annäherungen an die politische Form des Kapitalismus«, in: *PROKLA*, 147, S. 173-197. (隅田聡一郎 訳「固定化と脱境界化―資本主義の政治的形態に関する理論的考察」『現代思想』45巻 11号、青土社、2017 年)

—— (2009), »Der bürgerliche Staat: Zehn Thesen zur historischen Konstitution«, in: Rosa Luxemburg Initiative Bremen, Hg., *Staatsfragen: Einfuhrungen in die materialistische Staatskritik*, Rosa Luxemburg Initiative Bremen, Bremen.

—— (2011), »The Historical Constitution of the Political Forms of Capitalism«, in: *Antipode*, Vol. 43, No. 1, pp. 60–86.

—— (2017), *Markt und Gewalt: Die Funktionsweise des historischen Kapitalismus*, Westfälisches Dampfboot, Münster.

Giddens, A.(1985), *The Nation-State and Violence: Volume two of a contemporary critique of historical materialism*, Polity Press, Cambridge.(松尾精文・小幡正敏 訳『国民国家と暴力』而立書房、1999 年)

Gough, I.(1979), *The Political Economy of the Welfare State*, Macmillan, London.(小谷義次ほか 訳『福祉国家の経済学』大月書店、1992 年)

Gold, D. A., Lo, C. Y. H., Wright, E. O.(1975), »Recent Development in Marxist Theories of the State«, in: *Monthly Review*, 27(5).(清水裕 訳「マルクス主義資本主義国家論の新展開」『未来』No.115-7、1976 年)

Goldscheid, R.(1976), »Staat, öffentlicher Haushalt und Gesellschaft«, in: Hickel, R., Hg., *Die Finanzkrise des Steuerstaates: Beitrage zur politischen Okonomie der Staatsfinanzen*, Suhrkamp, Frankfurt/M.

Graßmann, T.(2018), »Karl Marx' Kritik des Steuerstaats«, in: *Fiskus-Verfassung-Freiheit*, Nomos, Baden-Baden.

—— (2022), *Der Eklat aller Widerspruche: Marx' Theorie und Studien der wiederkehrenden Wirtschaftskrisen*, De Gruyter, Berlin.

Grimmer, K.(1976), »Zur formalen und materialen Legitimationsbedürftigkeit des bürgerlich-kapitalistischen Staates«, in: Ebbinghausen, R., Hg., *Burgerlicher Staat und politische Legitimation*, Suhrkamp, Frankfurt/M.

Grossmann, H.(1970), *Das Akkumulations-und Zusammenbruchsgesetz Kapitalistischen Systems*, Neue Kritik, Frankfurt/M.(有澤廣巳・森谷克己 訳『資本の蓄積並に崩壊の理論』改造社、1932 年)

Habermas, J.(1962), *Strukturwandel der Offentlichkeit*, Suhrkamp, Frankfurt/M.(細谷貞雄・山田正行 訳『公共性の構造転換—市民社会の一カテゴリーについての探究』未來社、1994 年)

—— (1973), *Legitimationsprobleme im Spatkapitalismus*, Suhrkamp,

Frankfurt/M.(細谷貞雄 訳『晩期資本主義における正統化の諸問題』岩波現代選書、1979 年)

Hardt, M. (2023), *The Subversive Seventies*, London: Oxford University Press.

Hardt, M., Negri, A.(1994), *Labor of Dionysus: A Critique of the State-Form*, the University of Minnesota Press, Minneapolis.(長原豊・崎山政毅・酒井隆史 訳『ディオニソスの労働―国家形態をめぐる批評』人文書院、2008 年)

―― (2000), *Empire*, Harvard University Press, London.(水嶋一憲ほか 訳『〈帝国〉―グローバル化の世界秩序とマルチチュードの可能性』以文社、2003 年)

―― (2017), *Assembly*, Oxford University Press, Oxford.(水嶋一憲ほか 訳『アセンブリ―新たな民主主義の編成』岩波書店、2022 年)

Harms, A.(2000), *Warenform und Rechtsform: Zur Rechtstheorie von Eugen Paschukanis*, Nomos, Baden-Baden.

Harvey, D.(2003), *The New Imperialism*, Oxford University Press, Oxford.(本橋哲也 訳『ニュー・インペリアリズム』青木書店、2005 年)

―― (2005), *A Brief History of Neoliberalism*, Oxford University Press, Oxford.(森田成也ほか 訳『新自由主義―その歴史的展開と現在』作品社、2007 年)

Heater, D.(1999), *What is Citizenship?*, Polity Press, Cambridge.(田中俊郎・関根政美 訳『市民権とは何か』岩波書店、2002 年)

Hegel, G. W. F.(1970), »Grundlinien der Philosophie des Rechts oder Naturrecht und Staatswissenschaft im Grundrisse.(1821)«, in: *Werke*, Bd. 7, Suhrkamp, Frankfurt/M.(藤野渉・赤沢正敏 訳『法の哲学』中央公論新社、2001 年)

Heinrich, M.(1999), *Die Wissenschaft vom Wert: Die Marxsche Kritik der politischen Ökonomie zwischen wissenschaftlicher Revolution und klassischer Tradition*, Westfälisches Dampfboot, Münster.

―― (2004), *Kritik der politischen Ökonomie: Eine Einfuhrung*, Schmetterling, Stuttgart.(明石英人・佐々木隆治・斎藤幸平・隅田聡一郎 訳『『資本論』の新しい読み方』堀之内出版、2014 年)

―― (2010), »Imperialisumstheorie«, in: Schieder, S., Spindler, M., *Theorien der Internationalen Beziehungen*, UTB, Stuttgart.

Heller, H.(1963), »*Staatslehre*, Sijthoff, Leiden.(安世舟 訳『国家学』未來社、

1971 年)

Hickel, R.(1976), »Einteitung: Krisenprobleme des >verschuldeten Steuerstaats«, in: *Die Finanzkrise des Steuerstaates: Beitrage zur politischen Okonomie der Staatsfinanzen*, Suhrkamp, Frankfurt/M.

Hickel, R., Grauhan, R.(1978), »Krise des Steuerstaats?: Widersprüche, Perspektiven, Ausweichstrategien«, in: *Leviathan Sonderhefte*, Vol. 1.

Hennig, E.(1977), *Burgerliche Gesellschaft und Faschismus in Deutschland*, Suhrkamp, Frankfurt/M.

Hilton, R., Dobb, M., Sweezy, P., Takahashi, K., et al.(1976), *The Transition from Feudalism to Capitalism*, New Left Books, London.(大阪経済法科大学経済研究所 訳『封建制から資本主義への移行』拓殖書房、1982 年)

Hintze, O.(1962), »Weltgeschichtliche Bedingungen der Repräsentativverfassung«, in: *Staat und Verfassung*, Vandenhoeck & Du Precht.(成瀬治 訳『身分制議会の起源と発展』創文社、1975 年、所収)

Hirsch, J.(1973), »Elemente einer materialistische Staatstheorie«, in: *Probleme einer materialistische Staatstheorie*, Suhrkamp, Frankfurt/M.(田口富久治ほか 訳『資本と国家─唯物論的国家論の諸問題』御茶の水書房、1983 年)

—— (1974) »Zum Problem einer Ableitung der Form- und Funktionsbestimmung des bürgerlichen Staates. In: In: Ders. H. Reichelt E. Hennig u. a.(Hg.): Karl Marx/Friederich Engels-Staatstheorie. Materialien zur Rekonstruktion der marxistischen Staatstheorie, Ff/M. / Berlin/ Wien,

—— (1976) Bemerkungen zum theoretischen Ansatz einer Analyse des bürgerlichen Staates, in: *Gesellschaft: Beitrage zur Marxschen Theorie 8/9*, Suhrkamp Verlag, Frankfurt/M.

—— (1986), *Der Sicherheitsstaat: Das Modell Deutschland, seine Krise und die neuen sozialen Bewegungen*, Verlag: Frankfurt, EVA bei Athenäum.

—— (1990), *Kapitalismus ohne Alternative?: Materialistische Gesellschaftstheorie und Moglichkeiten einer sozialistischen Politik heute*, VSA, Hamburg.(木原滋哉・中村健吾 訳『資本主義にオルタナティブはないのか？─レギュラシオン理論と批判的社会理論』ミネルヴァ書房、1997 年)

── (1992), Regulation, Staat und Hegemonie«; in: Demirovic, A., et al., Hg., *Hegemonie und Staat: kapitalistische Regulation als Projekt und Prozess*, Westfälisches Dampfboot, Münster, S. 203-231.

── (1994), »Politische Form, politische Institutionen und Staat«, in: Esser, J., et al., Hg., *Politik, Institutionen und Staat: zur Kritik der Regulationstheorie*, VSA, Hamburg.

── (1995), *Der nationale Wettbewerbsstaat: Staat, Demokratie und Politik im globalen Kapitalismus*, ID-Verlag , Amsterdam and Berlin.(木原滋哉・中村健吾 訳『国民的競争国家─グローバル時代の国家とオルタナティブ』ミネルヴァ書房、1998 年)

── (1998), *Vom Sicherheitsstaat zum nationalen Wettbewerbsstaat: Gesellschaft, Staat und Politik im globalen Kapitalismus*, IDVerlag, Berlin.

── (2003), »Macht und Anti-Macht: Zu John Holloways Buch" Die Welt verändern, ohne die Macht zu übernehmen"«, in: *Das Argument*, 299, S. 34-40.

── (2005), *Materialistische Staatstheorie: Transformationsprozesse des kapitalistischen Staatensystems*, VSA, Hamburg(表弘一郎・木原滋哉・中村健吾 訳『国家・グローバル化・帝国主義』ミネルヴァ書房、2007 年)

Hirsch, J., Kannankulam, J.(2006), »Poulantzas und Formanalyse. Zum Verhältnis zweier Ansätze materialistischer Staatstheorie«, in: Bretthauer, L., et al., Hg., *Poulantzas lesen: Zur Aktualitat marxistischer Staatstheorie*, VSA, Hamburg.

── (2011), »The spaces of capital: The political form of capitalism and the internationalization of the state«, in: *Antipode*, 43(1), pp. 12-37.

Hirschman, A. O.(1977), *Leidenschaften und Interessen: Politische Begrundungen des Kapitalismus vor seinem Sieg*, Suhrkamp, Frankfurt/M.(佐々木毅・旦祐介 訳『情念の政治経済学』法政大学出版局、1985 年)

Hobsbawm, E., ed.(1983), *The Invention of Tradition*, Cambridge University Press, Cambridge.(前川啓治・梶原景昭 訳『創られた伝統』紀伊國屋書店、1992 年)

Hochberger, H.(1974), »Probleme einer materialistischen Bestimmung des Staates«, in: *Gesellschaft: Beitriige zur Marxschen Theorie 2*, Suhrkamp, Frankfurt/M.

Holloway, J.(1980), »The State and Everyday Struggle«, in: Clarke, S., ed., *The state debate*, Palgrave Macmillan, London.

―― (1992), »Crisis, Festishism, Class Composition«, in: W. Bonefeld, eds., *Open Marxism*, Vol. 2, Pluto Press, London.

―― (1995), »Global Capital and the National State«, in: Bonefeld, W., Holloway, J., eds., *Global Capital, National State and the Politics of Money*, Macmillan, London.

―― (2002), *Changing the World Without Taking Power: The Meaning of Revolution Today*, Pluto Press, London.(大窪一志・四茂野修 訳『権力を取らずに世界を変える』同時代社、2009 年)

―― (2005), »No«, in: *Historical Materialism*, 13(4), pp. 265-284.

―― (2018), »Die Staatsableitungsdebatte. Eine erinnernde Reflexion«, in: Brand, U., Görg, C., Hg., *Zur Aktualitat Der Staatsform: Die Materialistische Staatstheorie Von Joachim Hirsch*, Nomos, Baden-Baden.

Holloway, J., Picciotto, S.(1978), »Introduction: Towards a Materialist Theory of the State«, in: *State and Capital: A Marxist Debate*, Edward Arnold, London.(隅田聡一郎 訳「『国家と資本―マルクス主義の一論争』(1978年)序文―唯物論的国家論のために」『マルクス研究会年誌』第1号、堀之内出版、2017 年)

Horkheimer, M.(1988), *Gesammelte Schriften, Band 4: Schriften 1936-1941*, Fischer Taschenbuch, Frankfurt/M.(清水多吉 編訳「ファシズム体制とユダヤ人」『権威主義的国家』紀伊国屋書店、1975 年)

Hudis, P.(2012), *Marx's concept of the alternative to capitalism*, Brill, Boston.

Jakob, N.(2021) »Marx' Prospekt zu seiner Ökonomie aus dem Jahr 1851«, in: *Marx-Engels-Jahrbuch 2019/2020*, De Gruyter, Berlin.

Jay, M.(1973), *The dialectical imagination: a history of the Frankfurt School and the Institute of Social Research, 1923-1950*, Heinemann Educational Books, London.(荒川幾男 訳『弁証法的想像力―フランクフルト学派と社会研究所の歴史 1923-1950』みすず書房、1975 年)

Jessop, B.(1982), *The Capitalist State: Marxist theories and methods*, Robertson, Oxford.(田口富久治ほか 訳『資本主義国家―マルクス主義的諸理論と諸方法』御茶の水書房、1983 年)

―― (1985), *Nicos Poulantzas: Marxist Theory and Political Strategy*,

Mcmillan, London.(田口富久治 監訳『プーランザスを読む―マルクス主義理論と政治戦略』合同出版、1987 年)

―― (1990), *State Theory: Putting the Capitalist State in its Place*, Polity Press, Cambridge.(中谷義和 訳『国家理論―資本主義国家を中心に』御茶の水書房、1994 年)

―― (2002), *The Future of the Capitalist State*, Polity Press, Cambridge.(中谷義和 監訳『資本主義国家の未来』御茶の水書房、2005 年)

Johnson, C.(1982), *MITI and the Japanese Miracle: the Growth of Industrial Policy, 1925-1975*, Stanford University Press, Stanford.(佐々田博教 訳『通産省と日本の奇跡―産業政策の発展1925-1975』勁草書房、2018 年)

Jürgens, U.(1975), »Theorien zum Verhältnis von Politik und Ökonomie«, in: *Kritik der politischen Wissenschaft: Analysen von Politik und Okonomie in der biirgerlichen Gesellschaft*, 2 Bde., Campus, Frankfurt/M.

Kadritzke, N.(1973), »Faschismus als gesellschaftliche Realität und als unrealistischer Kampfbegriff«, *PROKLA*, 8/9, S. 103-143.

―― (1976), *Faschismus und Krise: Zum Verhaltnis von Politik und Okonomie im Nationalsozialismus*, Campus, Frankfurt/M.

Kaiser, H.(1977), *Staat und gesellschaftliche Integration: Zur Analyse und Kritik des Staatsbegriffs bei Jurgen Habermas und Claus Offe*, Arbeiterbewegung und Gesellschaftswiss, Marburg.(井上純一・戸田亘 訳『フランクフルト学派の国家と社会―ハーバーマスとオッフェの理論を批判する』昭和堂、1984 年)

Kannankulam, J.(2008), *Autoritarer Etatismus im Neoliberalismus: zur Staatstheorie von Nicos Poulantzas*, VSA-Verlag, Hamburg.

Katzenstein, R.(1967), *Die Investitionen und ihre Bewegung im staatsmonopolistischen Kapitalismus*, Akademie-Verl, Berlin.(森啓子 訳『国家独占資本主義と再生産』新評論、1971 年)

―― (1973), »Zur Theorie des staatsmonopolistischen Kapitalismus«, in: *PROKLA*, 8/9.

Kelsen, H.(1920), *Sozialismus und Staat: Eine Untersuchung der politischen Theorie des Marxismus*, Hirschfeld, Leipzig.(長尾龍一 訳『社会主義と国家―マルクス主義政治理論の一研究』木鐸社、1976 年)

―― (1929), *Vom Wesen und Wert der Demokratie*, Mohr, Tübingen.(長尾

龍一・植田俊太郎 訳『民主主義の本質と価値』岩波文庫、2015 年)

Kinner, K.(2000), »Kommunistischer Antifaschismus-ein schwieriges Erbe«, in: *Rechtsextremismus und Antifaschismus: historische und aktuelle Dimensionen*, Dietz, Berlin.

Kirchhoff, C., et al.(2004), *Gesellschaft als Verkehrung: Perspektiven einer neuen Marx-Lekture*, Ça-ira-Verlag, Freiburg.

Knapp, G.(2013), *Staatliche Theorie des Geldes*, Duncker & Humblot, Berlin.(小林純・中山智香子 訳『貨幣の国家理論』日本経済新聞出版、2022 年)

Knapp, M., et al.(2016), *Revolution in Rojava: Democratic Autonomy and Women's Liberation in Syrian Kurdistan*, Pluto Press, London.(山梨彰 訳『女たちの中東 ロジャヴァの革命—民主的自治とジェンダーの平等』青土社、2020 年)

Korsch, K.(1966), »An Stelle einer Einleitung«, in: Pašukanis, E. B., Hg., *Allgemeine Rechtslehre und Marxismus: Versuch einer Kritik der juristischen Grundbegriffe*, für Literatur und Politik, Frankfurt/M.

—— (1970), »Zehn Thesen über Marxismus heute«, in: Gerlach, E., Seifelt, J., *Politische Texte*, , Frankfurt/M. und Köln.

Kostede, N.(1976), »Die neuere marxistische Diskussion über den bürgerlichen Staat. Einführung-Kritik-Resultate«, in: *Gesellschaft. Beitrage zur Marxschen Theorie*, 8/9, Suhrkamp, Frankfurt/M.

—— (1980), *Staat und Demokratie: Studien zur politischen Theorie des Marxismus*, Darmstadt, Neuwied.

Krätke, M.(1984), *Kritik der Staatsfinanzen: zur politischen Okonomie des Steuerstaats*, VSA-Verlag, Hamburg.

Lacher, H.(2006), *Beyond Globalization: Capitalism, Territoriality and the International Relations of Modernity*, Routledge, London.

Laclau, E.(1977), *Politics and Ideology in Marxist Theory: Capitalism, Fascism, Populism*, Verso, London.(横越英一 監訳『資本主義・ファシズム・ポピュリズム—マルクス主義理論における政治とイデオロギー』柘植書房、1985 年)

—— (2007), *On Populist Reason*, Verso, London.(澤里岳史・河村一郎 訳『ポピュリスムの理性』明石書店)

Laclau, E., Mouffe, C.(1985), *Hegemony & Socialist Strategy: Towards a Radical Democratic Politics*, Verso, London.(西永亮・千葉眞 訳『民主

417

主義の革命—ヘゲモニーとポスト・マルクス主義』ちくま学芸文庫、2012
年)

Läpple, D.(1973), *Staat und allgemeine Produktionsbedingungen:
Grundlagen zur Kritik der Infrastrukturtheorien*, VSA, Hamburg.

—— (1976), »Zum Legitimationsproblem politischer Herrschaft in
der kapitalistischen Gesellschaft«, in: Ebbinghausen R., Hg.,
Burgerlicher Staat und politische Legitimation, Suhrkamp,
Frankfurt/M.

Levitas, R.(1990), *The Concept of Utopia*, New York, Syracuse University
Press.

Lindner, U.(2010), »Macht Arbeitsteilung Sinn?«, in: Bude, H., Damitz,
R. M., Koch, A., Hg., *Marx, Ein toter Hund?: Gesellschaftstheorie
reloaded*, VSA, Hamburg.

Linklater, A.(1990), *Beyond Realism and Marxism: Critical Theory and
International Relations*, Macmillan, London.

Linz, J. J.(1975), »Totalitarian and Authoritarian Regimes«, in: Greenstein,
F. I., Polsby, N. eds., *Handbook of Political Science*, Vol. 3, Addison
Wesley, Boston.(高橋進 監訳『全体主義体制と権威主義体制』法律文化、
1995 年)

London Edinburgh Weekend Return Group (1979), *In and Against the
State. Discussion Notes for Socialists*, London Edinburgh Weekend
Return Group, London.

Löffler, M.(2011), *Feministische Staatstheorien: Eine Einfuhrung*, Campus,
Frankfurt/M.

Lukács, G.(1923), *Geschichte und Klassenbewusstsein: Studien uber
marxist. Dialektik*, Der Malik, Berlin(城塚登・古田光 訳『歴史と階級意
識』白水社、1975 年)

Luxemburg, R.(1913), *Die Akkumulation des Kapitals: Ein Beitrag zur
okonomischen Erklarung des Imperialismus*, Vorwärts, Berlin.(小林
勝 訳『資本蓄積論(第一〜三篇)』2011・2013・2017 年)

MacKinnon, C.(1987), *Feminism, Unmodified*, Harvard University Press,
London.(奥田暁子ほか 訳『フェミニズムと表現の自由』明石書店、1993
年)

—— (1989), *Toward a feminist theory of the state*. Harvard University
Press, Cambridge.

Macpherson, C. B.(1962), *The Political Theory of Possessive Individualism*, Clarendon Press, Oxford.(藤野渉ほか 訳『所有的個人主義の政治理論』合同出版、1980 年)

—— (1989), *The Real World of Democracy*, Canadian Broadcasting Corporation.

Maier, L., et al.(1971), *Der Imperialismus der BRD*, Dietz, Berlin.(大阪経済法科大学経済研究所 訳『西ドイツ国家独占資本主義(上・下)』昭和堂、1983 年)

Maitland, F. W.(1909), *The Constitutional History of England*, Cambridge University Press, Cambridge.(小山貞夫 訳『イングランド憲法史』創文社、1981 年)

Mandel, E.(1971), »Trotzkis Faschismus Theorie in Schriften über Deutschland«, in: Trotzki, L., *Schriften uber Deutschland*, EVA, Frankfurt/M.

Mann, M.(1986, 1993), *The Sources of Power* (two volumes), Cambridge University Press, Cambridge.(森本醇・君塚直隆 訳『ソーシャル・パワー—社会的な〈力〉の世界歴史(Ⅰ・Ⅱ)』NTT出版、2002・2005 年)

Marcuse, H.(1964), *One-Dimensional Man: Studies in the Ideology of Advanced Industrial Society*, Beacon Press, Boston.(生松敬三他 訳『一次元的人間—先進産業社会におけるイデオロギーの研究』河出書房新社、1980 年)

Mármora, L.(1983), *Nation und Internationalismus: Probleme und Perspektiven eines sozialistischen Nationbegriffs*, edition Con, Bremen.

Marz, U.(2021), »,Das waren noch gute Zeiten… 'Zur Bedeutung der Ideologiekritik Kritischer Theorie für Rassismuskritik heute«, in: Beyer, H., Schauer, A., Hg., *Die Ruckkehr der Ideologie: Zur Gegenwart eines Schlusselbegriffs*, Campus, Frankfurt/M.

Mason, T.(1995), *Nazism, Fascism and the Working Class*, Cambridge University Press, Cambridge.

Mattick, P.(1969), *Marx and Keynes: The Limits of the Mixed Economy*, Porter Sargent, Boston.(佐藤武男 訳『マルクスとケインズ』学文社、1982 年)

McLellan, D.(1970), *Marx before Marxism*, Harper & Row, New York.(西牟田久雄 訳『マルクス主義以前のマルクス』勁草書房、1972 年)

Menke, C.(2015), *Kritik der Rechte*, Suhrkamp, Frankfurt/M.

Mezzadra, S.(2006), *Diritto di fuga. Migrazioni, cittadinanza, globalizzazione*, Verona, Ombre Corte.

Michels, R.(1957), *Zur Soziologie des Parteiwesen in der modernen Demokratie: Untersuchungen uber die oligarchischen Tendenzen des Gruppenlebens*, Alfred Kröner Verlag, Stuttgart.(広瀬英彦 訳『政党政治の社会学』ダイヤモンド社、1975 年)

Mies, M. et al.(1988), *Women: the Last Colony*, Zed Book, London.(古田睦美・善本裕子 訳『世界システムと女性』藤原書店、1995 年)

Miéville, C.(2005), *Between Equal Rights: A Marxist Theory of International Law*, Brill, Leiden.

Miliband, R.(1969), *The State in Capitalist Society*, Quartet, London.(田口富久治 訳『現代資本主義国家論―西欧権力体系の一分析』未來社、1970 年)

―― (1977), *Marxism and Politics*, Oxford University Press, Oxford(北西允ほか 訳『マルクス主義政治学入門』青木書店、1979 年)

―― (1983), *Class Power and State Power*, Verso, London.(田口富久治ほか 訳『階級権力と国家権力―政治論集』未來社、1986 年)

Mitchell, W., Fazi, T.(2017) Reclaiming the State. A Progressive Vision of Sovereignty for a Post-Neoliberal World, London, Pluto Press.

Mitteis, H.(1969), *Deutsche Rechtsgeschichte: Ein Studienbuch, neubearbeitet von Heinz Lieberich*.(世良晃志郎 訳『ドイツ法制史概説』創文社、1971 年)

Moore, B.(1966), *Social Origins of Dictatorship and Democracy*, Beacon Press, Boston.(宮崎隆次・森山茂徳・高橋直樹 訳『独裁と民主政治の社会的起源―近代世界形成過程における領主と農民(1・2)』岩波書店、1986 年)

Most, J.(1985), *Kapital und Arbeit: ein popularer Auszug aus „Das Kapital" von Karl Marx*, Marxistische Blätter, Frankfurt/M.(大谷禎之介 訳『マルクス自身の手による資本論入門』大月書店、2009 年)

Mouffe, C.(2005), *On the Political*, Routledge, London.(酒井隆史 監訳『政治的なものについて―闘技的民主主義と多元主義的グローバル秩序の構築』明石書店、2008 年)

Müller, W., Neusüss, C.(1970), »Die Sozialstaatsillusion und der Widerspruch von Lohnarbeit und Kapital«, in: *Sozialistische Politik*, 6/7, S. 4-67.

Narr, W., Stöss, R.(2007) Johannes Agnolis „Transformation der Demokratie". Ein Beitrag zur gesellschaftskritischen Politikanalyse, in: *Zeitschrift fur Parlamentsfragen*, Vol. 38, No. 4, Nomos, Baden-Baden.

Negri, A.(1977), »Sur quelques tendances de la théorie communiste de l' État la plus récente: Revue critique«, in: Association pour la critique des sciences économiques et sociales, eds., *Sur l'Etat: Colloque de Nice*, 8-9-10 septembre 1976, pp. 375-427.

―― (2000), »Paschukanis lesen: Notizen anläßlich der erneuten Lektüre von Eugen Paschukanis' Allgemeiner Rechtslehre und Marxismus«, in: Bruhn, J., Dahlmann, M., Nachtmann, C., Hg., *Kritik der Politik: Johannes Agnoli zum 75. Geburtstag*, Ça-ira-Verlag, Freiburg, S. 201-258.

Negt, O.(1975), »10 Thesen zur marxistischen Rechtstheorie«, in: Rottleuthner, H., Hg., *Probleme der marxistischen Rechtstheorie*, Suhrkamp, Frankfurt/M., S. 10-71.

―― (1976), *Keine Demokratie ohne Sozialismus: Uber den Zusammenhang von Politik, Geschichte und Moral*, Suhrkamp, Frankfurt/ M.

Neumann, F.(1942), *Behemoth: The structure and practice of National Socialism*, Harper & Row, New York(岡本友孝・小野英祐・加藤栄一 訳『ビヒモス―ナチズムの構造と実際1933-1944』みすず書房、1963 年)

Neusüss, C.(1972), *Imperialismus und Weltmarktbewegung des Kapitals: Kritik der Leninschen Imperialismustheorie und Grundzuge einer Theorie des Verhaltnisses zwischen den kapitalistischen Metropolen*, Politladen, Erlangen.

O'Connor, J.(1973), *The Fiscal Crisis of the State*, St. Martin's Press, New York.(池上惇・横尾邦夫 監訳『現代国家の財政危機』御茶の水書房、1981 年)

Oestreich, G.(1969), »Strukturproblem des europäischen Absolutismus« , in: *Geist und Gestalt des fruhmodernen Staates*, Duncker und Humblot, Berlin(成瀬治 編訳『伝統社会と近代国家』岩波書店、1982 年、所収)

―― (1980), *Strukturprobleme der fruhen Neuzeit: ausgewahlte Aufsatze*, Duncker & Humblot, Berlin.(山内進・千葉徳夫・阪口修平 訳『近代国家

の覚醒―新ストア主義・身分制・ポリツァイ』創文社、1993 年)

Offe, C.(1972), *Strukturprobleme des kapitalistischen Staates: Aufsatze zur Politischen Soziologie*, Suhrkamp, Frankfurt/M.(寿福真美 編訳『後期資本制社会システム―資本制的民主制の諸制度』法政大学出版会、1988 年、所収)

―― (1984), *Contradictions of the Welfare State*, Hutchinson, London.

Pagel, U.(2020), *Der Einzige und die Deutsche Ideologie: Transformationen des aufklarerischen Diskurses im Vormarz*, De Gruyter, Berlin.

Panitch, L.(1981), »Trade Unions and the Capitalist State«, in: *New Left Review*, No. 125.

Pannekoek, A., Mattick, P.(2008), *Marxistischer Antileninismus*, Ça-ira-Verlag, Freiburg.

Paschukanis, E.(1929=2003), *Allgemeine Rechtslehre und Marxismus.* Ça-ira-Verlag, Freiburg.(稲子恒夫 訳『法の一般理論とマルクス主義』日本評論社、1986 年)

Pateman, C.(1988), *The Sexual Contact*, Polity Press, Cambridge.(中村敏子 訳『社会契約と性契約―近代国家はいかに成立したのか』岩波書店、2017 年)

Paxton, R.(2005), *The Anatomy of Fascism*, Penguin Books, London(瀬戸岡 紘 訳『ファシズムの解剖学』桜井書店、2009年)

Picciotto, S.(1999), »The state as legal fiction«, in: Hampton, M. P., Abbot, J. P., eds., *Offshore Finance Centres and Tax Havens: The Rise of Global Capital*, Macmillan, Basingstoke, pp. 43–79.

―― (2011), *Regulating Global Corporate Capitalism*, Cambridge University Press, Cambridge.

Pierson, C.(1991), *Beyond The Welfare State?: The New Political Economy of Welfare*, Blackwell, Oxford.(田中浩・神谷直樹 訳『曲がり角にきた福祉国家―福祉の新政治経済』未來社、1996 年)

Piva, A.(2018), »Rezeption und Produktivität der materialistischen Staatstheorie in Lateinamerika«, in: Brand, B., Görg, C., Hg., *Zur Aktualitat Der Staatsform: Die Materialistische Staatstheorie Von Joachim Hirsch*, Nomos Verlagsgesellschaft Mbh & Co.

Polanyi, K.(1944), *The Great Transformation: the political and economic origins of our time*, Beacon Press, Boston.(野口建彦・栖原学 訳『大転

換』東洋経済新報社、2009 年)

Pollock, F.(1981), »Staatskapitalismus«, in: Dubiel, H., Söller, A., Hg., *Wirtschaft, Recht und Staat im Nationalsozialismus. Analysen des Instituts fur Sozialforschung 1939-1942*, Europäische Verlagsanstalt, Frankfurt/M.(保住敏彦 訳「国家資本主義」『経済論集』137 巻、1995 年)

Postone, M.(1993), *Time, Labor, and Social Domination: a reinterpretation of Marx's critical theory*, Cambridge University Press, Cambridge. (白井聡・野尻英一 訳『時間・労働・支配—マルクス理論の新地平』筑摩書房、2012 年)

Poulantzas, N.(1968), *Pouvoir politique et classes sociales*, Maspero, Paris. (田口富久治ほか 訳『資本主義国家の構造Ⅰ—政治権力と社会階級』未來社、1978 年)

—— (1970), *Fascism et dictature: la IIIe Internationale face au fascisme*, Maspero, Paris.(田中正人 訳『ファシズムと独裁』社会評論社、1974 年)

—— (1978), *L'Etat, le pouvoir, le socialisme*, PUF, Paris.(田中正人・柳内隆 訳『国家・権力・社会主義』ユニテ、1984 年)

Pradella, L.(2010), »Kolonialfrage und vorkapitalistische Gesellschaften. Zusätze und Äderungen in der französischen Ausgabe des ersten Bandes des Kapital(1872-75)«, in: *Marx-Engels-Jahrbuch 2010*, Akademie-Verlag, Berlin..

Radbruch, G.(1930), »[Rezension von:] Paschukanis E.: Allgemeine Rechtslehre und Marxismus. Versuch einer Kritik der juristischen Grundbegriffe«, in: *Archiv fur Sozialwissenschaft und Sozialpolitik*, Bd. 64, Mohr, Tübingen.

Reichelt, H.(1974), »Zur Staatstheorie im Frühwerk von Marx und Engels«, in: *Staatstheorie: Materialien zur Rekonstruktion der marxistischen Staatstheorie*, Ullstein, Berlin.

—— (2008), *Neue Marx-Lekture: zur Kritik sozialwissenschaftlicher Logik*, VSA, Hamburg.

Reinhart, C., Rogoff, K.(2011), *This Time Is Different: Eight Centuries of Financial Folly*, Princeton University Press, Princeton(村井章子 訳『国家は破綻する—金融危機の800年』日経BP 社、2011 年)

Reinhard, W.(1981), »Konfession und Konfessionalisierung in Europa«, in: *Bekenntnis und Geschichte: Die Confessio Augustana im historischen Zusammenhang*, Vögel, München.

—— (1999), *Geschichte der Staatsgewalt. Eine vergleichende Verfassungsgeschichte Europas von den Anfangen bis zur Gegenwart*, C H Beck, München.

Reuten, G., Williams, M.(1989), *Value-Form and the State: the tendencies of accumulation and the determination of economic policy in capitalist society*, Routledge, London.

Riedel, M.(1969), *Studien zu Hegels Rechtsphilosophie*, Suhrkamp, Frankfurt/M.(清水正徳・山本道雄 訳『ヘーゲル法哲学―その成立と構造』福村出版、1976 年)

Rousseau, J.(1964), »Du contrat social(1762)«, in: *OEuvres copmlet. Tome 3, Bibliothek de la Pleiade*, Galliamrd, Paris.(桑原武夫・前川貞治 訳『社会契約論』岩波文庫、1954 年)

Rosdolsky, R.(1969), *Zur Entstehungsgeschichte des Marxschen ›Kapital‹*, 2 Bde, Ça-ira-Verlag, Freiburg. (時永淑ほか 訳『資本論成立史1 ― 1857-58年の『資本論』草案』法政大学出版局、1973 年)

Rosenberg, J.(1994), *The Empire of Civil Society: A Critique of the Realist Theory of International Relations*, Verso, London.(渡辺雅男・渡辺景子 訳『市民社会の帝国―近代世界システムの解明』桜井書店、2008 年)

—— (2005), »Globalization Theory: A Post Mortem«, in: *International Politics*, 42.

—— (2006), »Why is There No International Historical Sociology?«, in: *European Journal of International Relations*, Vol. 12, Issue. 3.

Ross, K.(2015), *Communal Luxury: The Political Imaginary of the Paris Commune*, Verso, London.

Rudel, G.(1981), *Die Entwicklung der marxistischen Staatstheorie in der Bundesrepublik*, Campus, Frankfurt/M.

San Francisco Bay Area Kapitalistate Group (1973-83), *Kapitalistate*, 1-11.

Saito, K.(2016), *Natur gegen Kapital: Marx' Okologie in seiner unvollendeten Kritik des Kapitalismus*, Campus, Frankfurt/M.

Sasaki, R., Saito, K.(2015) »Abstrakte Arbeit und Stoffwechsel zwischen Mensch und Natur«, in: *Beitrage zur Marx-Engels-Forschung: Neue Folge 2013*.

Sauer, D.(1978), *Staat und Staatsapparat: Ein theoretischer Ansatz*, Campus, Frankfurt/M.

Sauer, B.(2001), *Die Asche des Souverans: Staat und Demokratie in der*

Geschlechterdebatte, Campus, Frankfurt/M.

Schäfer, M.(2018), *Burgerliche Gesellschaft und Staat: zur Rekonstruktion von Marx' Theorie und Kritik des Staates*, Königshausen & Neumann, Würzburg.

Schmitt, C.(1923), *Die geistesgeschichtliche Lage des heutigen Parlamentarismus*, Duncker & Humblot, Berlin.(樋口陽一 訳『現代議会主義の精神的状況』岩波文庫、2015 年)

Schmitt-Egner, P.(1976) »Wertgesetz und Rassismus. Zur begrifflichen Genesis kolonialer und faschistischer Bewußtseinsformen«, in: Backhaus, H. G., et al., Hg., *Gesellschaft: Beitrage zur Marxschen Theorie*, 8/9, Suhrkamp, Frankfurt/M.

Schmitter, C., Lehmbruch, G. eds.(1979), *Trends toward Corporatist Intermediation*, SAGE, London.(山口定 監訳『現代コーポラティズム 1』木鐸社、1984 年)

Schnädelbach, H.(1969) »Was ist Ideologie? Versuch einer Begriffsklärung«, in: *Das Argument*, 50.

Schnapper, D.(2000), *Qu'est-ce que la citoyennete?*, FOLIO ACTUEL, Paris. (富沢克・長谷川一年 訳『市民権とは何か』風行社、2012 年)

Schumpeter, J. A.(1918), *Die Krise des Steuerstaats*, Leuschner & Lubensky, Graz.(木村元一・小谷義次 訳『租税国家の危機』岩波文庫、1983 年)

Schütte, H.(1977), »Staatstheorie als Methodenproblem des historischen Materialismus«, in: Haug, W. F., Hg., *Staat und Monopole (II)*, Argument, Berlin.

Semmler, W., Hoffmann, J.(1972), »Kapitalakkumulation, Staatseingriffe, und Lohnbewegung«, in: *PROKLA* 2(2).

Singer, P.(2003), *Corporate Warriors: The Rise of the Privatized Military Industry*, Cornell University Press,Ithaca.(山崎淳 訳『戦争請負会社』NHK出版、2004 年)

Sismondi, J. S.(1819) *Nouveaux principes d'economie politique, ou de la Richesse dans ses rapports avec la population*, Delaunay, aris.(菅間正朔 訳『経済学新原理』日本評論社、1949-1950 年)

Skocpol, T.(1979), *States and Social Revolutions: A Comparative Analysis of France, Russia and China*, Cambridge University Press, Cambridge.

—— (1985), *Bringing the State Back In*, co-edited with Peter, B. E.,

Rueschemeyer, D., Cambridge University Press, Cambridge.

Smith, A.(1937), *An Inquiry into the Nature and Causes of the Wealth of Nations*, Ed. By Cannan,E., Modern Library Edition, New York.(大河内一男 監訳『国富論(全三冊)』中央公論社、1978 年)

―― (1984), *The Theory of Moral Sentiments (The Glasgow Edition of the Works and Correspondence of Adam Smith, 1)*, Liberty Fund, Carmel.(高哲男 訳『道徳感情論』講談社学術文庫、2013 年)

Sohn-Rethel, A.(1973), *Okonomie und Klassenstruktur des deutschen Faschismus*, Suhrkamp, Frankfurt/M.

―― (1989), *Geistige und korperliche Arbei: Zur Epistemologie der abendlandischen Geschichte*, Revidierte und ergänzte Neuauflage, VCH, Weinheim.(寺田光雄・水田洋 訳『精神労働と肉体労働―社会的総合の理論』合同出版、1975 年)

Spruyt, H.(1994), *The Sovereign State and its Competitors: An Analysis of Systems Change*, Princeton University Press, Princeton.

Strayer, J. R.(1970), *On the Medieval Origins of the Modern State*, Princeton University Press, Princeton.(鷲見誠一 訳『近代国家の起源』岩波新書、1975 年)

Streeck, W.(2013), *Gekaufte Zeit: Die vertagte Krise des demokratischen Kapitalismus*, Suhrkamp, Frankfurt/M.(鈴木直 訳『時間かせぎの資本主義―いつまで危機を先送りできるか』みすず書房、2016 年)

―― (2016), *How Will Capitalism End?: Essays on a Failing System*, Verso, London.(村澤真保呂・信友建志 訳『資本主義はどう終わるのか』河出書房新社、2017 年)

―― (2021), *Zwischen Globalismus und Demokratie: Politische Okonomie im ausgehenden Neoliberalismus*, Suhrkamp, Frankfurt/M.

Stützle, I.(2014), *Austeritat als politisches Projekt*, Westfälisches Dampfboot, Münster.

―― (2021), »Money makes the world go green? Eine Kritik der Modern Monetary Theory (MMT) als geldtheoretisches Konzept«, in: *PROKLA*, 202.

Sumida, S. (2024), »Postcapitalist Ideas and Movements in Japan in the 21st century«, in: Jeong, S. and Saito, K. (eds.) *Capitalism and Postcapitalism in East Asia: Marxist Perspectives*, London, Routledge.

Ten Brink, T.(2008), *Geopolitik: Geschichte und Gegenwart kapitalistischer Staatenkonkurrenz*, Westfälisches Dampfboot, Münster.

—— (2013), *Chinas Kapitalismus: Entstehung, Verlauf, Paradoxien*, Campus, Frankfurt/M.

Teschke, B.(2003), *The Myth of 1648: Class, Geopolitics and the Making of Modern International Relations*, Verso, London.(君塚直隆 訳『近代国家体系の形成―ウェストファリアの神話』桜井書店、2008 年)

—— (2005), »Bourgeois revolution, state formation and the absence of the international«, in: *Historical Materialism*, 13, pp.3-26.

—— (2014), »IR Theory, Historical Materialism, and the False Promise of International Historical Sociology«, in: *Spectrum: Journal of Global Studies* , 6(1).

Teschke, B., Lacher, H.(2007), »The Changing "Logics" of Capitalist Competition«, in: *Cambridge Review of International Affairs*, 20.

Thalheimer, A.(1930), »Über den Faschismus«, in: *Gegen den Strom: Die Geschichte der KPD(Opposition)*, VSA, Hamburg.

Thompson, E. P.(1980), *The Making of the English Working Class*, Victor Gollancz London.(市橋秀夫・芳賀健一 訳『イングランド労働者階級の形成』青弓社、2003 年)

Tilly, C.(1975), *The Formation of National States in Western Europe*, Princeton University Press, Princeton.

—— (1990), *Coercion, Capital, and European States AD 990-1992*. Blackwell, Oxford.

Tocqueville, A.(1952), *L'Ancien Regime et la Revolution*, Gallimard, Paris. (小山勉 訳『旧体制と大革命』ちくま学芸文庫、1998 年)

Traverso, E.(2001), *Le totalitarisme: le XXe siecle en debat*, Seuil, Paris.(柱本元彦 訳『全体主義』平凡社新書、2010 年)

Tristram, W.(1974), »Allgemeine Formbestimmung des bürgerlichen Staates: Zur Kritik des Staatsbegriffs in der Theorie des staatsmonopolitischen Kapitalismus«, in: Ebbinghausen, R., Hg., *Monopol und Staat: Zur Marx-Rezeption in der Theorie des staatsmonopolistischen Kapitalismus*, Suhrkamp, Frankfurt/M.

Tuschling, B.(1976), *Rechtsform und Produktionsverhaltnisse: Zur materialistischen Theorie des Rechtsstaates*, Europäische Verlagsanstalt,Köln.

Urry, J.(1981), *The anatomy of capitalist societies: the economy, civil society and the state*, Macmillan, London.(清野正義 監訳『経済・市民社会・国家―資本主義社会の解剖学』法律文化社、1986 年)

Vincent, A.(1987), *Theories of the State*, Basil Blackwell, Oxford.(森本哲夫 監訳『国家の諸理論』昭和堂、1991 年)

Wacker, U.(1977),»Das Absolutisumus-Problem«, in: Haug, W. F., Hg., *Staat und Monopole (II)*, Argument- Verlag, Berlin.

Wallerstein, I.(1974), *The Modern World-System*. Academic, New York.(川北稔 訳『近代世界システム―農業資本主義と「ヨーロッパ世界経済」の成立 (1・2)』岩波書店、1981 年)

── (1979), *The Capitalist World-Economy*, Cambridge University Press, Cambridge.(藤瀬浩司・麻沼賢彦・金井雄一 訳『資本主義世界経済Ⅰ』名古屋大学出版会、1987 年)

── (1983), *Historical Capitalism*, Verso, London.(川北稔 訳『新版 史的システムとしての資本主義』岩波書店、1997 年)

Waltz, K.(1979), *Theory of International Politics*, Addison-Wesley, Boston. (河野勝・岡垣知子 訳『国際政治の理論』勁草書房、2010 年)

Weber, M.(1956), *Wirtschaft und Gesellschaft: Mit einem Anhang: die rationalen und soziologischen Grundlager der Musik*, J.C.B.Mohr, Berlin.

Weckwerth, C.(2019),»Der „wahre" Sozialismus als Ideologie. Zur konstruktiven Rolle der Ideologiekritik bei Marx und Engels«, in: *Marx-Engels-Jahrbuch 2017/18*, De Gruyter, Berlin.

Werlhof, C.(1983a),»Die Frauen und die Peripherie: der blinde Fleck in der Kritik der politischen Ökonomie«, Universität Bielefeld. Universitätsschwerpunkt Lateinamerikaforschung.(丸山真人 編訳『家事労働と資本主義』岩波書店、1998 年、所収)

── (1983b),»Zum Natur- und Gesellschaftsbegriff im Kapitalismus«, in: Bennholdt-Thomsen, V., Mies, M., Werlhof, C., Hg., *Frauen, die letzte Kolonie*, Rowohlt-Taschenbuch-Verlag, Hamburg.(同上)

Wippermann, W.(1983), *Die Bonapartismustheorie von Marx und Engels*, Klett-Cotta, Stuttgart.

Wirth, M.(1972), *Kapitalismustheorie in der DDR*, Suhrkamp, Frankfurt/M.

── (1973),»Zur Kritik der Theorie der staatsmonopolistischen Kapitalismus«, *PROKLA*, 8/9.

Wissel, J.(2015), *Staatsprojekt Europa: Grundzuge einer materialistischen Theorie der Europaischen Union*, Westfälisches Dampfboot, Münster.

Wolfe, A.(1974), »New Direction in the Marxist Theory of Politics«, in: *Politics and Society*, IV , No, 2.

Wood, E. M.(1978), »C. B. Macpherson: Liberalism, and the Task of Socialist Political Theory«, in: *Socialist Register*.

── (1988), *Peasant-Citizen and Slave*, Verso, London.

── (1991), *The Pristine Culture of Capitalism: A Historical Essay on Old Regimes and Modern States*, Verso, London.

── (1995), *Democracy against Capitalism: Renewing Historical Materialism*, Cambridge University Press, Cambridge.(石堂清倫・森川辰文 訳『民主主義対資本主義』論創社、1999 年)

── (1999), *The Origin of Capitalism: A Longer view*, Verso, London.(平子友長・中村好孝 訳『資本主義の起源』こぶし書房、2001 年)

── (2003), *Empire of Capital*, Verso, London.(中山元 訳『資本の帝国』紀伊國屋書店、2004 年)

── (2012), *The Ellen Meiksins Wood Reader*, Brill, Leiden.

── (2020), *Democracy, in The Marx revival*, Cambridge University Press, Cambridge.

Wray, R.(2015), *Modern Money Theory: A Primer on Macroeconomics for Sovereign Monetary Systems*, Palgrave Macmillan, London.

Wright, E. O.(1978), *Class, Crisis and the State*, New Left Books, London.(江川潤 訳『階級・危機・国家』中央大学出版部、1986 年)

Zeiler, M.(2017), *Materialistische Staatskritik*, Schmetterling Verlag, Stuttgart.

일본어 문헌

青柳和身(2010)『フェミニズムと経済学─ボーヴォワール的視点からの『資本論』再検討』御茶の水書房

明石英人(2009)「マルクスにおけるイデオロギーとヘゲモニー」一橋大学大学院社会学研究科博士論文

芦田亘(1978)「西ドイツにおける「国家論のルネサンス」」『経済』第171号

有井行夫(1987)『マルクスの社会システム理論』有斐閣

―― (1991)『株式会社の正当性と所有理論』青木書店

池上惇(1977)『国家独占資本主義論争』青木書店

石井知章(2008)『K・A・ウィットフォーゲルの東洋的社会論』社会評論社

石田傳(1967)「国家論から見た社会政策論争」『経済論叢』第100巻 第6号

―― (1980)「社会政策と価値法則」『高知論叢』第10巻

井関正久(2016)『戦後ドイツの抗議運動―「成熟した市民社会」への模索』岩波書店

井手英策(2008)「財政社会学とは何か?」『エコノミア』第59巻 第2号

植村邦彦(1993)『同化と解放― 19世紀「ユダヤ人問題」論争』平凡社

氏家伸一(1994)「ミヘルス研究の現状」『神戸学院法学』第24巻 第1号

エマニュエルほか(1981)『新国際価値論争―不等価交換論と周辺』原田金一郎訳、柘植書房

大島通義(2013)『予算国家の危機―財政社会学から日本を考える』岩波書店

大谷禎之介(2010)『図解社会経済学―資本主義とはどのような社会システムか』桜井書店

―― (2011)『マルクスのアソシエーション論―未来社会は資本主義のなかに見えている』桜井書店

―― (2016a)『マルクスの利子生み資本論　第1巻』桜井書店

―― (2016b)『マルクスの利子生み資本論　第4巻』桜井書店

大谷禎之介・平子友長 編(2013)『マルクス抜粋ノートからマルクスを読む―MEGA 第IV部門の編集と所収ノートの研究』桜井書店

大藪龍介(1978)『マルクス、エンゲルスの国家論』現代思潮社

―― (1983)『近代国家の起源と構造』論創社

―― (1989)『現代の国家論』世界書院

―― (1992)『国家と民主主義―ポスト・マルクスの政治理論』社会評論社

―― (1996)『マルクス社会主義像の転換』御茶の水書房

―― (2013)『国家とは何か』御茶の水書房

岡野八代(2007)「フェミニズムにおける公共性「問題」」『立命館法学』第316号

重田園江(2007)「戦争から統治へ」『フーコーの後で』慶應義塾大学出版会

重田澄男(1992)『資本主義の発見　改訂版』御茶の水書房

影山日出弥(1974)『国家論における「新マルクス主義」とフランクフルト学派―西ドイツにおける国家論の動向』『現代と思想』第18号

加古祐二郎(1964)『近代法の基礎構造』日本評論社

柏崎正憲(2018)「ジョン・ロックにおける政治的成員資格―シティズンシップの思想史に向けて」『東京外国語大学論集』第96号

加藤哲郎(1986)『国家論のルネサンス』青木書店

―― (1990)『東欧革命と社会主義』花伝社

上条勇(1992)「オットー・バウアーのファシズム論」『金沢大学教養部論集 人文科学篇』第30巻第1号

河上倫逸(1987)『ドイツ市民思想と法理論』創文社

川島武宜(1949)『所有権法の理論』岩波書店

菊地賢 訳 (2019)「ＭＥＧＡ第Ⅰ部門第五巻（『ドイツ・イデオロギー』）解題（上）」『マルクス研究会年誌』第3号

岸本英太郎(1949)「社会政策の理論と「階級闘争」」『経済論叢』第64巻 第1・2・3号

岸本聡子(2020)『水道、再び公営化！―欧州・水の闘いから日本が学ぶこと』集英社新書

木下武男(2016)「マルクス・エンゲルスの労働組合論」『nyx』第3号 堀之内出版

久留間鮫造(1957)『価値形態論と交換過程論』岩波書店

―― (1979)『貨幣論―貨幣の成立とその第1の機能(価値の尺度)』大月書店

久留間鮫造 編(1969)『マルクス経済学レキシコン　2』大月書店

―― (1995a)『マルクス経済学レキシコンの栞』大月書店

―― (1995b)『マルクス経済学レキシコン　7』大月書店

桑野弘隆(2010)「アルチュセールとプーランツァスの国家論における差異について」『社会科学年報』第44号

小谷義次・吉岡健次・宮本憲一 編著(1973)『国家と財政の理論』青木書店

―― (1974)『国家資本の理論』大月書店

後藤道夫(2001)『収縮する日本型〈大衆社会〉』旬報社

―― (2002)「開発主義国家体制」『ポリティーク』5号 旬報社

―― (2006)『戦後思想ヘゲモニーの終焉と新福祉国家構想』旬報社

―― (2009)「現代における市場批判と搾取批判―福祉国家とマルクス」豊泉周治ほか 編『生きる意味と生活を問い直す―非暴力を生きる哲学』青木書店

小西一雄(2014)『資本主義の成熟と転換―現代の信用と恐慌』桜井書店

―― (2018)「異次元金融緩和政策の後遺症と中央銀行信用の限界」『行財政研究』第100号

小林一穂(1992)「「国家＝幻想的共同体」論」岩佐茂ほか 編『ドイツ・イデオロギーの射程』創風社

斉藤栄司(1980)「西ドイツにおける独占論争―J. フッフシュミットとE.アルトファーターの論争によせて」『大阪経大論集』第137号

―― (1984)「西ドイツにおける「国家導出」論争と国家独占資本主義論批判」『大

阪経大論集』第159-161 号

―― (1986)「現代修正主義批判としての国家論―W. ミュラー／ C.ノイジュース
論文による「国家導出」論争の提起」『大阪経大論集』第174 号

阪上孝(2023)『プルードンの社会革命論』平凡社ライブラリ

坂本宏(2008)「近世ヨーロッパ史における宗派体制化」『カルチュール』第2 巻第1
号

佐々木隆治(2016a)「新自由主義をいかに批判すべきか」平子友長ほか 編『危機に
対峙する思考』梓出版社

―― (2016b)「「マルクス主義」を越えるマルクス」『nyx』第3号 堀之内出版

―― (2016c)『カール・マルクス―「資本主義」と闘った社会思想家』ちくま新書

―― (2017)「サミュエルソンの罠―現代「マルクス経済学」批判序説」『現代思想』
第45 巻 第11 号、青土社

―― (2018)『マルクス　資本論』角川選書

―― (2021)『マルクスの物象化論［新版］―資本主義批判としての素材の思想』
堀之内出版

佐藤成基(2014)『国家の社会学』青弓社

佐中忠司(1985)『国家資本論―資本主義的国有企業の理論的研究』法律文化社

柴田高好(1973)『マルクス国家論入門』現代評論社

渋谷謙次郎(2012)「パシュカーニス法理論の再検討(1)―『法の一般理論とマルク
ス主義』をめぐって」『神戸法學雜誌』第62 巻 第1 号

島津秀典(1980)「『資本論』体系と国家範疇」『現代資本主義と国家―経済理論学
会年報 第17 集』青木書店

慎改康之(2019)『フーコーの言説―〈自分自身〉であり続けないために』筑摩選書

新川敏光(2014)『福祉国家変革の理路―労働・福祉・自由』ミネルヴァ書房

隅田聡一郎(2014a)「マルクス「本源的所有」論の再検討―「資本主義的生産に先
行する諸形態」における「私的所有」と「個人的所有」の差異」『社会思想史研
究』第38号、藤原書店

―― (2014b)「マルクス「小経営的生産様式」論の再検討―「小農」理論の視座か
ら」『唯物論研究年誌』第19 号、大月書店

―― (2014c)「マルクスとアイルランド問題―『資本論』第1部第23章「資本主義的
蓄積の一般的法則」を中心に」『一橋社会科学』第6巻

―― (2016)「『資本論』第3部草稿における「歴史的考察」の再検討―新旧「移行論
争」を題材にして」『季刊経済理論』第53巻第3号、桜井書店

―― (2017)「資本主義世界システムの政治的形態」『現代思想』第45巻 第11号、青
土社

── (2018)「MEGA研究の現在―現代マルクス研究序説」『唯物論研究年誌』第23号、大月書店

── (2020a)「政治（学）批判からポリティカル・エコノミー批判へ」『季刊経済理論』第57巻 第3号、桜井書店

── (2020b)「マルクスの「国家財政」批判」『季刊経済理論』第57巻 第1号、桜井書店

── (2020c)「アソシエーションの政治的形態」『マルクス研究会年誌』第3号

── (2020d)「国家に抗する共同体」『ロバアト・オウエン協会年誌』第44号

── (2021a)「資本主義・国民国家・レイシズム―反レイシズム法の意義と限界」清原悠 編『レイシズムを考える』共和国

── (2021b)「マルクス主義とレイシズム批判―イデオロギー批判、批判理論、言説」『思想』1169号、岩波書店

平子友長(1984)「近代市民社会理論の問題構成―市民社会と国家の関係を中心にして」佐藤和夫ほか『市民社会の哲学と現代』青木書店

── (1991)『社会主義と現代世界』青木書店

── (2007)「西洋における市民社会の二つの起源」『一橋社会科学』第1 巻

高橋基樹(2006)「アフリカ国家の変容と「新しい帝国」の時代」川端正久ほか 編『アフリカ国家を再考する』晃洋書房

田口富久治(1971)『マルクス主義政治理論の基本問題』青木書店

── (1979)『マルクス主義国家論の新展開』青木書店

── (1982)『現代資本主義国家―マルクス主義的一接近』御茶の水書房

武川正吾(2007)『連帯と承認―グローバル化と個人化のなかの福祉国家』東京大学出版会

田畑稔(2004)『マルクスと哲学―方法としてのマルクス再読』新泉社

── (2015)『マルクスとアソシエーション　増補新版―マルクス再読の試み』新泉社

田畑稔ほか 編(2003)『アソシエーション革命へ―理論・構想・実践』社会評論社

田村哲樹(2002)『国家・政治・市民社会―クラウス・オッフェの政治理論』青木書店

千葉徳夫(1995)「近世ドイツ国制史研究における社会的規律化」『法律論叢』第67巻 第2－3 号

筒井洋一(1981)「戦後初期のドイツ労働運動―「零時」の反ファシズム委員会」『国際政治』第89 号

土肥有理(2016)「戦中・戦後ドイツにおける反ファシズム運動― Antifaを中心として」『政治学研究論集』第44 号

仲井斌(1979)『西ドイツの社会民主主義』岩波新書

中川信義(2014)『世界価値論研究序説』御茶の水書房

中村哲(1977)『奴隷制・農奴制の理論―マルクス・エンゲルスの歴史理論の再構成』東京大学出版会

――(2001)「マルクスの歴史分析の方法」中村哲 編『『経済学批判要綱』における歴史と論理』青木書店

西川長夫(1984)『フランスの近代とボナパルティズム』岩波書店

二宮宏之(1979)「フランス絶対王政の統治構造」吉岡昭彦・成瀬治 編『近代国家形成の諸問題』木鐸社

橋場弦(2022)『古代ギリシアの民主政』岩波新書

平島健司(1994)『ドイツ現代政治』東京大学出版会

廣瀬純 編(2016)『資本の専制、奴隷の叛逆―「南欧」先鋭思想家8人に訊くヨーロッパ情勢徹底分析』航思社

廣松渉(1989)『唯物史観と国家』講談社学術文庫

――(1994)「東北アジアが歴史の主役に-欧米中心の世界観は崩壊へ、日中を軸に「東亜」の新体制を」『朝日新聞』, 3月16日

藤田勇(1974)『法と経済の一般理論』日本評論社

――(1976)『ソビエト法理論史研究1917-1938―ロシア革命とマルクス主義法学方法論増補』岩波書店

舟越耿一(1985)「ナチズムの法と国家―フレンケル、ノイマン、キルヒハイマー」大橋智之輔 編『現代の法思想―天野和夫・矢崎光圀・八木鉄男先生還暦記念』有斐閣

ブハーリン、ニコライ(2008)『世界経済と帝国主義』西田勲ほか 訳、現代思潮新社

星野智(1982)「後期資本主義における国家と社会―クラウス・オッフェの後期資本主義国家論」『法学新報』第89 巻

――(1992)『現代国家と世界システム』同文舘出版

――(1997)『世界システムの政治学』晃洋書房

細見英(1979)『経済学批判と弁証法』未来社

本間要一郎(1984)『現代資本主義分析の基礎理論』岩波書店

丸山真男(1964)『現代政治の思想と行動』未来社

宮本憲一(1981)『現代資本主義と国家』岩波書店

向井公敏(2010)『貨幣と賃労働の再定義―異端派マルクス経済学の系譜』ミネルヴァ書房

森下敏男(2014)「わが国におけるマルクス主義法学の終焉(上)」『神戸法學雜誌』

　　　第64巻 第2号

村上和光(1987)『国家論の系譜』世界書院

村上泰亮(1992)『反古典の政治経済学　下—二十一世紀への序説』中央公論社

森政稔(2023)『アナーキズム—政治思想史的考察』作品社

八木紀一郎(1975)「西ドイツにおける「国家の導出問題」の討論」『経済科学』第22
　　　巻 第1号、名古屋大学大学院経済学研究科

山下範久ほか 編(2016)『ウェストファリア史観を脱構築する—歴史記述としての
　　　国際関係論』ナカニシヤ出版

山口定(1989)『政治体制』東京大学出版会

——(2006)『ファシズム』岩波現代文庫

山崎純一(1981)「フランクフルト学派のファシズム論」『創大平和研究』第3号

山中隆次(1972)『初期マルクスの思想形成』新評論

山之内靖(2015)『総力戦体制』ちくま学芸文庫

ルービン、イサーク・イリイチ(1993)『マルクス価値論概説』竹永進 訳、法政大学
　　　出版局

レーニン、ウラジーミル(1956)『帝国主義』宇高基輔 訳、岩波文庫

——(1957)『国家と革命』宇高基輔 訳、岩波文庫

渡辺一衛・塩川喜信・大藪龍介 編(1999)『新左翼運動四〇年の光と影』新泉社

渡辺治ほか 編(2016)『日米安保と戦争法に代わる選択肢—憲法を実現する平和の
　　　構想』大月書店

渡辺憲正(1989)『近代批判とマルクス』青木書店

——(2001)『イデオロギー論の再構築—マルクスの読解から』青木書店

——(2010)「ネイション概念の2つの系譜」『関東学院大学経済経営研究所年報』
　　　第32集

찾아보기

국가에 대항하는 마르크스

초판 1쇄 발행 2024년 5월 16일

지은이 스미다 소이치로
옮긴이 정성진 서성광
펴낸이 강수걸
편집 이혜정 강나래 이선화 오해은 이소영 김성진 송연진
디자인 권문경 조은비
펴낸곳 산지니
등록 2005년 2월 7일 제333-3370000251002005000001호
주소 부산시 해운대구 수영강변대로 140 BCC 626호
전화 051-504-7070 | 팩스 051-507-7543
홈페이지 www.sanzinibook.com
전자우편 sanzini@sanzinibook.com
블로그 http://sanzinibook.tistory.com

ISBN 979-11-6861-297-6 93300

* 이 번역서는 2021년 대한민국 교육부와 한국연구재단의 지원을 받아 수행된 연구임
  (NRF-2021S1A3A2A02096299)